SPORT CHRONIK
2004

Ski ahoi, Hermann.
www.raiffeisen.at

Kuhn's Sport Chronik 2004

Das offizielle Jahrbuch der Österreichischen Sporthilfe

Unter Mitwirkung von
Josef Metzger, Heinz Prüller,
Robert Sommer und Wolfgang Winheim

Redaktion: Peter Klöbl

sport hilfe

Pichler Verlag

Pichler Verlag im Internet
www.styriapichler.at

ISBN 3-85431-347-0

Umschlaggestaltung: Bruno Wegscheider
Layout und Produktion: Alfred Hoffmann
Reproduktion: Pixelstorm, Wien
Druck und Bindung: Medienfabrik, Graz

Fotonachweis: Diener (Seite 135 unten),
www.sportfotocenter.de (Seite 102)
alle anderen Fotos von GEPA

Gedruckt auf Magno Satin von **sappi**

Inhalt

Die Autoren

JOSEF METZGER, *geboren am 11. März 1943, ab 1964 bei der Tageszeitung „Die Presse“, wo er seit langer Zeit Leiter des Ressorts „Sport“ ist. Seit Jahrzehnten Berichterstatter von den Olympischen Spielen (Winter und Sommer), Fußball-WM etc. Autor zahlreicher Fachpublikationen, zuletzt von „Toni Polster Doppelpack“ (Pichler Verlag 1998).*

HEINZ PRÜLLER, *geboren am 30. April 1941, zuerst Sportchef beim „Express“, seit 1964 Motorsport-Experte des ORF mit über 500 GP-Übertragungen, seit 1972 auch F-1-Berichterstatter der „Kronen Zeitung“, dazu Fußball-, Ski- und Olympia-Übertragungen, Autor zahlreicher Motorsportbücher, jährlich erscheint die „Grand Prix Story“.*

ROBERT SOMMER, *geboren am 26. Juni 1962, zuerst freier Mitarbeiter, später Redakteur in der Sportredaktion der „Krone“. Ab 1983 Leiter NÖ- und Burgenland-Redaktion, seit 1999 Kolumnist: „Im Sport dabei“ beschäftigt sich mit sportgesellschaftlichen Ereignissen. Berichterstatter von Olympischen Spielen sowie Weltmeisterschaften.*

WOLFGANG WINHEIM, *geboren am 1. September 1946, ab 1961 freier Mitarbeiter bei „Kurier“ und „Neues Österreich“, seit 1966 Redakteur beim „Kurier“. Seit 25 Jahren Berichterstatter mit Spezialgebieten Fußball, Ski und Olympische Winterspiele. Autor eines Buches über Herbert Prohaska, Verfasser diverser Fachpublikationen.*

REDAKTION

PETER KLÖBL, *geboren am 14. Juni 1967, seit 1988 – zunächst als freier Mitarbeiter, dann als Redakteur – in der Sportredaktion der „Kronen Zeitung“ tätig. Autor von “Die Austria Wien ist wieder da” (2003) und „Rapid – 100 Stars in Grün-Weiß“ (1999, gemeinsam mit Peter Linden), seit 1995 Mitarbeiter bei „Kuhn's Sport Chronik“.*

OMV World Rally Team
OMV
PIRELLI
BOZIAN
www.omv.com

Vorwort

80.000 oder gar 120.000 – die Schätzungen, wie viele Fans sich wirklich am „Tag des Sports" auf dem Wiener Heldenplatz gedrängt hatten, gingen auseinander. Was an jenem freundlichen Septembertag aber überdeutlich ins Auge sprang: Die Menschen werden hierzulande immer noch narrisch, wenn sie Hermann Maier auch nur riechen. Markus Rogan wurde gefeiert, der Herminator fast zerrissen.

Trotz dieser Heldenplatz-Erfahrung (und gegen Verleger-Logik) entschieden wir uns für Olympia als Cover-Motiv. Als Verneigung vor den Helden des vergangenen Sommers, die es in Österreich weiß Gott schwer haben, Skirennläufern und Fußballern den Rang abzulaufen.

Auch wenn der Fußballbund 2004 medienwirksam den Hunderter feierte, mit Allzeitgrößen wie Franz Beckenbauer und Michel Platini – Fußball gelebt wurde bei der Euro im heißblütigen Portugal. Uns EM-Zaungästen blieben Detailerfolge. Das Aufsehen erregende 2:2 in der WM-Qualifikation gegen England. Das 1:0 des Double-Gewinners GAK in Liverpool - nie zuvor hatten wir ein Europacupspiel auf der Insel gewonnen. In die Champions League durften wir ärgerlicherweise aber wieder nur Schiedsrichter schicken ...

Das war nicht immer so. Der erste Band der *Sport Chronik* hatte noch Salzburgs respektable Auftritte in der Champions League bejubeln dürfen. Heute halten wir schon die zehnte Auflage in Händen. Schön, dass wir auch für diese Jubiläumsausgabe die führenden Sportjournalisten des Landes gewinnen konnten: Josef Metzger, Heinz Prüller, Wolfgang Winheim, Robert Sommer und Peter Klöbl, der nicht nur schrieb, sondern auch uns anderen Autoren die Sporen gab.

Aber ein Jahrbuch muss nicht nur informativ geschrieben sein, man sollte sich auch auskennen. Daher haben wir die übersichtliche Struktur beibehalten: vorne das Kalendarium mit dem Überblick über das Sportjahr, dann als Kern Kommentare und Fotodokumentation und als Abschluss die Statistik, diesmal angereichert mit allen Medaillengewinnern der olympischen Sommerspiele und allen Aufstellungen der sensationellen Fußball-EM.

Viel Spaß beim Rückblick auf das spannende Sportjahr 2004 wünscht

Michael Kuhn

MICHAEL KUHN, *geboren am 28. Oktober 1937, seit der Wiedergründung der „Neuen Kronen Zeitung" 1959 Sportchef, seit 2003 geschäftsführender Chefredakteur, ORF-Mitarbeiter zwischen 1965 und 1993, Kommentator und Moderator von Ski und Fußball, Autor von „Kuhn's Sport Chronik" und vieler Fachpublikationen, Präsident von „Sports Media Austria", der Vereinigung österreichischer Sportjournalisten.*

OKTOBER

1. OKTOBER

Melzer in Metz out: Der Daviscup-Spieler unterliegt in der ersten Runde des dortigen Tennis-Turniers dem Spanier Tommy Robredo mit 2:6, 6:7.

Serie beendet: Sturm schafft mit dem 2:1 gegen den GAK den ersten Derby-Sieg seit genau 773 Tagen.

2. OKTOBER

„Back to the roots“: Österreichs Tennis-Ass Babara Schett kehrt zu ihrem alten Coach Gerald Mandl zurück.

Thriller in Moskau: Stefan Koubek muss drei Matchbälle abwehren, ehe er beim Tennis-Turnier in Russlands Hauptstadt den Weißrussen Max Mirnyi im Achtelfinale mit 6:3, 4:6, 7:6 (10:8 im Tie-Break) besiegt.

3.OKTOBER

Schock für Koubek: Der Kärntner hat im Viertelfinale des Tennis-Turniers von Moskau gegen Vince Spadea (US) beim Stand von 6.2, 5:2 und 40:15 zwei Matchbälle, verliert dann aber noch in drei Sätzen.

Schock für Manninger: Torhüter Alexander Manninger verliert gleich das erste Pflichtspiel mit seinem neuen Verein FC Bologna – 2:3 im italienischen Fußball-Cup beim Viertligisten Brindisi.

4. OKTOBER

Vor 6000 Fans unterliegt Thomas Muster beim Senioren-Turnier in Eindhoven im Duell der Tennis-Legenden John McEnroe mit 5:7, 4:6.

5. OKTOBER

„Außerirdisches Duo“: Hugo Simon und sein 16-jähriger Hannoveraner „E.T.“ gewinnen den Großen Preis beim CSI-B-Turnier der Springreiter in der Wr. Neustädter Arena Nova.

Platz drei für Christian Klien im zweiten Rennen zur Formel-3-Euroseries in Hockenheim. Als Gesamtzweiter ist der Vorarlberger weiterhin bester Rookie.

6. OKTOBER

Nervenprobe bestanden: Jürgen Melzer behält in der ersten Runde der BA-CA-Trophy in der Wiener Stadthalle kühlen Kopf und besiegt den Spanier Tommy Robredo nach Abwehr eines Matchballs mit 6:2, 6:7, 7:6.

7. OKTOBER

Sensationelle Premiere: Philipp Peter feiert beim ersten Einsatz des neuen Ferrari Maranello GTC mit seinem italienischen Partner Fabio Babini in Estoril gleich seinen ersten Triumph in der FIA-GT-W.

Faustdicke Überraschung: Jürgen Melzer und Stefan Koubek bezwingen im Doppel-Bewerb der BA-CA-Trophy das an Nummer eins gesetzte schwedisch-australische Weltklasse-Duo Jonas Björkman/Tood Woodbridge.

8. OKTOBER

Karriere beendet: Vera Lischka kehrt dem Schwimmsport endgültig den Rücken. Der größte Erfolg der Linzerin war der Kurzbahn-Europameistertitel über 50 m Brust 1996 in Rostock.

Erste Runde „überlebt“: Stefan Koubek folgt Jürgen Melzer ins Achtelfinale der BA-CA-Trophy. Allerdings muss sich der Kärntner sehr plagen, bis er den Russen Nikolay Dawidenko mit 6:2, 4:6, 7:6 niederringt.

9. OKTOBER

NHL-Debüt: Christoph Brandner feiert seine Premiere in der härtesten Eishockey-Liga der Welt. Nicht zum Jubeln war das Ergebnis – 0:1 mit seinen Minnesota Wild in Chicago.

Katastrophen-Tag: Beide Österreicher scheitern im Achtelfinale der BA-CA-Trophy glatt in zwei Sätzen: Erst verliert Jürgen Melzer gegen den Deutschen Nicolas Kiefer, dann unterliegt Stefan Koubek dem Spanier Feliciano Lopez.

10. OKTOBER

Noch kein Olympia-Ticket: Obwohl Österreichs Degen-Herren bei der Fecht-WM in Havanna sogar Titelverteidiger Frankreich schlagen und erst im Viertelfinale gegen Schweden ausscheiden, können sich Christoph Marik & Co. als Gesamtsechste noch nicht für Athen qualifizieren.

11. OKTOBER

Einstand mit Niederlage: Die Handball-Herren von Hard verkaufen sich bei ihrem Debüt in der Champions League teuer, verlieren aber dennoch beim spanischen Star-Ensemble Leon mit 24:29.

K.o. in der Nachspielzeit: Trotz einer roten Karte für Markus Schopp geht Österreich im EM-Qualifikationsspiel gegen Tschechien mit 2:1 in Führung. Doch am Ende haben die Gäste die Nase vorn. In der 92. Minute erzielt Jan Koller das 3:2.

12. OKTOBER

Ein würdiger Champion: Roger Federer zeigt im Finale der BA-CA-Trophy Tennis vom Feinsten und deklassiert den Spanier Carlos Moya in drei Sätzen. Damit verteidigte der Schweizer erstmals in seiner Karriere einen Titel.

Rot-weiß-roter Erfolg: Das österreichische Motorsport-Trio Dieter Quester/Philipp Peter/Toto Wolf jubelt beim 6-Stunden-Klassiker in Monza über den Gesamtsieg.

13. OKTOBER

Erstes Österreicher-Tor in der NHL: Christoph Brandner gelingt bereits in seinem dritten Spiel für Minnesota mit einem Backhandschuss das 1:0 gegen San Jose. Am Ende setzt es aber leider eine 2:3-Heimniederlage. Trotzdem ein großer Tag für den Eishockey-Teamspieler.

2003

15. OKTOBER

Sensation, Schock und Schlappe: Salzburg schafft nach der 0:1-Hinspielniederlage durch ein 2:1 in Udinese den Aufstieg in die zweite UEFA-Cup-Runde. Katzenjammer dagegen beim GAK: Unerwartet scheiden die „Rotjacken" aus – nur 1:1 (Hinspiel 0:0) daheim gegen Valerenga Oslo. Austria Wien war gegen Dortmund wie beim 1:2 im Happel-Stadion chancenlos – 0:1 im „Fußballtempel" Westfalen-Stadion.

16. OKTOBER

Medaillentraum geplatzt: Nik Berger und Clemens Doppler verlieren bei der Beachvolleyball-WM in Rio de Janeiro im Achtelfinale 0:2 gegen das Schweizer Duo Kobel/Heuscher.
Chancen verjuxt: Kärnten verliert nach dem 1:2 in Feyenoord trotz mehrerer guter Gelegenheiten das Heimspiel 0:1. Salzburg bleibt Österreichs einziger Vertreter in der zweiten Runde des UEFA-Cups.

18. OKTOBER

Doppelsieg für Boarder-Girls: Doris Krings gewinnt am Söldener Gletscher den Parallel-Riesentorlauf vor Maria Pichler. Weltmeister Sigi Grabner wird bei den Herren Zweiter.
Heimpleite für Hard: Österreichs Handball-Meister erhält im ersten Heimspiel in der Champions League eine Lehrstunde von Montpellier – 18:27.
„Wunder von Oslo": Die Handball-Damen von Hypo Niederösterreich überraschen in der Champions-League-Qualifikation: Durch einen 25:21-Auswärtssieg bei Nordstrand Oslo qualifizieren sie sich für die Königsklasse.

19. OKTOBER

Double für Höllwarth: Der Skispringer sichert sich in der Ramsau auf der Normal- und der Großschanze den Staatsmeistertitel.
Abgeräumt: Snowboarder Sigi Grabner holt sich nach Platz zwei im Parallel-Riesentorlauf am Söldener Gletscher den Sieg im Parallel-Slalom.

21. OKTOBER:

Riesenenttäuschung für Squash-Team: Vor ausverkauftem Haus wird bei der WM in Wien-Oberlaa durch ein 1:2 gegen Schweden der angestrebte Aufstieg ins Achtelfinale verpasst.
Sensation verpasst: Lokalmatadorin Sybille Bammer bringt beim Tennis-„Generali Ladies" in Linz die hohe Favoritin Anna Pistolesi an den Rand einer Niederlage, verliert nach 2:11 Stunden aber in drei Sätzen.

22. OKTOBER

Blauer Brief: Kurt Jara wird nach einem verpatzten Saisonstart als Trainer des deutschen Bundesligisten Hamburger SV entlassen.
Erstrunden-Pleite: Babsi Schett unterliegt in Linz ihrer ungarischen Freundin Petra Mandula deutlich in zwei Sätzen.

25. OKTOBER

Große Ernüchterung: Alexandra Meissnitzer ist als Achte beste Österreicherin beim Riesentorlauf in Sölden. Niki Hosp übersteht einen kapitalen Salto glimpflich. Der Sieg geht an die Deutsche Martina Ertl.

26. OKTOBER

Vierter Doppel-Titel: Tennis-Profi Julian Knowle hat allen Grund zum Jubeln. Er schlägt mit seinem kroatischen Partner Nenad Zimonjic im Finale des Millionen-Turniers von St. Petersburg das deutsche Duo Schüttler/Kohlmann mit 7:6, 6:3.
Eklat in Paris: Stefan Koubek rastet in der ersten Qualifikationsrunde des Tennis-Turniers in Bercy aus. Er zertrümmert im Tie-Break des dritten Satzes gegen den Spanier Fernando Verdasco drei Rackets und wird disqualifiziert.
Söldens Berge verneigen sich vor Triumphator Bode Miller. Der US-Amerikaner dominiert den ersten Riesentorlauf der Saison. Als bester Österreicher landet Benni Raich auf Rang fünf.
Erster Bundesliga-Treffer: Edi Glieder erzielt mit dem Last-Minute-Ausgleich für Schalke zum 2:2 in Hamburg sein erstes Pflichtspiel-Tor für die Königsblauen.

29. OKTOBER

Rapid-Solo gestoppt: Durch einen 2:0-Sieg im großen Wiener Fußball-Derby kommt Meister Austria Wien bis auf vier Punkte an den Tabellenführer heran. In der Bundesliga ist wieder alles offen.
Nächster Trainerrauswurf: Nach der 1:2-Heimniederlage gegen die Admira feuert Fußball-Bundesligist Salzburg Trainer Lars Söndergaard.

31. OKTOBER

Verpatzter Auftakt: Die Tischtennis-Herren des SVS Niederösterreich mit Weltmeister Werner Schlager an der Spitze verlieren trotz 2:0-Führung das erste Champions-League-Heimspiel mit 2:3 gegen Grenzau (D).

NOVEMBER

2. NOVEMBER

Österreicher-Finale: Alex Peya besiegt im Endspiel des Tennis-Challengers von Aachen Jürgen Melzer in zwei Sätzen.

3. NOVEMBER

Erstes Gipfeltreffen: Die Aon hotVolleys gewinnen das erste Saisonduell der heimischen Volleyball-Giganten mit 3:1 gegen Tirol.

6. NOVEMBER

Bitteres Debakel, UEFA-Cup ade! Im Linzer Stadion setzt es für Salzburg im Hinspiel der zweiten Runde gegen AC Parma, den Vierten der Serie A, ein böses 0:4.

7. NOVEMBER

Schwimm-Feuerwerk: Fabienne Nadarajah besiegt beim Innsbrucker Sprintchamp Weltstar Franziska von Almsick über 50 m Delphin. Mirna Jukic glänzt mit souveränen Erfolgen über 50 m und 100 m Brust.
Brav gekämpft, aber verloren: Die Handballer von Hard unterliegen nach starker Vorstellung im zweiten Champions-League-Heimspiel Medwedi Moskau mit 26:30.

8. NOVEMBER

Jubelstürme für Hugo Simon bis unter das Dach der Wiener Stadthalle: Der 61-Jährige reitet beim „Fest der Pferde" vor 6000 begeisterten Zuschauern seinen Stöpke zum Sieg im Zeitspringen.

9. NOVEMBER

Starke Defensive: Österreichs junges Eishockey-Team gewinnt beim Turnier in Briancon gegen Slowenien dank einer disziplinierten Abwehrleistung mit 2:0.
Kräftiges Lebenszeichen: Österreichs Tischtennis-Weltmeister Werner Schlager und sein Doppelpartner Karl Jindrak beenden die German Open in Bremen auf Rang zwei. Das erste Rufzeichen des Duos seit EM-Bronze im April 2003 in Courmayeur.
Nichts zu holen: Die Handballer von Bregenz (gegen Creteil im Cupsieger-Bewerb) und Linz (gegen Santander im EHF-Cup) scheiden aus dem Europapokal aus.

10. NOVEMBER

Sieg in Le Mans: Philipp Peter gewinnt im Ferrari 360 Modena mit Karl Engelhorn und dem Italiener Andrea Montermini zum Auftakt der neuen „Le-Mans-Endurance"-Serie die 1000 km.
NBA-Star in Österreich: Unglaublicher Transfer in der Basketball-Bundesliga! Acie Earl, der in der NBA in Boston, Toronto und Milwaukee spielte, unterschreibt bei Traiskirchen.

Härteschlacht: In einem Spiel mit 174 Strafminuten und Spieldauer-Disziplinarstrafen für die Lakos-Brüder verliert Österreichs Eishockeyteam in Briancon gegen Frankreich mit 0:3.
Sieg hauchdünn verpasst: Ein Flüchtigkeitsfehler am fünften Hindernis des Stechens kostet Hugo Simon und seinen E.T. beim „Fest der Pferde" den so erträumten vierten Erfolg im Audi-Grand-Prix, am Ende belegt er Rang drei. Sieger: Franke Sloothaak (D).

15. NOVEMBER

Goldfisch trumpft auf: Mirna Jukic gewinnt beim Kurzbahn-Arena-GP in Florenz die 50 m Brust in persönlicher Bestzeit von 31,44 und die 200 m Brust in starken 2:23,78.
Unterwegs an die Spitze: Die 18-jährige Victoria Max-Theurer, Tochter von Olympiasiegerin Sissy, wird im Rahmen des Dressur-Weltcups mit Falcao in der Intermediaire II Zweite.
Rodler räumen ab: Traumstart in den Weltcup-Winter! Andreas und Wolfgang Linger gewinnen das Doppelsitzer-Rennen im lettischen Sigulda. Veronika Halder erobert bei den Damen hinter Siegerin Silke Kraushaar (D) den ersten ÖRV-Stockerlplatz seit zwei Jahren.
Titel verteidigt: Esther Schouten, mit österreichischer Lizenz boxende Holländerin, sichert sich in Vösendorf gegen die US-Amerikanerin Alicia Ashley erneut den WM-Gürtel im Juniorfedergewicht. Dagegen verliert Jürgen Himmler seinen Abschiedsfight gegen den Deutschen René Weller.

16. NOVEMBER

Hermann Maier verletzt: Erst jetzt wird bekannt, dass der „Herminator" seit über vier Wochen mit einem Rippenbruch und mit Schmerzen fährt.
Arger Unfall: Eisschnelllauf-Queen Emese Dörfler-Antal zieht sich beim Weltcup in Erfurt bei einem schweren Sturz komplizierte Beinbrüche zu.
Vierte Niederlage: Mit dem 24:29 in Montpellier kassieren die Harder Handballer die vierte Pleite im vierten Spiel in der Champions League.

20. NOVEMBER

Glatter Sieg: Thomas Muster startet mit einem 6:4, 6:3 gegen den Italiener Omar Camporese in das Tennis-Seniorenturnier von Monte Carlo.

21. NOVEMBER

Weltmeister bezwungen: Österreichs Faustballer besiegen bei der WM in Porto Allegre Gastgeber und Titelverteidiger Brasilien und ziehen ins

2003

Semifinale gegen Deutschland ein.

Weiter kein Erfolg: Die Harder Handball-Herren verlieren auch das fünfte Spiel in der Champions League – 24:32 gegen Leon.

22. NOVEMBER

„Miller-Express“ ist nicht zu stoppen: Bode Miller gewinnt in Park City den Riesentorlauf mit großem Vorsprung vor Andi Schifferer und Hans Knauß. Hermann Maier wird Siebenter, Christian Mayer Achter.

Olympia-Ticket gelöst: Matthias Steiner belegt bei der Gewichtheber-WM in Vancouver in der Klasse bis 105 kg mit der Zweikampfleistung von 402,5 kg (österreichischer Rekord) Rang sieben und qualifiziert sich für die Olympischen Spiele.

Niederlage gegen Erzrivalen: Österreichs Faustball-Herren unterliegen bei der WM im Semifinale dem „großen Bruder“ Deutschland mit 0:2.

23. NOVEMBER

Chaos um „Schöni“: Verrückter Slalom in Park City! Rainer Schönfelder wird behindert, fliegt raus, protestiert, legt im Wiederholungslauf Bestzeit hin, wird Zweiter und am Ende doch disqualifiziert. Nach der Jury-Entscheidung belegt Manfred Pranger Platz zwei hinter Sieger Kalle Palander.

Rang drei für Tom: Thomas Muster sichert sich bei der „Tennis-Tour of Champions“ in Monte Carlo gegen den Franzosen Henri Leconte den dritten Platz.

24. NOVEMBER

Bronze für Österreich: Das Herrenteam belegt bei der Faustball-WM im brasilianischen Porto Allegre nach einem 2:0 gegen die Schweiz Platz drei.

25. NOVEMBER

Formel-1-Feuertaufe: Christian Klien dreht bei Tests in Valencia seine ersten 42 Runden in der „Jaguar-Raubkatze“ – ohne Fehler, ohne Ausritt, ohne Dreher und schnell. Er ist nur rund eine Sekunde hinter dem WM-Achten Mark Webber.

An Monster-Deckung zerbrochen: Österreichs Handball-Herren verzweifeln in einem Testspiel in Linz an der starken deutschen Abwehr und agieren im Angriff ideenlos. Am Ende setzt es ein 20:26.

27. NOVEMBER

Historisches Debakel: Salzburg gerät in der zweiten UEFA-Cup-Runde nach dem 0:4 im Hinspiel auch im Rückspiel bei Parma mit 0:5 arg unter die Räder.

28. NOVEMBER

Senior rettet Ehre: Andi Goldberger segelt im ersten Weltcup-Springen in Kuusamo von Rang 14 auf Platz sechs, ist damit bester Österreicher. Der Sieg geht an den Finnen Matti Hautamäki.

Sich selbst überrascht: Niki Hosp kann es gar nicht glauben. Nach ihrem kapitalen Sturz von Sölden wird sie im Riesentorlauf von Park City Zweite hinter der schwedischen Überfliegerin Anja Pärson.

29. NOVEMBER

Rot-weiß-rot ganz oben: Weltmeister Michael Walchhofer sorgt bei der Weltcup-Abfahrt in Lake Louise für den ersten österreichischen Saisonsieg. Johann Grugger katapultiert sich mit Startnummer 39 auf Rang sieben.

Top-Resultat: Marlies Schild belegt beim Slalom in Park City hinter der alles überragenden Schwedin Anja Paerson und der Schweizerin Sonja Nef Platz drei. Elisabeth Görgl und Niki Hosp scheiden aus.

Horrorsturz: Thomas Morgenstern stürzt beim zweiten Weltcup-Springen in Kuusamo fürchterlich, überschlägt sich mehrfach. Der Kärntner kommt wie durch ein Wunder mit leichten Verletzungen davon.

„Schichtwechsel“: Nach 19 Runden gibt Rapid (1:1 in Mattersburg) in der T-Mobile-Bundesliga die Tabellenführung an die Austria ab, die Admira Mödling mit 5:1 aus dem Horr-Stadion schießt.

Punktelos Letzter: Mit der sechsten Niederlage im sechsten Spiel (22:33 in Moskau) verabschieden sich die Herren-Handballer von Hard als Letzter aus der Champions League.

30. NOVEMBER

Vierfachsieg: Hermann Maier feiert beim Super-G von Lake Louise seinen 43. Weltcupsieg. Auf den Plätzen folgen Michael Walchhofer, Stephan Eberharter und Benni Raich.

DEZEMBER

2. DEZEMBER

Österreichische Raubkatze: Christian Klien ist offiziell jüngster rot-weiß-roter Formel-1-Pilot. Der Vorarlberger unterschreibt in Barcelona bei Jaguar und wird damit Teamkollege von Mark Webber.
Perfekter Start: Österreichs Handball-Damen fertigen zum WM-Auftakt in Poreč Angola mit 29:19 ab. Erfolgreichste Werferin ist Tanja Logvin mit neun Toren.

3. DEZEMBER

Rundes Jubiläum: Ski-Legende Franz Klammer, Abfahrts-Olympiasieger 1976 in Innsbruck, feiert seinen 50. Geburtstag.
Kantersieg: Österreichs Handballerinnen deklassieren bei der WM Uruguay mit 47:20 – der zweithöchste Sieg in der österreichischen Länderspielstatistik.

4. DEZEMBER

Der dritte Streich: Eine solide Abwehrleistung und eine überragende Rusnatchenko im Tor reichen dem Damen-Handball-Team zum dritten WM-Erfolg – 29:22 gegen Tschechien.

5. DEZEMBER

Sechs Österreicher unter Top Ten: Hinter Sieger Daron Rahlves landen sechs Österreicher bei der Abfahrt in Vail/Beaver Creek unter den besten Zehn: Stephan Eberharter (2.), Michael Walchhofer (4.), Hermann Maier (5.), Johann Grugger (7.), Hannes Trinkl (8.) und Klaus Kröll (9.).
Kein Stockerl-Platz: Österreichs Ski-Damen schneiden bei der Abfahrt in Lake Louise enttäuschend ab. Alexandra Meissnitzer wird Siebente, Ingrid Rumpfhuber Neunte und Speed-Queen Renate Götschl landet nur auf dem 13. Platz.

6. DEZEMBER

Toller Dreifachsieg: Da staunen sogar die Raubvögel von Beaver Creek. Hermann Maier gewinnt die dortige zweite Abfahrt vor seinen Teamkollegen Hans Knauß und Andreas Schifferer.
Große Erleichterung: Es geht ja doch! 24 Stunden nach der Schlappe bei der ersten Abfahrt von Lake Louise stürmen mit den Routiniers Michaela Dorfmeister (2.) und Renate Götschl (3.) gleich zwei Österreicherinnen aufs Podest. Siegerin: Carole Montillet (FRA).
Vorzeitiges Aus droht: Der SVS Niederösterreich verliert in der Tischtennis-Champions-League auch sein zweites Gruppenspiel – 1:3 gegen den schwedischen Titelträger BTK Halmstad.

7. DEZEMBER

Zweiter in Lieblings-Disziplin: Hermann Maier wird in seiner Domäne Super-G in Beaver Creek Zweiter hinter dem Norweger Bjarne Solbakken. Hans Knauß sichert sich den dritten Platz.
Rot-weiß-rot dominiert: Da ist sie wieder, die alte Stärke. Speed-Queen Renate Götschl dominiert den Super-G in Lake Louise und gewinnt mit 53 Hundertstel Vorsprung vor Michaela Dorfmeister.

8. DEZEMBER

Weiter Weltranglisten-Erster: Christoph Marik feiert in Kuwait seinen siebenten Weltcuperfolg als Degenfechter. Der Niederösterreicher bezwingt im Finale den schwedischen Vizeweltmeister Dieter Vanky und bleibt Erster der Weltrangliste.
39 Gegentore: Obwohl Torfrau Beate Hofmann 23 Bälle pariert, verlieren Österreichs Handball-Damen bei der WM gegen Südkorea mit 34:39.

10. DEZEMBER

Herbe Abfuhr: Die Aon hot Volleys verlieren den Auftakt zur Champions League mit 0:3 bei Belgiens Volleyball-Meister Maaseik.
Olympia-Traum geplatzt: Österreichs Handball-Damen verlieren bei der WM in Zagreb 25:28 gegen Frankreich und verpassen die Olympia-Qualifikation. Trainer Ole Eliasen tritt daraufhin zurück.
Erstrunden-Pleite: Stefan Koubek verliert zum Beginn des Tennisturniers von St. Anton mit 5:7, 2:6 gegen den Koreaner Hyung-Taik Lee.

11. DEZEMBER

Energie-Leistung: Schwimm-Star Markus Rogan holt trotz Jetlag bei der Kurzbahn-EM in Dublin über 200 m Rücken die Bronzemedaille.

12. DEZEMBER

Rot-weiß-roter Goldfisch: Mirna Jukic verteidigt bei der Kurzbahn-EM in Dublin ihren Titel über 200 m Brust. Fabienne Nadarajah sichert sich über 50 m Brust die Bronzemedaille.
Auf dem Stockerl: Felix Gottwald belegt beim Weltcup der Nordischen Kombinierer in Predazzo den zweiten Platz.

13. DEZEMBER

Führung ausgebaut: Snowboard-Weltmeister Sigi Grabner bleibt nach seinem Sieg im Parallel-Riesentorlauf in Whistler Mountain Weltcup-Erster. Stefan Kaltschütz als Dritter komplettiert den ÖSV-Erfolg.
Aufs Podest geflogen: Niki Hosp (2.) und Elisabeth Görgl

2003

(3.) sichern sich im Riesentorlauf in Alta Badia auf der „Gran-Risa"-Piste Podestplätze. Die Italienerin Denise Karbon gewinnt mit gerade drei Hundertsteln Vorsprung.

14. DEZEMBER

Mit einem sensationellen Finish holt Mirna Jukic bei der Kurzbahn-EM der Schwimmer in Dublin die Bronzemedaille über 100 m Brust. Markus Rogan wird über 100 m Rücken in der persönlichen Bestzeit von 52,39 Fünfter.

Debakel in Alta Badia: Andreas Schifferer ist beim Riesentorlauf als Achter vor Rainer Schönfelder und Benni Raich bester Österreicher – das schlechteste Resultat seit der WM 1999 in Vail.

Eiskunstlauf-Königin: Julia Lautowa sichert sich mit einer starken Kür ihren fünften Staatsmeister-Titel.

15. DEZEMBER

Zurückgefallen: Manfred Pranger führt nach dem ersten Durchgang des Slaloms in Madonna, landet am Ende auf Platz drei. Rainer Schönfelder fällt von Rang zwei auf Platz sechs zurück. Einzig Benni Raich hält seinen vierten Rang.

16. DEZEMBER

Keine Angst vor „Männer-Piste": Niki Hosp belegt im Slalom auf dem berühmt-berüchtigten Hang von Madonna di Campiglio Platz drei, Marlies Schild wird Siebente.

17. DEZEMBER

Der erste Saisonsieg für das „weiße Wunderteam" in einer technischen Disziplin. Niki Hosp gewinnt den zweiten Slalom in Madonna vor der Schwedin Anja Pärson, Marlies Schild und Elisabeth Görgl.

18. DEZEMBER

Verspäteter Olympia-Sieg: Mit knapp zwei Jahren Verspätung wird Christian Hoffmann zum Olympiasieger im 30-km-Skilanglauf von Salt Lake City erklärt, da dem für Spanien startenden Johann Mühlegg vom internationalen Sportgerichtshof wegen Doping seine Goldmedaille aberkannt wird. Dadurch rückt auch Michael Botwinow auf den zweiten Platz vor.

Bann gebrochen: Die Aon hot Volleys schlagen im ersten Champions-League-Heimspiel Kedzierzyn mit 3:1 – der erste Sieg der Wiener im fünften Spiel gegen den polnischen Volleyball-Champion.

19. DEZEMBER

Super-G-Show vermasselt: Der Norweger Lasse Kjus feiert in Gröden seinen 15. Weltcupsieg und verdrängt das rot-weiß-rote Gigantenduell in „Reihe zwei" – Stephan Eberharter und Hermann Maier werden Zweiter und Dritter.

Chance gewahrt: Tischtennis-Weltmeister Werner Schlager und der SVS Niederösterreich halten in der Champions League mit einem glatten 3:0 gegen Ochsenhausen (D) die Chance auf das fünfte Semifinale in Folge am Leben.

20. DEZEMBER

Nächster Gipfelsturm: Zum dritten Mal in ihrer Karriere gewinnt Renate Götschl das Abfahrtsrennen im Schweizer Nobelort St. Moritz. Der schwere Sturz von Christine Sponring, die sich Kreuz- und Seitenband reißt, überschattet das Rennen.

Traumhaftes Mannschaftsergebnis: Hinter Sieger Antoine Deneriaz bilden Michael Walchhofer (2.), Hans Knauß (3.), Fritz Strobl (4.), Hermann Maier (5.), Stephan Eberharter (6.) und Klaus Kröll (7.) bei der Abfahrt in Gröden eine beeindruckende Phalanx.

Zehntel-Krimi: Beim Weltcup-Skispringen in Engelberg wird Martin Höllwarth Dritter – nur ein Zehntel hinter dem Zweiten Janne Ahonen. Allerdings hat „Hölli" auch nur zwei bzw. fünf Zehntel Vorsprung auf den Dritten Pettersen und auf den Vierten Hannawald.

„Turbo-Luggi": Oldboy Ludwig Gredler fügt seiner Biathlon-Karriere ein weiteres Erfolgserlebnis hinzu. Der 36-Jährige erobert im 10-km-Sprint in Osrblie den zweiten Platz.

21. DEZEMBER

Sensationssieg: Skilangläufer Christian Hoffmann gewinnt in der Ramsau über zehn Kilometer und schafft damit erst den dritten Weltcup-Einzelsieg eines Österreichers.

Maier erschöpft: Der „Herminator" belegt beim Riesentorlauf in Alta Badia nur Platz 26 und geht trotzdem als Führender im Gesamtweltcup in die Weihnachtspause. Benni Raich ist auf Platz fünf der beste Österreicher.

27. DEZEMBER

Toller Doppelsieg: Obwohl sie in beiden Läufen patzt, gewinnt Niki Hosp den Heim-Riesentorlauf in Lienz 65 Hundertstel vor Renate Götschl.

28. DEZEMBER

Führung vergeben: Nach dem ersten Durchgang beim Slalom in Lienz führt Niki Hosp noch mit 64 Hundertstel vor Anja Pärson, am Ende liegt die Schwedin aber 34 Hundertstel vor Hosp.

29. DEZEMBER

Angst besiegt: Nur knapp vier Wochen nach seinem Horrorsturz in Kuusamo fliegt Thomas Morgenstern seiner Angst davon und wird zum Auftakt der Vierschanzen-Tournee Zweiter. Mit Martin Höllwarth (3.) steht ein weiterer Österreicher auf dem Podest.

TOTO 2003 gibt es neun Toto Gewinne über € 100.000,-: 5 in Wien, 2 in der Steiermark, je 1 in Kärnten und Vorarlberg.

JÄNNER

1. JÄNNER

Mächtiger Sprung: Mit der Höchstweite von 121 Metern im Finale und nur 0,7 Punkten Rückstand auf den norwegischen Sieger Sigurd Pettersen sichert sich Martin Höllwarth beim Neujahrsspringen in Garmisch-Partenkirchen Platz zwei. Thomas Morgenstern wird Achter.

3. JÄNNER

„Blitz aus Pitz" triumphiert: Benni Raich gewinnt mit dem Riesentorlauf in Flachau sein erstes Weltcup-Rennen seit dem 22. Dezember 2001.

Überraschung durch Hypo: Die Handballerinnen gewinnen im ersten Champions-League-Heimspiel gegen Skopje unerwartet mit 25:23.

Bronzener Auftakt: Österreichs Rodler holen zum Auf takt der Europameisterschaft in Oberhof die Bronzemedaille im Teambewerb.

4. JÄNNER

Sensationelles Finale: Rapid gewinnt den Hallencup in der Wiener Stadthalle! Im hochdramatischen Endspiel führt Austria 2:0, Grün-Weiß dreht das Spiel auf 5:2, Violett gleicht zum 5:5 aus. Verlängerung. Als jeweils nur noch ein Feldspieler auf dem Parkett steht, gelingt Ivanschitz das „Golden Goal".

Führung im Slalom-Weltcup: Manfred Pranger wird beim Slalom in Flachau Zweiter und führt gemeinsam mit Sieger Kalle Palander den Slalom-Weltcup an.

Negativserie vorbei: Alexandra Meissnitzer beendet beim Super-G in Megève ihre lange Zeit ohne Sieg. 1759 Tage nach ihrem Abfahrtserfolg in der Sierra Nevada steht „Meissi" wieder ganz oben auf dem Podest. Neben ihr: Renate Götschl (2.) und Michaela Dorfmeister (3.).

Niete in der Windlotterie: Nach dem ersten Durchgang des dritten Springens der Vierschanzen-Tournee in Innsbruck führt Martin Höllwarth. Doch beim Finalsprung ist die Thermik schlecht, am Ende reicht es nur zu Platz fünf.

6. JÄNNER

Tournee-Zweiter: Martin Höllwarth wird beim letzten Springen der Vierschanzen-Tournee in Bischofshofen Fünfter und damit Zweiter in der Gesamtwertung, die der Norweger Sigurd Pettersen gewinnt. Thomas Morgenstern belegt sowohl im letzten Springen als auch gesamt Rang vier.

7. JÄNNER

Bittere Niederlage: Tennis-Profi Stefan Koubek verpasst in Doha durch eine Zweitrunden-Niederlage gegen den Koreaner Hyung-Taik Lee die Titelverteidigung.

9. JÄNNER

Endstation Finale: Stefan Koubek verliert mit Andy Roddick in Doha das Doppel-Finale in zwei Sätzen gegen die Tschechen Damm/Suk.

10. JÄNNER

„Kaiser Steff": Stephan Eberharter feiert in der Abfahrt von Chamonix seinen 26. Weltcup-Sieg und zieht in der Bestenliste mit Franz Klammer gleich. Zudem ist Chamonix als letzter weißer Fleck auf der persönlichen Erfolgskarte getilgt. Jetzt hat „Kaiser Steff" auf allen Abfahrts-Klassikern dieser Welt gewonnen.

30. Weltcup-Triumph: Speed-Queen Renate Götschl feiert mit ihrem Abfahrtssieg in Veysonnaz ein ganz besonderes Jubiläum – ihr 30. Weltcup-Sieg seit 1993!

Deftige Pleite: Die Handballerinnen von Hypo NÖ verlieren in der Champions League 26:38 beim dänischen Champion Slagelse und kassieren damit ihre zweithöchste Europacup-Pleite.

11. JÄNNER

Die Queen im Netz: Renate Götschl stürzt beim Super-G in Veysonnaz bei über 90 Stundenkilometern, rast ins Fangnetz, kommt zum Glück mit Prellungen davon. Michaela Dorfmeister als Zweite und Silvia Berger als Dritte sorgen für Top-Platzierungen.

Slalom-Tief: Erstmals gibt's in Chamonix ein Slalom-Siegerfoto ohne ÖSV-Läufer. Rainer Schönfelder ist auf Platz vier bester Österreicher, Manfred Pranger wird Sechster.

Überragender Youngster: Der 19-jährige Ernst Öbster schießt den LASK mit drei Toren im Finale (4:1 gegen Pasching) zum Hallentitel in Linz. Mit neun Treffern wird er auch Turnier-Schützenkönig.

12. JÄNNER

Neue Nummer eins: Stefan Koubek fällt im ATP-Ranking auf Rang 91 zurück. Damit ist Jürgen Melzer auf Platz 77 erstmals bester Österreicher.

14. JÄNNER

Überraschender Rücktritt: Steffi Graf, als 800-m-Läuferin Österreichs erfolgreichste Leichtathletin aller Zeiten, erklärt in Südafrika überraschend ihren Rücktritt vom Wettkampfsport.

Großer Rückstand: Österreichs Ski-Damen fahren beim Super-G in Cortina d'Ampezzo hinterher. Renate Götschl und Katja Wirth sind ex aequo auf Platz sieben mit 1,29 Sekunden Rückstand auf die kanadische Siegerin Genevieve Simard noch am besten platziert.

16. JÄNNER

Rasende Speed-Queen: Renate Götschl fährt beim Super-G in Cortina die Konkurrenz in Grund und Boden und gewinnt überlegen. Mit dem Sieg verkürzt sie den Rückstand im Gesamtweltcup auf Anja Pärson auf 72 Punkte.

Bitteres Aus: Die Tischtennis-Herren des SVS Niederösterreich verlieren das Champions-League-Gruppenspiel in Ochsenhausen 0:3 und verpassen damit erstmals den Einzug ins Semifinale.

Wichtiger Sieg: Die Hypo-Handballerinnen gewinnen ihr Champions-League-Heimspiel mit 28:23 gegen Nis und wahren die Aufstiegschance.

Riesenschritt für Radsport: Österreich hat endlich einen echten Profi-Rennstall. Der Weltverband erteilt dem Elk-Team eine GS-II-Lizenz.

17. JÄNNER

Führung übernommen: Mit einem zweiten Platz bei der Abfahrt in Cortina zieht Renate

2004

Götschl an der Schwedin Anja Pärson vorbei und übernimmt in dieser Saison erstmals die Führung im Gesamtweltcup.

18. JÄNNER

Doppelte Nummer eins: Benni Raich gewinnt in Wengen den Slalom vor Rainer Schönfelder und übernimmt die Führung im Gesamt-Weltcup.
Super-Serie verlängert: Cortina d´Ampezzo bleibt der Lieblingsort von Renate Götschl im Weltcup-Zirkus. Mit einem zweiten Platz in der zweiten Abfahrt baut sie die Anzahl ihrer Stockerlplätze im ehemaligen Olympiaort auf 14 und den Vorsprung auf Anja Pärson in der Weltcup-Gesamtwertung auf 71 Punkte aus.
Sternstunde für „Hölli“: Skispringer Martin Höllwarth gelingt in Zakopane der erste Weltcup-Saisonsieg für den ÖSV. Wolfgang Loitzl sorgt für eine gewaltige Schrecksekunde: Er stürzt im Anlauf, verhindert aber den Absturz über den Schanzentisch.
Achter Sieg: Rekordsieger Sturm Graz holt sich beim Hallencup in Graz den nächsten Erfolg. Im Finale hält Außenseiter Leoben gut mit, verliert am Ende aber mit 3:4.
Grund zum Feiern: Der oberösterreichische Motorrad-Hersteller KTM landet bei der Rallye Paris-Dakar einen Sechsfach-Erfolg. Noch beeindruckender: Unter den Top 30 sind 28 KTM-Piloten.

19. JÄNNER

Licht und Schatten: Jürgen Melzer (lockerer Dreisatz-Sieg gegen den Deutschen Tomas Behrend) und Babsi Schett (in drei Sätzen gegen die Argentinierin Clarissa Fernandez) gewinnen zum Auftakt der Australian Open. Dagegen scheidet Stefan Koubek in vier Sätzen gegen den Slowaken Karol Beck aus.

21. JÄNNER

Premiere für Melzer: Österreichs Nummer eins im Tennis erreicht in Melbourne durch einen Sieg gegen Galo Blanco (Spa) erstmals die dritte Runde eines Grand-Slam-Turniers. Babsi Schett scheidet aus – Dreisatz-Niederlage gegen die italienische Qualifikantin Santangelo.

22. JÄNNER

Nur ein Wimpernschlag fehlt: Gerade eine lächerliche Hundertstelsekunde fehlt Stephan Eberharter zum rot-weiß-roten Kitz-Märchen. So aber gewinnt der Norweger Lasse Kjus mit Minimalvorsprung. Hermann Maier wird Vierter, Hans Knauß Fünfter.

23. JÄNNER

Wieder fehlen nur Hundertstel: Wieder ein ganz enges Rennen in Kitzbühel. Diesmal fehlen im Super-G Hermann Maier nur drei Hundertstel auf Sieger Daron Rahlves. Michael Walchhofer und Andreas Schifferer folgen auf den Plätzen drei und vier.
Super-Comeback: Michaela Dorfmeister wird Zweite beim Riesentorlauf in Marburg. Die mit Abstand beste Platzierung seit dem 31. Jänner 2002, wo sie ihren letzten Riesentorlauf-Triumph feierte.
Goodbye Melbourne: Jürgen Melzer unterliegt Sjeng Schalken (NED) in drei Sätzen und verabschiedet sich in der dritten Runde von den Australian Open.

24. JÄNNER

Kaiser von Kitz: Stephan Eberharter krönt sich bei der zweiten Abfahrt in Kitzbühel mit einem Husarenritt vor 50.000 Fans zum Kaiser von Kitz. Mit einer perfekten Ski-Demonstration gewinnt er mit 1,21 Sekunden Vorsprung vor Daron Rahlves.

25. JÄNNER

Teufelsritt am Ganslernhang: Rainer Schönfelder ist nach dem ersten Lauf des Slaloms von Kitzbühel 17., holt sich aber mit einem furiosen zweiten Durchgang noch Platz drei. Benjamin Raich wird im Slalom Sechster, was ihm in der Kombination den zweiten Platz bringt.
Starke Vorstellung: Marlies Schild und Niki Hosp belegen beim Slalom in Marburg hinter der schwedischen „Überfliegerin“ Anja Pärson die Ränge zwei und drei.
Auf Olympia-Kurs: Judoka Ludwig Paischer übernimmt mit seinem Sieg in der Klasse bis 60 kg beim Super-A-Turnier in Moskau die Führung in der Europa-Rangliste.
Angstgegner besiegt: Werner Schlager holt sich beim Pro-Tour-Turnier in Zagreb seinen ersten Triumph seit dem WM-Gold im Mai 2003. Im Finale kämpft er seinen polnischen Angstgegner Lucjan Blaszczyk mit 4:2 nieder.

27. JÄNNER

Doppel-Hattrick: Nach 1999 und 2001 feiert Benjamin Raich seinen dritten Sieg beim Nachtslalom von Schladming, mit seinem dritten Saisonsieg übernimmt er die Führung im Gesamt- und im Slalom-Weltcup.

29. JÄNNER

Schock im Training: Ingrid Rumpfhuber stürzt beim Abfahrtstraining in Haus schwer und bricht sich den Unterschenkel.

31. JÄNNER

Sensationeller Eberharter: Mit dem dritten Abfahrtstriumph binnen vier Wochen und dem 28. Weltcup-Sieg seiner Karriere schnappt Stephan Eberharter in Garmisch Fritz Strobl den ersten Erfolg seit dessen Olympiagold 2002 um neun Hundertstel weg.
Führung zurückerobert: Renate Götschl rast bei der zweiten Abfahrt in Haus auf Platz zwei und übernimmt von der Schwedin Anja Pärson wieder die Führung im Gesamtweltcup.

FEBRUAR

1. FEBRUAR

„Märchen von Garmisch“: 1997 hatte Hermann Maier hier sein allererstes Rennen gewonnen, sieben Jahre danach jubelt er nach dem Super-G zum 45. Mal als großer Triumphator, sichert sich vorzeitig den Super-G-Weltcup und übernimmt von seinem schwer gestürzten Teamkollegen Benni Raich (Gehirnerschütterung und Schleudertrauma) die Führung im Gesamtweltcup.

Rückschlag für Gesamtweltcup: Renate Götschl kommt beim Super-G in Haus nur auf Platz 16 und verliert wertvolle Punkte auf die Schwedin Anja Pärson, die Zwölfte wird.

Last-Minute-Zugang: In den letzten Minuten der Transferzeit schlägt Rapid noch zu und verpflichtet von Bregenz den belgischen Schützenkönig Axel Lawaree.

Aufs Podest gerast: Dieter Quester belegt beim Motorsport-Klassiker „24 Stunden von Daytona“ gemeinsam mit Philipp Peter, Klaus Engelhorn und Andrea Montermini im Ferrari 360 Platz drei in der GT-Klasse.

2. FEBRUAR

Sensations-Transfer: Rekord-Teamspieler Andreas Herzog wechselt in die amerikanische Major League Soccer zu Los Angeles Galaxy.

3. FEBRUAR

New York „erobert“: Die für den LCC Wien startenden Rudi Reitberger (in 10:37) und Andrea Mayr (in 12:08 mit neuem Damenrekord) gewinnen als erste Österreicher den Treppenlauf im Empire State Building.

Tiroler am Betzenberg: Drei Monate nach seinem Rausschmiss beim Hamburger SV kehrt Kurt Jara in die deutsche Bundesliga zurück. Der Tiroler wird neuer Trainer beim 1. FC Kaiserslautern.

4. FEBRUAR

Comeback misslungen: Nach einer mehr als einjährigen verletzungsbedingten Turnierpause verliert Barbara Schwartz in Runde eins des Turniers im italienischen St. Ulrich in zwei Sätzen gegen die Tschechin Koukalova.

Pleite zum Abschied: Die Aon hotVolleys verabschieden sich mit einer klaren 0:3-Heimniederlage gegen den belgischen Gruppensieger Maaseik aus der Volleyball-Champions-League.

5. FEBRUAR

Schrecksekunde für Stohl: Linkskurve, Stein, Schneefahrbahn – und schon ist es passiert. Manfred Stohl kommt beim „Shakedown“ des zweiten Rallye-WM-Laufs im schwedischen Karlstad von der Strecke ab, überschlägt sich, bleibt aber zum Glück unverletzt.

6. FEBRUAR

Einzel gehen verloren: Jürgen Melzer führt in Uncasville gegen die USA zum Auftakt der Daviscup-Weltgruppe gegen Robby Ginepri 7:6, 6:4, verliert noch in fünf Sätzen. Stefan Koubek ist gegen Andy Roddick, der mit 241,4 km/h einen neuen Aufschlag-Geschwindigkeits-Weltrekord aufstellt, beim 4:6, 4:6, 2:6 chancenlos.

7. FEBRUAR

Unglaublicher „Herminator“: Hermann Maier baut in Adelboden mit Platz acht im Riesentorlauf seine Führung im Gesamtweltcup weiter aus.

Trotz eines groben Schnitzers sichert sich Renate Götschl beim Riesentorlauf in Zwiesel Platz drei. Große Gewinnerin ist die Schwedin Anja Pärson, die mit ihrem Sieg vorzeitig die kleine Kristallkugel holt und von Götschl wieder die Führung im Gesamtweltcup übernimmt.

Gelungener Einstand: Kurt Jara gewinnt mit dem 1. FC Kaiserslautern in der deutschen Fußball-Bundesliga sein erstes Spiel daheim gegen Köln mit 1:0.

USA zu stark: Julian Knowle und Jürgen Melzer verlieren beim Davis Cup in Uncasville das Doppel gegen die Bryan-Zwillinge deutlich in drei Sätzen. Damit gehen die USA uneinholbar mit 3:0 in Führung.

Flug ins Glück: Wasserspringerin Anja Richter holt sich bei der Hallen-EM in Stockholm als Zweite vom 10-m-Turm erstmals eine Einzel-Medaille.

Silberner Morgenstern: Thomas Morgenstern sichert sich bei der Nordischen Junioren-WM in Norwegen Silber im Spezialspringen.

8. FEBRUAR

„Paradiesvogel“ flog am besten: Rainer Schönfelder siegt beim Slalom in Adelboden. Der Dritte Benni Raich übernimmt wieder die Führung in der Gesamtwertung.

Muster übernimmt: Günter Bresnik sitzt bei der Davis-Cup-Niederlage gegen die USA in Uncasville das letzte Mal auf der Bank. Thomas Muster wird sein Nachfolger als Teamkapitän.

Synchron zu Bronze: Die Wasserspringerinnen Anja Richter und Marion Reiff sichern sich bei der Hallen-EM in Stockholm vom 10-m-Turm im Synchronspringen den dritten Platz.

Erfolgslauf erst im Finale gestoppt: Tischtennis-Weltmeister Werner Schlager verliert das Finale des europäischen Top-12-Turniers in Frankfurt gegen den dänischen Überraschungsmann Michael Maze mit 1:4.

Mega-Serie vorbei: Die Volleyball-Damen von SVS/Post SV Wien verlieren das Cupfinale gegen Klagenfurt sensationell mit 0:3 – der erste verpasste nationale Titel seit elf Jahren.

13. FEBRUAR

Zwölf Nieten: Die Staffel der österreichischen Biathlon-Herren leistet sich bei der WM in Oberhof zwölf Fehlschüsse und kommt so nicht über Rang neun hinaus.

14. FEBRUAR

Eindrucksvoller Vierfach-Triumph: Österreichs Skikönige dominieren das Abfahrtsrennen in St. Anton nach Belieben. Hermann Maier gewinnt vor Stephan Eberharter, Johann Grugger und Klaus Kröll.

Nur 1,5 Meter fehlen: Beim Skispringen im „Wembley der Adler“ wird Wolfgang Loitzl im

2004

deutschen Willingen auf der größten Großschanze der Welt starker Vierter, auf Platz drei fehlen ihm nur 1,5 Meter.
Blech für Rodler: Sonja Manzenreiter sowie Markus und Tobias Schiegl im Doppelsitzer verpassen bei der Rodel-WM in Nagano mit Platz vier knapp eine Medaille.

15. FEBRUAR

Slalom-Gala: Bode Miller gewinnt in St. Anton überlegen mit fast einer Sekunde Vorsprung und mischt damit wieder kräftig in der Weltcup-Gesamtwertung mit. Österreich jubelt über einen tollen Mannschaftserfolg: Mario Matt, Rainer Schönfelder und Kurt Engl landen auf den Plätzen drei bis fünf.
Olympia-Limit in der Tasche: Beim Hallen-Meeting in Karlsruhe stürmt Sprint-Ass Karin Mayr-Krifka über 200 m in ganz starken 22,88 auf Platz drei der Weltrangliste und unterbietet auch als erste österreichische Leichtathletin das Olympia-Limit.
Meister gestutzt: Die Handballer von Tulln gewinnen das Cup-Finale gegen Meister Hard überraschend mit 25:20.

16. FEBRUAR

Fünfter Erfolg für Didi: Der Mattersburger Mittelfeldregisseur Dietmar Kühbauer gewinnt zum fünften Mal die *Krone*-Wahl zum Fußballer des Jahres. Trainer des Jahres wird Werner Gregoritsch (ebenfalls Mattersburg), Fußballerin des Jahres Cornelia Wallisch (SV Groß Schweinbarth).

20. FEBRUAR

Medaillenträume geplatzt: Die österreichischen Erfolgsadler werden am ersten Tag der Skiflug-WM in Planica kräftig „gerupft". Andi Widhölzl segelt als Bester auf den 14. Rang, liegt aber nahezu unaufholbare 51,7 Punkte hinter dem deutschen Überraschungsmann Georg Späth.

21. FEBRUAR

Der 32. Streich: Renate Götschl – Superstar! Die Speed-Queen feiert in Åre ihren dritten Saisonsieg im Super-G (ihr 32. Weltcuperfolg insgesamt) und verkürzt in der Gesamtwertung den Rückstand auf Anja Pärson auf 23 Zähler. Brigitte Obermoser steht als Dritte ebenfalls auf dem Stockerl.
Enttäuschung perfekt: Die ÖSV-Adler bauen bei der Skiflug-WM in Planica eine totale Bruchlandung. Thomas Morgenstern beendet den Bewerb als bester Österreicher auf Platz 13. Der Titel geht an den Norweger Roar Ljökelsöy.

22. FEBRUAR

Vorentscheidung im Damen-Skiweltcup: Anja Pärson gewinnt in Aare den Riesentorlauf vor der Spanierin Contreras und Elisabeth Görgl. Renate Götschl fährt im ersten Durchgang bei Schneegestöber (erst nach ihr setzt sich die Sonne durch) und verpasst als 33. den zweiten Lauf. Damit wächst ihr Abstand im Gesamtweltcup auf Pärson wieder auf (fast) uneinholbare 123 Punkte an.
Aus dem Sumpf gezogen: Nach dem enttäuschenden Abschneiden im Einzelspringen holen sich Österreichs Adler bei der Skiflug-WM in Planica im Teambewerb hinter Norwegen und Finnland die Bronzemedaille.

28. FEBRUAR

Benni – der Verlierer im Kristall-Krimi: US-Boy Bode Miller triumphiert beim Riesentorlauf in Kranjska Gora und übernimmt von Hermann Maier wieder die Führung in der Gesamtwertung. Großer Verlierer im Kampf um die große Kristallkugel ist Benjamin Raich, der nur Platz 17 erreicht und wertvolle Punkte einbüßt.
Bestzeit im zweiten Lauf: Mit einem furiosen Ritt durch den Stangenwald im zweiten Durchgang schiebt sich Elisabeth Görgl beim Salom in Levi noch auf Platz zwei. Anja Pärson steht als Vierte erstmals in diesem Winter nicht auf dem Podest. Siegerin: die Finnin Tanja Poutiainen.

29. FEBRUAR

Gigantenduell zeichnet sich ab: Beim Slalom in Kranjska Gora, den Mario Matt als toller Dritter und Rainer Schönfelder als Fünfter beenden, scheiden Benni Raich und Bode Miller aus. Damit sind Hermann Maier und Stephan Eberharter die großen Gewinner – ein Gigantenduell zwischen den beiden um den Gesamtweltcup zeichnet sich ab.
Theoretische Chance lebt: Anja Pärson produziert beim Slalom in Levi, bei dem Elisabeth Görgl starke Dritte wird, ihren ersten Saisonausfall. Damit hat Renate Götschl vor dem Saisonfinale in Sestriere 173 Punkte Rückstand im Gesamtweltcup – die theoretische Chance auf die große Kristallkugel bleibt bestehen.

TOTO Zwei Wiener knacken den Superzwölfer-Jackpot mit System und gewinnen jeweils rund € 254.000,-.

März

1. MÄRZ

Perfekter Start: Österreichs Herren gewinnen das erste Spiel bei der Mannschafts-Tischtennis-WM gegen Italien mit 3:0. Chen, Schlager und Gardos siegen souverän in ihren Einzeln.
Neuer Coach: Der Deutsche Herbert Müller wird als Cheftrainer der österreichischen Handball-Damen präsentiert.
Anzeige gegen Austria-Kapitän: Traurig, aber wahr. Michael Wagner, Kapitän von Austria Wien, wird wegen seines Fouls an Paschings Markus Kiesenebner anonym wegen versuchter schwerer Körperverletzung angezeigt.

2. MÄRZ

Zwei Krimis, aber nur ein Happy-End: Österreichs Herren verlieren bei der Tischtennis-WM nach fünf nervenaufreibenden Partien mit 2:3 gegen Korea. Im zweiten Spiel des Tages ringen Schlager und Co. Japan mit 3:2 nieder.

3. MÄRZ

Medaillentraum vorbei: Obwohl Werner Schlager bei der Mannschafts-Tischtennis-WM in Doha mit Ma Lin die Nummer eins der Welt schlägt, verliert Österreich gegen China mit 1:3 und scheidet aus.
Traummarke von Waibel: Weltrekord! Bereits zum zweiten Mal in seiner Karriere erzielt Wolfram Waibel junior im KK-Liegenschießen die Traummarke 600 – das ist erst neun Athleten weltweit gelungen.

5. MÄRZ

Starker Zweiter: Top-Platzierung von Felix Gottwald in der nordischen Kombination! Beim Weltcup in Lahti belegt er hinter dem Japaner Takahashi den zweiten Platz.
Historischer Erfolg: Wasserspringerin Anja Richter gelingt beim Weltcup in Rostock mit dem persönlichen Punkterekord von 356 der erste österreichische Triumph im Turmspringen.
Trainerwechsel bei Hypo: Der russische Trainer-Fuchs Juri Klimow, der sowohl als Spieler als auch als Trainer Weltmeister war, wird neuer Coach der Handballerinnen von Hypo Niederösterreich.

6. MÄRZ

Mit vollem Risiko zum Hattrick: Stephan Eberharter gewinnt in Kvitfjell vier Hundertstel vor Fritz Strobl die Abfahrt. Damit holt er sich zum dritten Mal in Folge die kleine Abfahrts-Kristallkugel.
Grabner holt Kugel: Platz vier beim Parallel-Riesenslalom in Mount Bachelor reicht Snowboard-Weltmeister Sigi Grabner zum Gewinn des Disziplinen-Weltcups.

7. MÄRZ

Neuer Spitzenreiter: Austria und Rapid trennen sich im Wiener Fußball-Derby 1:1. Lachender Dritter ist der GAK, der in Salzburg 2:1 gewinnt und als erster Nicht-Wiener Klub in dieser Saison führt.
Beim Debüt Elfter: Christian Klien gibt beim GP von Australien in Melbourne sein Debüt in der Formel 1, fährt sehr couragiert und wird Elfter. Das Rennen endet mit einem Ferrari-Doppelsieg: Michael Schumacher vor Barrichello.
Acht Österreicher in Top Ten: Überragendes Mannschaftsergebnis beim Super-G in Kvitfjell, zum Sieg reicht es aber nicht. Diesen holt sich Daron Rahlves vor Bjarne Solbakken. Hermann Maier führt auf Platz drei die rot-weiß-rote Phalanx an und baut vor dem Weltcup-Finale in Sestriere seine Gesamtführung aus: 67 Punkte vor Miller.
Lepistö entlassen: ÖSV-Sportdirektor Toni Innauer löst vorzeitig den Vertrag mit dem finnischen Skisprung-Cheftrainer Hannu Lepistö.
Dritter Titel in Folge: Die Eishockey-Damen des Wiener Klubs EHV Sabres gewinnen die Best-of-three-Finalserie gegen die Salzburg Ravens mit 2:1 und sichern sich den Titelhattrick.
Undankbarer vierter Platz: Nur um drei Hundertstel verpasst Karin Mayr-Krifka bei der Hallen-WM in Budapest die Bronzemedaille über 200 m. In 23,18 landet die Niederösterreicherin auf dem undankbaren vierten Platz.

8. MÄRZ

Pokal wechselt Besitzer: Erstmals seit 1996 geht der Volleyball-Cupsieg nicht an die Vienna hotVolleys, sondern an Tirol. Der Wiener Seriensieger verliert in Krems das Finale mit 2:3.

10. MÄRZ

Fünfte Kugel für Renate: Speed-Queen Renate Götschl sichert sich mit dem sechsten Saisonsieg bei der Finalabfahrt in Sestriere den Downhill-Weltcup, die fünfte Kristallkugel ihrer Karriere.
Total verpokert: Hermann Maier wählt bei der Abfahrt des Saisonfinales in Sestriere den falschen Ski, wird nur 18. und verliert wertvolle Punkte im Kampf um den Gesamtweltcup. Stephan Eberharter wird Dritter und liegt nur noch 22 Zähler hinter dem „Herminator".

11. MÄRZ

Alle Trümpfe in der Hand: Hermann Maier gewinnt den Super-G in Sestriere und nähert sich mit seinem fünften Saisonerfolg und dem 47. Weltcupsieg seiner Karriere dem Sieg im Gesamtweltcup.
Nächste Kugel für Speed-Queen: Renate Götschl holt sich in Sestriere den Super-G-Weltcup, als Siebente bleibt sie aber sogar einen Platz hinter Anja Pärson – damit gehört der Gesamtweltcup wohl endgültig der Schwedin.

13. MÄRZ

„Herminator" profitiert von Wetter-Chaos: Hermann Maier fixiert schon ein Rennen vor Saisonende seinen vierten Gesamtweltcup-Sieg. Der Riesentorlauf in Sestriere wird wegen Schneetreibens und immer dichter werdenden Nebels erst abgebrochen und dann abgesagt. Leidtragender ist Benni Raich, der nach dem ersten Durchgang geführt hatte.
Vom Spital auf's Siegerpodest: Nur 36 Tage nach ihrer Knieverletzung von Zwiesel gewinnt Marlies Schild den Slalom von Sestriere. Anja Pärson sichert sich mit dem sechsten Platz endgültig den Gesamtweltcup.

2004

14. MÄRZ

Showdown beim Slalom-Finale: Auch der vierte Saisonsieg beim Finale in Sestriere nützt dem Finnen Kalle Palander nichts – mit Platz zwei holt sich Rainer Schönfelder die erste kleine Kristallkugel seiner Karriere.
Premiere für „Meissi“: Alexandra Meissnitzer freut sich beim Saisonfinale in Sestriere im Riesentorlauf als Dritte über den ersten Saison-Stockerlplatz in dieser Disziplin. Anja Pärson holt sich ihren elften Saisonsieg.
Zehnter zum Abschluss: Thomas Morgenstern wird beim Saisonfinale der Skispringer in Oslo Zehnter.
Traumtor von Haas: Mario Haas bringt mit einem wunderschönen Volley-Schuss Sturm im Grazer Fußball-Derby in Führung. René Aufhauser gelingt nach der Pause für den GAK noch der Ausgleich zum 1:1-Endstand. Damit ist wieder Austria Wien Erster.

17. MÄRZ

Klar gescheitert: Babsi Schett ist im Achtelfinale des Tennis-Millionen-Turniers von Indian Wells chancenlos – 1:6, 2:6 gegen die an Nummer elf gesetzte Spanierin Conchita Martinez.

20. MÄRZ

Österreicher-Duell geplatzt: Jürgen Melzer gewinnt beim Tennis-Challenger in Boca Raton das Viertelfinale gegen Olivier Rochus. Zum erhofften Duell im Semifinale mit Stefan Koubek kommt es nicht – der Kärntner verliert gegen den Russen Igor Andreev.
In drei Sätzen ins Finale: Jürgen Melzer erreicht in Boca Raton durch ein 6:7, 6:2, 6:2 gegen den Russen Igor Andreev das Endspiel.

21. MÄRZ

Nächster Schritt zum großen Ziel: Jürgen Melzer gewinnt durch ein 6:3, 4:6, 6:3 über den Schweden Thomas Enquist das Tennis-Challenger von Boca Raton, womit er sich den Top 50 weiter nähert.
Welke Veilchen: Tabellenführer Austria Wien verliert in der T-Mobile-Bundesliga nach schwacher Vorstellung beim Schlusslicht Kärnten mit 0:2, bleibt aber mit 49 Zählern vor dem punktegleichen GAK Spitzenreiter.
In den Top Ten: Jaguar-Pilot Christian Klien wird beim Formel-1-Lauf in Malaysia Zehnter. Michael Schumacher feiert seinen zweiten Saisonsieg.

22. MÄRZ

Neuer Chef: Alexander Pointner tritt die Nachfolge des entlassenen Finnen Hannu Lepistö als Cheftrainer der ÖSV-Skispringer an.

24. MÄRZ

Austria-Trainer beurlaubt: Joachim Löw erhält die Kündigung, da er nicht akzeptiert, dass Sportdirektor Günter Kronsteiner im sportlichen Bereich das letzte Wort hat. Kronsteiner übernimmt vorläufig das Traineramt.
Märchen in New York: Thomas Pöck bestreitet kurz nach der Einigung mit den New York Rangers sein erstes NHL-Spiel und erzielt beim 2:5 gegen Pittsburgh sein erstes Tor.

25. MÄRZ

Traumstart in Florida: Jürgen Melzer (6:4, 6:4 gegen den Kroaten Ivo Karlovic) und Stefan Koubek (2:6, 7:6, 6:0 gegen den Spanier Alberto Martin) erreichen beim Tennis-Masters-Series von Key Biscayne die zweite Runde.

26. MÄRZ

Spannender Thriller: In einem dramatischen Tennis-Krimi besiegt Jürgen Melzer in der zweiten Runde von Key Biscayne den Briten Tim Henman mit 7:6, 2:6, 7:6. Babsi Schett unterliegt dagegen in Runde eins der Russin Panowa glatt in zwei Sätzen.

27. MÄRZ

Schlappe gegen Angstgegner: Stefan Koubek kassiert in der zweiten Runde von Key Biscayne beim 4:6, 4:6 die vierte Pleite im vierten Match gegen seinen tschechischen Angstgegner Jiri Novak.

28. MÄRZ

Rogan mit Europarekord: Ausnahme-Schwimmer Markus Rogan fixiert bei den US-Studentenmeisterschaften in Long Beach über 200 m Rücken in 1:51,37 Europarekord und ist damit hinter Aaron Peirsol die Nummer zwei der Welt.

29. MÄRZ

Niederlage gegen Routinier: Jürgen Melzer verabschiedet sich in der dritten Runde vom Tennis-Masters-Series in Key Biscayne mit einem 6:7, 3:6 gegen den 33-jährigen Haudegen Todd Martin.

30. MÄRZ

Neuer Coach bei Austria: Lars Söndergaard leitet als Spartentrainer seine erste Einheit bei Austria Wien. Das letzte Wort in sportlichen Entscheidungen bleibt bei Sportdirektor Günter Kronsteiner.

31. MÄRZ

„Geisterspiel“ mit spektakulärem Abschluss: Vor nur 4520 Zuschauern rettet in Pressburg ein toller Schuss des eingewechselten Roland Kollmann in der 91. Minute dem österreichischen Fußball-Team ein 1:1 im freundschaftlichen Test gegen die Slowakei.

TOTO Die Jackpot-Superzwölfer-Kombination wird 13-mal geknackt: jeder gewinnt mehr als € 57.000,-.

APRIL

3. APRIL

Debakel im „St. Hanappi“: Rapid Wien geht im Heimspiel gegen den GAK mit 0:4 unter und verabschiedet sich aus dem Titelrennen in der T-Mobile-Bundesliga.

4. APRIL

Gala von Herzog: Was für ein Einstand! Bei seinem ersten Spiel für Los Angeles Galaxy ist Andi Herzog gleich Dreh- und Angelpunkt, der österreichische Rekordteamspieler steuert zum 3:2-Heimsieg über New England ein Tor und einen Assist bei.
Zurück an der Spitze: Austria Wien gewinnt bei Sturm Graz dank eines schnellen Doppelpacks nach der Pause mit 3:1 und ist wieder Tabellenführer der T-Mobile-Bundesliga.
Tapfer gekämpft: Christian Klien liefert bei der Formel-1-Premiere in Bahrain ein beherztes Rennen, belegt nach einem Dreher aber nur Platz 14. Die Formel Ferrari geht weiter: Michael Schumacher gewinnt.
Titel für Peya: Alexander Peya landet seinen ersten Turniersieg seit Aachen 2003. Im Finale des Tennis-Challengers im koreanischen Busan bezwingt er den topgesetzten Taiwanesen Yen-Hsun Lu in drei Sätzen.

5. APRIL

Wechsel auf Kommandobrücke: Robert Trenkwalder verabschiedet sich nach sechs Jahren als Abfahrtstrainer der ÖSV-Skiherren endgültig vom Trainerberuf und wird durch Walter Hubmann ersetzt.
Weltcup-Erfolg: Tuncay Caliskan, Österreichs Olympia-Vierter von Sydney, gewinnt in der Klasse bis 72 kg das Weltcup-Turnier in Bonn unter Teilnehmern aus 36 Ländern.
Linz gewinnt Weltpokal: Die unglaubliche Serie der Faustballer von Linz-Urfahr findet beim Weltpokal-Finale in Porto Alegre ihre Fortsetzung. Nach dem 1:3 im Hinspiel gewinnen die Oberösterreicher in Brasilien das Rückspiel 3:1 und dann die Verlängerung. Der neunte Titel in Folge!

10. APRIL

Schwarzer Samstag für die Österreicher in der deutschen Fußball-Bundesliga: Kurt Jara verliert mit Kaiserslautern 0:6 bei Stuttgart, Stranzl mit 1860 0:4 in Bochum, Glieder mit Schalke 1:2 bei Bayern, Lexa mit Frankfurt 0:1 gegen Bremen und Plassnegger mit Rostock 1:2 gegen Gladbach.
Mühevoller Aufstieg: René Wagner bewahrt Rapid beim Regionalligisten Arnfels erst in der 85. Minute vor einer Verlängerung im Cup-Achtelfinale. Austria Wien gewinnt in Mattersburg, da Tormann Safar im Elferschießen zweimal pariert.

13. APRIL

KAC holt Titel: Im fünften und entscheidenden Spiel der hochdramatischen Finalserie um die österreichische Eishockey-Meisterschaft gewinnt der KAC 3:2 nach Verlängerung gegen Villach und sichert sich seinen 28. Titel.

14. APRIL

Bundesliga-Runde an Wien: Austria Wien gewinnt das Heimspiel gegen Salzburg 3:0, feiert damit in der Kronsteiner-Ära den vierten Meisterschaftssieg in Serie und setzt sich vom Verfolger GAK, der bei Schlusslicht Kärnten nur 0:0 spielt, etwas ab. Im Kampf um Platz drei überholt Rapid mit dem 2:1 gegen Sturm Pasching (1:1 in Bregenz).

15. APRIL

Zwei unter den letzten acht: Jürgen Melzer zieht beim Tennis-Turnier in Houston durch ein 6:2, 6:4 gegen den Deutschen Tomas Behrend ebenso ins Viertelfinale ein wie Babsi Schett, die in Estoril die Deutsche Lena Grönefeld 7:5, 7:5 besiegt.

16. APRIL

Doping-Missgeschick: Die Meldung des Tages riecht nach Skandal. Rainer Schönfelder wurde bei den österreichischen Ski-Meisterschaften auf der Gerlitzen in Kärnten am 27. März positiv auf Etilefrin getestet. Aber: Schönfelder hat die verbotene Substanz mit einem für harmlos gehaltenen Grippemittel eingenommen. Konsequenz: Disqualifikation, aber keine Sperre.
16. Titel für hotVolleys: Mit einem 3:1 in Tirol gewinnen die Vienna hotVolleys die Finalserie mit 4:0 und feiern ihren neunten Meisterschaftstitel in Folge, den 16. insgesamt.
Zurück auf Europas Landkarte: Die Handball-Junioren (Jahrgang 1984) qualifizieren sich sensationell für die EM in Lettland, eliminieren dabei sogar die „Großmacht“ Kroatien.
Debakel in Estoril: Babsi Schett präsentiert sich im Viertelfinale von ihrer schlechteren Tennis-Seite und geht gegen die Spanierin Marta Marrero 0:6, 2:6 unter.

17. APRIL

Zitterspiel zum Jubiläum: Der GAK schenkt Walter Schachner zu dessen 100. Bundesligaspiel als Trainer mit dem hart erkämpften 1:0-Heimerfolg gegen Mattersburg den 53. Sieg.

2004

Knapp verloren: Jürgen Melzer verliert im Viertelfinale des Tennis-Turniers von Houston in einem engen Spiel 5:7, 6:7 gegen US-Boy Andy Roddick.

18. APRIL

Abseitstor und falscher Elfer: Spitzenspiel in der T-Mobile-Bundesliga: Austria geht in Pasching durch ein aus stark abseitsverdächtiger Position erzieltes Tor von Sigurd Rushfeldt in Führung, die Oberösterreicher gleichen nach der Halbzeit durch Kiesenebner, der einen umstrittenen Elfmeter verwandelt, aus.
Medaillen-Premiere: Triathletin Kate Allen erobert in Valencia als EM-Zweite Österreichs erste Frauen-Medaille auf der Olympischen Kurzdistanz.
Sensationelle Aufholjagd: Manfred Stohl schafft bei der Neuseeland-Rallye fast unmöglich Scheinendes: Mit über 30 Sekunden Rückstand auf WM-Leader Sola geht er in den letzten Tag – und kehrt mit dem Sieg in den Titelkampf der Gruppe-N zurück.

21. APRIL

Cup-Träume beendet: Rapid bleibt in dieser Fußball-Saison ohne Titel – der Meisterschaftszug ist abgefahren, das 1:3 im Cup-Viertelfinale gegen den GAK daheim im Hanappi-Stadion lässt die Träume vom Cupsieg platzen.

24. APRIL

Start nach Maß: Perfekter Auftakt für Österreichs Eishockeyteam bei der A-WM in Prag. Mit dem 6:0 gegen Aufsteiger Frankreich, dem höchsten WM-Sieg seit dem 10:0 gegen England 1994, hat die rot-weiß-rote Youngstertruppe den Aufstieg so gut wie in der Tasche.
Toll gekämpft: Österreichs Tennis-Damen führen nach dem ersten Tag des Fedcup-Achtelfinales gegen die Slowakei in St. Pölten 2:0. Sowohl Babsi Schett als auch Babsi Schwartz gewinnen ihre Partien nach hartem Kampf in drei Sätzen.
0:3 nach 24 Minuten: Mit der 0:3-Niederlage bei Hertha BSC, die schon nach 24 Minuten feststeht, verschlechtert sich die Lage von Kurt Jara und dem 1. FC Kaiserslautern im Überlebenskampf der deutschen Fußball-Bundesliga dramatisch.

25. APRIL

Hit an GAK: Austria Wien verliert in der T-Mobile-Bundesliga im heimischen Horr-Stadion das Spitzenspiel gegen den GAK mit 1:3 und hat nun vier Spieltage vor Schluss drei Punkte Rückstand. Buhmann von Violett ist der Schweizer Schiedsrichter Urs Meier, der ein reguläres Gilewicz-Tor zum 1:1-Ausgleich wegen angeblicher Abseitsstellung aberkennt.
Eishockey-Sternstunde: Die Fachwelt verneigt sich vor Österreich. Das junge rot-weiß-rote Team spielt bei der WM in Prag nach der 2:0-Führung durch Andre Lakos und Thomas Vanek gegen Kanada 2:2.
Nächster Gegner USA: Österreichs Tennis-Damen gewinnen das Fedcup-Achtelfinale gegen die Slowakei mit 3:1 und steigen ins Viertelfinale auf, in dem am 10. und 11. Juli die USA in Österreich gastieren werden.

27. APRIL

Bitteres Remis: Österreich gibt bei der Eishockey-WM in Prag im letzten Vorrundenspiel gegen die Schweiz im letzten Drittel noch eine 4:1-Führung aus der Hand und kassiert 22 Sekunden vor der Sirene den Ausgleich zum 4:4.
26. Meistertitel: Mit einem klaren 3:0-Erfolg im entscheidenden Finalspiel um den Meistertitel setzten die Volleyball-Damen vom SVS/PSV gegen die Klagenfurt Wildcats ihre beeindruckende Erfolgsserie fort.

28. APRIL

Traumstart und Traumende: Österreichs Fußball-Team gewinnt in Innsbruck gegen Luxemburg mit 4:1. Nach neun Minuten steht es schon 2:0. Danach gibt's Schonkost und den Anschlusstreffer der harmlosen Gäste, ehe im Finish noch der standesgemäße Sieg herausgeschossen wird.
Mayr erhält Bronzemedaille: Karin Mayr-Krifka erhält nachträglich 200-m-Bronze der Hallen-WM von Budapest, da Weltmeisterin Kapatschinskaja nach der positiven B-Probe disqualifiziert wird. Damit ist die Niederösterreicherin die erste österreichische Athletin, die je bei Olympia oder einer WM eine Sprint-Medaille gewonnen hat.
Wels ist Champion: Die Welser Basketball-Damen sind das erste Mal seit 1997 wieder Meister. Im vierten Finalspiel der Serie „best of five" besiegen sie Herzogenburg mit 78:75 und sichern sich ihren insgesamt achten Titel.

30. APRIL

Viele Qualitäten gezeigt: Im Eistanz gegen WM-Titelfavorit Tschechien wehrt sich Österreichs Eishockey-Team mit allen Kräften und verliert nach zwei Gegentoren in Unterzahl nur 0:2.

TOTO Kein Aprilscherz: Zum zweiten Mal seit Einführung der Spielmöglichkeit auf win2day.at wird ein Zwölfer über Internet getippt.

MAI

1. MAI

Wieder nichts: Deutschland bleibt Österreichs Angstgegner im Eishockey. Bei der WM verliert das junge rot-weiß-rote Team das so prestigeträchtige Duell mit 1:3 und verpasst die erste Chance auf den Einzug in das Viertelfinale.

2. MAI

Rushfeldt-Gala: Mit zwei Toren in acht Minuten bringt Sigurd Rushfeldt Austria Wien im 268. Wiener Derby vor 18.000 Fans im ausverkauften Hanappi-Stadion auf die Siegerstraße – Endstand 2:1.
Erfolg für Schett: Babsi Schett gewinnt mit ihrer ungarischen Doppelpartnerin Petra Mandula das Tennis-Turnier von Budapest.

3. MAI

Aus und vorbei: Nach einem tollen Startdrittel passieren dumme Schnitzer – Österreich verabschiedet sich mit einem 2:5 gegen Lettland von der Eishockey-WM in Prag.

4. MAI

Ski-Cowboy zu Atomic: Bode Miller wechselt nach zwei Jahren bei Rossignol zu Atomic.
Achtungserfolg: Österreichs Unter-17-Team spielt zum Auftakt der Fußball-EM in Frankreich 0:0 gegen Titelverteidiger Portugal.
GAK mit Mühe: Erst in der 88. Minute erlöst Gernot Sick mit dem 3:2 den GAK im Cup-Halbfinale gegen Ried.

5. MAI

Elfer-Krimi: Austria Wien steht im Cup-Finale. Torhüter Szabolcz Safar ist auch in Graz gegen Sturm wieder der große Held, pariert im Elferschießen wie im Viertelfinale in Mattersburg zwei Penaltys.

6. MAI

Auf Semifinal-Kurs: Das U-17-Team gewinnt bei der EM dank zweier Tore von Andi Herzogs Neffen Daniel Gramann 2:1 gegen die Ukraine.
Gold für Nevena Lukic: Die Tirolerin gewinnt bei der Taekwondo-EM in Lillehammer die Klasse bis 51 kg.

7. MAI

Zurück in der Eliteklasse: Wacker Tirol krönt sich mit einem 1:0-Sieg im heimischen Tivoli-neu-Stadion gegen die BSV Juniors vorzeitig zum Meister der Red Zac Erste Liga, da Verfolger Austria Lustenau 1:3 in Ried verliert.
Unheimliche Serie: Die Handball-Damen von Hypo Niederösterreich holen sich mit dem 32:25 im zweiten Finale gegen Wr. Neustadt den 28. Meistertitel in Folge.

8. MAI

Kampfansage: Die Austria gewinnt im Horr-Stadion 4:1 gegen Bregenz und übt damit vor dem Grazer Derby Druck auf den GAK aus.

9. MAI

GAK nervenstark: Der GAK bewahrt im Grazer Derby kühlen Kopf und besiegt Sturm durch Tore von Kollmann und Bazina mit 2:0. Auch ein Verdienst von Keeper Franz Almer, der nach 15 Monaten sein Comeback gibt. Damit haben die roten Teufel zwei Runden vor Schluss wieder drei Punkte Vorsprung auf Austria Wien.
Mit Pech ausgeschieden: Österreichs Unter-17-Team verpasst bei der EM in Frankreich ganz knapp das Semifinale – 0:1 gegen Gruppensieger England, damit nur aufgrund der um einen Treffer schlechteren Tordifferenz Gruppendritter hinter dem punktegleichen Portugal.

11. MAI

Ein Wimpernschlag fehlt zu Gold: Markus Rogan muss sich bei der Schwimm-EM in Madrid über 100 m Rücken in 55,27 nur dem Ungarn Laszlo Cseh um eine Hundertstel geschlagen geben.
„Bongo" wieder da: Ex-Rapid-Legionär Bernd Krauss unterschreibt für ein Jahr als Trainer bei der Admira.

12. MAI

Sternstunde in Madrid: Markus Rogan gewinnt mit neuem österreichischem Rekord von 1:59,79 die 200 m Lagen und ist damit Österreichs erster Europameister auf der Langbahn. Der Jubeltag wird durch Bronze von Mirna Jukic über 100 m Brust erweitert.
Nur ein Game abgegeben: Jürgen Melzer fliegt beim Tennis-Masters-Series von Hamburg ins Achtelfinale. Österreichs Nummer eins deklassiert den Georgier Irakli Labadze mit 6:1, 6:0.

13. MAI

Grandiose Leistung: Riesen-Erfolg für Jürgen Melzer! Der Niederösterreicher zieht beim Tennis-Millionen-Turnier von Hamburg durch ein starkes 6:4, 6:4 gegen den ehemaligen Weltranglisten-Ersten Marat Safin ins Viertelfinale ein.

14. MAI

Goldener Freitag: Neun Jahre nach Patrick Reiter hat Österreich wieder einen Judo-Europameister. Der Salzburger Ludwig Paischer holt in Bukarest in der Klasse bis 60 kg gegen den Russen Evgeni Stanev Gold.
Erfolgslauf gestoppt: Jürgen Melzer verliert in Hamburg das Viertelfinale gegen den Australier Lleyton Hewitt in zwei Sätzen.

15. MAI

Gold im Doppelpack: Ein Traum wird wahr! In nur sieben Minuten gewinnen Markus Rogan über 200 m Rücken und Mirna Jukic über 200 m Brust den EM-Titel in Madrid und schreiben Sportgeschichte – so einen Doppelpack hat es für Österreich noch nicht gegeben.
Meisterlicher GAK: Erstmals in der 102-jährigen Klubgeschichte jubeln die GAK-Fußballer über den Meistertitel. Die roten Teufel spielen daheim zwar nur 1:1 gegen Pasching, aber Austria Wien macht mit der 1:4-Niederlage in Mattersburg den Weg frei.

16. MAI

Rekord-Marathon: Was für ein Rennen! Trotz Wind und Regen verbessert der Kenianer Samson Kandie den Streckenrekord beim Vienna City Marathon auf tolle 2:08:35 – und Michael Buchleitner unterbietet in 2:12:58 das Olympia-Limit um zwei Sekunden.

2004

Absage für Stuttgart: Walter Schachner wechselt nicht in die deutsche Fußball-Bundesliga zum VfB Stuttgart, sondern bleibt beim GAK.

17. MAI

Pleite in St. Pölten: Nach nur 87 Minuten ist das Gastspiel des „Tennis-Königs" beendet, Andre Agassi verliert beim Raiffeisen-Grand-Prix 2:6, 6:7 gegen den Serben Nenad Zimonjic. Stefan Koubek erreicht gegen den Schweden Robin Söderling Runde zwei.
Zwei Meister an einem Tag: Die Basketballer der Kapfenberger „Bulls" sichern sich mit dem 94:86 im vierten Finalspiel bei den Gmundener „Swans" schon den vierten Titel in Serie. Bregenz holt sich mit dem 25:22 bei Westwien zum dritten Mal den Handball-Meisterpokal.

18. MAI

Rusedski kein Prüfstein: Jürgen Melzer folgt Stefan Koubek in die zweite Runde des Tennis-Turniers von St. Pölten – Österreichs Nummer eins schlägt den Briten Greg Rusedski in zwei Sätzen.

19. MAI

TV-Revolution: Privatanbieter Premiere gewinnt den Kampf um die Fernsehrechte der Fußball-Bundesliga gegen den ORF dank des größeren finanziellen Einsatzes. Premiere zahlt bis 2007 insgesamt 42 Millionen Euro.
Ohne Satzverlust im Viertelfinale: Jürgen Melzer und sensationell Daniel Köllerer erreichen beim Turnier in St. Pölten ohne Satzverlust das Viertelfinale. Stefan Koubek muss vor dem Spiel gegen den Spanier Sanchez wegen eines Darmvirus w.o. geben.

20. MAI

Großes Kämpferherz: Gegen Olivier Rochus liegt Jürgen Melzer im St. Pöltener Viertelfinale 4:6, 2:4 hinten, ehe er die Partie noch umbiegt und die Sätze zwei und drei 7:6, 6:2 gewinnt. Daniel Köllerer rastet dagegen völlig aus und verliert in drei Sätzen gegen den Belgier Xavier Malisse.

21. MAI

Müder Melzer: Nach starkem Beginn baut Jürgen Melzer im Semifinale von St. Pölten gegen Xavier Malisse stark ab und verliert 6:3, 3:6, 3:6.
Trauma statt Traum: Die Handball-Damen von Hypo Niederösterreich verpassen mit einer 22:36-Pleite im Final-Rückspiel des Cupsiegerbewerbs im dänischen Ikast den neunten Europacupsieg in der Vereinsgeschichte.

22. MAI

Jara schafft Klassenerhalt: Kaiserslautern schafft mit Trainer Kurt Jara durch ein 1:1 gegen Dortmund aus eigener Kraft den Klassenerhalt. 1860 München mit Martin Stranzl und Harald Cerny sowie Frankfurt mit Stefan Lexa müssen absteigen.
„Grande Dame" erfolgreich: Martina Navratilova gewinnt mit Lisa Raymond den Doppelbewerb beim Tennis-Turnier auf der Hohen Warte in Wien. Im Einzel gewinnt Anna Smashnova-Pistolesi.

23. MAI

Double perfekt: Nach 120 Minuten steht es im dramatischen Cup-Finale zwischen dem GAK und Austria Wien 3:3. Im Elferschießen wird GAK-Keeper Franz Almer zum großen Helden, indem er den Penalty von Sean Dundee hält und den Sieg fixiert.
Aus in Runde eins: Christian Klien scheidet beim Formel-1-Grand Prix von Monte Carlo nach einem Unfall in der Loews-Haarnadel in der ersten Runde aus.

24. MAI

Niederlage gegen „Pin-Up": Barbara Schwartz verliert in der ersten Runde der French Open in Paris in zwei Sätzen gegen die russische Tennis-Beauty Maria Scharapowa.

25. MAI

„Nullnummer mit Herz": Österreich bleibt auch im dritten Länderspiel des Jahres ungeschlagen, zeigt beim 0:0 im Schwarzenegger-Stadion gegen Russland eine kämpferisch überzeugende Leistung.
Erfolge und Pleiten: Stefan Koubek und Jürgen Melzer erreichen in Paris Runde zwei. Babsi Schett und Alex Peya kassieren dagegen klare Erstrunden-Niederlagen.

27. MAI

Überraschung und Frust: Stefan Koubek zieht mit einem Viersatz-Erfolg gegen das kroatische Aufschlag-Ass Ivan Ljubicic überraschend in die dritte Runde der French Open ein. Jürgen Melzer scheidet dagegen in Runde zwei in vier Sätzen gegen den Australier Lleyton Hewitt aus.

29. MAI

Sensation verpasst: Das Achtelfinale bei den French Open ist zum Greifen nahe – doch am Ende verliert Stefan Koubek gegen den argentinischen Top-10-Mann David Nalbandian mit 7:6, 3:6, 6:7, 5:7.

30. MAI

Olympia, wir kommen: Franz Stocher sichert sich mit Partner Roland Garber bei der Bahnrad-WM in Melbourne als Sechster im Madison-Bewerb das Ticket nach Athen und ist als erster Radsportler der Welt zum fünften Mal bei Olympia dabei. Roland Schwarzl beendet den Zehnkampf in Götzis mit der persönlichen Bestleistung von 8067 Punkten und qualifiziert sich ebenfalls für Olympia.

31. MAI

Linz zu Nizza: Drei Jahre nach dem Abschied von Mario Haas von Strasbourg spielt wieder ein Österreicher in der französischen Ligue 1: OGC Nizza verpflichtet Teamstürmer-Hoffnung Roland Linz.

JUNI

2. JUNI

Radspektakel in St. Anton: Die Königs-Etappe der Deutschland-Tour führt nach St. Anton. Peter Luttenberger rollt direkt am Hinterrad von Jan Ullrich als 13. ins Ziel.

3. JUNI

Erzittertes EM-Ticket: Schon mit zehn Toren Vorsprung führen Österreichs Handball-Damen in Telfs beim Rückspiel zur EM-Qualifikation gegen Litauen. Am Ende wird es ein 31:30-Zittersieg, der nach dem 32:30 im Hinspiel aber zum Aufstieg reicht.

4. JUNI

Schladming unterliegt: Die Ski-WM 2009 steigt in Val d'Isère. Österreichs Bewerber Schladming wird bei der Entscheidung in Miami Zweiter und kämpft ab sofort für die Ski-WM 2011.

5. JUNI

Fix in Athen: Günther Weidlinger qualifiziert sich beim Leichtathletik-Meeting in Sevilla als Sechster über die 5000 m mit der Zeit von 13:17,59 für die Olympischen Spiele in Athen.

6. JUNI

Starker Lauda: Mathias Lauda belegt beim dritten Rennen der Superfund Euro 3000 den starken zweiten Platz. Pechvogel des Tages ist Norbert Siedler: Erst würgt er auf der Pole-Position liegend seinen Motor ab, später scheidet er aus.

7. JUNI

Titelverteidiger Sechster: Der belgische Rad-Profi Tom Steels gewinnt in Salzburg im Sprint die erste Etappe der Österreich-Tour. Vorjahressieger Gerrit Glomser landet auf Platz sechs.

8. JUNI

Schwarzer Tag: Titelverteidiger Gerrit Glomser verliert bei der zweiten Etappe der Wiesbauer-Tour von Salzburg auf das Kitzbüheler Horn 9:33 Minuten auf den australischen Tagessieger und neuen Gesamtführenden Cadel Evans. Bester Österreicher: Gerhard Trampusch auf Platz neun.

Neu bei Frankfurt: Markus Weissenberger, Österreichs Fußballinternationaler, wechselt von 1860 München zu Eintracht Frankfurt.

Niederlage auf Rasen: Stefan Koubek kassiert nach seinem starken Auftritt bei den French Open wieder eine Erstrunden-Niederlage. Er unterliegt beim Rasenturnier im Londoner Queen's Club dem Italiener Davide Sanguinetti glatt in zwei Sätzen.

9. JUNI

Unbelohnte Solofahrt: Werner Faltheiner legt bei der dritten Etappe der Wiesbauer-Tour von Kitzbühel nach Bad Hofgastein eine 120-km-Solofahrt hin, wird dann aber noch vom Feld „geschluckt". Im Massensprint triumphiert erneut der Belgier Tom Steels, Gerrit Glomser wird Dritter.

Konkurs von Feldkirch: Der Eishockey-Bundesligist ist nur vier Jahre nach der Neugründung wieder pleite. Zum Zwangsausgleich fehlen die finanziellen Mittel: 600.000 Euro Schulden, es besteht keine Chance, ein 1,3-Millionen-Budget für nächste Saison aufzustellen.

10. JUNI

Weltrekordlerin geschlagen: Mirna Jukic feiert auf der dritten Station der „Mare-Nostrum-Serie" in Barcelona über 200 m Brust in 2:26,79 ihren ersten Sieg über die australische 100-m-Weltrekordlerin Leisel Jones (2,27,60).

Hand in Hand ins Ziel: Gerrit Glomser und Andreas Matzbacher sorgen auf der vierten Etappe der Wiesbauer-Tour von Gastein nach Lienz für einen österreichischen Doppelsieg. Der Australier Cadel Evans verteidigt das gelbe Trikot, Matzbacher holt zudem das Olympia-A-Limit.

11. JUNI

Auf dem Podest: Zehn Jahre nach seinem Rundfahrt-Sieg wird Harald Morscher bei der fünften Etappe der Österreich-Tour hinter dem Italiener Filippo Simeoni Zweiter und sichert sich wie Matzbacher das Olympia-A-Limit für Athen.

Fix im Achtelfinale: Die Titelverteidiger Nik Berger und Clemens Doppler erreichen bei der Beachvolleyball-EM im deutschen Timmendorf durch Siege gegen die Holländer De Gruiter/Ronnes und die Schweden Berg/Dahl das Achtelfinale.

12. JUNI

Mitfavorit steigt ab: Hans Peter Obwaller, als Mitfavorit in die Österreich-Tour gestartet, steigt auf der vorletzten Etappe von St. Veit/Glan nach Radkersburg entkräftet ab. Der Tagessieg geht an den Belgier Jan Kuychx, der Australier Cadel Evans bleibt Gesamtführender.

Titelverteidiger out: Nik Berger und Clemens Doppler müssen bei der Beachvolleyball-EM in Timmendorf ihren Traum von der Titelverteidigung begraben – 0:2 im Achtelfinale gegen die Norweger Maaseide/Horem.

13. JUNI

„Aussie" Gesamtsieger: Der Australier Cadel Evans gewinnt die Wiesbauer-Tour, bester Österreicher ist Thomas Rohregger auf Platz zehn. Der 40-jährige Belgier Ludo Dierckxsens gewinnt die letzte Etappe am Wiener Ring.

Ins Finale gestürmt: Die Chrysler Vikings stehen zum dritten Mal im Euro-Bowl-Finale der Footballer. 3900 Zuschauer auf der Hohen Warte bejubeln den 49:13-Sieg der Wiener gegen die Moskauer Patriots.

Punkt knapp verpasst: Christian Klien kommt beim For-

2004

mel-1-Grand Prix von Montreal als 13. ins Ziel – durch vier Disqualifikationen wird er aber als Neunter gewertet und verpasst nur hauchdünn seine ersten WM-Punkte.

15. JUNI

Generalprobe verpatzt: Jürgen Melzer unterliegt in der ersten Runde des Rasen-Turniers von Nottingham dem brasilianischen Tennis-Profi Flavio Saretta 6:7, 6:7.

17. JUNI

Ganz nah dran: Acht Jahre nach Peter Luttenberger kämpft wieder ein österreichischer Rad-Profi um den Sieg bei der Tour de Suisse. Georg Totschnig verbessert sich bei der Königsetappe auf Platz drei der Gesamtwertung, liegt nur 25 Sekunden hinter dem Ersten Jan Ullrich.

18. JUNI

Am Berg unschlagbar: Georg Totschnig hängt bei der sechsten Etappe der Tour de Suisse alle ab, gewinnt die schwere Bergetappe vor dem Schweizer Jeker, der jetzt mit acht Sekunden vor dem Tiroler Kletterkönig die Gesamtwertung anführt.

20. JUNI

Stockerlplatz verpasst: Georg Totschnig wird beim abschließenden Einzelzeitfahren der Tour de Suisse 16., verpasst das Podest um sechs Sekunden. Der Deutsche Jan Ullrich gewinnt mit nur einer Sekunde Vorsprung vor dem Schweizer Jeker.

Pech für „Raubkatze“: Christian Klien scheidet beim Formel-1-Grand-Prix von Indianapolis in der ersten Runde aus, da er Toyota-Pilot da Matta, der mit einem Getriebeschaden stehen bleibt, auffährt. Der Sieg von Michael Schumacher wird überschattet von einem schweren Unfall seines Bruders Ralf, der mit Rückenverletzungen davonkommt.

Vorzeitig Meister: Raimund Baumschlager krönt sich bei der Castrol-Rallye in Althofen vorzeitig zum Staatsmeister – sein dritter Titel.

21. JUNI

Wechsel perfekt: Österreichs Teamverteidiger Martin Stranzl verlässt den deutschen Fußball-Bundesliga-Absteiger 1860 München und schließt sich dem VfB Stuttgart an.

Ohne Chance: Jürgen Melzer sieht in der ersten Runde des Tennis-Grand-Slams von Wimbledon gegen den Australier Lleyton Hewitt kein Land und verliert deutlich in drei Sätzen.

22. JUNI

Erfolgreiche Tennis-Asse: Nach einer lachhaften Vorbereitung mit gerade sechs Stunden Rasentraining zieht Stefan Koubek in Wimbledon mit einem Viersatz-Erfolg gegen den Argentinier Acasuso genauso wie Alex Peya (klarer Sieg gegen den Amerikaner Salzenstein) in die zweite Runde ein.

24. JUNI

Zwei Matchbälle vergeben: Stefan Koubek unterliegt nach einem Krimi und zwei vergebenen Matchbällen in der zweiten Runde von Wimbledon dem spanischen Top-Ten-Spieler Ferrero mit 6:4, 5:7, 7:5, 6:7, 6:8. Auch Babsi Schett verabschiedet sich – Dreisatz-Niederlage gegen die Italienerin Cervanova.

25. JUNI

Die deutsche Liga ruft: Roman Wallner wechselt von Rapid Wien in die deutsche Fußball-Bundesliga zu Hannover 96. Der Teamstürmer bekommt einen Vierjahres-Vertrag.

Letzter Österreicher gescheitert: Alex Peya verliert in der zweiten Wimbledon-Runde in drei Sätzen gegen die amerikanische „Aufschlag-Kanone“ Andy Roddick. Damit verabschiedet sich im Einzel der letzte Österreicher vom heiligen Rasen.

27. JUNI

Zweiter im Segel-Mekka: Laser-Segler Andreas Geritzer beendet die Kieler Woche auf dem sehr starken zweiten Platz – nur geschlagen vom brasilianischen Weltmeister Robert Scheidt.

Verlängerung nötig: Der WAC wird mit einem 3:2 nach Verlängerung gegen den AHTC österreichischer Hockey-Meister. Bei den Damen schlägt Wr. Neudorf den AHTC ebenfalls mit 3:2.

29. JUNI

Im Viertelfinale: Julian Knowle erreicht mit seinem serbischen Partner Nenad Zimonjic durch einen Erfolg gegen das indisch-weißrussische Duo Bhupathi/Mirnyi das Doppel-Viertelfinale von Wimbledon.

Teamtormann zu Basel: Thomas Mandl verlässt Österreich und wechselt zum Schweizer Fußballmeister FC Basel, wo ihn der Konkurrenzkampf mit Pascal Zuberbühler, der Nummer eins der Eidgenossen, erwartet.

Mit Wut zu Bronze: Fechter Michael Ludwig, nicht für die Olympischen Spiele qualifiziert, gewinnt mit Wut im Bauch in Kopenhagen im Florett-Bewerb EM-Bronze.

30. JUNI

Gold trotz Schmerzen: Christoph Marik gewinnt trotz Schmerzen im Knie den Degen-Bewerb bei der Fecht-EM in Kopenhagen. Im Finale sticht er den Franzosen Remy Delhomme mit 15:12 aus.

TOTO Die erste von insgesamt fünf Bonusrunden nutzen zwei Wiener und gewinnen mehr als € 100.000,-.

JULI

1. JULI

Ende einer Ära: FK Austria Memphis – 27 Jahre lang gehörten die beiden Namen zusammen wie Zwillinge. Damit ist Schluss, Austria Tabak beendet sein Engagement bei den Violetten.

3. JULI

Im Wimbledon-Finale: Unglaublich, aber wahr! Julian Knowle qualifiziert sich als zweiter Österreicher nach Thomas Muster für ein Endspiel bei einem Grand-Slam-Turnier: Der Vorarlberger schlägt mit Partner Nenad Zimonjic das Doppel Knowles/Nestor in fünf Sätzen.
Durchwachsener Auftakt: Bernhard Eisel ist als 43. bester Österreicher beim Prolog der Tour de France, den der Schweizer Fabian Cancellara gewinnt.

4. JULI

Bester Grand-Prix: Christian Klien ist mit seinem Rennen beim Formel-1-Grand-Prix von Magny Cours sehr zufrieden, auch wenn er als Elfter erneut die Punkteränge verpasst.
Endstation Finale: Der Traum vom Grand-Slam-Sieg für Julian Knowle in Wimbledon platzt. Er muss sich mit Partner Nenad Zimonjic im Doppel-Finale dem topgesetzten Duo Björkman/Woodbridge (SWE/AUS) 1:6, 4:6, 6:4, 4:6 geschlagen geben.
Bester Jungprofi: Bernhard Eisel holt sich bei der ersten Etappe der Tour de France als erster Österreicher das weiße Trikot des besten Jungprofis.
Erfolg im Tornado: Die Tornado-Olympiasieger Roman Hagara/Hans-Peter Steinacher gewinnen das „Champions-Race" von Rostock.
Triumph für Starjockey: Der Wiener Andreas Suborics gewinnt auf „Shirocco" sensationell das 135. deutsche Galopper-Derby in Hamburg.
Dritter Sieg in Folge: Der Ukrainer Viktor Zyemtsew gewinnt in 8:12:59 zum dritten Mal in Serie den Kärnten-Ironman. Bester Österreicher und damit Staatsmeister: Werner Leitner als Achter (8:29:18).

6. JULI

Glomser im Pech: Gerrit Glomser stürzt bei der dritten Etappe der Tour de France schwer, zieht sich an Knie und Rücken blutige Verletzungen zu und kämpft sich als 178. mit über 16 Minuten Rückstand ins Ziel.
In der NHL: Eishockey-Teamspieler Andre Lakos wechselt von den Vienna Capitals über den großen Teich zu den Columbus Blue Jackets in die nordamerikanische Profiliga.

8. JULI

Der nächste NHL-Profi: Wie André Lakos unterschreibt Eishockey-Teamspieler Matthias Trattnig, der zuletzt in Deutschland bei den Kassel Huskies spielte, beim NHL-Klub Columbus Blue Jackets.

9. JULI

Brutaler Sturz: René Haselbacher bricht beim Schlusssprint der sechsten Etappe der Tour de France der Lenker. Daraufhin stürzt der Burgenländer schwer und muss mit Nasenbeinbruch und kaputten Rippen ins Krankenhaus.
Ticket gebucht: Die Beachvolleyballer Robert Nowotny/Peter Gartmayer sichern sich bei der World-Tour in Mallorca die Olympia-Qualifikation.
Erster Titel für Violett: Austria gewinnt im Schwarzenegger-Stadion durch ein 4:2 im Elferschießen gegen den GAK den Supercup.

10. JULI

Chance auf Final-Four lebt: Nach dem ersten Tag des Fedcup-Viertelfinales zwischen Österreich und den USA steht es in Innsbruck 1:1. Barbara Schett bezwingt Lisa Raymond, Barbara Schwartz unterliegt Chanda Rubin.
Europas Könige: Die Footballer der Chrysler Vikings setzen sich mit einem denkwürdigen 53:20-Triumph in der Eurobowl XVIII gegen die Bergamo Lions vor 7000 Fans auf der Hohen Warte in Wien erstmals Europas Krone auf.
Nobody gewinnt: Der bis dahin unbekannte finnische Rad-Profi Kjell Carlström siegt überraschend bei der UNIQA-Classic. Christian Pfannberger wird mit 2:10 Minuten Rückstand Siebenter und damit bester Österreicher.
In letzter Sekunde: Mit einem tollen Sprint von 11,26 Sekunden läuft Bettina Müller in Wolfsberg über 100 m quasi in allerletzter Sekunde doch noch zu den Olympischen Spielen nach Athen.

11. JULI

Sensation perfekt: Österreich schlägt im Fedcup-Viertelfinale in Innsbruck die USA mit 3:1. Den entscheidenden Punkt holt Barbara Schwartz, die nach zwei Stunden und 53 Minuten Lisa Raymond mit 7:6, 4:6, 10:8 besiegt.
Zwei Transferkracher: Austria Wien verpflichtet den tschechischen EM-Starter Stepan Vachousek von Marseille, die Admira angelt erfolgreich nach dem Kroaten Nenad Bjelica, der von Kaiserslautern kommt.

13. JULI

Aufsteiger überrascht: Wacker Tirol schlägt zum Auftakt der T-Mobile-Bundesliga im heimischen Tivoli Meister GAK durch ein Tor von Sammy Koejoe mit 1:0.
Gastspiel beendet: Knalleffekt bei Admira vor dem Meisterschafts-Auftakt: Vladimir Jugovic einigt sich mit dem Klub auf eine sofortige Vertragsauflösung, der ehemalige Weltstar wechselt in die 2. deutsche Liga zu Ahlen.
Dritter Sieg vor Olympia: Die Tornado-Olympiasieger Roman Hagara und Hans Peter Steinacher gewinnen die griechischen Meisterschaften vor Athen und schlagen dabei sogar die argentinischen Weltmeister Lange/Espinola.

14. JULI

Rapid erster Tabellenführer: Grün-Weiß ist nach dem 5:1-Kantersieg in Bregenz nach dem ersten Spieltag in der T-Mobile-Bundesliga Spitzenreiter. Auf den Plätzen folgen Sturm und Austria, die mit Heimsiegen starten.
Bärenstarker Totschnig: Georg Totschnig zeigt sich bei der zehnten Etappe der Tour de France in toller Form und belegt den siebenten Platz.

2004

15. JULI

Schwere Verletzung: Beachvolleyballer Clemens Doppler verdreht sich bei der World-Tour in Marseille das Knie und muss mit Verdacht auf Kreuzbandriss ins Spital. Damit ist sein Start an der Seite von Partner Nik Berger bei den Olympischen Spielen in Athen sehr unwahrscheinlich.

16. JULI

Nächste Gold-Generation: Die 14-jährige Schwimmerin Marilies Demel wird in Lissabon über 50 m Delphin in sensationellen 27,09 Junioren-Europameisterin.

Gut in den Bergen: Georg Totschnig belegt bei der ersten Pyrenäen-Etappe der Tour de France den elften Platz. In der Gesamtwertung liegt er mit 9:53 Minuten Rückstand auf den Franzosen Thomas Voeckler auf Rang 22.

17. JULI

„Husarenritt“: Georg Totschnig fährt im Schatten von Etappengewinner Lance Armstrong bei der 13. Etappe der Tour de France in den Pyrenäen auf Platz drei, hängt Superstars wie Jan Ullrich und Gilberto Simoni deutlich ab und verbessert sich in der Gesamtwertung auf Platz sechs.

Vom Thron gestürzt: Die Tyrolean Raiders stoßen bei der Austrian Bowl XX die Chrysler Vikings mit 28:20 vom heimischen Football-Thron – der erste Titel für die Innsbrucker.

18. JULI

Motor-Sternstunde: Bernhard Auinger gewinnt in Spa als erster Österreicher einen Lauf zur Superfund-Euro-3000-Meisterschaft.

20. JULI

Souveräner Auftakt: In nur 52 Minuten fegt Stefan Koubek in der ersten Runde des Tennis-Turniers von Kitzbühel den Schweizer Marc Rosset mit 6:3, 6:0 vom Platz. Werner Eschauer bietet gegen Ex-Paris-Triumphator Costa eine starke Leistung, verliert aber 3:6, 7:6, 3:6.

21. JULI

Wieder Pleite: Jürgen Melzer kann in Kitzbühel nicht die erste Runde überstehen – dieses Mal scheitert er in zwei Sätzen an dem Italiener Martin Vassallo-Arguello. Stefan Koubek scheidet in Runde zwei gegen den Spanier Feliciano Lopez aus.

Skandal in der Südstadt: Während der Begegnung Admira gegen Bregenz erscheint nach einer Anzeige der Fußballergewerkschaft die Fremdenpolizei, um die Spieler Bjelica, Brajokivic und Mohl zu kontrollieren. Grund: Angeblich haben sie keine Beschäftigungsbewilligung.

Marktwert gesteigert: Georg Totschnig setzt bei der Tour de France ein weiteres Ausrufezeichen. Beim Bergzeitfahren nach Alpe d'Huez belegt er den 16. Platz mit 3:14 Minuten Rückstand auf Lance Armstrong. Gesamt ist der Tiroler jetzt Siebenter.

23. JULI

Kein Abschiedsspiel: Jürgen Klinsmann, neuer deutscher Fußballteamchef, untersagt in einer seiner letzten Amtshandlungen als Sportchef der Los Angeles Galaxy Österreichs Rekordinternationalem Andi Herzog einen Einsatz beim ÖFB-Jubiläumsspiel am 18. August in Wien gegen Deutschland.

25. JULI

Auf Wolke sieben: Georg Totschnig beendet als Siebenter mit 18:27 Minuten Rückstand auf Lance Armstrong die 91. Tour de France – das drittbeste Ergebnis, das jemals ein Österreicher erzielt hat.

Paris-Sieger gescheitert: Der Chilene Nicolas Massu schlägt im Finale von Kitzbühel den argentinischen French-Open-Champion Gaston Gaudio mit 7:6, 6:4.

Mit Riesenherz: Christian Klien fährt beim Formel-1-Grand-Prix von Hockenheim ein beherztes Rennen, wird das erste Mal nicht überrundet und ist als Zehnter nur 22 Sekunden vom ersten WM-Punkt entfernt.

27. JULI

Sieg in Graz: Jan Ullrich fährt sich beim Altstadtkriterium von Graz den Frust von der Seele und siegt vor Georg Totschnig und Andreas Klöden.

28. JULI

Melzer mit Kampfgeist: Nach zähem Ringen schlägt Jürgen Melzer in der ersten Runde des Tennis-Masters-Series in Toronto den Slowaken Dominik Hrbaty mit 4:6, 7:5, 7:6.

29. JULI

Was für ein Sieg: Jürgen Melzer schlägt in der zweiten Runde von Toronto Andre Agassi mit 6:3, 6:3 – der erste Sieg eines Österreichers gegen den Amerikaner seit Thomas Muster 1994.

Heim-Gala: Georg Totschnig gewinnt sein Heim-Kriterium in Mayrhofen vor Jan Ullrich und Gerhard Trampusch.

Gut gebaggert: Robert Nowotny und Peter Gartmayer bezwingen beim Beachvolleyball-Grand-Slam in Klagenfurt das Schweizer Weltklasseduo Heyer/Egger und sind schon fix Neunte.

30. JULI

Sprint vor dem Rathaus: Australiens Supersprinter Stuart O'Grady gewinnt das Rathauskriterium vor dem Franzosen Thomas Voeckler und Bernhard Eisel. Lokalmatador Werner Riebenbauer belegt Rang fünf.

31. JULI

Serie gerissen: Nach 14 Auswärtsspielen ohne Niederlage verliert Pasching in Mattersburg 0:3. Meister GAK holt mit dem 3:1 in Bregenz den zweiten Saisonsieg.

Endstation Viertelfinale: Jürgen Melzer unterliegt in Toronto in der Runde der letzten acht dem Deutschen Nicolas Kiefer mit 6:3, 1:6, 1:6.

AUGUST

14. AUGUST

Kein Auftakt nach Maß: Monika Haselsberger verfehlt als Neunte im Luftgewehrschießen das Finale um einen Platz, für Judo-Europameister Ludwig Paisch sind die Spiele nach 4:31 Minuten vorbei (er verliert in der Klasse bis 60 kg gegen den koreanischen Weltmeister Ho Min Choi), Georg Totschnig wird im Straßenrennen nur 22.

15. AUGUST

Aufstieg mit Rekord: Doppel-Europameister Markus Rogan steigt mit österreichischem Rekord von 54,42 über 100 m Rücken ins Finale auf. Mirna Jukic scheidet über 100 m Brust im Semifinale aus.
In Führung: Segler Andreas Geritzer liegt nach den Plätzen vier und eins in den ersten beiden Wettfahrten der Laser-Regatta vor dem brasilianischen Favoriten Robert Scheidt. Auf Platz eins.

16. AUGUST

Die erste Medaille: Markus Rogan holt mit dem Landesrekord von 54,35 über 100 m Rücken die erste Medaille für Österreich in Athen. Gleichzeitig ist es das erste Schwimm-Edelmetall seit 1912.

17. AUGUST

Das zweite Silber: Claudia Heill gewinnt im Judo-Bewerb in der Klasse bis 63 kg Silber – nach vier Vorrundensiegen ist erst im Finale gegen die Japanerin Tanimoto Endstation.
Skandal beim Tischtennis: Chen Weixing verliert in der Runde der letzten 32 gegen den Südkoreaner Oh die Nerven. Nach einer umstrittenen Schiedsrichterentscheidung schießt er die Bälle im siebenten Satz absichtlich weg und verliert mit 2:11.
Chance gewahrt: Die Beachvolleyballer Nik Berger und Florian Gosch gewinnen das österreichische Duell gegen Robert Nowotny und Peter Gartmayer mit 21:17, 21:17, wahren ihre Chance auf den Aufstieg ins Achtelfinale.
Marik draußen: Schwerer Schlag für Degen-Fechter Christoph Marik: Der Europameister scheitert bereits in seiner Auftaktpartie mit 7:15 am Ukrainer Karutschenko.

18. AUGUST

Weiter in Topform: Mit dem österreichischen Rekord von 1:57,50 qualifiziert sich Markus Rogan als Drittschnellster für das Finale über 200 m Rücken. Mirna Jukic erreicht als Achte das Finale über 200 m Brust.
Auf Medaillenkurs: Laser-Segler Andi Geritzer übernimmt am dritten Wettfahrtstag mit den Plätzen eins und zwei wieder die Führung.
Schwarzer Tag für die Tischtennis-Asse: Werner Schlager verliert das Einzel-Achtelfinale gegen den Deutschen Timo Boll mit 3:4. Im Doppel unterliegt er mit Karl Jindrak in der Runde der letzten 16 den Dänen Maze/Tugwell 0:4.

19. AUGUST

Zweiter, Erster, Zweiter: Markus Rogan schlägt über 200 m Rücken in Rekordzeit von 1:57,35 als Zweiter hinter Aaron Peirsol an. Doch der US-Amerikaner wird wegen Kraulbeinschlags vor der dritten Wende disqualifiziert. Dem Protest der Amerikaner wird aber stattgegeben, Rogan bleibt die Silbermedaille.
Scheidt schlägt zurück: Andi Geritzer muss im Laser-Bewerb am vierten Wettfahrtstag die Führung wieder an Robert Scheidt abgeben.
Halbe Bootslänge fehlt: Österreichs Leichtgewichts-Vierer belegt im Semifinale Rang vier und verpasst den Einzug ins Ruder-Finale um eine halbe Bootslänge.
Beach-Boys out: Nik Berger/Florian Gosch verlieren gegen die Laciga-Brüder aus der Schweiz mit 0:2 und scheiden wie Robert Nowotny und Peter Gartmayer (1:2 gegen Bosma/Herrera/Sp) nach der Vorrunde aus.

20. AUGUST

Sprint-Ladys ausgeschieden: Bettina Müller (11,50) und Karin Mayr-Krifka (11,55) verabschieden sich im 100-m-Zwischenlauf aus dem Bewerb.

21. AUGUST

Optimaler Start: Österreichs Tornado-Olympiasieger von Sydney, Roman Hagara und Hans Peter Steinacher, übernehmen gleich am ersten Wettfahrtstag die Führung.

22. AUGUST

Silbernes Happy-End: Andi Geritzer, der als Gesamtzweiter in die letzte Laser-Wettfahrt geht, behält in einem vierstündigen Thriller die Nerven und erobert Silber.
Unglaubliches Finish: Christian Planer holt sich im Kleinkaliber-Dreistellungskampf die Bronzemedaille, weil der führende Amerikaner Emmons aus Versehen auf die falsche Scheibe schießt und einen „Nuller“ produziert.

23. AUGUST

Jüngste die Beste: Victoria Max-Theurer, Tochter von Olympiasiegerin Sissy, erreicht mit ihren 18 Jahren in der Dressur auf „Falcao“ mit Platz 20 das beste österreichische Resultat.

24. AUGUST

Heldenhafter Zehnkampf: Roland Schwarzl belegt mit persönlichem Rekord von 8102 Punkten und sieben Disziplin-Bestleistungen Platz zehn im Zehnkampf, den der Tscheche Roman Sebrle mit 8893 Punkten gewinnt.
Rekord eingestellt: Gewichtheber Matthias Steiner stellt mit 405 kg den österreichischen Zweikampfrekord ein und belegt in der Klasse bis 105 kg Platz acht.
Herbe Enttäuschung: Franz Stocher, 2003 Rad-Weltmeister im Punkterennen, fährt in seiner Spezialdisziplin von Beginn an hinterher und wird nur Siebzehnter.

25. AUGUST

Sturmlauf zu Gold: Triathletin Kate Allen belegt nach 1,5 km Schwimmen Platz 44. Nach 40 km Radfahren ist sie 29. und geht mit 2:48 Minuten Rückstand auf die Spitze in das 10-km-Rennen. Sie startet eine furiose Aufholjagd, überholt 200 m vor dem Ziel die führende Australierin Loretta Harrop und rast zur Goldmedaille!

2004

Taktische Meisterleistung: Die Tornado-Asse Roman Hagara und Hans Peter Steinacher glänzen mit geschickten Manövern und liegen vor den letzten drei Wettfahrten sieben Punkte vor Lovel/Ogeltree (USA).

26. AUGUST

Umstrittenes Aus: Taekwondo-Kämpferin Nevena Lukic setzt im Viertelfinale der 49-kg-Klasse gegen Euda Carias (Guatemala) offensichtliche „Kicks", die aber von den Referees nicht gewertet werden. So verliert die Tirolerin und scheidet unglücklich aus.

27. AUGUST

Schock beim Taekwondo: Tuncay Caliskan, der später in der Trostrunde ausscheidet, kickt Bertrand Gbongou Liango mit einem Tritt an die Halsschlagader schwer k. o. Der Zentral-Afrikaner bleibt minutenlang regungslos liegen, aus dem Spital kommt dann aber die Entwarnung: keine bleibenden Schäden.

28. AUGUST

Goldene Triumphfahrt: Roman Hagara und Hans Peter Steinacher spielen auf der letzten Tornado-Wettfahrt perfektes See-Schach und feiern einen großen Sieg. Damit wiederholen sie ihre Goldmedaille von Sydney 2000!

29. AUGUST

Starker Abschied: Michael Buchleitner bietet bei seinem letzten Rennen als Hochleistungssportler eine starke Marathon-Vorstellung, belegt nach 2:19:19 Stunden Rang 29.

1. AUGUST

Moderesultat im Derby: Das 238. Wiener Fußballderby endet im Horr-Stadion mit dem siebenten 1:1 in den letzten zwölf Duellen. Rapid bleibt Tabellenführer, wartet aber weiter auf den ersten Sieg in Favoriten seit 1986.

7. AUGUST

Meister vorne: Rapid kommt im Heimspiel gegen Salzburg über ein 0:0 nicht hinaus und muss die Tabellenführung an den GAK (1:0-Derbysieg gegen Sturm) abgeben.

Verpatztes und gelungenes Debüt: Kurt Jara verliert in der ersten Runde der Deutschen Fußball-Liga mit Kaiserslautern daheim gegen Nürnberg 1:3. Martin Stranzl feiert mit dem VfB Stuttgart ein 4:2 gegen Mainz.

10. AUGUST

Neuer Chef in der Liga: Peter Westenthaler und Thomas Kornhoff scheiden als Vorstände der Fußball-Bundesliga aus. Neuer Chef wird der Burgenländer Georg Pangl, zuvor bei der UEFA tätig.

Aufstiegschance lebt: Pasching schlägt in der UEFA-Cup-Qualifikation daheim St. Petersburg mit 3:1, vergibt aber viele Chancen und einen höheren Sieg.

Millionentraum ade? Der GAK verliert das Heimspiel in der Champions-League-Qualifikation gegen Liverpool 0:2.

12. AUGUST

Nullnummer und Heimpleite: Austria Wien schafft sich in der Ukraine mit einem 0:0 bei Mariupol eine gute Basis für den Aufstieg in den UEFA-Cup, Rapid braucht nach dem 0:2 daheim gegen Rubin Kazan ein „Fußball-Wunder".

13. AUGUST

Heim-Debakel: Der LASK verliert in der Red-Zac-Erste-Liga sein Heimspiel gegen den FC Kärnten mit 0:8 – die höchste Niederlage seit 1941. Für die Pacult-Elf ist es der höchste Sieg der Vereinsgeschichte.

16. AUGUST

Stronach holt Baric: Austrias „Big Boss" engagiert nach dem mäßigen Start Österreichs Ex-Teamchef Otto Baric als persönlichen Berater.

17. AUGUST

Hohe Auszeichnung: Bei der Gala zum 100-jährigen Jubiläum des Österreichischen Fußballbundes in der Staatsoper wird Herbert Prohaska zu Österreichs Fußballer des Jahrhunderts gekürt.

18. AUGUST

Cordoba weit entfernt: Statt eines neuerlichen Erfolges gegen Deutschland unterliegt Österreich im Happel-Stadion im Jubiläumsländerspiel dem Erzrivalen mit 1:3.

22. AUGUST

Alle Neune! Die Austria feiert in Bregenz ihren höchsten Sieg in der Bundesliga-Geschichte – 9:0!

Tolles Debüt: Michael Ranseder fährt als erster Österreicher seit vier Jahren wieder einen Motorrad-GP. In Brünn verpasst der KTM-Pilot bei seinem Debüt in der 125-ccm-Klasse Platz 15 und damit den ersten WM-Punkt nur um 58 Tausendstel.

24. AUGUST

Sensation an der „Anfield Road": Der GAK gewinnt bei Liverpool das Rückspiel zur Champions-League-Qualifikation durch ein Traumtor von Mario Tokic mit 1:0 und landet als erster österreichischer Verein einen Europacup-Sieg auf der Insel. Zum Aufstieg reicht die Sensation aber nicht.

26. AUGUST

Wunder, Pflichtsieg und unnötige Niederlage: Rapid-Kapitän Steffen Hofmann fixiert durch sein Freistoßtor zum 3:0 in Kazan den Aufstieg in den UEFA-Cup, Austria steht nach einem ungefährdeten 3:0 gegen Mariupol ebenfalls im Hauptbewerb. Pasching scheidet nach der 0:2-Niederlage bei Zenit St. Petersburg aus.

29. AUGUST

Erste WM-Punkte für Klien: Der Vorarlberger Jaguar-Pilot wird in Spa, wo Michael Schumacher seinen siebenten WM-Titel fixiert, Sechster.

TOTO Belgien gewinnt den Internationalen Jugend-Toto-Cup in der Steiermark vor der Schweiz, Österreich und Deutschland.

SEPTEMBER

1. SEPTEMBER

Erfolgreiche Herren: Jürgen Melzer (Viersatz-Erfolg gegen den Franzosen Carraz), Stefan Koubek (Fünfsatz-Marathon gegen den Amerikaner Bogomolov Jr.) und Alexander Peya (ebenfalls in fünf Sätzen gegen den Amerikaner Reynolds) erreichen bei den US Open in New York die zweite Runde.

Das Ende naht: Babsi Schett kündigt nach ihrer US-Open-Erstrunden-Niederlage gegen die Russin Anna Tschakwetadse ihr Karriereende nach den Australian Open 2005 an.

3. SEPTEMBER

Toller Sieg: Stefan Koubek bezwingt in der zweiten Runde der US Open den ehemaligen spanischen Weltranglisten-Ersten Juan Carlos Ferrero in fünf Sätzen mit 7:6, 4:6, 6:7, 6:2, 6:3.

Sechster Österreicher in NHL: Eishockey-Teamstürmer Thomas Vanek wird vom NHL-Klub Buffalo Sabres für drei Jahre unter Vertrag genommen.

4. SEPTEMBER

Sensationelle Aufholjagd: Innerhalb von zwei Minuten gleichen Roland Kollmann (71.) und Andreas Ivanschitz (73.) im WM-Qualifikationsspiel gegen England im ausverkauften Tollhaus Happel-Stadion ein 0:2 noch zum 2:2-Endstand aus.

Historischer Erfolg: Nach Stefan Koubek kommen auch Jürgen Melzer (Fünfsatz-Erfolg in der Olympia Revanche gegen Vince Spadea) und Alexander Peya (Viersatz-Sieg gegen den Schweden Thomas Enqvist) bei den US Open weiter. Drei Österreicher in der dritten Runde eines Grand-Slam-Turniers hatte es zuvor noch nie gegeben.

5. SEPTEMBER

Endstation dritte Runde: Mit nur einem Satzgewinn verabschiedet sich Österreichs Tennis-Trio Jürgen Melzer, Stefan Koubek und Alex Peya von den US Open.

Zweiter Titel: Markus Brier gewinnt zum zweiten Mal nach 2002 die Austrian-Golf-Open im GC Fontana in Oberwaltersdorf. Der 18-jährige Amateur Bernd Wiesberger wird sensationell Vierter.

KTM dominiert: KTM-Pilot Yves Demaria (FRA) gewinnt beide MX3-WM-Motocross-Rennen in Schwanenstadt. Bei ihrem letzten WM-Lauf fahren sowohl Erwin Machtlinger als auch Sigi Bauer in die Punkteränge.

7. SEPTEMBER

Im Semifinale: Nach dem enttäuschenden Abschneiden im Einzel läuft es im Doppel-Bewerb der US Open für Babsi Schett besser – mit Partnerin Patty Schnyder (SUI) erreicht sie das Semifinale.

8. SEPTEMBER

Österreich Tabellenführer: Martin Stranzl und Roland Kollmann schießen das Fußballteam im zweiten WM-Qualifikationsspiel gegen Aserbaidschan vor 26.000 Fans im Happel-Stadion zu einem 2:0-Erfolg und zur Führung in der Gruppe sechs.

9. SEPTEMBER

Hoffnungen zerstört: Babsi Schetts Traum vom Doppel-Finale der US Open platzt schnell. Das russische Top-Duo Kusnetsowa/Lichowtsewa zeigt der Tirolerin und ihrer Partnerin Patty Schnyder beim 6:4, 6:2 die Grenzen auf.

11. SEPTEMBER

Erfolgreicher Auftakt: Österreichs Basketball-Herrenteam feiert im ersten EM-Qualifikationsspiel in Limassol ein 74:65 gegen Zypern.

Chance lebt: Handballmeister Bregenz gewinnt das Hinspiel zur Champions-League-Qualifikation gegen den slowakischen Champion Tatran Presov mit 32:28.

Interessante Torschützen: Beim 2:1 von Rapid gegen Admira erzielt Ferdinand Feldhofer sein erstes Bundesligator seit zweieinhalb Jahren und Kapitän Steffen Hofmann markiert drei Tage nach seiner Hochzeit seinen ersten Treffer als Ehemann.

12. SEPTEMBER

Goldtor durch Wikinger: Austria Wien gewinnt bei Meister GAK durch einen Treffer von Sigurd Rushfeldt 1:0.

Debüt in Deutschland: Ex-Rapid-Stürmer Roman Wallner kommt in der deutschen Bundesliga beim 2:2 gegen Freiburg erstmals für Hannover 96 zum Einsatz.

Reifen-Probleme: Christian Klien fährt beim Formel-1-Grand-Prix von Monza beherzt wie immer, taucht kurz auf Platz sechs auf, hat aber Probleme mit den Reifen und wird „nur" 13.

Auf Platz fünf: Sensationsmann Daniel Forfang und Roar Lökelsöy sorgen beim Sommer-GP der Skispringer am Bergisel für einen norwegischen Doppelerfolg. Andreas Widhölzl ist als Fünfter bester Österreicher.

Weiter ungeschlagen: Österreichs Basketballer gewinnen in Gmunden das zweite Spiel zur EM-Qualifikation gegen Albanien mit 83:66.

16. SEPTEMBER

Zwei Siege, eine Niederlage: Der GAK fegt im Hinspiel der ersten UEFA-Cup-Runde Litex Lovetch (BUL) mit 5:0 vom Platz, Austria schlägt durch einen Kiesenebner-Weitschuss im Happel-Stadion Legia Warschau mit 1:0. Rapid hält bei Sporting Lissabon lange Zeit ausgezeichnet mit, kassiert aber eine dumme 0:2-Niederlage.

17. SEPTEMBER

Skikönig hört auf: Stephan Eberharter beendet seine glanzvolle Karriere. Nach 15 Saisonen, einem Olympiasieg, drei WM-Titeln und sieben Kristallkugeln verabschiedet sich Steff mit 35 Jahren in die Ski-Pension.

Ohne Cockpit: Ford sperrt den Jaguar-Formel-1-Rennstall zu. Bitter für den Österreicher Christian Klien, der dadurch für 2005 ohne Cockpit dasteht.

18. SEPTEMBER

Erste Medaille: Der Schütze Hubert Aufschnaiter gewinnt bei den Paralympics in Athen mit Bronze im Luftpistolen-Be-

2004

werb die erste Medaille für Österreich.

1,5 Sekunden fehlten: Österreichs Basketball-Herren verlieren in Oberwart unglücklich gegen Weißrussland mit 91:92 – 1,5 Sekunden vor Schluss bringt ein Dreier den Gästen den Sieg.

19. SEPTEMBER

Wien gewinnt Städteduell: Rapid verteidigt gegen den GAK durch ein 2:1 die Tabellenführung, Austria siegt bei Sturm Graz durch zwei Tore von Ivo Vastic mit 2:0.

Einen Punkt ergattert: OMV-Pilot Manfred Stohl wird bei der RAC-Rallye in Wales Achter, holt damit als bester Privatfahrer einen Punkt.

Zweimal Silber: Wolfgang Eibeck (in der 4000-m-Radverfolgung) und Thomas Geierspichler (im Rennrollstuhlfahren über 5000 m) werden bei den Paralympics in Athen jeweils Zweite.

20. SEPTEMBER

Goldmedaille mit Weltrekord: Die unterschenkelamputierte Andrea Scherney landet bei den Paralympics im Weitsprung in der Klasse F44/46 mit 5,02 m den großen Coup.

21. SEPTEMBER

Gold und Silber: Der rot-weiß-rote „Medaillenrausch" bei den Paralympics geht weiter: Stanislaw Fraczyk gewinnt im Tischtennis Gold, Hubert Aufschnaiter holt mit Luftpistolen-Silber seine zweite Medaille.

22. SEPTEMBER

Erster Trainerwechsel: Bernd Krauss tritt bei Fußball-Bundesligist Admira wegen Unstimmigkeiten mit der Mannschaft überraschend als Trainer zurück, Nachfolger ist der bisherige Co-Trainer Dominik Thalhammer, mit 33 Jahren der jüngste Coach der Liga.

Riedl-Rücktritt: Alfred Riedl tritt nach neun Monaten als Fußball-Teamchef von Palästina zurück, weil er aufgrund der politischen Wirren eine vernünftige Arbeit nicht mehr für möglich hält.

Zweites Edelmetall: Der Salzburger Rennrollstuhlfahrer Thomas Geierspichler gewinnt nach Silber über 5000 m Bronze über 400 m.

Bitteres Karriereende: Ein (zum Glück gutartiger) Tumor an der Leber zwingt Handball-Teamspielerin Laura Fritz (Wr. Neustadt) mit 26 Jahren zum sofortigen Karriereende.

23. SEPTEMBER

Aller guten Dinge sind drei! Nach Silber über 5000 m und Bronze über 400 m gewinnt Thomas Geierspichler im Rennrollstuhlfahren über 1500 m bei den Paralympics in Athen die Goldmedaille.

24. SEPTEMBER

„Medaillen-Flut": Österreich gewinnt bei den Paralympics in Athen an einem Tag zweimal Gold (Kugelstoßer Georg Tischler mit Weltrekord, Johann Mayrhofer im Handbike-Straßenrennen), zweimal Silber (Willi Monschein und René Schwarz jeweils mit der Kugel) und einmal Bronze (Christoph Etzlsdorfer mit dem Handbike).

25. SEPTEMBER

Berg- und Talfahrt: Stefan Koubek sorgt bei der Daviscup-Relegation gegen Großbritannien in Pörtschach mit einem souveränen Dreisatz-Sieg gegen Tim Henman für einen Traumstart, Jürgen Melzer verliert danach jedoch in vier Sätzen gegen Greg Rusedski. Julian Knowle und Alex Peya liegen im Doppel, das beim Stand von 6:4, 1:6, 6:2 wegen Dunkelheit abgebrochen wird, mit 2:1-Sätzen in Führung.

Eine Hundertstel fehlt: Thomas Geierspichler verpasst bei den Paralympics über 800 m nur um eine Hundertstel die Goldmedaille, die sich der Marokkaner Ezzine in 1:58,67 (Weltrekord) sichert.

26. SEPTEMBER

Sensation perfekt: Julian Knowle und Alex Peya gewinnen bei der Daviscup-Relegation gegen Großbritannien den vierten Satz des am Vortag abgebrochenen Doppels mit 6:1, sorgen für das 2:1. Henman schafft in vier Sätzen gegen Melzer den Ausgleich, ehe Koubek mit einem Dreisatz-Sieg gegen Rusedski den Klassenerhalt sichert.

Austria neuer Tabellenführer: Austria Wien klettert mit einem klaren 3:0 gegen Sturm Graz an die Tabellenspitze der T-Mobile-Bundesliga. Rapid ist punktegleich Zweiter.

Kollision mit Weltmeister: Christian Klien scheidet beim ersten Formel-1-Grand-Prix in Shanghai nach einer Kollision mit Michael Schumacher in der zwölften Runde aus.

Zweiter im Marathon: Thomas Geierspichler kehrt mit fünf Medaillen von den Paralympics zurück. In seinem letzten Bewerb, dem Marathon, wird der Salzburger Zweiter.

Erfolg beim Finale: Martin Höllwarth gewinnt beim Finale des Sommer-GP der Skispringer im japanischen Hakuba von der Großschanze.

30. SEPTEMBER

Zwei weiter: Der GAK verliert zwar in der ersten UEFA-Cup-Runde das Rückspiel bei Liteks Lovetch 0:1, steht aber nach dem 5:0 von Graz ebenso in der Hauptrunde wie die Austria, die bei Legia Warschau 3:1 gewinnt und mit dem Gesamtscore von 4:1 aufsteigt. Nur Rapid schafft es nicht – 0:0 in Wien gegen Sporting Lissabon, für Grünweiß heißt es: Europa adé.

F U S S B A L L

von PETER KLÖBL

Die Aufholjagd der Nationalmannschaft gegen England, der Double-Triumph des GAK, Tirols Rückkehr in die oberste Liga, während es am Wörther See eine Etage runterging – auch 2004 war rund um das runde Leder wieder einiges los gewesen.

Garde
LCC
8
9

Da staunte Sir Beckham

Österreichs Fußball-Nationalmannschaft holte zum Auftakt der Qualifikation für die WM 2006 ein 0:2 gegen England noch auf und stand vier Tage später sogar auf Gruppenplatz eins!

„Diese Tabelle schneid' ich mir aus und häng' sie daheim auf", meinte Didi Kühbauer am 8. September nach dem 2:0-Sieg gegen Aserbaidschan, der Österreichs Team nach zwei Spieltagen der WM-Qualifikation auf Platz eins gehievt hatte.
Didi Kühbauer – einer, den Teamchef Hans Krankl 2004 wieder „entdeckt" hatte, einer, der an die glorreichen Zeiten 1997/98, die mit dem Erreichen der WM-Endrunde ihren Höhepunkt hatten, erinnerte. Und einer, der die Mannschaft mitriss, seinen Mitspielern zeigte, wie man Superstars Paroli bietet.
Superstars waren tatsächlich einige an jenem denkwürdigen 4. September im Happel-Stadion auf dem Rasen gestanden: David Beckham zum Beispiel, von der britischen Queen sogar schon zum „Sir" geadelt. Oder Michael Owen, Kollege von Beckham bei Real Madrid. Oder Steven Gerrard, Mittelfeldstratege von Liverpool, in Österreich bestens bekannt durch seine zwei Tore in Graz in der Champions-League-Qualifikation, die den GAK schon im Hinspiel vieler Chancen beraubt hatten.
Und dazu saß auf der Bank der Schwede Sven-Göran Eriksson, dem sein Job als englischer Teamchef im Jahr rund sechs Millionen Euro bringt – davon kann Kollege Krankl nur träumen ...
Einen Tag vor dem Spiel hatten Eriksson und Beckham im Wiener Hotel „Intercontinental" zur Presse gesprochen. Getrennt, damit man den Ansturm der Medien bewältigen konnte. Während „Sir David" sich vormittags noch in seiner Suite ausruhte, stand Eriksson Rede und Antwort. Österreich? Außer für einige heimische Journalisten war das für niemanden ein Thema gewesen. Es ging nur darum, wie weit England bei der WM 2006 kommen würde. „Mein Traum ist das Finale", sagte Eriksson.

Emmanuell Pogatetz ließ Englands Kapitän David Beckham nicht aus den Augen, lieferte dem Superstar heiße Duelle.

Nachmittags erschien dann ER – David Beckham. Das Blitzlichtgewitter war so unerträglich, dass der Superstar dessen Urheber aus dem Saal werfen ließ, freundlich beantwortete er dann die Fragen. Österreich? „Ich weiß, dass Manager Hans Krankl ein sehr guter Spieler gewesen war, mehr nicht ...“
Tags darauf wusste er mehr – vor allem die Namen „Kollmann“ und „Ivanschitz“ wird er sich gemerkt haben. Denn diese beiden Herren hatten dafür gesorgt, dass 45.000 im Happel-Stadion nach dem Schlusspfiff euphorisch mit den rot-weiß-roten Spielern feiern durften.
Ja, sie hatten es tatsächlich geschafft, ein 0:2 noch umgedreht, so für eine Fußball-Sternstunde gesorgt. Obwohl es sooo unglücklich und kurios begonnen hatte: Martin Stranzl meinte einen Pfiff gehört zu haben, spielte daraufhin den Ball zu Tormann Alex Manninger, damit dieser den Freistoß ausführen konnte. Freistoß gab es auch – allerdings für England. Denn der Pfiff war aus dem Publikum gekommen, Schiedsrichter Lubos Michel aus der Slowakei wertete die Aktion als „Rückpass zum Tormann“. Dieser ist laut Regelwerk nicht erlaubt, daher indirekter Freistoß für England – Beckham lief an, schoss aber nicht, sondern leitete den kurz abgespielten Ball zu Lampard, den Österreichs Abwehr „übersehen“ hatte, weiter – 0:1 nach 24 Minuten! Und als genau vierzig Spielminuten später Gerrard gar das zweite Tor gelang, schien alles vorbei, schien sich der große Favorit letztendlich doch locker durchzusetzen.
Aber dann kam jener „Doppelpack“, den man lange nicht vergessen wird: Zuerst traf der eingewechselte Roland Kollmann per Freistoß zum 1:2, der Jubel war noch nicht verklungen, als es zum zweiten Mal im Kasten der Engländer einschlug. Kapitän Andi Ivanschitz schoss („weil ich links und rechts keinen Mitspieler sah, den ich anspielen hätte können“), Briten-Tormann James ließ die Kugel unter sich ins Tor gleiten – 2:2 binnen drei Minuten (71., 73.)!

Auf der Ehrentribüne lag sich die Prominenz in den Armen, auf den Rängen feierten die Fans, der Teamchef jubelte („die Moral war unglaublich, wären wir vom aufopfernden Kampf nicht so ausgepumpt gewesen, wär' sogar ein Sieg möglich gewesen!“) – und Herr Beckham? Der konnte es gar nicht fassen, stammelte nur: „Im Fußball sind manche Dinge einfach nicht zu erklären ...“ Fußball-England war geschockt, Fußball-Österreich in Euphorie!
Diese merkte man auch vier Tage später im Happel-Stadion gegen „Fußball-Zwerg“ Aserbaidschan. Trotz des wenig prominenten Gegners kamen 26.000 – der Hit gegen England hatte die Fans „wachgerüttelt“, es war wieder „in“, zum Team zu gehen.
Tore schoss man wie gegen England zwei – beide in Hälfte eins durch Martin Stranzl (erster Treffer im A-Team) und GAK-Bomber Roland Kollmann. Er allein hätte Österreich zu einem Kantersieg schießen können, wenn er von seinen fünf hochkarätigen Chancen die eine oder andere verwertet hätte.
Aserbaidschans brasilianischer Teamchef Carlos Alberto (Kapitän der Weltmeister-Mannschaft 1970), sorgte in der Pause mit einem Dreifachwechsel für ein Kuriosum, verwirrte damit für einige Minuten die Österreicher – aber unterm Strich erledigte man die Pflichtaufgabe gegen die Nummer 115 der Fußball-Weltrangliste souverän.
„In meinen Glanzzeiten hätte ich die im Alleingang erlegt“, meinte ein gut gelaunter „Johann K.“, „aber man darf nicht unzufrieden sein, es ist schon lange her, dass eine österreichische Nationalmannschaft in einem Spiel so viele Chancen herausgespielt hat.“
Hans Krankl und seinen Mannen war der „Doppelpack-Start“ in die WM-Qualifikation jedenfalls gelungen – und in Didi Kühbauers Wohnzimmer hängt eine Tabelle, die er sich oft ansehen wird: „1. Österreich – 2 Spiele – ein Sieg, ein Unentschieden, keine Niederlage – 4:2 Tore!“

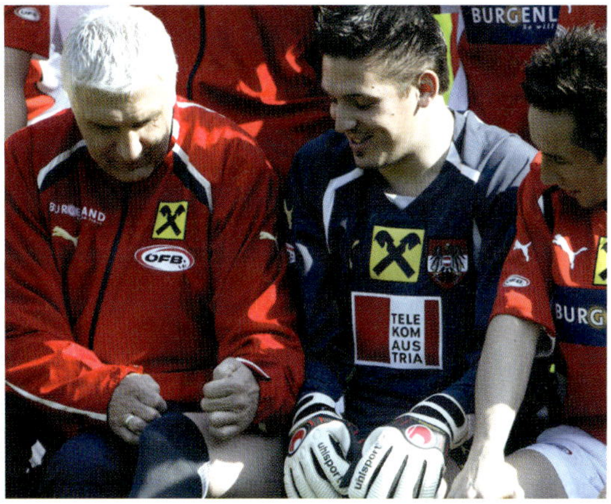

Toooor! Mittelfeldrackerer Didi Kühbauer (rechts) mit Andreas Ivanschitz, dem Schützen des 2:2. Danach war auch Teamchef Hans Krankl beim Foto-Shooting zu Scherzen aufgelegt...

Aller Einsatz half nichts – Österreich (Martin Hiden, links) verlor das Jubiläums-Länderspiel gegen Deutschland (Podolski, rechts) mit 1:3.

„Herbert, du bist's!"

Mit diesen Worten bat Franz Beckenbauer bei der Gala zum 100. Geburtstag des ÖFB Herbert Prohaska, Österreichs „Fußballer des Jahrhunderts", auf die Bühne.

Erstmals gehörte die Wiener Staatsoper ganz allein dem runden Leder. Statt „Alles Walzer" wie beim Opernball hieß es am 17. August „Alles Fußball". Anlass war der 100. Geburtstag des Österreichischen Fußball-Bundes, zu dem Heinz Fischer, der oberste Mann im Staat, genauso gekommen war wie die Granden des internationalen Fußballs.

Joseph Blatter, Präsident des Internationalen Fußball-Verbands FIFA, übergab an Andi Ivanschitz den Jubiläums-Award als größte Zukunftshoffnung. Blatter nach dem Studium der TV-Szenen, die zu Ehren von Ivanschitz über die Riesenleinwand geflimmert waren: „Mir ist gleich aufgefallen, dass dieser junge Mann die Nummer zehn trägt – das verpflichtet."

Lennart Johansson, Boss der europäischen Fußball-Union UEFA, zeichnete Österreichs Trainer des Jahrhunderts aus – stellvertretend für ihren bereits verstorbenen Großvater übernahmen die beiden Enkelkinder von Ernst Happel die Trophäe.

Michel Platini, einer der größten Fußballer aller Zeiten, überraschte Toni Polster bei seiner Laudatio mit seinem letzten Satz: „Der Rekordtorschütze heißt Toni Polster." Extra für Toni hatte Platini ein wenig Deutsch gelernt …

Natürlich wurde auch Österreichs Rekord-Teamspieler geehrt: Andi Herzog, der 103-mal den Teamdress übergestreift hatte, wäre gerne dabei gewesen, hatte aber von seinem Klub Los Angeles Galaxy keine Freigabe erhalten – veranlasst hatte dies noch Jürgen Klinsmann, der Berater des Herzog-Klubs, der wenige Tage nach dieser „Weisung" das Amt des deutschen Teamchefs übernahm. Eine Pikanterie am Rande, weil geplant war, dass Herzog beim „Geburtstag-Länderspiel" einen Tag nach der

ÖFB-Präsident Dipl.-Ing. Friedrich Stickler als Festredner bei der großen Gala in der Staatsoper

Gala noch einmal für Österreich spielen hätte sollen – gegen Deutschland und Klinsmann. So konnte Herzog nur via Grußbotschaft aus Los Angeles wissen lassen, dass er Deutschland gerne noch einmal ein „Haxl" gestellt hätte …

Ja, sie ist unvergesslich für alle, die dabei waren, diese Gala des Österreichischen Fußball-Bundes, bei der die Wiener Sängerknaben, Italio-Star Zucchero und Helmut Lotti für die musikalischen Highlights sorgten.

Höhepunkt natürlich die Wahl des österreichischen „Fußballers des Jahrhunderts". „Kaiser" Franz Beckenbauer verkündete, ob Hans Krankl oder Herbert Prohaska von den Zuschauern des ORF via TED-Abstimmung zu Österreichs bestem Kicker aller Zeiten gewählt worden war. Die Wahl fiel auf – eh schon wissen: Herbert Prohaska. Dieser bedankte sich dann sichtlich gerührt: „Ich habe davon geträumt, mit der Austria Europacupsieger zu werden, mit Österreich Weltmeister zu werden – aber nie von dieser Auszeichnung. Es hätten aber auch viele andere verdient, schließlich gab es vor mir und während meiner Zeit auch andere große Fußballer, werden nach mir wieder welche folgen." Augenzwinkernd fügte er dann noch hinzu: „Denen, die mich gewählt haben, kann ich sagen: Sie haben eine gute Wahl getroffen."

Da lachten und applaudierten viele dieser ehemaligen Größen: Alfred Körner und Kurt Schmied zum Beispiel, 1954 in der Schweiz mit Österreich WM-Dritter, „Wembley-Toni" Fritsch oder die Cordoba-Helden Hans Krankl, Kurt Jara und Friedl Koncilia sowie deren damaliger Teamchef Helmut Senekowitsch. Dieser befand sich übrigens in guter Gesellschaft, saßen doch mit ihm, Prohaska, Karl Stotz, Branko Elsner und Josef Hickersberger gleich fünf Ex-Teamchefs in der Oper …

Alle lauschten sie der Botschaft von ÖFB-Präsident Dipl.-Ing Friedrich Stickler: „Wir wollen wieder an die Spitze!"

Wie schwer dieser Weg sein wird, musste man gleich tags darauf zur Kenntnis nehmen. Deutschland verteilte nämlich anlässlich des Jubiläumsspiels an Hans Krankls Truppe keine Geburtstagsgeschenke, gewann 3:1.

Der „Party-Schreck" war Kevin Kuranyi vom VfB Stuttgart mit drei Toren gewesen. Er hatte die österreichischen Abwehrfehler eiskalt ausgenutzt, dass Martin Amerhauser mit einem Traumschuss aus 17 m Deutschland-Goalie Oliver Kahn zum zwischenzeitlichen 1:1 bezwungen hatte, war da nur ein schwacher Trost gewesen.

So sehr die Stars von einst bei der Gala in der Staatsoper an „Cordoba" erinnert hatten – auf dem Feld hatten nur die Trikots der österreichischen Teamspieler von heute (sie spielten in Replika-Trikots von 1978) an eine der größten Sternstunden der heimischen Fußball-Geschichte erinnert …

Promis, Promis, Promis! Bild unten links: Hans Krankl mit Toni Polster; Bild Mitte: Herbert Prohaska mit Franz Beckenbauer; Bild rechts: Beckenbauer, Lennart Johansson, Joseph Blatter und Michel Platini (von links nach rechts).

Eine Stadt sieht Rot

Nach 102 Jahren hatte es der GAK endlich geschafft: Österreichischer Fußballmeister. Und im „Glücksrausch“ holte man sich gleich auch noch den Cup …

Am 15. Mai 2004 brachen in Fußball-Graz alle Dämme – der GAK hatte es geschafft: Mit einem 1:1 gegen Pasching wurde im ausverkauften Schwarzenegger-Stadion in der vorletzten Runde der T-Mobile-Liga der letzte noch nötige Punkt eingefahren und der Grazer Traditionsverein war erstmals in seiner Klubgeschichte österreichischer Fußball-Meister.

Die Szenen bei der improvisierten Meisterfeier danach waren berührend: Freudentränen flossen, weder Präsident Rudi Roth noch Trainer Walter Schachner schämten sich ihrer glasigen Augen. Denn der Klub hat nach diesem Erfolg gelechzt wie kaum ein anderer – 102 Jahre hatten die GAK-Fans, die trotz dreier Cupsiege zuvor (1981, 2000, 2002) bitter im Schatten von Lokalrivalen Sturm gefroren hatten, auf diesen Triumph warten müssen.

Dementsprechend ausgekostet wurden auf präsidiale Anordnung die Meisterfeiern danach: Eine Woche wurde praktisch durchgefeiert – zur größten Party am Grazer Hauptplatz und dem darauf folgenden Open-Air-Zeltfest im altehrwürdigen Casino-Stadion, zu dem die Meisterkicker im Cabrio-Korso anreisten, kamen 10.000 Anhänger. Die ganze Stadt war in Rot getaucht.

Der sportlichen Leitung hat das mehrtägige Fest nicht ganz gepasst, denn drei Tage danach stand noch das Pokalfinale gegen die Wiener Austria in Salzburg am Programm – und die historische Chance aufs erste Double der Vereinsgeschichte schien angesichts dieser „Champagner-Vorbereitung“ wenig Aussicht auf Erfolg zu haben.

Doch im Fußball ist eben nicht alles rational erklärbar: Im kollektiven „Glücksrausch“ steckten die Meisterfußballer drei Rückstände und den Ausschluss von Tokic weg und holten nach einem 120-Minuten-Krimi (3:3) mit einem 5:4 im Elferschießen auch diesen Pokal.

Großer Held dieses Husarenstücks war Franz Almer, der eigentlich nie mehr im GAK-Tor hätte stehen sol-

Tausende Fans feierten in Graz den ersten Meistertitel des GAK und den Erfolgstrainer Walter Schachner.

len. Sein Comeback vier Spiele vor Saisonschluss war „Hollywood"-reif. Standard-Keeper Andi Schranz hatte sich drei Runden vor Schluss im Abschlusstraining vorm Derby verletzt, musste am Sprunggelenk operiert werden. Routinier Almer war zu diesem Zeitpunkt mit Tormanntrainer Zajicek übers „Kreuz", hatte seine Karriere praktisch beendet und sich geistig schon auf die Tätigkeit als Akademietrainer eingestellt. Doch ob der historischen Chance und der Tatsache, dass die Nachwuchs-Keeper Lienhart und Rindler noch kein Bundesligaspiel bestritten hatten, wurden alle Risse gekittet, Almer schwang sich mit Zajicek ins Intensivtraining und machte das „Märchen" wahr.

Das Elferschießen im Cup war die Krönung seiner Karriere: Mit schmerzhaftem Wurf auf seine mehrfach operierte linke Schulter tauchte er Dundees entscheidenden Penalty aus dem Eck und wurde wie im Cupfinale 2000 (als er gegen Salzburg die Elfer von Kitzbichler und Lipcsei hielt) neuerlich zum Finalhelden. „Jetzt ist der Franz unsterblich", strahlte Tormanntrainer Zajicek.

Dass den Rotjacken in dieser Saison österreichweit die Herzen zuflogen, hatte verschiedenste Ursachen: Vielfach wurde honoriert, dass man auch mit einheimischen Spielern Erfolg haben kann. Der GAK setzte mit Tokic, Muratovic, Sionko und Bazina nur vier Legionäre ein – der Rest waren Österreicher.

Höchst sympathisch fanden die Fans auch die David-gegen-Goliath-Konstellation im Titelkampf: Obwohl Glamour-Klub Austria in Frank Stronachs Millionen „badete" und sogar auf der Tribüne reihenweise Hochkaräter sitzen hatte, gelang es dem GAK, finanziell nicht so auf Rosen gebettet, den unüberwindlichen Konkurrenten zu bezwingen. Der 3:1-Sieg am 24. April im direkten Duell im Horrstadion sorgte sogar in Wien für Respekt. Da profitierte der GAK zwar einerseits von einem Fehler des Schiedsrichtertrios (der Schweizer Topmann Urs Meier musste nach dem Spiel eingestehen, dass einer seiner Assistenten Austria zu Unrecht ein Tor, das das 1:1 bedeutet hätte, aberkannte), andererseits spielten die Grazer aber alle Vorzüge aus, zeigten bessere Organisation, mehr Teamgeist, unbändigen Hunger nach Erfolg und vor allem die größere Entschlossenheit.

Der Architekt des GAK-„Wunders" hatte ohnehin einen sentimentalen Bonus: Dass Walter Schachner von Frank Stronach bei der Austria als Tabellenführer und erfolgreicher Europacupfeldherr gefeuert worden war, verstanden ja nur die wenigsten. Das war aber ein Glücksfall für den GAK, den er am 19. Oktober 2002 als Tabellenletzten übernahm, auf Anhieb auf Platz zwei führte und in seiner ersten vollen Saison zum Meister machte. Schachners gekränkter Stolz, sein Wunsch etwas zu beweisen, seine Kunst, mit fähigen Leuten im Team zu arbeiten, und sein Anspruch, „der beste Trainer Österreichs werden zu wollen", waren der Motor des GAK.

Vom Präsidenten hatte er uneingeschränkte Rückendeckung: Öl-Multi Mag. Rudi Roth war ja von seinem Vorgänger Peter Svetits und dessen „Flucht zur Austria" in tiefste Depressionen gestürzt worden. „Das war einen menschliche Enttäuschung", so Roth, „nach der ich mich gefragt habe, wozu ich mir das antue, wo ich doch nie Präsident sein wollte." In Schachner sah er seinen rettenden Engel, zu dem er bedingungslos stand – auch in der heiklen Sportdirektorenfrage: Als Schachner Weninger forderte, musste Koschak gehen.

Die Harmonie von Trainer und Präsident übertrug sich auf die Mannschaft, die mit 72 Punkten einen neuen Klubrekord aufstellte – und mit Roland Kollmann einen überragenden Torjäger hatte: Er machte 27 der 62 Treffer, stellte damit Brunmayrs GAK-Rekord ein und holte die Torjäger-Krone. Zum Scharfschützen der Nation hatte der GAK auch die Oberhoheit in der Luft: Kein Team in Österreich war bei Standardsituationen gefährlicher als Ehmann, Aufhauser & Co. So gab es in 36 Spielen nur sechs Niederlagen, neun Remis, aber 21 Siege ...

GAK (Kollmann) gegen Austria (Afolabi) – zweimal (Cup und Meisterschaft) behielten die „Roten Teufel" in diesem Duell die Oberhand. Fair gratulierte Austria-Boss und Liga-Präsident Fank Stronach nach dem Titel GAK-Präsident Rudi Roth.

Ein „Visitator“ am Verteilerkreis

Nicht zu stoppen: Sigurd Rushfeldt trug sich bei Austrias Rekordsieg in Bregenz gleich viermal in die Schützenliste ein.

Austrias „Big Boss“ Frank Stronach setzte die Tradition fort und feuerte den nächsten Trainer. Mit seinem persönlichen Berater Otto Baric sollte alles anders werden …

Leicht hatte er es nicht, der Jogi Löw. Nur wenige Monate im Amt, musste der Deutsche gleich zur Kenntnis nehmen, dass bei der Austria ein anderer Wind als überall sonst weht. Löw, mit dem FC Tirol österreichischer Fußballmeister geworden, kannte die heimischen Verhältnisse, war sich auch bewusst gewesen, was ihn bei Violett erwartete – aber das, was folgte, war auch für ihn Neuland gewesen …

Der erste „Befehl“ von Frank Stronach ließ nämlich nicht lange auf sich warten: Mitte Oktober 2003, nach der 0:1-Heimniederlage gegen den GAK, hatte der Geldgeber angeordnet, dass Sportchef Günter Kronsteiner „als Zeichen der Einigkeit und Geschlossenheit“ ab sofort neben Löw auf der Bank Platz nehmen sollte. Das lehnte der Deutsche mit den Worten „Wer auf der Bank sitzt, bestimmt der Trainer!“ ab. Drei Tage lang rang man hinter verschlossenen Türen nach einer Lösung, wie man dies dem „Big Boss“, der mittlerweile wieder nach Kanada abgedüst war, „schmackhaft“ machen könne. Kronsteiner übernahm dieses Telefonat, Stronach stimmte widerwillig zu. „Machtprobe eins“ hatte Löw gewonnen, nicht wissend, dass im Verlaufe der Saison noch weitere folgen sollten.

Vorerst einmal kehrte aber Ruhe bei Austria ein. Die kritische Herbstphase (zwischenzeitlich lag man sieben Punkte hinter Tabellenführer Rapid) konnte erfolgreich überwunden werden, am Ende des Jahres 2003 stand man auf Platz eins.

Vergessen war da auch das „Theater“ um Paul Scharner: Der Teamspieler hatte für ein besonderes „Highlight“ gesorgt, eine Einwechslung mit den Worten „Trainer, auf der rechten Mittelfeldseite spiele ich nicht, es war doch ausgemacht, dass ich nur noch zentral zum Einsatz komme …" verweigert. Der „Rebell" kam danach nie mehr bei Austria zum Einsatz, durfte beim Einzeltraining „seine" Position üben, ehe er im Winter nach Salzburg abgegeben wurde …

Alles paletti also bei Austria vorm Start der Frühjahrssaison – aber nicht sehr lange. Denn Pasching versetzte dem amtierenden Meister gleich im ersten Spiel 2004 einen großen Dämpfer, gewann im Horr-Stadion 1:0. Und sorgte damit für den nächsten Zündstoff. Denn Frank Stronach, verärgert über die Niederlage gegen Pasching (ihm hatte einiges wie zum Beispiel seiner Meinung nach falsche oder nicht getätigte Austäusche missfallen), griff wieder einmal ins Geschehen ein – mit Sätzen, die einem nicht neu vorkamen: „Günter Kronsteiner muss sich mehr ins Sportliche einmischen. Er steht als Sportdirektor über dem Trainer, muss sagen, wenn etwas nicht passt, muss dies ändern!" Hatten wir doch alles schon einmal gehört …

Doch wieder setzte sich Jogi Löw durch, wieder setzte sich Kronsteiner nicht auf die Bank. Der Trainer hatte auch „Machtprobe Nummer zwei" gewonnen. Der „Vulkan Austria" brodelte jedoch gewaltig …

… und brach knapp einen Monat später auch aus. Eine lustlose Austria ging sang- und klanglos 0:2 beim FC Kärnten unter, bei den Verantwortlichen, allen voran Günter Kronsteiner, begannen die Alarmglocken zu schrillen. Nun sah er sich gezwungen, den „Befehl" von Frank Stronach auch zu erfüllen. Er wollte handeln, Taten setzen, teilte dies Jogi Löw auch mit: „Ich vermisse ein taktisches Konzept oder die Bereitschaft, unbedingt gewinnen zu wollen, will vom Trainer wissen, wie er das sieht, warum die Mannschaft auf dem Feld nicht ambitioniert agiert." Drei Tage lang wurde nach einer Lösung gesucht, bei der keiner der Beteiligten sein Gesicht verlieren würde. Das klappte nicht, da Löw nicht bereit war, auch nur ein Prozent der sportlichen Kompetenz abzugeben: „Ich bin der Trainer, das steht in meinem Vertrag!" Das war's für den Deutschen, nach einem „Gipfel" mit Stronach wurde er beurlaubt. Als Tabellenführer …

Das Zepter schwang nun Günter Kronsteiner. Eigentlich „Sir Günter Kronsteiner" – denn so wie Sir Alex Ferguson bei Manchester United war nun bei Violett Kronsteiner der alleinige „starke Mann". Und dazu kam ein neuer so genannter Spartentrainer: Ex-Salzburg-Coach Lars Söndergaard war für die tägliche Arbeit auf dem Trainingsplatz zuständig, für Aufstellung, Taktik etc. zeichnete Kronsteiner verantwortlich.

Obwohl Stronach weiter eingriff (in der Südstadt tauchte er knapp vor dem Pausenpfiff hinter der Betreuerbank auf, teilte Kronsteiner seine Unzufriedenheit mit …) reichte es zu keinem Titel für Austria, musste man dem GAK zu Meisterschaft und Cupsieg gratulieren.

Neue Saison, neues Glück? Zu Beginn sah es ganz danach aus, im Elferschießen holte man sich beim Doublegewinner aus Graz den Supercup. Doch der Meisterschaftsstart verlief nicht nach Wunsch: Nur ein Sieg nach fünf Runden, das befriedigte Stronach nicht. Mit den Worten „Wenn man nicht gewinnt, muss man etwas ändern" verkündete er die nächste Änderung: Otto Baric wurde sein persönlicher Berater. Der Ex-Rapid-Trainer, zuletzt Teamchef der kroatischen Nationalmannschaft, bei Austria – ein Paukenschlag! Baric erhielt drei Monate Zeit, um Trainer und Mannschaft genau unter die Lupe zu nehmen, sollte danach einen detaillierten Bericht an Stronach abgeben.

Ende August begann „Visitator Baric" mit seiner Arbeit, in Bregenz saß er erstmals auf der Tribüne – und wurde gleich Augenzeuge eines historischen Spiels: Austria gewann 9:0, der höchste Sieg von Violett in der Bundesliga-Geschichte! Und der Beginn einer Erfolgsserie, die Austria mit fünf "zu Null"-Siegen in Folge nach zehn Runden erstmals in der Saison 04/05 auf Platz eins stehen ließ.

Rochaden in Violett: Jogi Löw (links) musste dem Duo Günter Kronsteiner/Lars Söndergaard (Mitte) weichen, dann kam Otto Baric (rechts) als persönlicher Berater von Frank Stronach.

Rapid-Trainer Josef Hickersberger, wie er leibt und lebt – oft zum Leidwesen der österreichischen Schiedsrichter …

Gelb für den Schiedsrichter

Rapid kehrte 2004 auf die europäische Fußball-Bühne zurück. Für noch mehr Aufmerksamkeit sorgte aber der Zwist zwischen Trainer Josef Hickersberger und Österreichs Schiedsrichter-Gilde.

29. August 2004, 7. Runde der Fußball-Bundesliga, Paschinger Waldstadion: Rapids Andreas Ivanschitz wird von Pasching-Tormann Pepi Schicklgruber beim Stand von 1:1 außerhalb des Strafraums zu Fall gebracht, Schiedsrichter Franz Mostböck sieht aber keinen Torraub. Schicklgruber spielt weiter, Rapid verliert 1:2. Kommentar Josef Hickersberger: „Die Art und Weise der Niederlage war nicht in Ordnung, die Schiedsrichterleistung schlecht.“ Dass Mostböck seinen Fehler danach einsah, lobte „Hicke“ …

11. September 2004, 8. Runde, Hanappi-Stadion: Admiras Janus Matyus streckt Rapids Tomas Dosek nieder, ein empörter Hickersberger stürmt, weil der Admiraner nur Gelb sieht, das Feld, wird von Schiedsrichter Konrad Plautz auf die Tribüne verwiesen. Kommentar Hickersberger: „Wenn der Schiedsrichter der Meinung ist, dass erst ein Schien-, ein Wadenbeinbruch her muss, damit einer ausgeschlossen wird, muss ich das akzeptieren.“ Wegen Schiedsrichterkritik erhält er vom Strafsenat 1.500 Euro Geldstrafe.

19. September 2004, 9. Runde der Fußball-Bundesliga, Hanappi-Stadion: Nach einem Tritt von GAK-Verteidiger Emanuel Pogatetz gegen den Knöchel von Tomas Dosek, der von Schiedsrichter Bernhard Brugger mit Gelb geahndet wird, zückt Hickersberger eine mitgebrachte Gelbe Karte – mit Fair-Play-Aufschrift. Brugger verweigert daraufhin nach dem Schlusspfiff Hickersberger das obligatorische Shakehands …
Drei Runden in Folge ein und dasselbe Thema: Josef Hickersberger contra Österreichs Schiedsrichter!
Ist aus Österreichs Ex-Teamchef wirklich „Josef, der Streitbare“ geworden? Er selbst sagt dazu: „Wie ich meine Proteste zum Ausdruck bringe, darüber kann man diskutieren. Aber ich werde nie akzeptieren, dass meine Spieler nicht geschützt werden.“
Johann Hantschk, Vorsitzender der Schiedsrichter-Kommission, sieht's anders: „Hickersberger stachelt das Publikum mit seinen Aktionen und Gesten nur zusätzlich auf, versucht, die Schiedsrichter unter Druck zu setzen. So wird er immer mehr zum Showman.“
Die Wahrheit liegt in der Mitte. Es ist das gute Recht von Hickersberger, bei Fouls an seinen Schützlingen nicht tatenlos zuzusehen. Aber in erster Linie geht es ihm um den Erfolg mit Rapid – sieht der „Trainerfuchs“, dass eine Partie noch kippen könnte, stoppt so ein theatralischer Disput mit einem Schiedsrichter schon einmal den Spielfluss des Gegners …
Hickersberger hauchte Rapid auf jeden Fall wieder Leben ein. Seine junge Truppe holte sich nach dem „Herbsthoch 2003“ in einem dramatischen Finale gegen die Austria auch den Hallencup („Golden Goal“ von Andreas Ivanschitz in der Verlängerung, als jeweils nur noch ein Spieler und die beiden Tormänner auf dem Parkett gestanden waren), danach kam aber das große „Frühjahrstief 2004“, das zur Folge hatte, dass der Meisterschaftszug bald abgefahren war. Aber es reichte zu Platz vier, der für Grün-Weiß die Rückkehr auf Europas Fußball-Bühne bedeutete.
Mit einigen Neuen (Schützenkönig Axel Lawaree war in der Winter-Übertrittszeit verpflichtet worden, im Sommer folgten noch das Tschechen-Duo Marek Kincl/Tomas Dosek, Sturms Peter Hlinka und Teamspieler Markus Katzer von Admira) sowie den „Routiniers“ Martin Hiden, Steffen Hofmann und Andreas Ivanschitz (mit 21 Jahren bereits über 100 Meisterschaftsspiele für Rapid!) stürmte der Publikumsmagnet der Liga auch in der neuen Saison wieder an die Spitze – Platz eins nach dem ersten Viertel der Meisterschaft, zwei Punkte vor Erzrivale Austria (obwohl es auch im August 2004 nicht geklappt hatte, die Violetten zu schlagen, und damit die längste Derby-Misserfolgsserie Rapids in der Geschichte mit dreizehn sieglosen Spielen in Folge Realität geworden war).
Auch mit einem Neuen im Tor: Jürgen Macho. Bedingt durch den neuerlichen Ausfall von Helge Payer (er war Ende März im Länderspiel gegen die Slowakei verletzt worden, in der neuen Saison spielte dann der Rücken nicht mit) hatte man sich entschlossen, den Tormann vom Londoner Millionen-Klub Chelsea ablösefrei zu verpflichten – sehr zur Freude von Präsident Rudolf Edlinger, der weiter auf Sparkurs fährt.
Macho schlug bald die Gunst der Stunde. Der 38-jährige „Tormann-Oldie“ Ladi Maier patzte bei der ersten Saison-Niederlage in Pasching, Macho, zuvor beim „UEFA-Cup-Wunder“ im russischen Kazan (3:0-Sieg und Aufstieg) fehlerfrei, durfte gegen Admira ran, Payer blieb vorerst nur der Platz auf der Tribüne. Das Tormannproblem hatte Josef Hickersberger jedenfalls besser im Griff als „seine“ Schiedsrichter …

Konkurrenten um den Platz im Tor: Jürgen Macho (links), Ladi Maier (Mitte) und Helge Payer (rechts).

Mit Vollgas zurück

Interne Querelen und „Transferflops“ endeten beim FC Kärnten mit dem Abstieg. Aber die Mannschaft von Trainer Peter Pacult will gleich wieder rauf, was sie kann, bewies sie mit einem Rekordsieg.

Es gibt also auch Märchen ohne "Happy End", Märchen, die mit Trauer und Bitterkeit enden. Denn ein Fußball-Märchen war's ja zweifellos, das der FC Kärnten pünktlich mit Beginn des neuen Jahrtausends geschrieben hatte. Als man – nach zwölf Jahren Abwesenheit von der höchsten Spielklasse – mit Pauken und Trompeten zurückgekehrt war, innerhalb von drei Jahren zweimal ins Cup-Finale stürmte (und es – so wie den Supercup – einmal gewann) und gleich dreimal (!) in Serie in den UEFA-Cup lief.

Aber just am Christi Himmelfahrtstag 2004, am 20. Mai, rasselte man wieder in die „Hölle“ der Zweitklassigkeit. Wobei das 0:2 bei Austria Wien am letzten Spieltag keinen mehr wirklich unvorbereitet traf. Zu schlecht war die Ausgangsposition für diese allerletzten 90 Meisterschaftsminuten gewesen: Nur bei einer gleichzeitigen Heimniederlage von Sturm gegen die schon schwer dezimierten Bregenzer wäre – bei einem Sieg im Horr-Stadion – das Unvermeidbare noch abzuwenden gewesen.

Die entscheidenden „Schritte“ zum Abstieg hatten die Kärntner schon viel, viel früher gesetzt – speziell im Katastrophen-Finish des Herbstes 2003. Als die Klubführung das Vertrauen zu Trainer Hannes Haubitz verlor, da dieser nur noch einen Punkt vom Tabellenende entfernt war, und Obmann Josef Steindorfer – um sehr viel Geld – seinen langjährigen Freund Didi Constantini als „Nothelfer“ installierte. Da begann die Not dann erst wirklich.

Der Tiroler klapperte mit Hieblinger & Co. wohl alle Thermen der näheren und weiteren Umgebung ab – und ging doch nur kräftig baden: fünf Niederlagen in sechs Runden. Den Rucksack, den sich die Kärntner da umschnallten (als man vier Punkte Rückstand und eine katastrophale Tordifferenz aufriss), konnten sie im Frühjahr nie mehr abstreifen. Die rote Laterne, die man bezeichnenderweise zu Allerheiligen mit einem

Die leidgeprüften Fans des FC Kärnten hielten dem Klub auch nach dem Abstieg die Treue, wie sie mit diesem Transparent bewiesen.

0:3 in Pasching ausgefasst hatte, brannte durchgehend bis zur letzten Runde am Wörther See ...
Denn auch wenn man unter Peter Pacult, der mit 1. Jänner das Trainingszepter übernommen hatte, den respektablen fünften Rang in der Frühjahrestabelle belegen sollte, so hatte man doch auch in der Rückrunde zu sehr nach einem Motto gearbeitet, das da hieß: „Wenn du kein Glück hast, kommt auch noch das Pech dazu." Fußball-Österreich bestätigte den Klagenfurtern zwar gern und immer wieder, dass man keineswegs wie ein Absteiger spiele – aber vielleicht war dies ja auch nur der Dank für die vielen, vielen Punkte, die man – mitunter am Zielstrich – reihum liegen ließ:

- in Salzburg in der 93. Minute 2:3 verloren;
- daheim den späteren Meister GAK an die Wand gespielt – aber nur 0:0;
- daheim gegen Rapid in der 86. Minute den Siegtreffer am Fuß – aber nur 1:1;
- bei Rapid 1:0 und 2:1 geführt – Ende 2:3.

Alles Zähler, die in der Endabrechnung fehlten. Und auch Zeichen für fehlende Klasse waren. Denn so sehr sich die Klubführung im Winter auch um eine optimale Vorbereitung bemüht und die Truppe selbst nach Beginn der Frühjahrsmeisterschaft aufgrund der schlechten Platzverhältnisse in Kärnten zu Kurz-Camps ins Ausland entsandt hatte – in Sachen Transfers hatte der zum Sportdirektor avancierte Constantini nicht gerade ein glückliches Händchen bewiesen. Masse statt Klasse war angesagt: Abgesehen von Benny Akwuegbu rückten großteils Spieler an, die über eine Mitläuferrolle nie hinauskamen – wie Zajac, Brzeczek, Pavlovic, Hattenberger. Eine Causa für sich war Ansgar Brinkmann: Der skandalumwitterte Deutsche hatte drei Tage im Camp in Florenz vorbeigeschaut, lockere Sprüche geklopft („Es gibt Leute, die ein Klavier tragen – und solche, die drauf spielen") und ward ansonsten – aufgrund einer Sehnenverletzung – in Kärnten nie mehr gesehen.
Klar trauerte Peter Pacult da nicht nur einmal Andi Herzog nach. Liebend gern hätte er den Rekordteamspieler unter seinen Fittichen gesehen – aber trotz mehrerer Verhandlungsrunden kam's zu keiner Einigung. Dafür sprühten in Blitzesschnelle zwischen Pacult und Constantini die Funken. Als der Tiroler, dessen Image als "Sonnyboy" in seiner kurzen Kärnten-Ära etliche Schrammen und Dellen abbekam, Trainer Pacult gleich nach der ersten Niederlage nicht innerhalb der eigenen vier (Klub-)Wände, sondern öffentlich schwerst kritisierte, war Feuer am Dach. Und Constantini eine Woche später – auf eigenen Wunsch – nur noch „Berater" von Obmann Steindorfer ...

„Ich bin", resümierte Pacult im Sommer, „einfach zu spät gekommen." Tatsächlich wäre der Floridsdorfer ja schon im Herbst zu haben gewesen – da aber inszenierte Steindorfer mit Pacults altem Arbeitgeber 1860 München (der ja pikanterweise gleichzeitig mit den Klagenfurtern den Weg in die Zweitklassigkeit antreten musste) einen Poker, weil er glaubte, sich so ein paar Euro ersparen zu können. Eine vergebliche Hoffnung – schlussendlich ist der Mercedes-Fahrer Pacult im Winter zu den gleichen Konditionen angedüst, zu denen er schon im Oktober zu haben gewesen wäre.
Was man den Kärntnern zu Gute halten muss: dass der Abstieg keinerlei Katerstimmung, keinerlei Weltuntergang auslöste. Mit halbiertem Budget (vier statt acht Millionen Euro) machte man sich vom ersten Tag an mit Vollgas an das Ziel Wiederaufstieg, war sogar bereit, bestehende Verträge von Schlüsselspielern wie Hieblinger oder Hota in vollem Umfang aufrecht zu erhalten. Was diese Routiniers zusammen mit so viel versprechenden jungen Löwen wie Weber, Prawda, Schellander, Oberrisser, Parapatits zu leisten im Stande sind, sah man am eindrucksvollsten an diesem lauen Freitag-Abend des 13. August: Als die Pacult-Elf in Linz mit dem 8:0 über den LASK den höchsten Sieg in Kärntens Bundesliga-Geschichte bejubelte. Der Abschied von der höchsten Spielklasse sollte diesmal wirklich nur ein Abschied auf kurze Zeit sein – und nicht wieder zwölf Jahre andauern ...

Obmann Josef Steindorfer (links) hatte bei einigen Personalentscheidungen unglücklich agiert – nicht aber bei Peter Pacult, dem Trainer, der nun ein Ziel kennt: Wiederaufstieg!

Wir sind wieder zurück – ausgelassen feierten die Spieler des FC Wacker Tirol den Meistertitel in der Ersten Liga.

„Eine einmalige Weltsensation!“

700 Tage nach der Schließung des Konkursvereins FC Tirol schaffte dessen Nachfolgeklub FC Wacker Tirol die Rückkehr in die Bundesliga.

Oben auf den Tribünen schämte sich so mancher kernige, g'standene Tiroler seiner Tränen nicht. Und unten, auf dem Spielfeld, kämpfte ebenso einer mit seinen Emotionen, der sonst bei keinem noch so harten Zweikampf auch nur mit einer Wimper zuckt: Ali Hörtnagl, der Kicker aus echtem Tiroler Granit, war in dem Moment weich wie Butter ...

Man schrieb den 7. Mai 2004 – und das Unmögliche war vollbracht worden. 700 Tage nach der Schließung des Konkursvereins FC Tirol hat der Nachfolgeklub FC Wacker Tirol die Rückkehr in die höchste österreichische Spielklasse geschafft.

Dass das Meisterstück gegen den Tabellenletzten BSV Juniors mit einem 1:0 (dank eines Volleytores von Wolfi Mair) denkbar dürftig ausfiel und in der Endphase sogar noch von einem Feuerzeug-Treffer von der Tivoli-Tribüne bei BSV-Keeper Preschern überschattet wurde, das alles tat der allgemeinen Rührung keinen Abbruch.

„Historisches“, stammelte Hörtnagl, habe die Mannschaft geschafft: „Eine einmalige Weltsensation!“

Schließlich waren es im Sommer 2002, als Hattrick-Meister FC Tirol gerade unter lautem Getöse mit 50 Millionen Euro minus untergegangen war, nur so etwas wie Lippenbekenntnisse gewesen, die beim Neustart in der Regionalliga West den sofortigen Durchmarsch angekündigt hatten.

So richtig geglaubt hatten das nicht einmal die, die das Wort in den Mund genommen hatten. Aber nach dem (erwarteten) Titel in der Westliga schafften die Grünschwarzen auch den (unerwarteten) Meister in der Red-Zac und damit das Bundesliga-Comeback in der schnellstmöglichen Zeit.

Dabei hatte die Saison in der zweithöchsten Liga mit dem neuen Trainer Helmut Kraft gar nicht viel

versprechend begonnen. Die Heimpremiere gegen Kapfenberg ging mit 1:3 voll daneben, auch weil Neo-Torhüter Harald Planer eines der skurrilsten Gegentore kassierte, die Tirol je gesehen hatte: Kapfenberg-Goalie Sidorczuk überraschte bei strömendem Regen sein Gegenüber mit einem Ausschuss, der Ball sprang einmal auf und senkte sich über den Tiroler Keeper ins Netz ...

Ein Tor, das das Selbstbewusstsein der Comeback-Truppe ins Wanken brachte – nach zwei Niederlagen (2:4 in Ried, 0:1 in Leoben) begann auch der Stuhl von Trainer Kraft zu wackeln. Und als Wacker daheim im Topspiel gegen Leader Austria Lustenau nach der Pause 1:3 zurücklag, schien das Klassenzimmer-Comeback des Lehrers Helmut Kraft wesentlich wahrscheinlicher als die Rückkehr der Tiroler in die Bundesliga. „Ich habe gedacht, dass es vorbei ist", gestand der Mann an der Bank später.

Aber mit sagenhaftem Willen drehten die Innsbrucker die Partie noch um, Ali Hörtnagl gelang der Ausgleich und in der Nachspielzeit gar der Siegestreffer zum 4:3-Erfolg. Eine Partie mit viel Symbolcharakter. Weil die Grünschwarzen auch in der Meisterschaft einen scheinbar unaufholbaren Rückstand wettmachten und mit einem tollen Erfolgslauf nach der Winterpause den Titel holten.

Und weil Alfred Hörtnagl der Macher des Lustenau-Sieges und des Durchmarsches war.

Im Mai 1985 hatte der Wipptaler als 18-Jähriger sein erstes Bundesliga-Spiel bestritten (5:0 von SSW Innsbruck gegen Sturm Graz) – im Mai 2004 war der 37-Jährige der Leitwolf einer Herde junger Tiroler Kicker wie Mimm, Schrott, Eder, Schreter.

Und der bewegende Moment, als Ali in der jubelnden Tivoli-Arena mit weichen Knien den geschafften Durchmarsch genoss („Auf eine gewisse Weise schöner als alle Titel vorher"), brachte auch Bewegung in die Zukunftsplanung des zweifachen Familienvaters Alfred H. Natürlich war er da, der Gedanke ans Aufhören, ans Karriere-Ende.

Aber die Mannschaft ließ den Haudegen nicht ziehen. In einer Sitzung deponierten die Tiroler Spieler einheitlich den Wunsch, dass Hörtnagl auch noch eine 20. (!) Profi-Saison an seine Karriere anhängen soll – obwohl der 37-Jährige bereits als neuer Sportdirektor des Aufsteigers aus Tirol installiert worden war.

Ali nickte. Und so wurde nach der „Weltrekordzeit" des Comebacks nach einem Konkurs (Pleiten-Partner AC Fiorentina schaffte erst einige Wochen später die Rückkehr in die Serie A) im Sommer 2004 noch eine Weltneuheit im Tiroler Fußball Realität: der erste kickende Sportdirektor.

Erste Tat des Managers Alfred Hörtnagl: Er schaffte es, das Sturmduo Sammy Koejoe und Wolfi Mair bei der Stange zu halten! Sammy, der Bomber aus Surinam, hatte mit 22 Toren wesentlichen Anteil am Red-Zac-Titel – und Wolfi, der Flitzer aus Osttirol, hatte sich im Laufe der Saison zum kongenialen Partner des Goalgetters entwickelt.

Und mit den 99 Jahren, um die sich Wacker am Transfermarkt verstärkte – dem 33-jährigen Torhüter Zeljko Pavlovic, dem 33-jährigen Libero Ned Zelic und dem 33-jährigen Jerzy Brzeczek –, war der Aufsteiger auch oben eine Bereicherung: Meister GAK gleich zum Auftakt (0:1) und die Millionentruppe aus Pasching (1:2) mussten im Tivoli-neu bald die Stärke der Tiroler zur Kenntnis nehmen, nach dem ersten Viertel der Liga stand die Mannschaft sogar sensationell auf Platz drei, noch vor dem GAK!

Torjäger Sammy Koejoe, eine der Stützen der jungen Tiroler Truppe, die sich auch auf erstklassige Fans verlassen konnte.

Historischer Sieg reichte nicht

Dem GAK gelang als erstem österreichischem Klub auf der britischen Insel ein Erfolg gegen einen englische Mannschaft. Aber trotzdem klappte es wieder nicht mit dem Einzug in Europas Königsklasse.

Die große Champions League, wo sich Europas Fußballelite alljährlich ein Stelldichein gibt, lief auch in der Saison 2004/05 ohne rot-weiß-roter Beteiligung ab. Diesmal probierte es der GAK alleine, da Österreich nur noch einen Platz in der dritten Qualifikationsrunde erhielt. Der Gegner hieß Liverpool – eine Riesenherausforderung für die „Roten aus Graz" gegen die „Roten von der Anfield Road".
10. August, Grazer Schwarzenegger-Stadion: Liverpools Mittelfeldmotor Steven Gerrard trifft zweimal in die Herzen der GAK-Fans – 0:2, alles schon vorbei?
Keineswegs. Denn Walter Schachners Mannen liefern beim Rückspiel einen heroischen Kampf ab, fighten an der berühmt-berüchtigten Anfield Road um das „Fußball-Wunder von Liverpool".
Und nach einem Traumtor von Mario Tokic (Prachtschuss aus rund 25 m), das sogar die fairen Liverpool-Fans mit Applaus bedachten, schien dieses Wunder auch wahr werden zu können. Es fehlte nur ein Quäntchen Glück, um die Verlängerung zu erreichen, um den großen FC Liverpool in seinem eigenen Stadion in die Knie zu zwingen.
Es reichte aber nicht, der GAK schrieb dennoch Fußball-Geschichte: Im 16. Anlauf war es nämlich einer österreichischen Mannschaft erstmals gelungen, einen Klub aus dem „Mutterland des Fußballs" im „Mutterland des Fußballs" zu bezwingen. Zuvor hatte es ein Unentschieden und 14 Niederlagen gegeben.
Tief beeindruckt von seiner Mannschaft auch Trainer Walter Schachner: „Ich bin sehr stolz auf das, was die Spieler hier abgeliefert haben. Vor allem die Art und Weise, wie wir gewonnen haben, war beeindruckend."
So unvergesslich der Sieg auch war – in Europas Königsklasse fehlte Österreich dennoch wieder ...

Mario Tokic (links) im Duell mit Liverpool-Stürmer Cissé – das Tor des GAK-Abwehrchefs an der Anfield Road sorgte für einen historischen Sieg, reichte aber nicht für dcn Aufstieg ...

In Wien durfte Markus Kiesenebner mit seinen Kollegen Dosunmu, Dospel und Afolabi über sein spätes Weitschusstor (83.) zum 1:0 jubel, in Warschau ging der Jubel auch ohne den gesperrten Kiesenebner weiter – 3:1, souveräner Aufstieg.

Parallel zum GAK kämpften Austria, Pasching und Rapid um den Einzug in die erste Runde des UEFA-Cups. Während Austria die kleine ukrainische Hürde Illychivets Mariupol locker nahm, gab es beim Doppelduell „Österreich–Russland" ein Unentschieden. Denn Pasching musste nach dem Rückspiel bei Zenit St. Petersburg (0:2) den vielen vergebenen Chancen des Hinspiels, als man „nur" 3:1 gewonnen hatte, nachtrauern. Dafür schaffte Rapid jenes Fußball-Wunder, das dem GAK verwehrt geblieben war: Die Hütteldorfer, nach dem 0:2 vom Hanappi-Stadion fast schon ausgeschieden, drehten bei Rubin Kazan den Spieß sensationell noch um – 3:0, wieder eine dieser grünweißen Europacup-Sternstunden!

Das Wunder, Teil zwei, blieb dann aber in der ersten Hauptrunde aus: Nach einem 0:2 in Lissabon gegen Sporting mit teilweise brutalen und gehässigen Fouls der Portugiesen (warum Polga nach einem gehässigen Brutalo-Tritt gegen Andreas Ivanschitz nur Gelb-Rot und nicht Rot sah, wird für alle Zeiten nur der Schiedsrichter wissen) wurde es im Hanappi-Stadion nichts mit der erhofften Aufholjagd. Ohne verletzten Stürmer Kincl nur 0:0 – Europacup adé.

Ganz anders der Auftritt der Wiener Austria, die das Hinspiel in Wien gegen Legia Warschau glücklich, aber doch, 1:0 gewonnen hatten. Zwei Wochen später sprach nach dem 3:1 in Warschau keiner mehr von Glück, alle nur von Können. Denn Violett lieferte in der polnischen Hauptstadt eine überzeugende und reife Leistung ab, ließ sich von 15.000 fanatischen Fans nie aus der Ruhe bringen und schockte Legia schon vor der Pause zweimal.

Mit zwei Toren, die die Basis für einen zweiten historischen Sieg waren: Zuletzt hatte die Austria nämlich im Sommer 1996 im Europacup ein Auswärtsspiel gewonnen, seit damals war der Vizemeister in der Fremde auch torlos gewesen ...

Austria damit in der Gruppenphase des UEFA-Cups, die erstmals auch Millionen-Einnahmen garantierte, eine Art „kleine Champions League" darstellt. Dort war Österreich durch Meister und Vizemeister vertreten: Der GAK hatte keine Mühe gehabt, sich gegen Liteks Lovetch durchzusetzen. Schon im Heimspiel hatte man mit einem 5:0 alles klar gemacht, auswärts durch das 0:1 aber leider Punkte für die Fünfjahres-Wertung der UEFA verschenkt.

Aber immerhin: Österreich war im Herbst 2005 noch auf Europas Fußball-Landkarte vertreten!

Das Brutalo-Foul des Jahres beging bei Rapids 0:2 in Lissabon Sportings Brasilianer Polga – Andreas Ivanschitz hatte bei dessen Tritt Glück, keine schwere Verletzung davonzutragen.

Schlusspfiff in Hollywood

Ein „Oldboy“ stahl allen anderen rot-weiß-roten Legionären die Show: Österreichs Rekordinternationaler Andi Herzog, der seine großartige Karriere in der amerikanischen Major League Soccer beendete.

„Ich will unbedingt noch spielen – weil der Abschied von Rapid nicht so war, wie ich mir das Ende meiner Laufbahn vorstelle.“ Das sagte sich Andi Herzog zu Beginn des Jahres 2004. Der FC Kärnten war an ihm dran, doch dann kam dieser Anruf aus Los Angeles: „Hallo Andi, Jürgen Klinsmann hier. Hast du nicht Lust, in Amerika Fußball zu spielen ...?“ Der deutsche Weltmeister, mittlerweile in Los Angeles sesshaft geworden und Berater der „Galaxy“ – so nennt sich der Klub der schillernden Millionenmetropole –, hatte sich auf der Suche nach einem Spielmacher seines alten Kumpels aus gemeinsamen Zeiten bei Bayern München erinnert.

Mit 35 noch einmal ins Ausland – das war in der Karriereplanung von Herzog eigentlich nicht vorgesehen gewesen. Aber Los Angeles, die Stadt des Arnold Schwarzenegger, der Filmstars, der Basketball-Supertruppe „Lakers“ – da konnte Herzog nicht „Nein“ sagen.

Also auf nach Amerika – in eine andere Fußball-Welt. Nicht nur sportlich gesehen, denn mit den „großen Vier“ im US-Sport (Baseball, Basketball, Football und Eishockey) kann „Soccer“ noch nicht mithalten. Vorbei die Zeiten mit den Kurz-Reisen wie in Österreich. Geht's in den Staaten zu einem Auswärtsspiel an der Ostküste, ist man schon einmal drei, vier Tage weg ...

An all das dachte Herzog aber noch nicht, als er am 4. April im heimischen „Home Depot Center“ sein erstes Meisterschaftsspiel bestritt. Eines, das er nie vergessen wird: 25.000 jubelten beim 3:2-Sieg über die New England Patriots über ein Tor und einen Assist des österreichischen Rekordinternationalen, der auf Anhieb zum Publikumsliebling wurde. „Andy Hörssog yeah yeah yeah“, hallte es von den

Mit „seiner“ Nummer zehn geigte Andi Herzog auch in der amerikanischen Soccer League auf.

Rängen – und ihm zu Ehren trugen etliche Galaxy-Fans gleich (gift-)grüne Steirerhüte aus Plastik aus dem Kopf. „Wichtig für die Mannschaft, wichtig für mich“, strahlte er in der Kabine. Kabine? Auch etwas Neues für Herzog – „da kommen“, war er leicht überrascht, „alle Journalisten zehn Minuten nach Spielende, wenn du noch halb nackt bist, in die Kabine“. Auch weibliche …

Mit und dank Herzog eilte Los Angeles zu Beginn von Sieg zu Sieg, war Tabellenführer in der Western Conference. Aus dem Team, das in der Saison davor überhaupt keine Rolle gespielt hatte, war ein heißer Titelanwärter geworden.

So heiß, dass Herzog auf „Befehl“ von Klinsmann sogar darauf verzichtete, im August nach Wien zu jetten, um bei der ÖFB-Gala in der Staatsoper die Auszeichnung als Österreichs Rekordteamspieler persönlich entgegenzunehmen und tags darauf mit einem 15-minütigen Einsatz gegen Deutschland und seinem 104. Länderspiel auch auf dem Rasen verabschiedet zu werden. Der Termin lag zwischen zwei Galaxy-Heimspielen, die Herzog nicht versäumen wollte.

Hätte er gewusst, was passiert – wer weiß, ob er dann auf den Flug nach Wien verzichtet hätte? Im Juli verlor er mit Klinsmann, der deutscher Teamchef wurde, seine große Bezugsperson. Kurz darauf wurde der deutschstämmige Trainer Sigi Schmid, zu dem Herzog ein sehr gutes Verhältnis hatte, gefeuert. Über die Begründung konnte Herzog nur den Kopf schütteln: „Obwohl wir Erster sind, spielen wir den Bossen zu offensiv und kassieren zu viele Tore …“

Auch wenn Herzog mit Schmidt-Nachfolger Steve Sampson, dem ehemaligen Teamchef der USA und von Costa Rica, keine Probleme hatte – die heile (kalifornische) Welt hatte Risse bekommen. So große, dass der Österreicher Anfang September beschloss: Nach dieser Saison ist Schluss.

So ziemlich genau an seinem 36. Geburtstag (10. September) ließ er die Katze aus dem Sack: „Ich will wieder heim, verlängere meinen Vertrag bei Galaxy nicht, im November ist's vorbei!“

Schlusspfiff in Amerika, Schlusspfiff einer großen Karriere, auf die Herzog mit Stolz zurückblicken kann: UEFA-Cup-Sieger mit den Münchner Bayern (1996), deutscher Meister (1993) und zweimal deutscher Pokalsieger (1994, 1999) mit Werder Bremen, zweifacher WM-Teilnehmer (1990, 1998) mit Österreichs Nationalmannschaft.

Im „Schatten“ von Herzog standen die Auslandswechsel anderer aktueller österreichischer Teamspieler: Tormann Thomas Mandl ging in die Schweiz zu Meister FC Basel, sitzt aber dort nur auf der Bank. Zwei Stürmer, „um die Österreich vielleicht in einigen Jahren ganz Fußball-Europa beneiden wird“ (Copyright Teamchef Hans Krankl), versuchen nun ebendort ihr Glück: Roland Linz in der französischen Liga bei Nizza, Roman Wallner in Deutschland bei Hannover. Noch lernen sie vor allem …

Andere blieben ihrer „Wahl-Heimat“ treu: Martin Stranzl wurde nach dem Abstieg mit 1860 München (wo in der Saison 04/05 Harald Cerny als letzter „Ösi-Mohikaner“ kickt) vom VfB Stuttgart engagiert, Markus Schopp versucht's weiter bei Brescia, obwohl er die meisten Spiele nur von der Tribüne aus sieht und ihm ein Kollege abhanden kam: Alex Manninger war im Sommer von Bologna an Brescia ausgeliehen worden, entschied sich dann aber Ende August am letzten Tag der Übertrittszeit für Siena …

Und Kurt Jara? Er ging in Deutschland wieder einmal durch Himmel und Hölle: Vom Hamburger SV gefeuert, rettete er im Frühjahr den 1. FC Kaiserslautern vor dem Abstieg, um sich im Sommer 2004 erneut auf Platz eins der „Trainer-Abschussliste“ zu finden. Das kennt der Tiroler mittlerweile allerdings, es bereitet ihm keine schlaflosen Nächte mehr …

Sie wechselten innerhalb Deutschlands den Arbeitsplatz: Ex-HSV-Trainer Kurt Jara übernahm den 1. FC Kaiserslautern, Martin Stranzl ging von 1860 München zum VfB Stuttgart.

МΗΝ ΜΑΣΑΣ
ΕΙΝΑΙ ΕΔΩ ΚΑΙ Ο
ΚΑΡΑΤΖΑΣ
ΚΑΣΣΑΝΔΡΕΙΑ
CROATIA
HEJA SVERIGE

Freuen wir uns auf 2008

Die tolle Fußball-Europameisterschaft 2004 in Portugal bot einen Vorgeschmack auf das, was in vier Jahren die Fans in Österreich und der Schweiz erwarten wird.

16 Nationen zeigten im Juni ein großes Fußball-Fest. Mit Sensationen (wer hätte auf einen Europameister Griechenland getippt?), spannenden Spielen und tollen Fans. Es war ein farbenträchtiges, buntes Spektakel auf den Rängen, ein friedliches noch dazu. Kaum Ausschreitungen, es überwog die Freude am Fußball. Diese EURO machte jedenfalls schon Lust auf 2008, wenn die Besten Europas nach Österreich und in die Schweiz kommen und in den heimischen Stadien diese sensationelle Fußball-Atmosphäre herrschen wird. Bis dahin werden auch alle Probleme (wie jene, die durch Zürich, wo das Stadion nicht gebaut wird, entstanden sind) behoben sein ...

Österreichische Lotterien unterstützen Breiten- und Spitzensport

Rund 400.000 Fußballer spielen österreichweit in mehr als 2.100 Vereinen Fußball. Viele hunderttausend weitere Athleten gehen in mehr als 10.000 anderen Vereinen regelmäßig ihrem Sport nach.

Österreich ist eine Sportnation. Österreichs Sportler sorgen Jahr für Jahr für positive Schlagzeilen. Nicht nur in Österreich. Sie finden Anerkennung in der ganzen Welt. Die Österreichischen Lotterien tragen durch eine breit angelegte Unterstützung des Sports dazu bei, dass Österreich eine erfolgreiche Sportnation bleibt.

Sportförderung als finanzielle Basis für den Breitensport

Seit 55 Jahren machen Fußballfans ihre Kreuzchen auf den Totoschein. Seit 55 Jahren gibt es Gewinner: Zehner, Elfer und Zwölfer, Torwette und Hattrick. Aber nicht nur: Seit 55 Jahren gewinnt auch der österreichische Sport. Durch die im Glücksspielgesetz verankerte Sportförderung. So kamen dem Sport durch die Sportförderung seit 1949 insgesamt rund 769 Mio. Euro zugute. Seit Gründung der Österreichischen Lotterien im Jahr 1986 beläuft sich die Summe auf mehr als 496 Mio. Euro. Allein im Jahr 2003 waren es 37,8 Mio. Euro.

Vom Fußball-Nachwuchs bis zum Fest der Pferde

Die enge Verbindung durch Toto zum Fußball und das besondere Engagement um den Nachwuchssport ließen bereits vor 16 Jahren die zu Fixpunkten im Fußball gewordenen Nachwuchsprojekte „Internationaler Jugend Toto Cup" und „Toto Jugendliga" entstehen.

Die Österreichischen Lotterien unterstützen auch das Projekt „Challenge 2008 – Der österreichische Weg" zur Entwicklung einer neuen, schlagkräftigen Fußball-Nationalmannschaft. Auch andere Sportarten, wie etwa die Basketball Superliga, der Vienna City Marathon oder das Fest der Pferde werden gefördert.

Unterstützung der Sporthilfe und des ÖOC

Schließlich helfen die Österreichischen Lotterien auch der Sporthilfe und dem Österreichischen Olympischen Comité bei der Verwirklichung ihrer Ziele. Diese sind die Schaffung geeigneter Rahmenbedingungen und des nötigen Umfeldes für die Erbringung sportlicher Höchstleistungen. Die Österreichischen Lotterien schließen auf der Grundlage des Glücksspielgesetzes u.a. mit der Sporthilfe und dem ÖOC jährlich Verträge über die generelle mediale Unterstützung ab. Auf dieser Basis erhielt die Sporthilfe seit dem Jahr 1987 mehr als 19,7 Mio. Euro und das ÖOC seit 1991 rund 10 Mio. Euro.

Der Internationale Jugend Toto Cup und die Toto Jugendliga sind Fixpunkte der Nachwuchsförderung

Ein gesellschafts-politischer Auftrag

Die Österreichischen Lotterien sehen in der Unterstützung des Sports einen gesellschaftspolitischen Auftrag. Erfolge im Sport sind aufgrund der Vorbildwirkung wichtig.

Erfolgreiche Sportler geben mit Ihrer Breitenwirkung positive Impulse, die – gepaart mit charismatischer Persönlichkeit – Ansporn geben, Ihnen nachzueifern.

Vorbilder sind für alle Altersgruppen wichtig und unterstützen gesundes Leistungsdenken.

Insbesondere Jugendliche werden durch erfolgreiche Athleten zu sportlicher Betätigung animiert und somit in ihrem Freizeitverhalten positiv beeinflusst.

„Glücksspiel mit Verantwortung", oberstes Gebot der Österreichischen Lotterien bei der Entwicklung, Einführung und Durchführung ihrer Spiele, bekommt hier eine zusätzliche Bedeutung.

Dipl.-Ing. Friedrich Stickler, Vorstandsdirektor der Österreichischen Lotterien und Präsident des Österreichischen Fußball-Bundes.

tipp3 – vom Geheimtipp zum Favorit

Der Markt für Sportwetten ist in Österreich im Verlauf der letzten Jahre sehr rasch gewachsen. Diese Entwicklung entspricht einem internationalen Trend, der Sportwetten zu einem zunehmend wichtigen Sektor des Glücksspiel- und Wettmarktes werden ließ.

Seit August 2001 gibt es nun bereits tipp3 in Österreich und viele Kunden wissen das breite Angebot, die einfache Wettteilnahme und die hohe Seriosität der Betreiber und deren Partner zu schätzen. Im Jahr 2003 konnte ein Umsatz von 52,1 Millionen Euro erzielt werden. Den Löwenanteil davon machen Tipps auf Fußballbegegnungen aus, gefolgt von Eishockey, Skifahren und der Formel 1.

Seit August 2003 bietet tipp3 auch Einzelwetten auf sportliche Top-Ereignisse an. Diese finden alle Spielteilnehmer unter tipp3 top im aktuellen Wettprogramm.

Informationen, Quoten und Ergebnisse zu tipp3 werden stets aktuell unter www.tipp3.at bereitgestellt. Aber auch im ORF TEXT (Seite 285 und 286) und beim tipp3 Kundencenter (Tel.: 01/717 66) besteht die Möglichkeit, mehr über tipp3 zu erfahren.
Alles in allem eine erfolgreiche Entwicklung bei tipp3, die auch in Zukunft weitere, positive Impulse erhalten wird.
Ganz nach dem Motto: „Das schaut gut aus, das schaut sogar sehr gut aus!"

Adi & Edi: „Für uns bedeutet tipp3 Spaß und Spannung – bis zur letzten Sekunde!"

SKI ALPIN

von WOLFGANG WINHEIM

Auch im Zwischenwinter 2003/04 ohne Olympia und Weltmeisterschaft dominierte Ski-Österreich mit insgesamt 99 Podestplätzen die Konkurrenz. Es war eine Saison gespickt mit Triumphen, Grotesken, Überraschungen und Tränen. Und es war die letzte Saison des Stephan Eberharter!

Wieder einmal räumte Ski-Österreich groß ab: Stephan Eberharter, Rainer Schönfelder (sitzend), Hermann Maier und Renate Götschl (oben Mitte) holten Weltcupkugeln – das freute auch Herren-Cheftrainer Toni Giger (ganz links), Alpinchef Hans Pum (daneben) und Damen-Chef Herbert Mandl (ganz rechts).

99 Podestplätze

Auch im Zwischenwinter 2003/04 dominierte Ski-Österreich die Konkurrenz. Es war eine Saison gespickt mit Triumphen, Grotesken, Überraschungen und Tränen.

Wenn die österreichischen Alpinen weiterhin so erfolgshungrig sind wie im Zwischenwinter 2003/04, dann wird der ÖSV bald das hinter seinem Verbandshaus angrenzende Innsbrucker Tivoli-Stadion mieten müssen. Um die ganzen Trophäen unterzubringen! Schon nach dem Finale in Sestriere, von dem ÖSV-Alpinchef Hans Pum den Nationencup mitgebracht hatte, wurde das Pokalzimmer in Peter Schröcksnadels Hauptquartier zwangsläufig um- und ausgebaut. Und das, obwohl die großen Stars ihre größten Trophäen (= Olympia-Medaillen und Weltcup-Kugeln) ohnehin nicht dem ÖSV überlassen.

Allein der Nationencup, der die seriöseste Bestätigung für das Funktionieren eines Systems ist, zwingt Putzfrauen, sofern sie die Pokale nicht verstauben lassen, zu Überstunden. Zum 15. Mal hintereinander ging die Teamwertung bereits an Österreich. Eine Rekordserie, die den österreichischen Sportfreunden freilich großteils schon selbstverständlich geworden ist. So sehr, dass sogar die beeindruckende Tatsache, wonach Österreichs Ski-Team mehr Punkte sammelte als die Verfolger Italien, Schweiz und USA zusammen, manchen heimischen Printmedien nur noch einen Nebensatz wert war. Wirkliche Aufmerksamkeit wird dem Nationencup in Österreich erst dann wieder geschenkt werden, wenn ihn Österreich einmal nicht gewinnt. Aber das wird in den nächsten Jahren nicht passieren. Zu dieser optimistischen Ankündigung bedarf es keiner hellseherischen Qualitäten – dazu genügt allein ein Blick auf den Europacup, in dem in der Gesamtwertung nahezu ausnahmslos Österreicher auftrumpften. Sowohl bei den Burschen als auch bei den jungen Damen jeweils vier unter den ersten fünf. Sie alle könnten vermutlich in jeder anderen Ski-Nation sofort mit einem fixen Startplatz bei der

WM 2005 rechnen. In Österreich ist diese Hoffnung für Talente unrealistisch. Zumal sie arrivierte Läufer zu verdrängen haben, die im Winter 03/04 gleich 99-mal für Österreich auf's Podest gerast sind. 42-mal bei den Damen, 57-mal bei den Herren.
Gewiss, es war nur eine Zwischensaison. Aber eine, gespickt mit Triumphen, Grotesken, Überraschungen und Tränen.

„Herminator II“

„Olympia …“, sagt Hermann Maier schon im Hochsommer 2004 vorausschauend auf die Winterspiele 2006 „… wird allein schon von der Stimmung und der Bedeutung in den Medien immer das Größte sein.“ Trotzdem ist es weniger Olympia, sondern vielmehr der Gesamtweltcup, der gerade im Alpinsport, in dem verzerrte Resultate bedingt durch Wetterkapriolen nie ganz auszuschließen sind, am gerechtesten Aufschluss gibt über den wirklich Besten. Und der heißt – zum ersten Mal nach seinem schweren Motorradunfall – wieder … Maier.
Das T-Shirt spannt sich über Maiers wuchtigem Oberkörper. Maier sieht aus, als hätte er im Kraftkammerl übernachtet.
Er hat sofort nach seinem Comeback – im wahrsten Sinne des Wortes – Muskeln gezeigt. Seither vergeht kein Tag mehr, an dem er nicht irgendwo von irgendwem gehuldigt wird, und das Drehbuch wäre reif für „Herminator II“.
Das ist das Jahresprotokoll eines Mannes, dem öfter als jedem anderen österreichischen Sportsmann die Schlagzeilen gewidmet sind. Gleichgültig, ob er sie will oder nicht.

Maierei im Jänner

Der Hermann geht (nach Dezember-Triumphen in Colorado und Kanada) als Weltcup-Erster ins erste Rennen des neuen Jahres. Es bedeutet für ihn zugleich den Erstauftritt in Flachau seit seinem folgenschweren Unfall. Aber Erster sollte ein anderer werden. 15.000 pilgern bei minus 10 Grad schon um neun Uhr früh zum Griessenkar, wo der Riesenslalomkurs Tage zuvor zu Ehren des Lokalmatadors in Hermann-Maier-Piste umbenannt worden ist. Flachau gleicht einem riesigen Maier-Museum. Der Champion ist allgegenwärtig. Gleichgültig, ob auf Transparenten, Reklametafeln oder im Regional-TV. Im Flachau-Fernsehen wird via Maier sogar Partnersuche angeboten. „Pistenflirt per SMS“, lautet der neueste Tourismus-Schrei, für den Hermann Maier Reklame macht. Den Einstiegscode dazu, verrät er, könne man an den Flachauer Liftkassen erhalten. Der Topstar indes zieht vor dem Riesenslalom dem Riesenrummel ein Single-Dasein vor. Er zieht sich in sein Haus oberhalb der Weltcuppiste zurück. Aber der Ö-3-Disco-Lärm dringt bis hinauf in den Nadelwald zum einsamen Hermann.

Mit Schlafdefizit erscheint er am nächsten Morgen auf seinem Haushang, wo er sich schon beim Pistenstudium der Fans kaum erwehren kann. Jedem zweiten Torrichter drückt er die Hand. Maier kann sich nicht konzentrieren. Der Heimvorteil, klagt er später, sei für ihn zum Heimnachteil geworden. Maier verpasst die Qualifikation für den zweiten Lauf. Aber selbst die Endplatzierung passt zu ihm. Er wird nicht 32. oder 43. Nein. Wenn er schon verliert, dann sollen auch die Statistiker und Reporter etwas davon haben. Maier wird 50. Während der berühmteste Flachauer den zweiten Durchgang auf der Maier-Strecke nur noch vom Maier-Haus aus erlebt, kann sich der zweitberühmteste Flachauer dennoch freuen. Er heißt Andreas Evers, ist Maiers Trainer-Freund und hat vor Saisonbeginn die neue Trainingsgruppe WC 4 mit Michael Walchhofer, Christoph Gruber, Hermann Maier und Benjamin Raich übernommen. Letzterer gewinnt den Riesenslalom auf dem Maier-Berg.

Maierei im Februar

Hermann rutscht Karl Schranz mit Bestzeit den Buckel runter. Schranz? So heißt die nach dem großen St. Antoner benannte Arlberger WM-Piste, die bei der WM nie in Originallänge rennmäßig befahren werden konnte und die Maier im Zusammenhang mit dem Heim-Championat 2001 nicht in rasend guter Erinnerung hat. Auch drei Jahre später steht er zunächst unzufrieden und kopfschüttelnd

Sieg in St. Anton – drei Jahre nach der verpatzten WM-Abfahrt eine besondere Genugtuung für Hermann Maier.

Stephan Eberharter gratuliert Hermann Maier zum Gewinn des Gesamt-Weltcups – so ein Bild wird es nach Steffs Rücktritt nie mehr geben.

im Ziel. Zu hoch, dachte er während der Fahrt, sei seine Fehlerquote gewesen. Zu ramponiert die Piste. Zu groß sein Kräfteverschleiß. Als jedoch der Einser auf der elektronischen Anzeigetafel für ihn eingeblendet und ihm ein 0,32-Vorsprung gegenüber dem zweitplatzierten Stephan Eberharter signalisiert wird, deutet Maier auf seinen Silber-Ski. Neues Modell, spezielle Taillierung. Maier hatte schon einen Vorgriff auf den kommenden Winter gemacht. „Den Ski kannst nur mit viel Selbstvertrauen fahren“, sagt Abfahrtsweltmeister Michael Walchhofer, der Crash-Dummy spielte. Immerhin wird Walchhofer als Siebenter noch sechstbester Österreicher.

Zwei Februar-Wochen später, vor dem Riesenslalom in Kranjska Gora, hat Maier wieder die schlechteste Zwischenzeit. Als Einziger fehlt er bei der Mannschaftsbesprechung. Grund: Maier wurde von den slowenischen Grenzern die Einreise verweigert. Er hatte seinen Reisepass daheim gelassen in der Annahme, Slowenien sei schon so gut wie sicher EU-Mitglied. Nur wenn er um politisches Asyl ansuche, verrät ihm der Grenzpolizist, könne er ihn ohne Dokumente einreisen lassen. Maier verzichtet dankend und nächtigt in einer grenznahen Kärntner Autobahnraststätte. Um sieben Uhr früh wird ihm der Reisepass von Flachauer Freunden am Renntag nachgebracht. Maier wird Zwölfter und von Sieger Bode Miller im Gesamtweltcup überholt. Schon einen Tag später aber kann sich Slalom-Ignorant Maier vor dem Fernsehapparat bereits wieder als heimlicher Sieger fühlen, weil sowohl Miller als auch Benni Raich im ungewöhnlich schneereichen Kranjska Gora nicht durch den Stangenwald finden beim Cevapcici-Weltcup.

Maierei im März

Ein dritter Rang in Kvitfjell hinter Daron Rahlves und Bjarne Solbakken ist für den im Super G so verwöhnten Supermann ein Grund, um in eine neue Rolle zu schlüpfen. Maier spielt den Angstmaier und übt Selbstkritik. „Ich fahre mit angezogener Handbremse. Ich nehme Risiko weg, wenn es schneller wird. Ich bin noch lang nicht so gut wie vor meinem Motorradunfall. Ich habe kein Vertrauen zu mir. Ich trau mich noch nicht ganz ans Limit.“ Zunächst prolongiert er den Status des Unzufriedenen auch anlässlich des Weltcup-Finales in Sestriere. Nach dem Abfahrtslauf im ungewöhnlich kalten Italien übt er ungewöhnlich deutlich Kritik am Ski. Und das, obwohl ein neues Modell auf Maiers Wunsch im letzten Moment eingeflogen wurde. Doch die vermeintliche Wunderwaffe erweist sich als Rohrkrepierer bei minus 15 Grad. Und Maier friert das G'sicht ein. Er flucht. Doch selbst ihm wohlgesinnten Berichterstattern fällt es schwer, ihn als Materialopfer zu bemitleiden, wenn dasselbe Rennen von einem Markenkollegen (Rahlves) gewonnen und ein weiterer Atomic-Pilot (Eberharter) Dritter wurde.

Maier schiebt die Resultatliste achtlos beiseite, als er sich nur auf der zweiten Seite (Platz 18) findet. Abends lassen ihn selbst seine besten Freunde

allein. Sie ziehen die Champions-League-Übertragung von Real – Bayern einem Zusammensein mit Maier vor. Auch Trainerfreund Andi Evers lässt ihn allein. So ist es erfahrungsgemäß besser, wenn Maier grantelt. Am nächsten Tag ist er wie verwandelt. Das Imperium schlägt zurück, nachdem er sich schon um 5 Uhr früh wecken hat lassen, um sich einer Therapie zu unterziehen. Dazu zwingt ihn das zerschmettert gewesene Bein. Aber sieben Stunden später strahlt er mit der gar nicht so recht wärmenden Wintersonne um die Wette. Soeben hat er den 20. Sieg in einem Super-G errungen. Es war Maiers 47. Weltcup-Erfolg überhaupt. Doch die Rivalen um den Gesamtweltcup bleiben hartnäckig. Zweiter Eberharter, Dritter Raich, Vierter Miller.
So lautet die Reihung nicht nur nach dem Super G, sondern auch nach dem Riesenslalom, der in einen Riesenskandal ausartet im nebeligen Sestriere. Zunächst deutet alles auf einen finalen ÖSV-Dreikampf hin, als Bode Miller mit Nummer 1 stürzt, Raich Bestzeit im ersten Durchgang fährt und Maier in einem verbremsten Lauf sogar vier Sekunden gegenüber Eberharter verliert. Im zweiten Lauf greift Maier an. Er überholt Eberharter. Es sollte sich um eine groteske Fleißaufgabe handeln. So wie eineinhalb Stunden zuvor die Laufbestzeit von Raich. Der Pitztaler kommt nämlich gar nicht mehr dazu, seine überlegene Halbzeitführung zu verteidigen. Der Riesenslalom wird unterbrochen, abgebrochen, unterbrochen, auf den nächsten Tag verlegt und auch wieder nicht. Die Kommunikation zwischen Jury, Trainern und FIS-Präsident Gianfranco Kasper ist völlig unkoordiniert. Jeder sagt etwas anderes. Nur die TV-Zuschauer sagen letztlich fast alle das Gleiche: betrogener Raich, unwürdiges Ende und trotzdem mit Maier eine würdige Nummer 1. Maier g'winnt sogar, wenn er net g'winnt. Er führt schon vier Tage vor dem finalen Slalom, den er als Zuschauer vorsorglich mit dunkler Brille erlebt, uneinholbar im Weltcup. Daraufhin gerät er ins Schwärmen und verrät, dass ihm der Gewinn des Gesamtweltcups fast noch mehr bedeute als der Olympiasieg vor sechs Jahren in Nagano.

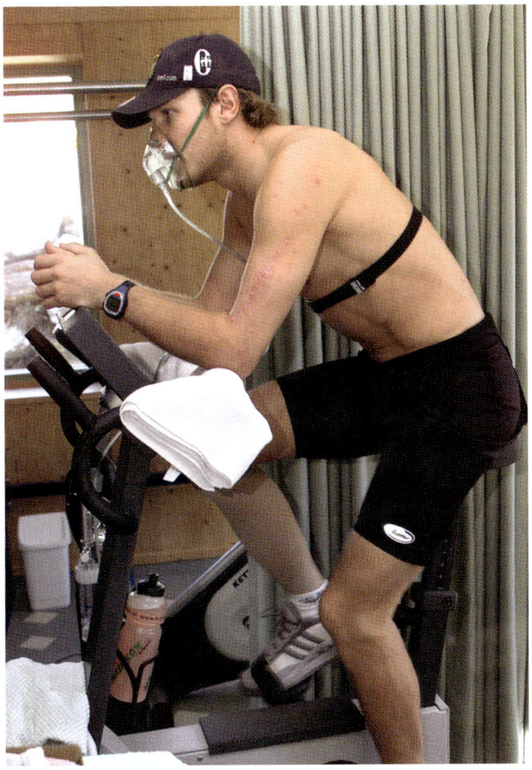

Während die Sport-Welt zur Fußball-EM blickte, saß Maier schon wieder auf dem Ergometer.

Maierei im April

Maierei im April: Jeder zweite Weltcup-Pilot pokert am Verhandlungstisch. Bei den Ausrüsterfirmen geht es zu wie im orientalischen Basar. Auch Maier schließt sich dem Trend an und tut so, als strebe er eine Luftveränderung an. Es brodelt in der Gerüchteküche, ehe er selbst alle Spekulationen beendet und erneut bei Atomic unterschreibt. Und das gleich für drei Jahre.

Maierei im Mai

In Portugal, dort, wo sie zum Skirennlauf ungefähr so viel Beziehung haben wie Maier zum Balletttanzen, steht der Herminator im Mittelpunkt. Während Michael Schumacher dem Laureus-Gala-Abend wieder einmal fern bleibt, wird Maier im Kulturzentrum von Lissabon für das „World Comeback Of The Year" ausgezeichnet. Portugals Fußball-Kapitän Luis Figo, dessen Konterfei in Über-Über-Über-Lebensgröße im Vorfeld der EM schon zahlreiche Hauswände und Werfthallen ziert, überreicht gemeinsam mit Ostdeutschlands ehemaligem Eislaufstolz Kathi Witt den Pokal an Maier.

Maierei im Juni

Der Hermann strampelt unzählige Stunden in seinem Höhencamp Obertauern am Fahrrad-Ergometer. So wie in den besten Zeiten vor dem Motorradunfall, als das Sprunggelenk seines rechten Fußes noch nicht gefühllos gewesen ist. „Jetzt wisst ihr wenigstens, weshalb ich mit dem tauben Fuß beim Kicken nur noch in die Wolken schieß", sagt Hermann, der Fußball-Freak, mit Galgenhumor. Auf die geplante EM-Reise nach Portugal verzichtet er.

Dafür dienen ihm die Topspiele des hochkarätigen europäischen Fußball-Festes als willkommene Ablenkung während seiner Radltreterei. Aus seiner Obertauern-Sicht wird die falsche Mannschaft (Sensations-)Europameister. Die Griechen forcieren nach Maiers Geschmack auf Kosten der Kreativität zu sehr das Laufen, Kämpfen und taktische Abwehrverhalten. Gastgeber Portugal wäre ihm als Europameister lieber gewesen.

Maierei im Juli

Oberhalb von Zermatt wird auf Gletscherschnee vom Hermann getestet, getestet, getestet. Noch drückt der Schuh. Dabei fährt der Weltcupsieger auch im Hochsommer keinen Stiefel z'samm'.

Maierei im August

Das Austria-Ski-Team kann in der südlichen Hemisphäre schon bei winterlichen Bedingungen den Weltcup simulieren. Maier sitzt täglich schon um 7.30 Uhr in Neuseeland am Sessellift. Wie die Teamkonkurrenten will er jede Minute zum Ski-Training nützen, weshalb er die meisten Olympia-Übertragungen aus Athen versäumt. Die wenigen trainingsfreien Stunden nutzt der Flachauer, um sich Grundstücke und Häuser anzusehen. Maier ist fasziniert von der neuseeländischen, zum Teil noch unberührten Natur. Ihm taugt die Umgebung von Treble Cone am Wanaka See. Selbst dort, 11.000 Kilometer von Salzburg entfernt, ist der Salzburger ein Begriff. Neuseeländische Ski-Fans lassen sich mit ihm immer wieder fotografieren. Die Stimmung ist ausgelassen. Fast ein bissel zu unbekümmert sogar. Die Pisten-Control wirkt überfordert.

Eines Morgens, nachdem Frau Holle über Treble Cone einen dichten Flockenwirbel hatte niedergehen lassen, versuchen Einheimische, Lawinen abzuschießen. Nach Meinung von Maier allerdings zur falschen Zeit, am falschen Ort. „In Österreich wirst eingesperrt, wenn'st während des Skibetriebes überm Publikumshang Lawinen abschießt", meint er während der morgendlichen Liftfahrt zu Freund Andreas Schifferer. Den ausgebildeten Skilehrer Maier sollte sein Gefühl nicht täuschen. „Genau auf dem Hang, auf dem wir zwei g'fahren sind, ist eine halbe Stunde später die Lawine dahergerast." Maier und Schifferer steigen gerade ins Auto, als sie das Getöse hören. Cheftrainer Toni Giger sitzt noch am Lift Richtung Gipfel und ist besorgt, weil er zunächst nicht weiß, ob einer seiner 40 Läufer in die 150 Meter breite Lawine geraten ist. Giger bricht via Funk das Training ab. Slalomstangen werden zu Lawinensonden umfunktioniert, Abfahrts-Co-Trainer Walter Gradwohl gräbt mit bloßen Händen nach Verschütteten. Er befreit eine Australierin aus der Lawine. Auch weitere Österreicher neben Gradwohl sind ausnahmslos Helfer statt Opfer. Das Ski-Team hatte Glück im Unglück.

Maierei im September

Während der bestverdienende Fußballer der Welt (David Beckham) im Prater das englische Team-Training kurz vor der Abreise nach Polen wegen Rippenschmerzen abbricht, kommt es einen Kilometer vom Happel-Stadion entfernt zum ersten Treffen zwischen dem populärsten österreichischen Sommersportler (Markus Rogan) und dem erfolgreichsten Wintersportler. Sponsor Raiffeisen hatte das Treffen der beiden Superstars im Lusthaus arrangiert. Frei nach dem Motto: Lust auf mehr, Maier hat sie. Und er demonstriert das, indem er vor einem Dutzend Fotografen die Unterschrift unter einen neuen Sponsorvertrag setzt. Der Raiffeisen-Kontrakt gilt gleich für drei Jahre. Bis zur WM in Åre im Jahre 2007. Maier wird dann genauso alt sein wie heuer Stephan Eberharter. Nämlich knapp 35.

Spaß im Windkanal: Motorradfahrer Maier und der Skifahrer Raich (links). Spaß beim ersten Treffen: Maier und Schwimmstar Markus Rogan tauschten gegenseitig ihre Utensilien aus (unten).

„Es war Zeit zu gehen!“

Stephan Eberharter beendete im Spätsommer seine Karriere. Eine Karriere mit vielen Höhen und ebenso vielen Tiefen, die ihresgleichen sucht.

Die ersten Tage nach Silvester hätten im letzten Rennjahr des Stephan Eberharter ungewöhnlicher nicht sein können. In Maier-City überreichte der Flachauer Bürgermeister mit dem Satz: „Wir freuen uns mit unserem Steff“, an Maiers schärfsten Rivalen die (nach dem Weltcupgründer benannte) Serge-Lang-Trophäe, nachdem internationale Ski-Journalisten zu Gunsten Eberharters abgestimmt hatten.
In Chamonix fuhren die Österreicher, einschließlich Eberharter, eine Woche später im Training so, als würde eine Probe für den Ernstfall ohnehin überflüssig sein. Nebel drückte auf die Stimmung. Die Schneelage am Mont Blanc war unwesentlich besser als am 4300 Meter niedrigeren Wiener Kahlenberg. Am Morgen des Renntages begann es auch noch zu regnen. Missmutig blickte Stephan Eberharter aus dem Fenster. Er wollte sich die Startnummer 1, die allgemein in Chamonix für das größte Handikap gehalten wird, gar nicht erst überstreifen. Er wollte nicht einmal am „Einfahren“ teilnehmen. Doch vier Stunden später wurde die erste Abfahrt 2004 doch gestartet. Und Eberharter raste mit dem Einser, der ihm in seiner Weltcup-Karriere bisher stets erspart geblieben war, auf Platz 1.
Alle Prognosen wurden über den Schneehaufen geworfen. Denn neben Eberharter widerlegten fast sämtliche seiner Teamkollegen die Prognose, wonach es sich in Chamonix um eine Anti-Österreicher-Piste handle. Nur Lasse Kjus verhinderte einen österreichischen Achtfach-Sieg auf der französischen Ski-Autobahn. Der norwegische Pisten-Kojak wurde Zweiter auf der Piste Verte Kandahar, auf der Schanzen eingebaut worden waren, die den Startern einigen Mut abverlangten. Auch Eberharter hatte das Gefühl, „aus dem dritten Stock zu fallen“. TV-Konsumenten aber mussten annehmen, die Läufer springen bloß aus dem Kellerfenster. So lieblos wurde vom französischen TV übertragen. Fünf Tage später herrschte überhaupt Mattscheibe. Und dar-

Unterwegs zum letzten großen Triumph in Kitzbühel: Stepan Eberharter bei seiner Siegesfahrt auf der Streif.

Die letzte kleine Kristallkugel – Steff erhielt sie für den Sieg im Abfahrts-weltcup.

an waren nicht die TV-Techniker schuld. Die längste Abfahrt der Welt am Schweizer Lauberhorn wurde zuerst verkürzt und dann nur im Training befahren. Peter Rzehak verblüffte mit Bestzeit, Pepi Strobl war als Vierter auch noch schneller als sämtliche Schweizer. Ein Umstand, der in Schweizer Medien auch deshalb für Aufsehen sorgte, weil die beiden Österreicher ungeachtet ihrer beeindruckenden Trainingsform Reservisten blieben. Pepi Strobl hockte 20 Minuten allein auf der kleinen Holztribüne im entlegenen Zielstadion Innerwengen und schwieg frustriert vor sich hin. Dieser Zurückhaltung sollte er zwei Monate später seine Freigabe verdanken. „Wegen guter Führung" lässt ihn der ÖSV ins Ausland wechseln. Der einstige Tiroler Shooting Star, der als bisher erster Weltcup-Pilot gleich im ersten Rennen an erster Stelle gelandet war (Val d'Isère, Dezember 94), kokettierte zunächst mit einem Wechsel nach Deutschland. Dort aber sind alpine Skirennläufer offensichtlich so begehrt wie Heizstrahler im Kongo. Pepi erhielt, obwohl nur fünf Kilometer Luftlinie entfernt von Deutschland, keinen Pass. Die Slowenen sind freundlicher. Auch wird's deren österreichischen Team-Sponsor freuen, dass ein Tiroler, der französische Skier fährt, auf seinem slowenischen Renndress für die Wiener Städtische Reklame macht. Strobl fährt als Doppelstaatsbürger schon bei der WM in Bormio für Slowenien.

Rzehak wird gar nicht mehr fahren. Er beendete seine Karriere wie Eberharter. Nur gab er seine Entscheidung schon kurz nach dem Winter bekannt, während Steff über seine Zukunft monatelang rätseln ließ. Nur zwei Freunden verriet er schon im Frühjahr seine Rücktrittsentscheidung. Einer ist eben dieser Peter Rzehak, der unter Verletzungen sogar noch viel, viel mehr gelitten hatte als Eberharter und dem nie der ganz große Durchbruch vergönnt war. Eberharters zweiter verlässlicher Geheimnisträger heißt Fritz Strobl. Der Kärntner Olympiasieger schwieg im Auftrag des Tiroler Olympiasiegers.

Die Abschieds-Show in Kitz

Schon in Kitzbühel, wo sie beide bereits gewonnen hatten, deutete Eberharter gegenüber seinem Zimmerkollegen Fritz Strobl und dem ÖSV-Masseur Jan Greisinger Rücktrittspläne an. Erst 34 Wochen später aber stellte sich endgültig heraus: Die Hahnenkamm-Abfahrt 04 war Eberharters Kitzbüheler Abschieds-Show gewesen.

Eine, die auch aus anderem Grund in die Skigeschichte eingehen wird. Eberharter spielte beim Abfahrts-Saisonhöhepunkt in einer anderen Liga. Er fuhr die Konkurrenz in Grund und Schneeboden. 1:21 vor dem zweitplatzierten Amerikaner Daron Rahlves, der nach seinem Abschwingen beim Blick auf die Resultatsliste kopfschüttelnd meinte: „So schnell wie der Eberharter war, muss er einige Tore ausgelassen haben." Hatte er nicht. Vielmehr registrierten die Kitzbüheler Statistiker den viertgrößten Vorsprung in der ewigen Hahnenkamm-Geschichte überhaupt.

Eberharter mit Peter Rzehak (Mitte) und Fritz Strobl (rechts) – nur diese beiden Freunde hatte er früher als alle anderen von seinem Rücktritt informiert.

Aber Eberharter gewährte noch spektakuläre Zugaben. Zum Beispiel in Garmisch, wo er sich schon zum fünften Mal in seinem Abschiedswinter die unbeliebte Nummer 30 umbinden musste und dennoch zum zweiten Mal innerhalb einer Woche gewann. Auf einer tückischen Piste mit gemeingefährlichen Buckeln und blankem Eis.

„Das war das Schlimmste, was ich je in meinem Leben gefahren bin“, stöhnte Hannes Trinkl, nachdem er sich den fünften Platz mit Hermann Maier und Christoph Gruber geteilt hatte. Wenn einer wie Trinkl so redet, dann muss Garmisch wahrlich ein Horror gewesen sein, zumal der Oberösterreicher nicht zu den Aufschneidern im weißen Zirkus zählt und an diesem Tag bereits seine 120. Weltcup-Abfahrt bestritt. Es sollten nur noch drei folgen. Der Weltmeister von St. Anton und dreifache Familienvater entschloss sich wie Rzehak zum Karriereende, gestand aber schon im Frühsommer, als die anderen wieder mit dem Training begannen, wie schwer der Pensionszustand zu ertragen sei.

Fritz Strobl hatte zu diesem Zeitpunkt, unbeeinflusst von Trinkl, längst schon beschlossen, die Karriere fortzusetzen. Schließlich hatten ihm Rennen wie in Garmisch, wo Strobl mit nur 0,09 Sekunden Rückstand (=2,62 Meter) hinter Eberharter Zweiter geworden war, wieder Auftrieb gegeben.

Der allerletzte Sieg

Auch im norwegischen Kvitfjell sauste Fritz Strobl auf Platz zwei. Diesmal trennte ihn gar nur ein Wimpernschlag (0,04) von Freund Eberharter, der mit 105,66 km/h Schnitt optisch problemlos seinem Triumph entgegengerast war. Eberharter benahm sich danach im Zielraum mehr wie ein Tourist als wie der Champion. Er griff zur Video-Kamera und bat die Rennkollegen vors Objektiv. So, als wollte er schon fürs Privatarchiv filmen. Für die Zeit danach, um daheim im Zillertal alte Zeiten gedanklich besser aufleben lassen zu können. Kvitfjell sollte Steffs allerletzter Sieg gewesen sein. Obwohl er immer behauptete, dass Statistik nicht seine Sache sei, wird's ihn später vielleicht doch interessieren, wenn er erfährt: Mit 34 Jahren, 11 Monaten und fünf Tagen war er zumindest zum Zeitpunkt von Kvitfjell der älteste Sieger der Weltcupgeschichte.

Beim Weltcup-Finale auf der Olympiapiste von Sestriere flitzte Eberharter dann in den Speed-Rennen noch zweimal auf's Podest, ehe er auf das

Unterwegs zum allerletzten Sieg, der Eberharter in der Abfahrt von Kvitfjell gelang.

Unser Vorbild ist die Natur.
iglo

Nach dem Rücktritt kann sich Stephan Eberharter vermehrt dem Golf widmen und die traumhafte Landschaft genießen.

höchste Treppchen stieg, um den Glaspokal für seinen Gesamtsieg in der Disziplinenwertung Abfahrt entgegenzunehmen.

Gemeinsam mit Toni Sailer, Fritz Strobl und PR-Mann Robert Brunner, der vorsorglich seinen Rucksack voll gepackt hatte mit Sekt und Gläsern, sang er Gstanzeln. Mit FIS-Präsident Gianfranco Kasper ließ er sich fürs Familienalbum fotografieren. Das alles spielte sich im Zielraum ab.

Zur großen Sieges- und Abschiedsfeier aber lud Eberharter nicht, weshalb Insider annahmen, dass er vielleicht doch noch einen Winter weiterfahren würde. Selbst Trainer und Funktionäre ließ er im Dunkeln tappen.

Zuerst hieß es, Eberharter werde sich bezüglich seiner Zukunft spätestens im Mai outen.

Dann sagte Alpinchef Hans Pum, Eberharter müsste sich bis Ende Juni entscheiden.

Dann wurde es Juli, August, und das ÖSV-Team düste ohne den Steff zum Übersee-Training nach Neuseeland, worauf die Konkurrenten vermuteten, dass die Transfermeldung bezüglich eines bevorstehenden Wechsels von Eberharter zu Rossignol verfrüht gewesen war, hätte er andernfalls die französischen Skier doch sicher ausgiebig testen müssen. Wahr war nur, dass die Atomic-Verpflichtung von Bode Miller kurzfristig auch den langjährigen Atomic-Piloten Eberharter irritiert hatte, zumal das Altenmarkter Werk Eberharters Servicemann Thomas Bürgler für Miller abstellte. Eine öffentliche Äußerung von Eberharter zu diesem heiklen Thema war jedoch überhaupt nie zu hören. Zudem vermochte selbst Freund Robert Brunner den Steff tagelang telefonisch nicht zu erreichen. Und sogar Alpindirektor Pum stellte fest: „Er hebt net ab."

Segeln, Radfahren, Golf

Eberharter segelte während dieser Zeit seelenruhig durchs Mittelmeer. Oder er schwang den Golfschläger. Oder er strampelte auf dem Radl über Tiroler Bergstraßen. Nur auf dem Ergometer, das Hermann Maier im gesamten Weltcup modern gemacht hatte, saß Eberharter kaum. Im Zimmer in die Pedale zu treten, das mochte er nie. Ganz im Gegensatz zu seinem Präsidenten und Senioren-Weltmeister Peter Schröcksnadel, der den Hermann Maier sportlich zu kopieren versucht, wo's nur geht.

Im Übrigen will der Präsident ein für allemal festgehalten wissen, ist er, Schröcksnadel, nicht allein der Manager von Maier, sondern vielmehr der Interessensvertreter beider Superstars. Demnach wird der schlaue ÖSV-Chef schon gewusst haben, warum er 48 Stunden vor Eberharters „Outing" noch die Gerüchtebörse via Ö3 anheizte mit der Behauptung,

dass für den Steff eine Fortsetzung der Karriere nur auf Rossignol-Skiern vorstellbar sei.
Als Eberharter dann endlich selbst Stellung nimmt, ist davon so gut wie keine Rede mehr. Dementis und Polemiken passen auch nicht zur feierlichen Stimmung am 17. September. Alles, was Rang und Namen hat in der österreichischen Alpinszene, ist nach Wien geeilt. Im Radio wird die Frage, fährt der Steff weiter oder nicht, rauf- und runtergespielt. Und der ORF verleiht der Rücktrittserklärung des Steff schließlich nahezu staatstragende Bedeutung, indem er sie via Live-Sondersendung direkt überträgt. Statt vor dem Parlament parken die Ü-Wagen an diesem Tag vor dem Uniqa-Tower. Eberharter weiß, was er seinem Sponsor, der ihn seit fünf Jahren großzügig unterstützte, zu verdanken hat. Und beim Versicherungsunternehmen wiederum weiß man die Seriosität Eberharters zu schätzen, weshalb der rennmüde Ski-Champion weiterhin eine gut bezahlte Werbefigur bleiben wird.
Trotzdem spielt Geld für Eberharter eine sekundäre Rolle. Wäre das nicht so, hätte er noch einmal kräftig absahnen können bei den Ausrüstern, umso mehr, da er als Titelverteidiger bei der WM 2005 automatisch Fixstarter gewesen wäre. 132 Tage vor Bormio aber sagt er endgültig adieu. „Jetzt bin ich froh, nicht mehr aus dem Koffer leben zu müssen. Es wurde von Jahr zu Jahr schwerer. Von den Jungen kenn ich immer weniger. Und die von der nächsten Generation könnten schon meine Kinder sein." Am wichtigsten aber sei, dass er gesund abtreten könne. „Im Rennlauf gibt es keine halben Sachen. Die anderen würden sich ja blöd vorkommen, wenn einer nur zwei Monate trainiert und dann bei der WM auftaucht."
Zudem vertraut er auf seine innere Uhr und gibt Franz Klammer nachträglich Recht, weil dieser ihm einmal sagte: „Jeder Spitzensportler spürt irgendwann den Moment, wenn es Zeit ist zu gehen."

Triumph nach dürren Jahren

Eberharter geht mit besten Erinnerungen und bezeichnet nachträglich sogar die sportlich dürrsten Jahre als die für seine Charakterbildung wertvollsten. Zur Erinnerung: 1996 durfte er zwar als WM-Titelverteidiger im Super-G die Fahne bei der spanischen Eröffnungsfeier in Granada tragen, zuvor aber ließ ihn der ÖSV im gesamten Weltcupwinter kein einziges Mal starten. Im Oktober 1996 verspielte er auf dem Söldener Gletscher in einer internen Qualifikation unglücklich knapp, aber doch seinen Platz im Kader. Er stand vor der Alternative: a) Aufgeben, b) zum (inzwischen aufgelösten) US-Pro-Zirkus übersiedeln oder c) an die Nebenfront wechseln und via Europacup die Wiederaufnahme ins Team erzwingen. Eberharter entschied sich für Variante C. Einen Winter lang gondelte er mit Nachwuchspiloten, die bei den Trainern besser angeschrieben waren als er, durch die europäischen Alpen. Er musste sich seine Skier selbst präparieren. Er musste warten, bis ihn die Serviceleute, die für hoffnungsvolle Talente die Kanten der Latten schliffen, abends an die Werkbank ließen.
Eberharter gelang unter Ausschluss der Öffentlichkeit der zähe Weg zurück. Nur so wurde es möglich, dass er sieben Jahre nach seinem überraschenden WM-Doppelsieg doch noch zum ersten Mal ein Weltcuprennen gewann, dass er danach noch weitere sechs Medaillen (zwemal WM, viermal Olympia) holte, dass er nicht weniger als 75-mal vom Weltcup-Siegerfoto lächeln durfte und dass er seinen zweiten Frühling mit einem Olympiasieg im Riesenslalom krönte.
Medienleuten gegenüber gab er sich nicht mehr so unbekümmert, freundlich und locker wie in seiner ersten Karriere. Dafür attestierten ihm Gegner, Teamkameraden und Serviceleute einen Teamgeist, wie er längst nicht jeden Star auszeichnet in dem Haufen von Individualisten.
„Wenn es schlecht bei ihm lief, hat er an sich gearbeitet. War er gut, hat er trotzdem nicht vergessen, Danke zu sagen." So beschreibt ihn Chefcoach Toni Giger, der zu Eberharters bitteren Zeiten im Europacup ebendort als Trainer arbeitete und wenig erfreut war über die Präsenz des „Alt-Stars" im Jung-Brunnen. Das ließ Giger den Steff damals auch spüren. „Aber er war nie nachtragend. Obwohl ich damit rechnen musste."

Diesen Jubel wie hier nach seinem Triumph in Kitzbühel werden Ski-Österreich und vor allem die Fans des Steff in Zukunft vermissen.

Benjamin Raich holte sich 2004 zum dritten Mal den Slalomsieg beim Schladminger „Nachtklassiker".

Der Verlierer, der Grösse zeigte

Benni Raich murrte nicht, als man ihn seiner letzten Weltcupchance beraubte. Und bewies damit: Fairness kann mehr Sympathien bringen als Gold.

Es war ein grotesker Winter der Kurzski-Akrobaten. Der erste Slalom in Park City endete wie dreieinhalb Monate später der letzte in Sestriere. Kalle Palander vor Rainer Schönfelder und („Halbzeit-Weltmeister") Manfred Pranger. Gekämpft und gestritten wurde bis zur letzten Sekunde und es passte zu Showman Schönfelder, dass er stets im Mittelpunkt stand. Gleichgültig, ob er siegte oder verlor. Gleichgültig, ob er am Hosenboden saß oder das Ziel sah. Gleichgültig, ob er disqualifiziert wurde oder nicht.

In Park City bei der Slalom-Premiere hatte ihn ein Pistenarbeiter, der plötzlich den Halt verloren hatte und in den Kurs gerutscht war, irritiert. Schönfelder durfte nochmals starten, nützte seine Chance und wurde Zweiter hinter Palander. Letzterer aber meckerte umso öfter gegen diese Entscheidung, je mehr sich herausstellte, dass Schönfelder sein großer Rivale im Slalom-Weltcup werden sollte.

Der Kärntner mit Wiener Wohnsitz schlug auf der Piste zurück. Der singende Slalomartist bzw. carvende Popstar gab vor allem im Berner Oberland (Platz 1 in Adelboden, Platz 2 in Wengen) den Ton an, bei Interviews für finnische Zeitungen aber sorgte Palander immer wieder für Misstöne. Dass man ihn auf der Reiteralm am Tag des Schladminger Flutlichtslaloms am Training hinderte, vergrößerte noch seinen Verfolgungswahn. Er fühlte sich von den Österreichern verschaukelt, und die Finnen kündigten noch beim Weltcup-Finale an, dass sie in Miami versuchen würden, Schönfelder die Slalom-Weltcupkugel zu entreißen. Im bekannt schneereichen Miami hielten die Funktionäre des Internationalen Skiverbandes (FIS) ihren Kongress ab. Der eine oder andere von ihnen ging dort in Pool und Meer baden. Schönfelder hingegen nicht. Sein Weltcupsieg war kein Streitpunkt mehr, und alles, was im Winter am offenen Kamin so gern über die jeweils Abwesenden schimpfte, hat sich wieder lieb. Viel Lärm um Nichts. Eine Feststellung, die auch auf die vermeintliche Doping-Sünde des Rainer Schönfelder zutrifft. Anlässlich der österreichischen Meisterschaft, die von den meisten Weltcupstars ohnehin nur noch als lästige Verpflichtung betrachtet wird, schluckte der schwer verkühlte Schönfelder ein österreichisches Grippemittel, das im Gegensatz zu ähnlich gearteten ausländischen Produkten noch nicht vor der Dopingliste gestrichen gewesen war. Prompt wurde Schönfelder erwischt und – weil Unwissenheit nicht vor dem eigenartigen Gesetz schützt – in aller Öffentlichkeit streng verwarnt. Der dritte Slalom-Rang bei der ÖSV-Meisterschaft wurde ihm aberkannt. Damit kann Schönfelder leben und von den Erträgen seiner Musik-Auftritte erst recht, obwohl er nur noch einen Bruchteil aller Einladungen annimmt, um ja nicht in seinem sportlichen Hauptberuf einen Substanzverlust zu erleiden. Wenn er Haare lassen musste, dann nur beim Friseur. Vom bunten Kopfschmuck jenes englischen Figaros, der Schönfelder einen dezimeterhohen Rasta-Look auf den Kopf gezaubert hatte, war im Sommer nichts mehr zu sehen. Ansonsten ist alles beim Alten geblieben im Umfeld des Rainer Sch. Er hat, was unter seinen Pop-Kollegen keineswegs selbstverständlich ist, auch nach einem Mauritius-Urlaub immer noch dieselbe Freundin (namens Manu). Er vertraut im Musik-Geschäft immer noch derselben Managerin (Anna Demel). Er lässt sich, was PR und Medien betrifft, immer noch vom niederösterreichischen Ex-Journalisten und Ex-Playboy Michael Holzer leiten und lenken. Er hat weiterhin noch denselben Sponsor. Er schwört weiterhin auf dieselbe Ski-Marke (Fischer) und dieselben Schuhe.

Showman Rainer Schönfelder hatte wieder öfter Grund, über Slalomsiege zu jubeln.

Materialrevolution beendet

„Technisch …", prophezeit Schönfelder „… wird sich im Torlauf in den nächsten Jahren nicht viel ändern." Die Material-Revolution scheint – zumindest im Slalom – beendet. Zu Material-Wechsel aber kam es so häufig wie nie zuvor. Hermann Maier hatte Recht, als er schon beim Weltcupfinale in Sestriere prophezeite: „Es wird kein Stein auf dem anderen bleiben."

Andi Schifferer fährt – als erster ÖSV-Toppilot überhaupt – künftig Rossignol. Hans Knauß verließ ebenfalls Atomic, um künftig auf Fischer zu starten. Auch Mario Matt wechselte zu Fischer nach Ried, wo anlässlich des 80-jährigen Firmenbestandes und des 75. Geburtstages von Pepi Fischer im alpinen Rennbereich stark aufgerüstet wurde. Das musste auch Günther Mader feststellen, der als Salomon-Rennchef seinen Tiroler Landsmann Matt am Abgang zu Fischer nicht hindern konnte.

Der wortkarge Slalom-Ex-Weltmeister, für den Fischer-Rennchef Sigi Voglreiter speziell auf Matt abgestimmtes Ski- und Schuhmaterial produzieren lässt, war d e r Senkrechtstarter gewesen, bevor ihn schwere Schulterverletzungen zurückwarfen. Im Zwischenwinter 2003/04 aber konnte Matt schon wieder auf die Schulter geklopft werden. Und mit neuem Material ist von ihm in der neuen Saison ein neuer Höhenflug zu erwarten. Das prophezeit jedenfalls Slalom-Co-Trainer Rainer Gstrein, unter dessen Regie Matt neue Ziele ansteuert. Gstrein traut dem Arlberger Kurzski-Matador auf längere Sicht auch im Riesenslalom, ja sogar im Gesamtweltcup Überraschendes zu.

Der Blitz aus Pitz

Hoffnungsträger Nummer 1 aber ist Benjamin Raich, der Blitz aus Pitz, der künftig anstelle von Eberharter auf den Rennpisten für Uniqa werben wird, nachdem er im Sommer 2003 Hermann Maiers Trainer Andreas Evers zugeordnet worden ist. Eine Strategie, die voll aufging. Torlauf-Spezialist Raich wurde gemeinsam mit Abfahrtsweltmeister Michael Walchhofer, Allrounder Christoph Gruber und Maier in die so genannte WC 4 zusammengefasst. Eine kleine Trainingsgruppe, die auf Grund ihres geringen Personalstandes bei Wetterumschwüngen flexibel reagieren konnte und die sich auf Grund ihrer hochkarätigen Mitglieder gegenseitig anspornte. Raich gewöhnte sich ans Tempo. Er profitierte in der neuen Umgebung vom Speed-Training, ließ mit verblüffenden vierten Plätzen im

Der Techniker Raich hatte zwar manchmal seine Probleme bei den Speed-Disziplinen, ließ aber vor allem im Super-G aufhorchen.

Super-G aufhorchen, ohne im Torlauf entscheidend an Substanz zu verlieren. Erst ein schwerer Sturz im Super-G von Garmisch (den Maier gewann) warf ihn zurück und bescherte ihm vorübergehend Dunkelhaft. Raich kann sich an die Sturzphase nicht mehr erinnern. Weiß nicht, dass er mit 125 Stundenkilometern auf eine Stelle zuraste, die ihn aus dem Gleichgewicht brachte, und dass danach eine 300 Meter lange Rutschpartie folgte und er sich dabei instinktiv treiben ließ und so ärgere Verletzungen vermied. In Anbetracht der Gefährlichkeit des Sturzes war Benny mit einer Gehirnerschütterung und einer Zerrung im Halswirbelbereich noch gut bedient. Der Arzt verordnete sicherheitshalber TV- und Leseverbot sowie Bettruhe bei zugezogenen Vorhängen.

Vor diesem unfallbedingten kurzen Zwischentief hatte Raich den Riesentorlauf auf der Hermann-Maier-Strecke in Flachau dominiert, den Slalom-Klassiker am Lauberhorn beherrscht und im Schladminger Flutlicht geglänzt. Nach diesem Sieg, es war sein insgesamt 13., dankte Raich dem zwölften Mann bei der Schladminger Nightshow. 41.000 hatten den Tiroler auf der steirischen Planai von Platz drei zum Slalom-Erfolg gebrüllt, und die Gendarmerie freute sich über einen feuchten Abend ohne folgenschweren Zwischenfall. Den gab's leider auf der Rennstrecke. Der Kroate Ivica Kostelic erlitt einen Kreuzbandriss, und die US-Teamführung kritisierte empört, dass Bode Miller danach 14 Minuten auf seinen Start warten hatte müssen und es während dieser Pause verabsäumt worden war, ein Rutschkommando im dichten Flockenwirbel über den Kurs zu schicken.

Zu diesem Zeitpunkt hatte die langjährige Interessengemeinschaft USA – Österreich ohnehin schon Risse bekommen. Nach Saisonende wurde die Zusammenarbeit, die im Vorfeld der WM 1999 (Vail) und der Winterspiele 2002 (Salt Lake) beschlossen worden war und wiederholt zu einem gemeinsamen Training geführt hatte, endgültig beendet.

Bode, der Ski-Hippie

Bode Millers Beziehungen zu Österreich aber wurden unabhängig davon intensiver denn je. Bode, der längst schon einen Zweitwohnsitz in Innsbruck hat, kokettierte nicht nur mit österreichischer Weiblichkeit, sondern während der Saison schon mit einem Markenwechsel von Frankreich Richtung Altenmarkt. Im April entschied er sich endgültig für Atomic. Damit gehören nahezu alle Favoriten auf den Gesamtweltcup (= Maier, Miller, Raich, Rahlves, Palander) demselben Firmenrennstall an. Eine Situation, die viel Brisanz in sich birgt, aus wirtschaftsstrategischen Gründen von Atomic aber riskiert wird, um am nordamerikanischen Markt zu punkten.

In Österreich ist Ski-Hippie Miller sowieso eine populäre Figur. Beliebter sogar als so mancher Inländer. Ja, es entsteht der Eindruck, dass ihn die diversen G'schichterln über nächtliche Slaloms durch Sektstangen sogar noch beliebter machen bei jungen, vornehmlich weiblichen Fans. Nach seinem Slalom-Kombi-Sieg in Kitzbühel soll er dort den „Londoner" (= Lokal mit open end) zug'sperrt haben.

So gesehen war Millers vierter Rang nur 36 Stunden später in Schladming ein Beweis außergewöhnlicher Standfestigkeit. Auch in St. Anton ließ er die Puppen tanzen. Im Snowboarder-Treff „Funky Chicken" war Bode in Gegenwart von Reportern und Töchtern ehemaliger Tiroler Ski-Größen ungeniert bis vier Uhr früh unterwegs. Nichtsdestotrotz zeigte sich der Nachtvogel bei den Kandahar-Rennen hellwach, wie die Resultate bewiesen: Bemerkenswerter Achter in einer schweren St. Antoner Abfahrt, überlegener Sieger eines spektakulären St. Antoner Slaloms. Acht Rennen vor Saisonschluss pirschte sich Miller bis auf 70 Punkte an Maier und bis auf einen Punkt an Raich heran.

Das Restprogramm stempelte den exzentrischen Amerikaner zum Geheimfavoriten. Aber Miller sollte dieser Rolle nur noch beim Riesenslalom Ende Februar im ungewöhnlich schneereichen slowenischen Kranjska Gora gerecht werden. Dann ging ihm die Luft aus. Und das Weltcup-Finale auf den italienischen Olympiapisten von 2006 wurde für Bode zum Waterloo.

Ski-Hippie Bode Miller – manchmal waren ihm doch die Spuren seiner nächtlichen Slaloms durch die Sektstangen anzusehen ...

Wettergott als Spielverderber

Raich aber tastet sich dank eines neuerlich überraschenden vierten Ranges im Super-G an seinen führenden WC-4-Trainingsgruppen-Kollegen Maier noch einmal heran. Im letzten Riesenslalom dreht Raich auf. Nach dem ersten Durchgang ist er Erster. Dann senkt sich Nebel in 2000 Metern Höhe über Sestriere. Der Riesenslalom wird nach neun Startern im zweiten Lauf abgebrochen und Raichs Halbzeitführung zur wertlosen Fleißaufgabe degradiert. Er kommt nicht mehr dazu, den ersten Platz zu verteidigen. Schließlich verwerfen die Weltcup-Macher den Plan einer Verschiebung auf Sonntag oder Montag. Mit Hinweis auf die schlechte Wetterprognose wird der Riesenslalom ersatzlos gestrichen.

Maier ist endgültig der große Sieger und Benny der große Verlierer. Einer, der Größe zeigt, obwohl er sich gefrotzelt fühlen muss. Denn am besagten Schlechwetter-Sonntag sollte Postkarten-Atmosphäre herrschen in Sestriere. Die Sonne lacht vom Himmel. Nur Raich findet das gar nicht lustig. Sobald jedoch Mikrofone eingeschaltet sind, nimmt er den Weltskiverband und seine unkoordinierten Obergschaftlhuber sogar in Schutz, indem er sagt: „Was kann die FIS dafür, wenn das Wetter verrückt spielt." TV-Konsumenten daheim bewundern Raich an diesem Tag ob seiner tadellosen Haltung mehr als den Matador Maier. Wie im August bei Schwimmer Rogan zeigte sich schon fünfeinhalb Monate zuvor am Ski-Beispiel Raich: Fairness kann mehr Sympathien bringen als Gold.

Raichs Umfeld hat seine besonnene Reaktion weniger überrascht. Im Skiverband galt Benni immer schon als der Musterschüler. Als der personifizierte Beweis eines funktionierenden Systems. Anders als Maier hatte Raich, gezielt gefördert vom ÖSV, in allen Altersklassen alles gewonnen und so nebenbei dank seiner Eltern und guter Erziehung korrektes Auftreten gelernt. Nie gab's um ihn bisher Misstöne. Und wenn doch, dann sind sie zumindest nie bis zu Medienmachern durchgedrungen.

Nach Saisonschluss wird es stets still um ihn. Raich tauchte vorübergehend unter am Roten Meer in Ägypten. Oder er versuchte sich daheim im Pitztal als Kletterer. Den Medienmittelpunkt sucht er nie. Schwester Carina war als Telekom-Reklamefigur zuletzt wesentlich öfter im ORF-Bild als der bekannte Bruder, obwohl sie den Platz im Nationalteam verloren hat und nur noch auf Bewährung und auf eigene Kosten mittrainieren darf.

Rot-weiss-rote Rekord-Girls

42-mal, so oft wie noch nie zuvor, standen die ÖSV-Damen in der Saison 2003/04 auf dem Stockerl. Sie geben sich damit aber nicht zufrieden, wollen im WM-Winter noch mehr.

Michaela Dorfmeister sitzt zwischen zwei Trainingseinheiten am Pool des Hotel Atlantic von Lignano. Bleierne Wolken hängen über dem Adria-Strand. Nur noch wenige Liegestühle sind besetzt, und vor ihnen spielen ein paar Kleinkinder vor den Augen von Oma und Opa im Sand. Dort, wo Michaela vor 26, 27 Jahren – bewaffnet mit Küberl und Schauferl – selbst herumgetollt war. Aus dem kleinen, selten still sitzenden Mäderl ist mittlerweile eine Mutter der ÖSV-Kompanie geworden und aus dem Ski-Rennlauf längst schon ein Ganzjahressport. Wer im Winter gewinnen will, muss auch in den anderen drei Jahreszeiten stets aktiv sein. Dorfmeister hat im vergangenen Winter ausnahmsweise nicht gewonnen, aber sie hat im darauf folgenden Frühjahr und im Sommer ihre Hausaufgaben gut gemacht. Wer faulenzt, sieht anders aus. Wenn die Ski-Rennläuferinnen in Shorts oder Bikini auftauchen, bedarf es zu dieser Feststellung nicht einmal eines Kennerblickes. Kein Gramm Fett ziert Michaelas sehnigen Körper, aus dem sie noch einmal alle Leistungsreserven abrufen will im WM-Winter 2005. Wie Stephan Eberharter hat sie sich bei der letzten WM 2003 in St. Moritz als Super-G-Weltmeisterin einen automatischen Startplatz gesichert für Bormio 2005.

Wie Eberharter spekulierte sie dennoch mit einem Karriere-Ende. Doch im Gegensatz zum Steff hat Michaela die Rücktrittspläne wieder verworfen und nach acht Jahren Blizzard bei Atomic unterschrie-

Die ÖSV-Girls – auch 2004/05 Garanten für Siege und Stockerlplätze.

Der Dorfmeister-Fanklub wird auch in der WM-Saison „seine" Michi anfeuern dürfen, genauso aber auch Alexandra Meissnitzer (unten), die nach 58 Monaten Pause wieder ein Rennen gewonnen hat, die Daumen drücken.

ben. Allerdings nur für ein Jahr. „Ich brauchte eine neue Herausforderung", sagt Dorfmeister. Aber sie sagt auch: Das Leben aus dem Koffer, das ständige Ein- und Auspacken, dieses Herumzigeunern, falle ihr von Jahr zu Jahr schwerer. Worte, die man auch von Eberharter hörte. „Ging's nur ums Rennfahren allein …", glaubt Michaela Dorfmeister, „… dann wäre der Steff noch mit 45 gefahren."

58 Monate Pause

Michaela, wie der um fünf Jahre ältere Eberharter im Sternzeichen Widder geboren, wurde zwei Wochen nach dem Weltcupfinale 30 Jahre alt. Auch Alexandra Meissnitzer feierte heuer diesen runden Geburtstag. Das schönste Geschenk hatte sich die oft so selbstkritische, mit ihrem Schicksal hadernde Abtenauerin schon sechs Monate vorher selbst gemacht. Als sie in Megève den Super G vor Renate Götschl und Michaela Dorfmeister gewann und damit zum ersten Mal nach 58 Monaten wieder von der obersten Stufe des Podests den Fotografen entgegenlächeln durfte. Dabei war ihr bei minus 15 Grad nach dem Abschwingen fast schon das G'sicht eing'froren. Sie war sich gar nicht so schnell vorgekommen und vermied deshalb zunächst einen Blick auf die elektronische Anzeigetafel, weil sie ohnehin wieder eine Enttäuschung befürchtete.

Auch Meissnitzer setzt ihre Karriere fort wie Dorfmeister. Das Sommertraining im winterlichen Neuseeland, wo die Damen zwischen drei Skistationen pendelten und es auf nicht weniger als 19 intensive Schneetage brachten, machte Meissnitzer mit. Beim spätsommerlichen Konditionskurs der Speed-Spezialistinnen in Lignano dagegen fehlte sie. Sie unterzog sich zu dieser Zeit wieder einmal einer Therapie. Denn zu hundert Prozent belastbar wird ihr linkes Knie, in dem am 23. November 1999 beim Sturz in Lake Louise alle Bänder gerissen waren, auf Grund eines Knorpelschadens wohl nie mehr werden. Entzündungshemmende Schmerztabletten gehören seit Jahren zu Meissis Abend-Menü.

Auch Renate Götschl war in Lignano nicht dabei. Erstens erlaubt Damen-Cheftrainer Herbert Mandl, wie er das schon als beliebter Herren-Coach der Gruppe Eberharter praktiziert hatte, seinen Top-Ladies auch individuelle Freiheiten. Und zweitens war Renate Götschl stark verkühlt. Aber verschnupft im Sinne von grantig, wie das unter Mandl-Vorgänger Karl Frehsner so oft der Fall gewesen war, ist sie keineswegs.

Im Gegenteil: Aus der vermeintlichen Zicke ist eine hochprofessionelle Sportlerin geworden, die auch ihre Einstellung zu ihr gegenüber nicht ausnahmslos freundlich gewesenen Reportern geändert hat. Mag sein, dass das unter anderem auf ihre Liaison mit einem steirischen Radiomann zurückzuführen ist.

Auch der ehemalige Pressechef von Hermann Maier, Manfred Kimmel, wird Renate gute Ratschläge gegeben haben, die auf fruchtbaren Boden fielen. Kimmel hatte sich als kratzbürstiger Maier-PR-Sheriff einst selbst unbeliebt gemacht. Bei den Damen tritt Handyman Kimmel ganz anders auf. Er hat sie umerzogen und die weibliche Umgebung ihn erst recht. Nichts macht er lieber, als seine ÖSV-Girls mit Sponsorenpickerln fürs TV vertragsgerecht zu verzieren und sie zwischen Siegespodest, Mikrofonen und Pressekonferenzen pendeln zu lassen.

Zeitweise elf Ausfälle

Im Winter 2003/2004 musste Kimmel diesbezüglich so oft wie noch nie aktiv werden. Die 42 Stockerlplätze bedeuteten nämlich ÖSV-internen Damenrekord. Und das, obwohl Cheftrainer Mandl zeitweise nicht weniger als elf Ausfälle zu verkraften hatte. Am meisten beeinflusste jener der Nicole Hosp den Weltcupverlauf. Sie hatte schon vor Weihnachten im Slalom von Madonna brilliert und im Riesenslalom von Lienz. Ein Missgeschick in Schladming riss sie aus ihrer Hochform: Hosp wollte beim Herren-Flutlichtslalom auf der Planai als Vorläuferin starten. Dazu kam es nicht mehr. Denn beim simplen Joggen auf vereistem Asphalt kippte sie um und zog sich einen Knöchelbruch zu.

An Stelle von Hosp mengte sich Elisabeth Görgl am Schladminger Weltcup-Steilhang unters Männervolk. Vorläufer-Zeiten werden zwar offiziell stets geheim gehalten. Doch im gegenständlichen Fall sickerte durch: Görgl trennten von den allerbesten Männern rund vier Sekunden pro Durchgang. Letzte wäre sie damit auf keinen Fall geworden.

Die Tochter von Traude Hecher (Olympiamedaillengewinnerin 1964 in Innsbruck) zählte zu den Aufsteigern des Winters. Ihr wird auch besonderes Selbstbewusstsein nachgesagt. Dass Görgl weiß, was sie will, konnte ihr neuer Ski-Ausrüster schon feststellen, noch ehe der Vertrag fixiert war. Unter Insidern erzählt man sich nach ihrem Markenwechsel folgende Story: Elisabeth verlangte einen Materialtest, schnallte Blizzard-Skier an, stoppte ihre Slalomschwünge alle 20 bis 30 Meter, zückte einen Kugelschreiber, fuhr weiter und steckte im Ziel ihren Notizblock mit dem Wort „Passt“ wieder ein und unterschrieb bei Blizzard.

Schon im Winter 2004/2005, wird gemutmaßt, könnte Görgl wie ein Blitz im Gesamtweltcup einschlagen, denn sie hat vor, sich nicht bloß auf Torläufe zu beschränken. Auch in Marlies Schild, die beim letzten Slalom der Saison erstmals gewann, steckt gewaltiges Potential für eine Allrounderin. Ski-Ästheten schnalzen vor Begeisterung mit der Zunge, sobald sie die Salzburgerin beim „Freifah-

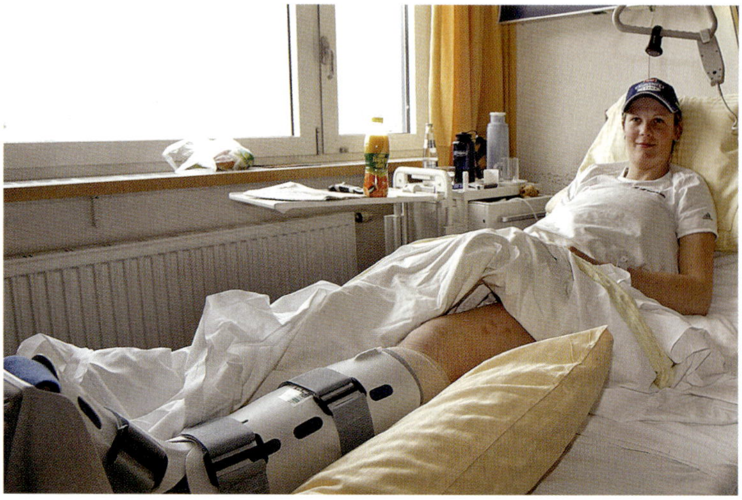

Pechvogel Nicole Hosp nach der Operation des gebrochenen Knöchels – ihre Rolle als Vorläuferin beim Schladminger Nacht-Slalom der Herren übernahm Elisabeth Görgl (Bild unten).

In Sestriere gewann Marlies Schild (oben) beim letzten Salom der Saison erstmals, freute sich Renate Götschl über zwei weitere kleine Kugeln (Abfahrt und Super-G).

ren“ beobachten. Seine vielen Knieoperationen lässt sich der wieder erstarkte Pechvogel auf der Piste nicht anmerken.

Der Nachwuchs gibt Gas

Im Sog von Hosp, Schild, Görgl werden auch Nachwuchsläuferinnen bald international auf sich aufmerksam machen. Davon sind ihre Trainer überzeugt. Und auch davon, dass junge Technik-Girls den eingesessenen Speed-Damen bald kräftig Zunder geben werden. Noch aber ist Götschl eine Klasse für sich. Noch will sich die blonde Steirerin mit WM-Medaillen und kleinen Glaskugeln (zwei bekam sie bei der finalen Beuteverteilung in Sestriere für ihre ersten Plätze in den Disziplinenwertungen Abfahrt und Super-G) allein nicht zufrieden geben. Der Gesamtweltcup ist Götschls großes Ziel. Sie forciert deshalb auch klammheimlich das Slalom-Training, obwohl kurze Schwünge mit kurzen Skiern auf pickelhartem Untergrund für operierte Knie alles andere als förderlich sind. Noch dominiert der Ehrgeiz über die Angst vor Schmerz.

Gleiches wird aus Kroatien gemeldet, wo Janica Kostelic nach ihrer langen Zwangspause auch optisch wiedererstarkt ist. Zu Ehren der Rekonvaleszentin hat die FIS erstmals ein Weltcup-Rennen an Zagreb vergeben. Mit zig-tausend Zuschauern und Fußball-Atmosphäre wird in der Heimat des Otto Baric am ersten kroatischen Weltcup-Flutlicht-Abend gerechnet.

Die Gejagte heißt Anja Pärson. Die athletische, freundliche Schwedin hat nicht nur drei Weltcup-Trophäen (Gesamtwertung, Slalom, Riesenslalom) gewonnen, sondern darüber hinaus mit 324.265 Euro in der Preisgeld-Rangliste sämtliche Männer übertroffen. Auch Renate Götschl (246.352 Euro) bekam von diversen Veranstaltern noch mehr Prämien als Bode Miller (232.737), Kalle Palander (229.912), Stephan Eberharter (226.088) und Hermann Maier (194.018).

Diese Brutto-Preisgelder sind aber in den prominenten Fällen meist nur das Zubrot. In Wahrheit kommen einige wenige Topstars dank Sponsorengeldern und Ausrüsterprämien auf das Drei- bis Vierfache oder mehr. Ein Umstand, der natürlich Neider aus ihren Startlöchern lockt. Sogar die beste (inzwischen abgetretene) österreichische Leichtathletin fühlt sich immer wieder bemüßigt, kritische Vergleiche zwischen Sommer- und Wintersport zu ziehen. Sie vergisst nie darauf hinzuweisen, wie wenige Nationen den alpinen Rennlauf ernsthaft betreiben können. Und sie hält eine im Sommer errungene Medaille für sportlich wesentlich höherwertig als eine Ski-Medaille. Das ist das gute Recht von Steffi Graf, auch wenn man entgegenhalten könnte, dass es zuletzt schon Weltcup-Slaloms mit Vertretern aus zehn verschiedenen Nationen unter den Top 15 gab. Auch würde sie vielleicht anders reden, stünde sie nur einmal in Cortina oberhalb des Tofana-Felsens oder im kanadischen Lake Louise bei minus 20 Grad am Damen-Start.

Auch mit der besten TV-Technik können das Gefälle der Strecken und die Mutproben, welchen sich die Damen unterziehen, dem Konsumenten im Patschenkino nie wirklich bewusst gemacht werden. So wie auch meist nur jemand, der selbst einmal im Leistungsbereich 1500 Meter gelaufen ist, ermessen kann, wie viel innere Kraft es kosten muss, sich zu überwinden. Und doch gibt es einen Unterschied: Ski-Damen haben noch nie über Leichtathleten abwertend geredet.

„Na, wie geht's, Olympiasieger?"

Ein Schiedsgericht nahm spät, aber doch Johann Mühlegg die Langlauf-Goldmedaillen von Olympia 2002 wegen Doping weg – und machte damit den Silber-Christian zum Gold-Hoffmann.

Österreich ist anders, so könnte man in Abwandlung des Wiener Slogans sagen. Rot-weiß-rot fiel im nordischen Skiwinter 2003/04 ein Olympiasieg(er) in den Schoß? Ja, wie gibt's denn so was ohne Winterspiele? Ganz einfach, weil nicht nur Gottes, sondern auch der Richter Mühlen manchmal langsam mahlen. Und das kann, wie sich herausstellte, Goldes wert sein. Oder besser gesagt: ein güldenes Weihnachtsgeschenk, das es im Dezember hereinschneite, als sich die Langläufer gerade auf den Weltcup-30er in der Ramsau vorbereiteten. Da schaute der Mühlviertler Christian Hoffmann, der lange gekränkelt hatte, ehe er wieder fit war für die Loipe, gerade zum Fenster raus, als ihm von unten der Alois Stadlober zurief: „Na, wie geht's, Olympiasieger?"

Christian war verdutzt: „Ich hab' gedacht, der will mich verhöhnen, weil ich immer krank bin und so selten lauf." Irrtum. Stadlober war schon informiert, dass das Schiedsgericht in Lausanne dem Deutsch-Spanier Mühlegg auch die anderen beiden Goldenen von Salt Lake City aberkannt und damit den Silber-Christian zum Gold-Hoffmann gemacht hatte. Aus zwei mach eins – auch wenn es fast zwei Jahre dauert, so schnell geht das ganz ohne Loipe und ohne Laufen.

Für Hoffmann allerdings war's ein Motivationsschub, der alle Fesseln sprengte. Zwei Tage später stürmte er beim Massenstart im dichten Schneetreiben zu seinem ersten Weltcup-Sieg überhaupt, ganz so, als wollte er allen beweisen, dass er eines Olympiasieges würdig ist. Noch dazu eines historischen, des ersten für Österreich in der Langlaufgeschichte. Auch Michael Botwinow, der nur selten

In der Ramsau stürmte Christian Hoffmann zu seinem allerersten Weltcupsieg – und mit zwei Jahren Verspätung gab es dann noch Olympia-Gold für ihn.

in die Erfolgsspur glitt, machte einen Sprung aufs virtuelle Podest, das es nicht mehr gab, weil er Bronze gegen Silber tauschte. Ein ebenfalls historischer, olympischer Langlauf-Doppelpack mit Zeitzündung, das sucht seinesgleichen.

Boti und Hoffi, wie sie Insider nennen, gaben in der Folge, sofern sie gesundheitlich auf dem Damm waren, wieder ordentlich Gas. Christian wurde noch einmal Dritter und rannte dann bei der Turin-Generalprobe in der künftigen Olympia-Loipe unter schwierigen Bedingungen wiederum allen auf und davon, so stark, so souverän, dass es fast schon ein Vorschuss auf weiteres Gold, zumindest aber auf eine Medaille war.

Und einer, dem man nicht mehr zugetraut hätte, dass er Schritt halten kann mit der Weltspitze, kassierte auf einmal Weltcuppunkte, wenn nicht Spitzenplätze – Martin Tauber.

Da konnte auch der neue Langlauf-Zampano, der historisch erste Olympiamedaillen-Gewinner Markus Gandler, aufatmen, Die latente Krise, deren Gründe man hinter vorgehaltener Hand kommentiert hatte, war auf einmal so geschmolzen wie der Schnee in der Frühjahrssonne.

Ja, so schnell kann's gehen, auch wenn es fast zwei Jahre lang dauert, bis man den Fängen der Krise und der Gerüchte entfleucht.

Das hatte, wie jeder weiß, mit der leidigen Blutbeutel-Affäre von Salt Lake City zu tun, die Österreichs Loipenstars ins Zwielicht gesetzt und ein Jahr davor den Loipen-Guru Walter Mayer, der Wunder gewirkt hatte, vermeintlich für immer aus dem Verkehr gezogen hatte. Lebenslang – so hatte das Urteil der FIS im Mai 2003 für Mayer gelautet! Aber weder der streitbare Rennsportleiter der Langläufer und Biathleten noch ÖSV-Präsident Peter Schröcksnadel gingen in die Knie, sondern liefen zum Kadi – nicht bei der FIS, vielmehr reichten sie beim Zivilgericht in Innsbruck eine Klage gegen die Sperre ein.

Und wieder mahlten die Mühlen langsam, aber – zumindest aus beider Sicht – gerecht. Mitte Februar 2004 erging das Urteil, das dem Antrag Mayers auf Wiedereinstellung beim Skiverband stattgab. Begründet wurde es damit, dass sich Mayer keines Dopingvergehens schuldig machen habe können, weil ihm auch das Schiedsgericht (CAS) nicht unterstellte, seine Läufer gedopt, sondern nur Regeln verletzt zu haben. Seither ist Walter Mayer wieder in Amt und Würden und auch der Speck, der seinen Bauch immer runder gemacht hatte, wieder so gut wie weg. Er brennt darauf, mit den Biathleten bei der Heim-WM 2005 in Hochfilzen für Medaillenüberraschungen zu sorgen. Dafür war das Original aus Radstadt, das wieder scherzt wie in alten Tagen, schon immer gut.

Das Lachen hingegen war Toni Innauer im Laufe der Schanzensaison vergangen. Sie hatte noch viel versprechend begonnen mit Höhenflügen von Thomas Morgenstern und Martin Höllwarth, der kurzfristig sogar im Weltcup vorn gelegen war, aber schon während der Tournee verloren die Skispringer den Erfolgsfaden. Später riss er ganz ab, nicht einmal der Morgenstern leuchtete mehr am Skispringer-Firmament.

Am Ende der langen Saison schien es, als hätten sich Weitenjäger in Kurzhupfer verwandelt, denen ohne Saft und Kraft auch Lust und Laune abhanden gekommen war. Wie der Herr, so's G'scherr, wie der Volksmund sagt. Was im gegenständlichen Fall auch stimmte, weil der finnische Cheftrainer Hannu Lepistö, bis zur WM 2003 in Val di Fiemme gefeiert, mit seinen Gedanken längst wieder in seiner Heimat und auch bei seinen (Trabrenn-)Pferden gewesen war.

Noch ehe die Saison aus war, trennten sich ÖSV und Innauer vom Finnen, um dem Assistenten Alexander Pointner als neuem Chef die erste Chance zu geben, den Adlern wieder Flügel zu verleihen. Und nimmt man die Mattensprünge als Spiegel der Leistungsstärke, dann sollten mit Morgenstern auch Höllwarth, Widhölzl, Schwarzenberger, Goldberger, Liegl und einige Junge, voran Roland Müller, wieder auf die Sprünge kommen. Selbst dann, wenn Podestplätze verpasst wurden wie beim Sommer-Grand-Prix-Finale am Bergisel, gab's eine kompakte Mannschaftsleistung mit vier, fünf Mann unter den Top 10.

Das macht jedenfalls Hoffnung.

Martin Höllwarth wurde Zweiter bei der Vierschanzentournee (im Bild: Innsbruck) – aber so richtig gut lief es 2003/04 weder bei ihm noch beim Rest der Skispringer-Truppe.

Die „Ahornblätter" zitterten vorm K. o.

Österreichs Eishockey boomt. Eine spannende heimische Final-Serie, so viele NHL-Cracks wie noch nie – und eine Nationalmannschaft, die bei der WM den späteren Champion Kanada an den Rand einer Niederlage brachte.

Nie zuvor grassierte das Eishockey-Fieber in Österreich derart wie in diesem Jahr 2004. Und nicht nur im Land der Finalisten, der Eishockey-Hochburg Kärnten, nein, nein, der Titelkampf mit Schläger und Scheibe ließ auch in Wien keinen kalt, vor allem dann nicht, wenn es zugewanderte Kärntner aus Villach oder Klagenfurt waren – oder Puck-Tiger aus Wien. Da Mattscheibe beim ORF-Fernsehen herrscht, wenn die Erste-Eishockey-Liga gespielt wird, gab es im doppelten Sinn sozusagen TV-Premiere. Im Vienna Marriott, wo in der Champions Bar die Spiele via Pay-TV zu Buffet, Wein oder Bier gezeigt wurden, standen sich die Fans auf den Zehen, so bummvoll war das Lokal bei den Finalspielen, die sich in der Dramatik steigerten. Mehrmals schien es, als wäre der KAC gegen den Lokalrivalen Villach schon am Ziel, aber das war ein Trugschluss. Die Entscheidung in diesem offenen Schlagabtausch fiel erst im siebenten Play-off-Duell um den Titel zugunsten des Rekordmeisters KAC, für den auch einer die Daumen drückte, der ihn verlassen hatte, um tatsächlich die große, weite Welt zu erobern: Thomas Pöck, der Sohn des Teamchefs, hatte einen Toto-Zwölfer, wenn nicht Lotto-Sechser gelandet.
Über Nacht war der College-Spieler von den New York Rangers, wieder in der Regular Season gescheitert, also nicht im NHL-Play-off, vom Fleck weg engagiert worden. Pöck kam, spielte und schoss gleich ein Tor bei seiner NHL-Premiere. Ein Traum jagte bei ihm gleichsam den nächsten. Hauptsache, sie erfüllten sich.
Nicht ganz so gut lief es hingegen für Christoph Brandner bei Minnesota, wo er im Laufe der Saison

Kraftvoll tankt sich Christian Vanek gegen die späteren kanadischen Weltmeister durch – im Sommer wurde er von den Buffalo Sabres in die NHL geholt

ausgemustert und zu den Houston Aeros abgeschoben wurde. Und auch Reinhard Divis, der mehrmals im Tor von St. Louis gestanden war, musste wieder zurück nach Worchester ins AHL-Farmteam. Ihnen half es auch nicht, dass Österreicher im einstigen Eishockey-Paradies zu begehrten Objekten wurden, die am Transfermarkt, dem „Draft", ganz hoch gehandelt wurden. Wie Thomas Vanek, der im Sommer bei den Buffalo Sabres landete.

Aber vielleicht war alles nur Makulatur, also vergebliche Liebesmüh, weil die NHL im Streit zwischen Besitzern und Profis auf Eis gelegt zu werden drohte. Was die einen forderten, wollten die anderen nicht zahlen. Und so war es fast fix, dass vorerst nur in der AHL, also auf zweiter Ebene, gespielt werden würde. Österreichs Eishockey-Team profitierte davon, dass es über so viele Legionäre wie nie zuvor bei einer Weltmeisterschaft verfügte, ob in der NHL, AHL, in Schweden (Dieter Kalt) oder in Deutschland. Hans Krankl würde sich freuen, hätte er im Fußball so viele kampferprobte Spieler, die im Ausland jede Woche gefordert werden. Aber er und der Fußball leiden darunter, dass der Nachwuchs bei weitem nicht so gut ist, wie man ihn medial zu verkaufen versucht, sonst wären viel mehr Junge längst vom Ausland geangelt worden. Aber das nur so nebenbei.

Teamchef Pöck, der Vater des NHL-Profis, sowie seine Assistenten Siitarinen, ehemals Meistermacher beim KAC, der später zu den Salzburger Red Bulls gewechselt war, und Bergström, der Siitarinen einst zum KAC geholt hatte, konnten trotz Brandners dubioser Absage in letzter Minute bei der WM aus dem Vollen schöpfen. Das Schlüsselspiel zum Auftakt in der Prager Sazka-Arena, um Abermillionen aus dem Boden gestampft, Vorbild Köln-Arena, brachte für Rot-Weiß-Rot ein Schützenfest – 6:0 gegen Frankreich.

Eine Moral- und Mutinjektion, die fast zu einem Sensationssieg gegen den Top-Favoriten und späteren Weltmeister Kanada geführt hätte. Es blieb bei einer Unvollendeten – Vorgriff auf die ganze WM, die als Generalprobe für die Heim-WM 2005 in Wien und Innsbruck galt. 2:0 führte Österreich gegen die Ahornblätter, ehe es die Angst vorm Sieg ereilte – zwei Gegentore in den letzten zehn Minuten, 2:2.

Und dann kam die Schweiz, im Eishockey so etwas wie der kleinere und doch größere Bruder. Da trumpften die Österreicher ganz groß auf, führten 4:1, ehe die Eidgenossen auf 4:3 verkürzten. Just in den letzten Sekunden unterlief Divis, sonst so gut, ein fataler Fehler. Statt den Puck wegzuschießen, provozierte er ein Bully und das endete mit dem 4:4-Ausgleich für die Schweizer. Unverdient, aber wiederum verdiente Strafe, dass Österreich nicht weiter so beherzt gespielt hatte wie zu Beginn.

Ein Punkt hätte noch gefehlt, um nach geschaffter Zwischenrunde ins Viertelfinale aufzusteigen, ein Pünktchen nur. Aber nichts ging mehr, der Akku war leer. Da konnte man noch so sehr Cordoba und die Fußball-Vergangenheit vor dem Bruderkampf mit Deutschland beschwören, aus der erhofften Sensation wurde kurzer Prozess, der Österreich gemacht wurde – 1:3. Gegen die Tschechen mit NHL-Superstar Jaromir Jagr war es schon zuvor bergab gegangen (0:2) und auch gegen die Letten, gegen die ein Remis den Aufstieg bedeutete hätte, ging es nicht mehr bergauf (2:5). Trotzdem war alles von den rot-weiß-roten Cracks begeistert, die zumindest in der Anfangsphase gezeigt hatten, was in ihnen steckt. Prag war eine Unvollendete, die aber Lust auf mehr machte. Und mit Heimvorteil schaut alles ganz anders aus. Hoffentlich.

Auch punkto Härte standen Österreichs Cracks den Kanadiern um nichts nach, im Tor war Reinhard Divis ein großer Rückhalt. Bitter, dass gerade ihm gegen die Schweiz ein Fehler unterlief.

1

Motorsport

von HEINZ PRÜLLER

Die Formel 1 wieder einmal als Formel Austria: Als 13. Österreicher schaffte Christian Klien den Sprung in den weltumspannenden Grand-Prix-Zirkus. Nach zwei Steirern, vier Wienern, drei Tirolern, zwei Salzburgern und einem Niederösterreicher ist er der Erste aus dem schon immer motorsportbegeisterten Vorarlberg.

Der garantierte Sieger

Michael Schumacher hat die Formel-1-Saison 2004 zur „Formel Schumi" gemacht: Von Anfang März bis Ende August ausgenommen Monte Carlo, wo er während der Safety-Car-Phase im Tunnel mit Juan-Pablo Montoya kollidierte, alle Grand-Prix-Rennen gewonnen.

Die Rekordjagd war einzigartig und faszinierend: Schon in Budapest stand Ferrari zum sechsten Mal hintereinander als Markenweltmeister fest, und auf seiner Lieblingsstrecke Spa krönte sich Schumacher mit einem zweiten Platz zum siebenten Mal zum Formel-1-Weltmeister!
Niki Lauda, der zwei seiner drei WM-Titel und 15 seiner 25 Grand-Prix-Siege für Ferrari geholt hat, analysiert im Exklusivgespräch mit Heinz Prüller die Geheimnisse des italienischen Superrennstalls und erklärt das Phänomen Schumacher.

Niki, wenn du vergleichst: Ferrari damals und Ferrari heute?

Lauda: Alles hat sich geändert, die ganze Formel 1 bis hin zu ihren High-Tech-Rennautos. Da ist besonders Ferrari aufgestiegen, in einer Epoche, die ganz andere Strukturen verlangt als zu meiner Zeit.

Vor allem gilt für das Schumacher-Team nicht mehr „Ferragosto", die berühmten August-Ferien in Italien, die den ganzen Rennbetrieb lahm legen und Ferrari früher einige Grand-Prix-Siege, sogar WM-Titel, gekostet haben?

Lauda: Zu meiner Zeit war Chefingenieur Mauro Forghieri für alles verantwortlich: fürs Auto, fürs Getriebe, für den Motor. Wenn der Ferien gebraucht und auch gemacht hat, ist das ganze Werkl gestanden. Heute arbeiten bei Ferrari vielleicht 800 Mann in der Rennabteilung, davon vielleicht 60 bis 70 Ingenieure. Wenn einer Ferien macht, ist der andere da. Das hat es zu meiner Zeit noch nicht gegeben, aber das hat sich rapid geändert.

Wie groß ist Schumachers Anteil an der Triumphserie?

Lauda: Für die Italiener ist Schumacher der garantierte Sieger, weil er die beste Motivation für die ganze Mannschaft ist. Als Fahrer ist er die totale Leitfigur für Ferrari und motiviert alle, die ganze Mannschaft, zu dieser Performance. Dass das Team von 800 Mann so perfekt aufgestellt ist, dass man jetzt schon sechsmal hintereinander die Konstrukteurswertung gewonnen hat, ist die Kombination aus allem. Die Leute bei Ferrari arbeiten perfekt, ziehen alle an einem Strang, haben alle nur ein einziges gemeinsames Ziel – da gibt es keine Primadonnen, die sich als Star fühlen, keine Ego-Probleme von Technikern, wie sie bei Egoisten in anderen Teams oft vorkommen. Im Gegenteil: Ferrari ist so von Harmonie geprägt, dass alle in eine Richtung arbeiten und ist wie eine ganz große Fußballmannschaft in allen Positionen perfekt aufgestellt.

Aber das Wichtigste ist natürlich der Fahrer ...

Lauda: Klar, es braucht natürlich auch die Umsetzung durch Schumacher. Denn wenn Barrichello bei Ferrari der einzige Spitzenpilot wäre, könnte das System so nicht funktionieren. Dann schaut's eher traurig aus – auch wenn der Brasilianer jetzt in Monza gewonnen hat.

Barrichello sagte aber heuer einmal, viele hätten beobachtet, dass er besser überholen kann als Schumacher?

Lauda: Muss er auch, weil er mehr überholen muss, weil er von hinten kommt, aus schlechteren Startpositionen nach vorn kommen will. Michael muss das nicht, weil er sowieso schon vorn ist. Monza, wo er sich einmal gedreht hat, wodurch er weit, bis auf Platz 15, zurückgefallen ist, war da eine Ausnahme. Aber nochmals: Schumacher setzt das Ferrari-System perfekt um. Das ist seine große Stärke. Und damit schließt sich der Kreis.

Millionen Rennfans bewundern Schumachers nie nachlassende Motivation: Schon so viel gewonnen, auch so viel Geld verdient, er aber ist unverändert motiviert, voll Siegeswillen und freut sich über jeden Sieg, als wäre es sein erster?

Lauda: So ist er halt, der Michael, und er hat damit keine Probleme. Sicher nicht die Probleme, die ich – und meine Rennfahrergeneration – früher hatten. Wir Rennfahrer hatten alle Perioden, wo wir ein, zwei Jahre lang ein gutes Auto hatten – aber dann ein sehr schlechtes. Das heißt: Wir waren zwei Jahre lang hin- und hergerissen zwischen Grand-Prix-Siegen und die WM gewinnen – und Enttäuschungen. Zwei Jahre lang ganz oben, dann unten. Jetzt ist das Glück von Schumacher, dass er schon seit 5, 6 Jahren immer ein absolut konkurrenzfähiges Auto hat und damit seine verdienten Erfolge einfährt. Schlecht wäre, wenn er plötzlich ein schlechtes Auto hat, aber er hat immer das beste Auto, das beste Team, so dass ihm die Idee zum Rücktritt gar nicht wirklich kommen kann – eben weil ihn nichts demotiviert. Manchmal fällt ihm ein Sieg etwas leichter, manchmal etwas schwerer – aber wie wir in Spa gesehen haben: Unter die ersten zwei kommt er immer. Darum ist er auch in einem Alter, in dem andere an Rücktritt denken, nicht gefährdet, weil er rund um sich ein so perfektes Team hat.

Aber trotz aller Perfektion hätte er noch ein Jahr zuvor die WM 2003 fast verloren?

Lauda: Da hat er wieder gekämpft und die WM gewonnen. Solange du um den ersten Platz fightest, ist das alles kein Problem. Aber wenn du nur Zehnter der Startaufstellung bist und maximal Fünfter werden kannst, wird's mühsam. Nur: Das passiert ihm nicht.

Was vielleicht noch mehr beeindruckt als die Schumi-Siegesserie: die unfassbare Haltbarkeit und Zuverlässigkeit der Ferraris. Die Serie wurde ja immer unglaublicher: Letzter Schumacher-Ausfall wegen technischen Defekts – bis heuer – vor mehr als drei Jahren: die gebrochene Benzinpumpe nach dem Boxenstopp in Hockenheim 2001.

Lauda: Das ist eben Perfektion.

Nur in Monte Carlo ist er ausgefallen. Aber das war nicht seine Schuld, oder? Deine Meinung?

Lauda: In Monaco konnte er wirklich nichts für den Auffahrunfall von Montoya während der Safety-Car-Phase im Tunnel. Das ist wie bei einem Autounfall auf der Straße: Wenn vor dir einer bremst, musst du als Hintermann aufpassen. Im Rennsport ist es genauso.

Und der zweite Platz in Spa hinter Kimi Räikkönen, worüber viele Schumi-Fans nicht so begeistert waren?

Lauda: Lächerlich. Eigentlich eine Frechheit, so zu denken. Dass er einmal verliert, beweist doch nur, dass er in Spa um den WM-Titel gefahren ist, um die Weltmeisterschaft sicherzustellen. Ab Monza, war ich überzeugt, wird er wieder voll angreifen und auf Sieg fahren – hätte er unter normalen Umständen sicher auch gemacht. Das ist nämlich das Schönste für einen Rennfahrer: Wenn er ohne Druck, ohne Politik, Taktik oder Strategie Vollgas geben kann. Bis dahin war er ja politisch unterwegs.

Hat Schumacher 2004 wirklich alle Rennen perfekt abgeliefert? Oder sind auch einem Supermann Fehler passiert?

Lauda: Weil Michael dauernd an der Grenze fährt, passieren ihm immer wieder leichte Fehler, vor allem, wenn er unter Druck gerät – wie ein kleiner Dreher. Aber weil er immer so am Limit fährt, akzeptier' ich das. Und das müssen auch alle anderen.

Er selber hat einmal gesagt: Einmal im Jahr mach ich einen Fehler ...

Lauda: Eben – wenn man dauernd am Limit fährt.

Und dann passierte dieser gefährliche Reifenplatzer-Unfall mit 340 km/h beim Testen in Monza, wo Schumacher voriges Jahr im Rennen schon mit 368,8 km/h Spitze gestoppt worden war, ehe ihn Antonio Pizzonia heuer im Rennen mit 369 km/h noch überbot?

Lauda: Also war er langsam, aber Gott sei Dank ist ja nichts passiert. Ich hab mich nur gewundert, als ich später im Fernsehen die Bilder sah. Da lag Michael nach dem Unfall plötzlich – den Helm immer noch aufgesetzt – in der Wiese. Das konnte ich nicht deuten. Wenn mir ein solcher Unfall passiert und ich hab nix, dann steig ich aus, nimm den Helm ab, setzte mich auf die Leitschiene und denk nach. Aber Michael war offenbar durch den Anprall geschockt, kurz diesig, glaub' ich – denn sonst legt man sich nicht flach auf die Wiese. Aber wie ich schon zwei, drei Tage später am Nürburgring gesehen hab,

ist er wieder ganz in Ordnung. Bei den „Ferrari days“ ist er wieder ganz normal gefahren ... und beim Grand Prix in Monza dann sowieso.

Leider haben die Fans von Ralf Schumacher, unserem Wahl-Salzburger, nach dessen Indianapolis-Crash sehr lang auf das Comeback warten müssen: drei Monate, bis Shanghai. Zu lang?

Lauda: So etwas hab ich überhaupt noch nie gesehen! Ein Rennfahrer ist wieder gesund und voll fit, nach Meinung aller Ärzte – darf aber noch nicht fahren, weil ihn der Versicherungsarzt nicht lässt. Das kann nicht gut sein. Ich würde Ralf raten: Wechsle die Versicherung. Es kann nicht sein, dass ein Gutachten der Versicherung – wegen der zwölf Wochen Pause – eine Rennfahrerkarriere bremst. Als Rennfahrer willst du deinen Beruf ausüben, also Rennen fahren, sonst verlierst du deinen Kampfgeist, deine Performance. Jeder Tag, an dem du nicht im Rennauto sitzt, ist für dich ein verlorener Tag – weil wirklich etwas verloren gehen kann. Dass Frank Williams eine Freud' hat, weil er nix zahlen muss, ist eine andere Sache. Aber mir hätte früher kein Versicherungsarzt das Rennfahren verbieten können. Und beim Willi Dungl wäre das auch nie passiert.

Ein Blick nach vorn: Wer wird 2005 Schumachers größter WM-Gegner? Wer ist hinter ihm die Nummer 2? Kimi Räikkönen?

Lauda: Ich schau schon sehr interessiert aufs nächste Jahr: wie das Duell Räikkönen – Montoya bei den Silberpfeilen ausgeht. Schade nur, dass der stille Finne seinen Sieg in Belgien bei den Interviews nicht so wirklich verkauft hat. Ich könnte mir schon vorstellen, dass nach einem solchen Sieg über den Weltmeister etwas Peppigeres rüberkommen muss.

Räikkönen wurde schon vor einem Jahr von Bernie Ecclestone, aber auch von den Ferrari-Chefs als großer Schumi-Herausforderer bezeichnet. Ist er das jetzt wieder?

Lauda: Ganz sicher, wenn er wie in Belgien fährt, mit einer so perfekten Leistung. Deswegen stell' ich ihn über Montoya und Alonso, die zwar genauso schnell sein können, aber doch eher südamerikanisch bzw. südeuropäisch unterwegs sind: also etwas schwankend. Darum hat Schumacher eine leichte Überlegenheit. Knapp hinter Montoya und Alonso kommt für mich Jarno Trulli, der jetzt von Renault zu Toyota wechselt. Flavio Briatore hat mir vor zwei Jahren erklärt, warum er Giancarlo Fisichella ausgetauscht hat – jetzt hat er ihn wieder. Die beiden Italiener sind für mich gleich gut, Bilanz ausgeglichen: Trulli eher stärker am Beginn eines Rennens, Fisichella eher im Finish.

Ein Blick in die Rennfahrerpsyche. Wie lange, glaubst du, wird Schumacher noch fahren?

Lauda: Solange die Freude am Fahren überwiegt, und die hat er ohne Zweifel, wird er weiterfahren. Wenn die Freude nachlässt, er vielleicht in schlechter Stimmung ist und gleichzeitig einen Unfall hat, auch wenn ihm dabei nichts passiert – dann wird er nachdenken. Zumindest mir ist es einmal so gegangen. Man fängt an zu überlegen. Die Frage ist dann, wie groß der Freudenanteil ist, gemessen am dunklen Punkt des Risikos. Wenn der Freudenanteil nicht so groß ist und ein Unfall wie in Monza passiert, denkst du übers Risiko nach. Und je nach Performance steckst du das weg oder nicht. Schumacher kann das. Ich hab gleich nach dem Unfall behauptet: Jetzt wird er das Rennen in Monza gewinnen! Aber da hab ich nicht ans Tohuwabohu wegen des Wetters gedacht.

Erste Punkte auf der „Österreicher-Piste“

Die abenteuerliche Berg- und Talstrecke von Spa-Francorchamps in den belgischen Ardennen ist die Lieblingspiste fast aller Rennfahrer, vor allem der österreichischen – weil sie die ultimative Herausforderung sein muss: das Wimbledon oder Kitzbühel im PS-Zirkus, und die „Eau Rouge“, die berühmteste, aber auch gefährlichste Kurve, gilt als die „Eiger Nord“ der Formel 1. Christian Klien fuhr diese heuer erstmals als Formel-1-Pilot.

Mit 300 km/h den Berg hinunter, „und du musst dich schon bei der Anfahrt entscheiden, ob du die Kurve voll fahren willst oder nicht“. Weil spätere Korrekturen nicht mehr möglich sind. Der leidenschaftliche, risikofreudige Gerhard Berger über seine frühere jährliche Gratwanderung: „Das Herz sagt immer ja, Vollgas – aber das Hirn sagt nein.“

Bei Christian Klien sagen heute, auf der besser abgesicherten, etwas entschärften „Eau Rouge“, wo ein minimaler Fahrfehler um ein paar Zentimeter keineswegs mehr einen lebensgefährlichen Salto im Kiesbett auslöst, sondern wo man auf dem neu asphaltierten Sicherheitsstreifen weiterteufeln kann, „sowohl das Herz als auch das Hirn ja“.

Freilich mit Herzklopfen. „Jedes Mal, wenn ich in die Eau Rouge einfahre, bete ich, dass ich am Ende wieder heil herauskomme und in einem Stück“, hatte mir der unvergleichliche, gottesfürchtigte Ayrton Senna einmal gesagt. In der Senke reißen die Fliehkräfte die Füße vom Gaspedal, danach rasen die Formel-1-Raketen eine Wand hoch – ein Gefühl wie in der Hochschaubahn oder in einem Starfighter. Rennfahrer kennen das Spa-Abenteuer bereits seit 1921, und die Formel 1 hat die Eau Rouge heuer nach einem Jahr Pause wieder erlebt.

Auch Christian Klien – der auf der schwierigsten Grand-Prix-Strecke, endlich und lang verdient, seine ersten WM-Punkte holte. Das hat Tradition.

Spa, die Herz- und Mutstrecke, war schon immer eine „österreichische Piste“.

Endlich wieder ein Österreicher in der Formel 1: Christian Klien packte die Hürde und schaffte den Sprung in die Königsklasse des Motorsports.

Bert Schneider, ein Pflasterer aus Wien-Favoriten, gewann dort mit der 125-er-Suzuki 1964 als erster Österreicher nach dem unvergessenen Rupert Hollaus (Weltmeister 1954) einen Motorrad-Grand-Prix.

Jochen Rindt hat in Spa 1966, in einer unfassbaren Regenschlacht, mit dem eher schwerfälligen Cooper-Maserati zum ersten Mal in einem Grand Prix geführt. Damals maß die Strecke noch 14 km. Und das typische Spa-Phänomen: Sonne am Start, paar Kurven später, in Burneville, strömender Regen, der das halbe Feld von der Straße riss. Auch Rindt drehte sich neunmal. Als die Schnauze wieder nach vorn zeigte, gab er Gas und führte bis kurz vor Schluss, dann wurde er wegen Differentialschadens Zweiter.

Niki Lauda gewann zweimal den belgischen GP, aber jedes Mal in Zolder – in Spa brach er sich 1985 in der Stavelot-Kurve das Handgelenk, brauchte aber schon 12 Jahre zuvor noch mehr Schutzengel: „Ich war mit dem BRM-Formel 1 zum Reifentesten in Mosport, Kanada, und sollte zwischen Kanada und dem 24-Stunden-Rennen von Spa hin- und herfliegen." Wovor ihm leicht grauste. „Zum Glück hatte ich beim Testen in Mosport einen leichten Unfall, also rief ich meinen Teamchef in Spa mit einer Notlüge an: ‚Tut mir Leid, aber ich hab mir die Hand verstaucht – ich kann nicht nach Belgien kommen.'"

„Brauchst auch nicht mehr", sagte sein Teamchef mit trauriger Stimme, „unser Auto fährt sowieso nicht mehr. Dein Copilot Hans-Peter Joisten ist tödlich verunglückt. In der Nacht, bei Regen und Nebel, hat sich ein Alfa vor ihm gedreht – den hat er nicht sehen können."

Gerhard Berger, kampfhungrig, angriffslustig, hat das Risiko nie abgeschreckt: der ideale Typ für Spa. „Im Freitagtraining hatte ich fast jedes Jahr Bestzeit, damals die Halbzeit-Pole-Position." Gewonnen hat er 1985 das 24-Stunden-Tourenwagenrennen – mit Marc Surer und Roberto Ravaglia im BMW. Österreichs Rekordmann in der Ardennen-Arena ist aber der unverwüstliche Dieter Quester: „Ich hab viermal das 24-Stunden-Rennen von Spa gewonnen und kein anderer ist jemals dort so oft gefahren wie ich, nämlich 14-mal." Quester passt in jedes *Guiness Book of World Records*.

Einen Sportwagen-WM-Lauf in Spa zu gewinnen, blieb Karl Wendlinger vorbehalten. Der sympathische Tiroler triumphierte in seinem ersten Leben (also vor dem Monaco-Unfall) 1990 zusammen mit Jochen Mass im Sauber-Mercedes.

Und nochmals wurde in den Ardennen die österreichische Bundeshymne intoniert: im Frühsommer 2004, als Bernhard Auinger als erster Österreicher in der neuen Serie „Superfund Euro 3000" die Zielflagge kassierte.

Das also war die neue Welt des Christian Klien. Und im Windschatten so vieler Austria-Champions gelang ihm am 29. August in Spa endlich der lang erhoffte Durchbruch.

„Ihr müsst's jetzt unbedingt etwas zeigen und allen auffallen – mit einer ganz besonderen Leistung oder am besten mit einem Superergebnis", hatte Niki Lauda am Sonntagmittag in Spa der sympathischen Seilschaft Vater und Sohn Klien geraten. „Aber aufpassen in der La Source, der Haarnadelkurve nach dem Start. Dort scheppert's jedes Mal."

Klien – zum fünften Mal auf dem kritischen 13. Startplatz, also mitten im Pulverdampf – hielt sich clever aus allen Startgemetzeln heraus, fuhr ein schnelles, fehlerloses Rennen und wartete cool auf seine Chance. Die kam nach der dritten Safety-Car-Phase, als der GP in Belgien zum dritten Mal neutralisiert war. „Ich wusste: 9. Platz, und direkt vor mir fuhr Olivier Panis." Immerhin ein ehemaliger Monte-Carlo-Sieger. Aber Klien fightete ihn respektlos nieder, griff die Sauber-Piloten Giancarlo Fisichella und Felippe Massa mit gleichem Motor, gleichem Heck, gleichem Getriebe wie der Ferrari-Superchampion Michael Schumacher an und trotzte zwei anderen Stars, die sich rundenlang riesengroß in seinem Rückspiegel aufbauten: Jarno Trulli (Renault), dem aktuellen Monaco-Sieger, und David Coulthard, dessen McLaren-Stallkollege Mika Hakkinen mit einem identischen „Silberpfeil" das Superrennen von Spa gegen den unschlagbaren Schumacher gewonnen hatte.

„Warum ist schon wieder das Safety-Car draußen?", fragte Klien, total konzentriert, über Bordfunk in der Jaguar-Box nach.

Die rot-weiß-rote „Raubkatze": Christan Klien im Cockpit seines Jaguar-Autos.

„Weil er durch Kollision mit dir seinen Frontflügel verloren hat", lautete die Antwort.
„Auffahrunfall?", fragte Klien etwas ungläubig, „hab ich gar nicht gemerkt ..." So voll konzentriert fuhr er seinen ersten WM-Punkten entgegen: 6. Platz, drei Punkte, mit denen er sein Jaguar-Team in der Konstrukteurs-WM an der Millionentruppe Toyota vorbeischleuste. Und der Unterschied zwischen Platz 7 und 8 in der Markenwertung ist fast genauso viel in Millionen Dollar wert.
Zuhause in Hohenems war Mutter Klien „total aufgeregt und nervös. Ich bin während der ganzen TV-Übertragung im Wohnzimmer auf und ab gelaufen."
In den Boxen von Spa wurde Christian von seinem Team überschwänglich gefeiert – und es war schön zu sehen: Auch viele aus anderen Teams freuten sich für ihn und gratulierten – was in der Egoisten-Formel-1 nicht so oft vorkommt. Der junge Mann aus Hohenems strahlte bis über beide Ohren. Der ganze Druck war plötzlich abgefallen, der aufregende Grand Prix wetterleuchtete noch lang in seinen Augen. „Ich bin happy, vor allem fürs Team, das immer zu mir gehalten und mir immer geholfen hat. Jetzt hab ich Jaguar etwas zurückgeben können."
Die ersten WM-Punkte sind ein Markstein in jeder Grand-Prix-Fahrer-Karriere. Zum Vergleich: Wie lange haben die anderen österreichischen Formel-1-Piloten bis zu ihren ersten Punkten gebraucht – und wann, wo und mit welchen Autos wurden sie erkämpft?

- Jochen Rindt (Cooper Maserati): Vierter auf dem Nürburgring 1965 – im 8. Grand Prix;
- Niki Lauda (BRM): Fünfter in Zolder 1973 – im 18. Grand Prix;
- Jo Gartner (Osella): Fünfter in Monza 1984 – im 6. Grand Prix
- Gerhard Berger (ATS-BMW): Sechster in Monza 1984 – im 2. Grand Prix
- Karl Wendlinger (March): Vierter in Montreal 1992 – im 9. Grand Prix;
- Alex Wurz (Benetton): Dritter in Silverstone 1997 – im 3. Grand Prix

Und jetzt Christian Klien 6. in Spa – in seinem 14. Grand Prix, also sogar schneller als Lauda. Und während der Vorarlberger noch von seinem kühlen britischen Team fast südländisch gefeiert wurde, tranken zwei Teamchefs bei Karl-Heinz Zimmermann im VIP-Zelt im Fahrerlager, gleich neben Bernie Ecclestones Luxus-Motorhome, auf ihn ein stilles Achterl: Dr. Mario Theissen, dem Klien „schon ganz früh in der Formel BMW-Junior aufgefallen war", und Norbert Haug, der schon in der Formel 3 (mit Mercedes-Motor) gesehen hatte: „Aus dem wird noch was."

Christian Klien schaffte als 13. Österreicher und erster Vorarlberger den Sprung in die Formel 1.

Die Formel 1 als Formel Austria – wieder einmal? Klien ist der 13. Österreicher, der den Sprung in den weltumspannenden Grand-Prix-Zirkus geschafft hat. Aber nach zwei Steirern (Jochen Rindt, Helmut Marko), vier Wienern (Niki Lauda, Helmut Koinigg, Dieter Quester, Jo Gartner), drei Tirolern (Hans Binder, Gerhard Berger, Karl Wendlinger), zwei Salzburgern (Harald Ertl, Roland Ratzenberger) und einem Niederösterreicher (Alex Wurz) der Erste aus dem schon immer motorsportbegeisterten Vorarlberg.
Der große Zirkus weiß schon längst: Jeder österreichische Rennfahrer, der es zumindest in die Nähe der Formel 1 schafft, gehört mit offenen Armen aufgenommen: Willkommen im Club – denn die Austria-Piloten sind überdurchschnittlich talentiert, also gehören sie auch gefördert.
Zum Beweis die ewige Statistik: 7 von 13 österreichischen Grand-Prix-Fahrern schafften auch WM-Punkte, ein toller Schnitt, besser als 50 Prozent – besser als wir sind da nur die traditionellen Formel-1-Großmächte Brasilien (17 von 28) und Italien (47 von 82), nicht aber Frankreich (33 von 66), Großbritannien (57 von 140) und Deutschland (nur 16 von 40 Fahrern in den WM-Punkten). Es gibt halt nur zwei Schumis.
Klien war 2004 der jüngste von allen Formel-1-Piloten, nämlich erst 21. Geboren am 2. Februar 1983, mitten in der Comeback-Phase von Niki Lauda, Nelson Piquet war gerade der erste Turboweltmeister

der Geschichte geworden und Ayrton Senna und Gerhard Berger waren schon am Sprung in die Formel 1 ... wie schnell hat sich doch seither die Welt weitergedreht, vor allem auch im Grand-Prix-Zirkus. Den Jaguar-Piloten Klien an Schumi & Co zu messen, wäre höchst ungerecht. Das kann man immer nur am Teamkollegen, der das gleiche Auto fährt. Dazu kam noch, dass Klien die meisten Grand-Prix-Strecken fremd waren, er sie erst kennen lernen musste – und da reicht die Playstation nicht immer ganz aus. Und noch eines: „Bevor ich Formel-1-Fahrer wurde, war ich ja nie weiter als drei Stunden von Hohenems weg, in Übersee überhaupt nie.“ Ganz im Gegensatz zum weit gereisten, routinierten Australier Mark Webber, der aber bald wusste: Er bleibt nicht ewig bei Jaguar.

Mark, der bei Jaguar 2004 oft wie Christians großer Bruder auftrat, erzählte lächelnd: „Ich saß gerade in einem Londoner Kino in einem Schwarzenegger-Film: *Terminator 3*. Der hat mir weniger gut gefallen als die ersten beiden. Also stand ich auf und ging. Kaum auf der Straße, klingelte mein Handy: Frank Williams. Er sagte mir: Dein Williams-Vertrag für 2005 ist fix ...“

Hätte jemand vor Saisonbeginn prophezeit, nach dem Finale der Europasaison 2004 in Monza hätte Klien nur um vier WM-Punkte weniger auf seinem Konto als der hoch eingeschätzte, von seinem Manager Flavio Briatore als „einer der drei Superstars der Zukunft, zusammen mit Kimi Räikkönen und Fernando Alonso“ hoch gelobte Webber – man hätte das als tollen Erfolg gefeiert: „Suuuuper!“ – „Und ich“, sagt Klien, „wär’ überglücklich gewesen und hätte das auch nie gedacht.“ Aber Webber, der 2003 noch 17 Punkte für Jaguar geholt hatte, merkte bald: „Es ist schwieriger als letztes Jahr.“ Auffallend, wie Klien sukzessive an die Rundenzeiten des routinierten Webber in dessen dritter Saison herankam. War die Differenz zu Saisonanfang noch durchschnittlich 8 bis 9 Zehntel, so trennten die beiden Jaguar-Piloten später nur noch 1, 2 oder 3 Zehntel – und dreimal stand Klien in der Startaufstellung sogar vor Webber.

So schön kann die Formel 1 sein: Klien mit Teamkollege Mark Webber (links), Jaguar-Testpilot Björn Wirdheim (Zweiter von rechts) und einem „Raubkätzchen“ ...

Kliens Grand-Prix-Bilanz 2004 bis Monza – solange Jaguar noch eine Zukunft hatte:

Rennen	Startplatz	Ergebnis
Melbourne	19	11.
Sepang	13	10.
Bahrain	12	14.
Imola	14	14.
Barcelona	16	Gaszug
Monte Carlo	14	Unfall
Nürburgring	12	12.
Montreal	10	9.
Indianapolis	13	Unfall
Magny-Cours	13	11.
Silverstone	13	14.
Hockenheim	12	10.
Budapest	14	13.
Spa	13	6.
Monza	14	13.

Klien ist der erste Österreicher, der seine ersten vier Grand Prix durchfahren konnte und die Zielflagge sah – das hatte vor ihm keiner geschafft. Den Riesensprung von den 30-Minuten-Formel-3-Rennen zu den drei- bis viermal so langen Motorschlachten steckte er weg – dank intensivem Konditionstraining im Winter, sogar mit einem Karate-Weltmeister „wegen der Aggressivität“, und dem beinharten Programm des Jaguar-Fitmachers Nick – zweimal sogar auf der Trauminsel Langkavi in Malaysia. Wo Christian gleich das aufregendste von vielen aufregenden Abenteuern hatte: schreckhafte Begegnung mit einem Hai während des Kanu-Trainings auf hoher See. „So schnell bin ich noch nie zurück an den Strand gepaddelt.“

Beim Wüsten-Grand-Prix in Bahrain, dem ersten in der arabischen Welt, ließ Klien aufhorchen: 5. Platz im Training. Im Rennen duellierte er sich, noch am Ende des Feldes, mit Räikkönen, mit Massa. In Barcelona passierte ihm der erste Ausrutscher, in Monte Carlo geriet er in der Loews-Haarnadelkurve, in der Schrittempo gefahren wird, in eine harmlose Massenkarambolage – nur leider war mit der abge-

brochenen Jaguar-Schnauze auch ein kostbarer 300.000 Dollar teurer Diamant verschwunden – aufgeklebt für Hollywood-Aufnahmen zu *Ocean 12* mit Brad Pitt und George Clooney, denen Christian noch in der Box die Hand geschüttelt hatte.

Der Diamant blieb trotz hohen Finderlohns unauffindbar, und Klien suchte weiter angestrengt nach seinen ersten WM-Punkten, die er in Montreal mit Platz 9 nur knapp verpasste – freilich waren vier besser platzierte Autos wegen Regelverstößen aus dem Klassement geflogen. „Trotzdem war's schade!" Zumal sogar die Jordan-Piloten fast kampflos zu WM-Punkten kamen. Der Klien-Familienausflug nach Kanada und USA – mit Mama und Schwester – hätte zur Krönung des Abenteuers sicher Punkte verdient gehabt. Dafür fuhr Christian in Hockenheim sein bis dahin bestes Formel-1-Rennen: absolut fehlerlos, nur 20 Sekunden hinter einem WM-Punkt, und in der gleichen Runde wie der Seriensieger Michael Schumacher!

Da war auch den Letzten klar: Klien verdient seinen Platz in der Formel 1, er gehört unbedingt dazu, hat sich kontinuierlich gesteigert, mit seiner herzlichen, offenen Art nicht nur im Team viele Freunde gewonnen. „Er ist schnell, kapiert alle Zusammenhänge, versteht viel von der Technik und hat die Fähigkeit, alles, was er gelernt hat, schnell und positiv umzusetzen!", beschreiben ihn seine Jaguar-Chefs – und vor allem auch sein Renningenieur Stefano, gewohnt, mit jungen, aufstrebenden Talenten zusammenzuarbeiten.

„Aber mein erstes Formel-1-Jahr war schwerer, als ich mir vorgestellt hab", gibt Klien heute zu. „Nämlich von der Gesamt-Herausforderung Formel 1. Der Start, die erste Kurve, rund um dich nur die besten Fahrer der Welt – und freiwillig Platz macht dir da keiner." Dazu: die Boxenstopps, die von außen immer so perfekt aussehen wie ein Video-Game. „Die hab ich mindestens 50-mal trainiert", verrät Klien, „weil du dabei so schnell viel Zeit verlieren kannst. Zwei Sekunden sind gleich einmal weg, wenn nicht alles passt – und zwar zentimetergenau."
Woran orientierst du dich, wenn du dich mit 100 km/h an der Box einbremst? „An den Handsignalen meiner Mechaniker. Rechts und links hält je einer die Hand punktgenau auf Höhe des Vorderrads. Und dann schau ich natürlich auf den vorderen Wagenheber – bis der Lollypop-Mann die Fahrt freigibt."

Klien ist ein totaler Teamplayer. „Schön, wenn du Teil eines Teams sein kannst, in dem alle ihr Bestes geben, 300 Mann nur für deinen Erfolg arbeiten und immer da sind. Als Formel-1-Fahrer bist du in der Top-Liga des Motorsports, das ist schön, wenn du dazugehörst. Dann macht mir das viele Reisen Spaß – auch wenn ich im Frühjahr sieben Wochen lang nicht heimgekommen bin. Aber ich hab mich schon sehr aufs erste Schnitzel gefreut. Du bist jung, siehst die ganze Welt, zwar hauptsächlich Hotel, Strecke, Flugplatz – aber ich glaub doch: Ich bin in diesem Jahr viel reifer geworden, ich schätze: um drei Jahre. Du erlebst so viel, es geht alles so schnell, eins gleich nach dem anderen, so dass du wenig Zeit hast nachzudenken. Du lernst viel dazu, für dein ganzes Leben, so viel Neues wie sonst nirgendwo – und wie du dich im Haifischbecken bewegen musst." Die Formel 1 als Lebensschule.

Angst kennt er keine, auch wenn Mama Klien jedes Mal sagt: „Pass auf." Fahr langsam, sagt sie nie. „Wer bremst, verliert ...", ist Christians Motto.

Aber Respekt hatte er unverändert: „Respekt vorm ersten Rennstart, vor den ersten Runden in Monte Carlo, vorm ersten Mal durch die Eau Rouge."

Dort, wo er endlich seine ersten WM-Punkte holte. „Und wo ich merkte, wie viele mit mir mitgefiebert hatten und sich jetzt mit mir freuten – auch von

Indianapolis (links) war für Klien nach wenigen Metern schon wieder vorbei – Kollision mit da Matta (links), Schnauze kaputt. Diese war auch in Monaco (unten) kaputt, der 300.000-Dollar-Diamant, der auf ihr befestigt war, blieb verschwunden ...

Beim Denkmal des großen Vorbilds: In Imola besuchte Christian Klien die Gedenkstätte von Ayrton Senna, den der Österreicher in der Jugend verehrt hatte. (rechts)

anderen Teams. Ich selber hatte schon viel länger auf Punkte gewartet: Das muss schneller gehen, hatte ich mir eingeredet. Aber wenn die fünf Topteams mit ihren zehn Piloten so oft durchkommen – wie willst du dann unter die ersten acht?"

Die Statistik beweist: Von total 942 Rennrunden zwischen Melbourne und Monza hat Klien 754 abgespult – nur um 156 Runden weniger als Schumacher, dessen Ferrari bekanntlich niemals ausfällt – mehr als drei Jahre lang kein Defekt. Aber obwohl alles so positiv schien, tauchten im Herbst die ersten Schatten und Fragezeichen auf. Didi Mateschitz hatte Klien die erste Formel-1-Saison mit Jaguar ermöglicht, aber auch klargestellt: „Danach bist du für dich selber verantwortlich." Die „Raubkatzen" hatten schon längst Sorge, dass ihnen der Mutterkonzern Ford in den USA – nach mehreren Budgetkürzungen – die Atemluft abdreht. „Win on Sunday, sell on Monday", war das Ford-Schlagwort für die Motorsport-Offensive, weil sich Rennsiege in Verkaufserfolgen niederschlagen. Aber wenn – notgedrungen – die Siege ausbleiben? „Die Formel 1 setzt sich bei uns in Amerika nicht durch, weil sie ein europäischer Sport ist. Also ist das eure Sache." Dieses Damoklesschwert hing ständig über dem Jaguar-Headquarter in Milton Keynes.

Dass Jaguar die Option auf Klien in Monza von 15. September auf 31. Dezember verschob, war ein klares Indiz, dass man ihn behalten wollte: Lauf uns nicht weg, wir müssen nur schauen, dass wir das Geld für 2005 zusammenkriegen. In dieser kritischen Phase fragte ich Österreichs Paraderennfahrer, wie sie Kliens Zukunft sehen:

Niki Lauda: „Christian verdient eine zweite Chance, und sie sollte er auch bekommen. Ihn nach nur einem Jahr fallen zu lassen, würde ich als unfair empfinden."

Gerhard Berger: „Klien braucht noch ein zweites Jahr, bevor man ihn richtig einschätzen kann, bevor man wirklich beurteilen kann, was in ihm steckt und wo er wirklich steht. Die Frage ist nur, ob ihm die Formel 1 diese Zeit auch gibt."

Helmut Marko: „Wir haben immer gesagt: Red Bull ermöglicht Christian ein Jahr in der Formel 1. Danach ist er auf sich allein gestellt, muss selber schauen, wie er weiterkommt."

Dieter Quester; „Christian hat sehr gutes Gefühl und Gespür bewiesen, auch für die Technik – was ihm fehlt, sind halt zwei, drei Jahre Erfahrung in der Formel 1. Er hat ja heuer nicht einmal noch alle Strecken gekannt. Vielleicht war's Pech, vielleicht auch Glück, dass er nicht gleich in eines der besten Teams gekommen ist – weil man dort am Teamkollegen gemessen wird. Bei Mark Webber bin ich mir nicht ganz sicher, wie gierig er vor seinem Absprung zu Williams-BMW noch war ... Aber ich hoffe, dass es Klien nicht so geht wie dem Alexander Wurz: Wer zwei, drei Jahre weg ist von den Grand-Prix-Rennen, für den wird es extrem schwierig, wieder Fuß zu fassen. Aber vielleicht hilft ihm Didi Mateschitz. Ich schäme mich nicht zu sagen: Ohne Red Bull könnten heute viele österreichische Sportler, nicht nur Rennfahrer, ihren Sport gar nicht mehr ausüben."

Der offizielle Ford-Rückzug am 17. September war für Niki Lauda „ein Desaster für Klien", aber sicher noch nicht die Zielflagge für die Vorarlberger Formel-1-Karriere: „Ich hab mich noch jedes Jahr irgendwie durchgeschummelt und ich bin sicher: auch diesmal. Mein Ziel bleibt ganz klar weiter die Formel 1 – und irgendwie wird's schon weitergehen", sind Klien und sein Manager-Vater, der Hohenemser Architekt, überzeugt. Szenarien gab es bald viele: das Wunder eines Jaguar-Käufers, die Chance als dritter Pilot – was auch immer.

„Denn ein Vorarlberger", betont unsere Grand-Prix-Hoffnung, „hat den Mut noch nie verloren." Nicht einmal im Haifischbecken der Formel 1.

„Zu verkaufen" – das Jaguar-Team bot sich in Shanghai per Großinserat etwaigen Interessenten an ...

Die Formel 1 im Visier

Mathias Lauda kämpfte 2004 in zwei Rennserien um Punkte in der Formel 3000, Norbert Siedler nach vier Pole-Positions bis Zolder um seinen ersten Sieg – und Patrick Friesacher, der Hero von Budapest, um eine Chance in der Formel 1.

Als Christian Klien im Dezember 2003 in Valencia seinen Formel-1-Vertrag mit Jaguar unterschrieb, weinte Patrick Friesacher – damals selber privat im Fahrerlager. Keineswegs, weil er seinem jungen Berufskollegen neidig auf die große Chance war („wir sind gute Freunde"), sondern weil er spürte: In der Formel 1, der vielleicht internationalsten aller Einzelsportarten, ist bei nur zehn Teams mit 20 Piloten eher kein Platz für zwei Österreicher. Auch Alex Wurz' geknickte Körperhaltung beim Testen in Valencia sprach Bände: „Wenn mich der Ron Dennis nicht nach drei Jahren aus meinem Testvertrag mit McLaren rauslässt, warum sollte er das grad' jetzt tun?", sagte Wurz später, übte aber weiter professionell und gewissenhaft seinen Job als Testpilot aus.

Nur Friesacher schien abgetaucht und verschwunden. Ende seiner Karriere bereits anfangs 20, nachdem er so verzweifelt um seine Karriere gekämpft hatte? Nach einem bösen Go-Kart-Unfall hatten ihm die Ärzte schonungslos gesagt: „Du wirst nie mehr wieder gehen können, das Rennfahren musst du sowieso vergessen." Aber Willi Dungl, der Unvergleichliche, holte den jungen Kärntner nach sechs Monaten aus dem Rollstuhl und machte ihn zu einem Sieger in der Formel 3 und Formel 3000 – zum ersten Mal 2003 in Budapest. Aber ein komplizierter Armbruch, durch Kollision, kostete Friesacher im Vorjahr wahrscheinlich den Euro-

Wie ein Jahr zuvor gewann Patrick Friesacher auch 2004 auf dem Hungaroring, ließ dabei den „unschlagbaren" Vitantonio Liuzzi hinter sich.

pameistertitel – der ging an Björn Wirdheim und brachte diesem den Testfahrerjob bei Jaguar. Friesacher wurde ein Platz in der japanischen Formel 3000 angeboten.
Früher, zur Zeit von Ratzenberger, Irvine, Frentzen, Salo, Herbert, auch noch Ralf Schumacher, ein Rennfahrerhimmel auf Erden mit 80 Autos (!) und noch mehr zahlungsfreudigen Sponsoren – jetzt aber nicht mehr. „Außerdem wär' ich in Japan weit weg vom Fenster gewesen." Patrick hatte richtig überlegt: Das Team, für das er fahren hätte sollen, ging pleite. Er überlegte die amerikanische Rennserie ... und hoffte.
„Der Winter war eine schwierige Zeit für mich. Ich hab wirklich nicht gewusst, wie es weitergeht." Aber Patrick – im Kopf immer schon sehr stark – klammerte sich an seinen alten Leitspruch: „Gib nie auf!"
Und plötztlich ein Licht im Tunnel, es fand sich in der Formel 3000 – der Truppe mit den spannenden Teambezeichnungen Arden, Durango, Astromega, Supernova usw. – unerwartet noch ein Platz, unmittelbar vor dem ersten Saisonrennen in Imola. „Ich war froh, dass ich bei David Sears und Supernova wieder einen Fuß in der Tür drin hatte – aber mir war klar: nicht für ewig. Die Unterschiede zwischen den einzelnen Teams sind in der Formel 3000 größer, als man glaubt." 9. in Imola, 4. in Barcelona, 5. in Monte Carlo: nicht genug für den ehrgeizigen Friesacher, während vorn der Red-Bull-Junior Vitantonio Liuzzi („der Schumacher der Formel 3000") von Sieg zu Sieg raste und schließlich mit seinem siebenten Saisonsieg den Rekord von Nick Heidfeld und Juan-Pablo Montoya egalisierte.
Und Friesacher tauchte vor Magny-Cours mit seinem Wechsel von Supernova zu Coloni endlich aus dem

Schatten. Erster Stockerlplatz – und dann Budapest, Schauplatz von Friesachers erstem Formel-3000-Sieg 2003. Aber mit einem noch eindrucksvolleren Ausflug in die Vergangenheit: Ungarns Grand-Prix-Chef Thomas Frank – ein früherer Handball-Internationaler mit 80 Länderspielen für Ungarn und 100 für Österreich – und das Minardi-Team laden zu einem unvergesslichen und exklusiven Galadiner ins historische, total renovierte Schloss Gödöllö: in die Prunkräume von Kaiser Franz Joseph und Kaiserin Elisabeth.

Die österreichisch-ungarische Monarchie lebt für einen Galaabend auf, und dabei entsteht zum ersten Mal die Vision eines austro-ungarischen Formel-1-Teams für 2005: Friesacher und Zsolt Baumgartner – der als Kind von seinen Eltern für drei Jahre zu den Schulbrüdern nach Strebersdorf geschickt worden war, um deutsch zu lernen – bei Minardi. Testfahrten Ende November in Misano sind blitzschnell arrangiert.
Friesacher ist so beflügelt, dass er tags darauf auf dem Hungaroring gewinnt. Der erste, der 2004 den unschlagbaren Liuzzi bezwingen kann, noch dazu in einem gefährlichen Schlechtwetter-Rennen: Nach einem Wolkenbruch kurz vorm Start die ersten Runden hinter dem Safety-Car, womit die Strategie für alle klar ist – die obligatorischen Boxenstopps mit Wechsel auf Trockenreifen erst, sobald es auftrocknet. Friesacher überholt Liuzzi in einem Kraftakt sogar mit Feindberührung: „Ich dachte, Liuzzi hat mich gesehen, hat er aber nicht, ich hatte schon voll eingeschlagen – und dann sind wir einander reingerutscht."
Endlich in Führung, taktiert der Kärnter am cleversten, bleibt am längsten draußen, nützt geschickt die letzten nassen Flecken auf dem Asphalt, um seine überhitzten Regenreifen zu kühlen, hat in der Endphase riesengroß Liuzzi im Rückspiegel, hält dem Druck aber stand und gewinnt mit 2,5 Sekunden Vorsprung. „Mein wichtigster Sieg!" Georg von Habsburg – der Enkel unseres letzten Kaisers, Sohn von Dr. Otto von Habsburg – überreicht ihm den Pokal, den Patrick vor Freude küsst, sein Overall stinkt bald nach Champagner, und die halb leere Flasche schenkt er dankbar seinen Coloni-Mechanikern. „Wir haben immer gewusst, was wir an Friesacher haben!", freut sich Enzo Coloni.
Patrick will weitergewinnen. Aber in Spa reicht es nur zu Platz 5, in Monza arbeitet er sich nach verpatztem Start vom 16. auf den 6. Platz vor, ehe er von einem Gegner abgeschossen wird – er macht mit total 33 Punkten den 5. Platz in der letzten For-

Mathias Lauda in Monaco – auf den Spuren des Vaters.

mel-3000-Europameisterschaft, die nach 20 Jahren und 206 Rennen endgültig abgewinkt wird. Und die nicht nur viele spätere Grand-Prix-Sieger hervorgebracht hat, sondern auch immer Sprungbrett für viele junge Talente war.

Zum Beispiel: Mathias Lauda, der in Monza seine Formel-3000-Saison positiv abschloss: Nach Platz 7 in Barcelona (dem etwas anderen Muttertag für Marlena Lauda), 10 am Nürburgring, 13 in Silverstone, 16 in Budapest, 14 in Spa und dann ein stolzer 6. Rang in Monza, seinem besten Saisonrennen, vor den Augen von Papa Niki: „Ich muss kritisch sein, das ist meine Pflicht als Vater – aber heute hab ich auch viel Lob für meinen Buben."

Seine Sternstunde hatte Mathias, der Doppelarbeiter in zwei nur ähnlichen, aber nicht identischen Formeln, schon im Frühsommer 2004: Ein Lauda in Pole-Position im Autodrom von Monza – eine der faszinierenden Zeitreisen im großen Autorennsport. Aber nicht Niki (55) stand auf Startplatz Nr. 1, sondern sein jüngster Sohn Mathias (23), gemanagt von seinem Bruder Lukas. Datum: der 27. Juni. Anlass: der vierte Lauf zur Superfund Euro 3000, einer neuen Nachwuchs-Rennserie.

Gefahren wird mit Lola-Chassis (620 kg Mindestgewicht), den guten, alten Ford-Cosworth-8-Zylinder-Motoren, die jetzt Zytek heißen, 9000 U/min drehen, 470 PS entwickeln und mit 70 Liter Sprit auskommen, und Avon-Slick-Reifen.

Die Technik ist, verglichen mit der Formel 1, zurückgeschraubt: viel weniger Telemetrie, keine Traktionskontrolle, sequentielle Handschaltung. Keine strategischen Boxenstopps, kein Taktieren im Qualifying, kein Poker mit gezinkten Karten – was ja in der Formel 1 viele Fans verärgert hat. Und weil die Autos aufgrund der alten Slick-Reifen um 20 Zentimeter breiter sind als die heutigen Formel-1-Boliden, haben die stürmischen jungen Herren manchmal zu wenig Platz beim Überholen, geht ihnen die Straße aus …

Um mitzuerleben, wie sich sein Junior in dieser harten Nachwuchsformel schlägt, kam Niki Lauda extra für ein paar Stunden nach Monza geflogen. Nicht, um einen Cappuccino zu trinken, aber auch nicht, um Mathias väterliche Ratschläge zu geben: „Das muss er schon selber wissen." Aber doch mit spürbarem Stolz: „Jetzt kann man sagen: ganz der Vota."

Die alte Weisheit bei Sportlern, Künstlern und Showstars der zweiten Generation: Der prominente Familienname hilft am Anfang, aber den Vornamen muss man sich erst erkämpfen. Der Name Lauda: „Hilft er dir mehr, als er schadet? Oder ist es umgekehrt?", frag ich Mathias. Und der frühere glühende

Senna-Fan („seine Art, seine Ruhe und seine Persönlichkeit haben mich immer fasziniert") sagt straight und offen: „Die ersten zwei Jahre hat mir der Name Lauda geschadet, weil die Leute über mich schlecht geredet oder geschrieben haben. Hätte ich einen anderen Namen, wäre ich ein Fahrer wie jeder andere, und wenn's gut läuft ... aber ich such' seit einem Jahr einen Sponsor. Und mehr Geldgeber als die anderen Fahrer hab ich sowieso nicht."

Aber er beißt und kämpft sich durch. „Mein Problem: Ich hab viel weniger Erfahrung als die anderen. Aber für meine Verhältnisse bin ich zufrieden. Man soll mir nur Zeit geben. Wenn ich nach fünf Jahren Rennfahrerei keine Leistungen bringen sollte, versteh' ich Kriitik. Aber doch nicht schon nach dem ersten oder zweiten Jahr!" Natürlich denkt Mathias, das sagt auch der große Schumi, „immer nur ans nächste Rennen", aber: „Im Motorsport kann alles passieren, es geht rauf und runter, ich will nur so gut fahren, wie es meinen Möglichkeiten entspricht. Das Weitere kommt dann schon allein."

Vielleicht sogar die Formel 1? „Wäre nächstes Jahr noch zu früh." Aber hat nicht schon Norbert Siedler vorigen Winter einen Tag lang in Vallelunga den Minardi-Formel-1 testen dürfen, sogar mit wesentlich schnelleren Runden als der diesjährige Superfund-Seriensieger?

„Fabrizio del Monte?" Na also.

Die Körpersprache des Juniors verrät heuer gesteigertes Selbstvertrauen: Wie Mathias die Rundenanalysen studiert, von der Box schnurstracks nach vorn an die Boxenmauer marschiert, Kappl tief ins Gesicht gezogen – wie Niki Lauda vor 30 Jahren.

„Meine erste Pole-Position überhaupt! Ich war noch niemals Trainingsschnellster, auch nicht als Kind oder Jugendlicher beim Moto-Cross, nicht in den Nachwuchsformeln, nirgendwo." Der berühmte Papa konnte sich auch an seine eigene Pole-Position-Premiere nicht erinnern. Es war Kyalami 1974, die erste von 24 Bestzeiten. In Monza hatte Niki 1974 geführt, aber wegen eines kaputten Wasserschlauchs im Motor die WM verloren, dafür 1975 den Titel geholt, 1978 gewonnen, 1984 gewonnen – mit der gleichen Startnummer 8 wie sie jetzt Mathias in der Euro 3000 hatte. Aber leider – die Starts der jungen Österreicher waren 2004 noch eher selten die großen Glücksnummern. Norbert Siedler verpatzte in Estoril, in Jerez – beide Male aus der Pole-Position – den Start, weil das Wechselspiel Kupplung-Gaspedal noch nicht perfekt harmonisch funktionierte. „Ich bin einfach stehen geblieben, und der Motor starb mir ab." Lauda schaute in Spanien nur auf Siedler und die gelben Flaggen – und verpatzte darum ebenfalls den Start, stürmte aber dann nach vorn und wurde noch Zweiter. Und ausgezeichnet als „Man of the Race", ein Sonderpreis, den ich vor Jahren erfunden und nach Absprache mit Bernie Ecclestone für alle Formel-1-Rennen organisiert hatte – und den jetzt plötzlich die Euro 3000 wiederbelebte.

Lauda konnte in Monza seine Pole-Position nicht nützen, kämpfte aber verbissen, holte nach einem Dreher wieder auf – und lieferte Siedler ein beinhartes Duell um Platz 3. Die Zweikampfstärke von Siedler ist bekannt: „Schnell, überholt ohne Zögern, macht keinen Blödsinn", skizziert ihn sein Manager Edi Nikolic, vormals selbst Kampfsportler. Der kleine Norbert fuhr schon als Fünfjähriger seine ersten Moto-Cross-Rennen in der Wildschönau.

Mit den Tipps des Vaters: Mathias und Niki Lauda.

In Spa schlug die große Stunde des Bernhard Auinger: Sieg auf der berühmten Strecke in den belgischen Ardennen.

Als er sich – noch im Kindergartenalter – nach Stürzen die ersten Hautabschürfungen zuzog, entschied sein Vater Josef, der sogar bei Gerhard Berger als Mechaniker gearbeitet hatte: „Schluss damit! Ab jetzt ist es aus mit der Rennfahrerei!" Aber offenbar ließ er sich später doch umstimmen.
Die Siedler-Nahkampfhärte mag dem Lauda-Junior noch fehlen. „Kein Wunder, mir hat ja der Vater das Rennfahren verboten. Darum hab ich erst mit 20 angefangen – und diese Jahre fehlen mir jetzt." In Monza duellierten sich die beiden Österreicher beinhart, ohne Zurückhaltung, rundenlang auf der Kampflinie, dann riskierte Lauda, auf der falschen Spur zu überholen, prompt krachte es, von Siedler kam noch ein kleiner Boxhieb, als er Lauda auf die Wiese drängte – und beide Autos waren mit gebrochenen Radaufhängungen k. o.
Darum also Monza-Siegerehrung ohne Österreicher. In Spa dafür umso herzlicher. Ein Rennen, wie man es in den belgischen Ardennen immer wieder erlebt, in jeder Klasse. Start auf regennasser Piste hinter dem Safety-Car, aber die Strecke trocknete rasch auf. Siedler hatte auf Regenabstimmung gesetzt: gepokert und verloren – denn auf trockener Piste war er mit seinem Regen-set-up hoffnungslos im Nachteil: fünfter Platz. Lauda rollte mit Kupplungsschaden aus. Und es wurde der große Tag des Bernhard Auinger: Mit Pastorelli und del Monte im Nacken fuhr er ein bravouröses, fehlerloses Rennen und feierte seinen ersten großen Sieg. „Schon Jahre her, dass ich als Bub auf dem Stockerl einmal ganz oben gestanden bin", sagte der Sohn von Österreichs Motorrad-Spitzenmann August Auinger gerührt. Der Vater hatte fünf Motorrad-WM-Läufe gewonnen, nur einen weniger als unser unvergessener erster Motorradweltmeister Rupert Hollaus, 125-ccm-Weltmeister 1954 auf NSU und im gleichen Jahr in Monza tödlich verunglückt – ein Schicksal wie Jochen Rindt. „Aber Motorradrennen", gibt Bernd Auinger zu, „haben mich nie fasziniert. Immer nur die Autorennen."
Das spannendste Rennen des Jahres war Donington Park in England. Gleich neben der Strecke steht das sensationelle Museum des millionenschweren Race-Fans Tom Wheatcroft mit einer unglaublichen Ansammlung berühmtester Rennwagen. Norbert Siedler ließ es sich nicht nehmen, für ein Foto in den Lotus von Jochen Rindt zu klettern, Ehrensache.
Donington ist überhaupt ein historischer Schauplatz: Dort fuhr der legendäre Ayrton Senna 1993 in strömendem Regen des beste Rennen seines Lebens. „Du hattest mehr Gefühl in der Wagenschnauze als alle anderen", gratulierte ihm damals Willi Dungl am Telefon. Und Niki Lauda ergänzte: „Das Tollste, das ich in der Formel 1 je gesehen hab."
Pole-Position-Mann Alex Lloyd musste wegen Halb-

Norbert Siedler feierte in Zolder einen Start-Ziel-Sieg, womit er bewies, dass er für höhere Aufgaben reif ist.

achsendefekts aus der Box starten, Auinger, Lauda und Siedler qualifizierten sich auf Platz 4, 5 und 6. Nach 18 Runden öffnete der Himmel alle seine Schleusen wie 1993 bei Senna: rote Flagge, Abbruch beim Stand Reid vor Pastorelli und Siedler, 15 Minuten später zweiter Start auf Regenreifen, drei Runden hinter dem Safety Car.

Siedler, im Regen eine Sekunde schneller als alle anderen, überholte Pastorelli und Reid und kassierte eine Sekunde vor Reid die Zielflagge. Man schubste ihn aufs Siegerpodest, ganz hinauf, Reid gratulierte herzlich, aber dann wurde Norbert von englischen Funktionären wieder heruntergeholt: „Irrtum, tut uns Leid. Wir haben die beide Läufe addiert. Du hast nicht um eine Sekunde gewonnen, sondern um sechs Sekunden verloren – zweiter Platz, sorry." Sogar der jetzt zum Sieger erklärte Johnny Reid war perplex.

Auinger stand als Fünfter im Klassement, Lauda fiel zurück – die Hetzjagd mit Auto-Hubschrauber-Flugzeug-Stafette von Spa nach Donington, zurück nach Spa und wieder nach Donington, um an einem Wochenende zwei Rennen fahren zu können, hat sich nicht wirklich ausgezahlt.

Danach kam Dijon, wo Siedler nach einer frühen Kollision ausschied, Alex Lloyd gewann und Auinger Sechster wurde, dann aber Zolder – wo schon Niki Lauda 1973 auf BRM mit einem fünften Platz, trotz qualvoll langen Tankstopps mit Kanister und Trichter, seine ersten WM-Punkte in der Formel 1 geholt hatte. 31 Jahre später wunderte er sich: „Wieso steht Mathias nur auf dem 11. Startplatz?" Ein kaputter Stoßdämpfer war die Erklärung – und sicherheitshalber tauschte das Team gleich alle vier Stoßdämpfer aus. Prompt kämpfte sich Mathias nach vorn und wurde Vierter. Auinger schied nach früher Kollision mit Pastorelli, seinem „Schatten" von Spa, aus, dafür erzwang Norbert Siedler, ganz souverän, die Revanche gegen Johnny Reid für Donington. Nach vier Pole-Positions war der Tiroler längst fällig für den ersten Sieg – und in Zolder war er unschlagbar. „Start zwar nicht ganz perfekt, aber als ich nach der ersten Kurve vorn lag, wusste ich: Das ist mein Tag, diesmal muss ich gewinnen." Es wurde ein toller Start-Ziel-Triumph, der bewies: Siedler ist reif für höhere Aufgaben. Er hat den Speed, die Zweikampfhärte und auch die Geduld, auf den großen Tag zu warten – und mit Geduld tun sich die „jungen Wilden" des Autorennsports immer am schwersten.

Und schließlich das große Finale in Cagliari auf Sardinien vor einer Rekordzuschauermenge: 100.000 Tifosi. Leider wurde das geplant gewesene Saisonabschlussrennen in Dubai abgesagt, aber für 2005 wird an einer neuen Formel gebastelt: Technik und hoffentlich auch Sieger made in Austria.

Spektakulär im September in Wales, wo Manfred Stohl im Peugeot World Rallye Car einen Punkt holt, unterwegs.

„Eine echte Herausforderung"

Manfred Stohl ergatterte einen Platz in einem Werks-Rallye-Auto und durfte sich mit zwanzig Top-Piloten duellieren.

Ein Cockpit in einem Werks-Rallye-Auto zu ergattern, hat wohl einen ähnlichen Schwierigkeitsgrad, wie die berühmte Stecknadel im Heuhaufen zu finden. Umso glücklicher zeigte sich Manfred Stohl Anfang Jänner, dass er mit dem neu gegründeten OMV-World-Rallye-Team Jagd auf den Weltmeistertitel in der seriennahen Klasse machen durfte. „Zwanzig Top-Leute, jeder will die Nase vorne haben – eine echte Herausforderung, daher war diese Lösung zu diesem Zeitpunkt wohl die richtige", erklärt Stohl, der ja schon im Milleniumsjahr die Gruppe-N-Krone einfahren konnte.

Der Freude aber folgte schon bald die Enttäuschung: 5. Februar, knapp vor 13 Uhr: Das Duo Stohl/Ilka Minor räubert im schwedischen Karlstad während des letzten Funktionstests einen Waldweg entlang. Plötzlich kracht's, der Mitsubishi steht Kopf, fällt, überschlägt sich mehrfach. Die Rallye ist für den 32-jährigen Wiener, der wie seine Co-Pilotin dem Wrack ohne Kratzer entsteigen konnte, zu Ende, bevor sie noch so richtig begonnen hat.

„Bin ich ein Depp!" Ein Gedanke, der den Routinier lange quälte …

Mexiko bat zum Premieren-Tanz, der Druck auf Stohl wuchs – und diesmal machte ihm das Material einen Strich durch die Rechnung. Trotz einer unglaublichen Leistung der Mechaniker-Crew (diese baute den kompletten Motor in nur 49 Minuten aus und wieder ein. Stohl dazu: „Bring' ich das Auto in eine normale Werkstatt, dauert das Minimum acht Stunden.") stand am Ende wieder eine Null auf dem Punktekonto.

„In dem Moment hat das ganz große Zweifeln begonnen …"

Aber dann kam Neuseeland im April – strahlender Sonnenschein, traumhafte Pfade entlang menschenleerer Strände. Stohl/Minor jagten der Konkurrenz auf und davon, ein großer Triumph. „Die Welt war wieder heil!"

Der Crash in Schweden – das Auto wurde schwer demoliert, Stohl und Beifahrerin Ilka Minor blieben aber unverletzt.

Stohl schien in Fahrt, die nächste Herausforderung hieß Argentinien. Nichts Aufregendes im Land der „Gauchos", eine solide Leistung, doch durch die Disqualifikation von Sieger Sola durfte das OMV-Team über einen Doppelsieg jubeln: Jani Paasonen vor Manfred Stohl, der in der Productioncar-WM auf Platz zwei vorrückt.

„WM-Titel?", meinte der Wiener, "ich bin sensationell im Rennen."

Der August brachte Stohl gleichsam vom Regen in die Traufe: Bei äußerst widrigen Bedingungen verursachte bei der OMV-Rallye-Deutschland ein herausgesprungenes Schaltseil einen unverdaulichen Getriebesalat. Das OMV-Duo trug die „rote Laterne" ins Ziel und begrub gleichzeitig sämtliche Titelhoffnungen.

„Ich wollte den Titel, hab's nicht geschafft, daher ist die Enttäuschung sicher da", brummt Stohl, der aber weiß: „Als Team haben wir gezeigt, dass wir äußerst konkurrenzfähig sind, haben drei von fünf Rallyes gewonnen."

Neben dem Triumph in Neuseeland verzeichnete Österreichs Rallye-Globetrotter mit dem sechsten Gesamtrang bei der „Akropolis" in einem Peugeot-206-World-Rallye-Car sein bislang bestes WM-Ergebnis. Dazu kam im September ein achter Platz in Wales, damit holte Stohl zum dritten Mal in Folge in einem World-Rallye-Car Punkte. Nach anfänglichen Reifenproblemen startete er von Platz 19 aus eine mörderische Aufholjagd, die mit einem WM-Punkt für Rang acht belohnt wurde.

Aber auch in Österreich rollte das OMV-Team über die Startrampe: In St. Veit holte er sich als Sieger der Gruppe-N Platz zwei in der Gesamtwertung. Doch über die heimische Meisterschaft, die Raimund „Mundl" Baumschlager nach Belieben dominierte, will „Stohlito" gar nicht viele Worte verlieren: „Von den Strecken her müssen wir uns nicht verstecken, aber wozu, bitte, brauchen wir 45 Titel und Pokale in 344 Klassen?", sinniert der Wiener sarkastisch.

Abonnement-Meister Raimund Baumschlager (hier beim Rallye-Sprint in der Wiener Krieau) dominierte auch 2004 die heimische Meisterschaft nach Belieben.

„Team Orange“ lief wie ein Uhrwerk

Motorrad-Hersteller KTM holte fünf WM-Titel und fasste endgültig auch im Straßen-WM-Zirkus Fuß.

Dauergast auf dem Podest – schon im zweiten WM-Jahr konnte sich KTM endgültig in der Weltelite der Motorrad-GP-Szene etablieren. Dank Akribie und Geschick von Sportdirektor Harald Bartol und dank dem Mut von Casey Stoner, der gleich zum 125-ccm-Auftakt in Südafrika seine Erfahrung aufblitzen ließ und zeigte, dass das Innviertler Red-Bull-Werksteam endgültig den Anschluss geschafft hatte.

Der allererste ganz große Coup war aber Michael Ranseder geglückt: Am 23. Mai feierte der 18-Jährige auf dem Hockenheimring seinen ersten von sieben IDM-Laufsiegen. Es war aber vor allem der erste internationale Motorradsieg auf der Rundstrecke für KTM – wie passend zum 70-jährigen Jubiläum. Und das Knallen der Champagnerkorken im Hause des Geschäftsführers Stefan Pierer war auch der endgültige Startschuss für Ranseders PS-Karriere. Denn wenig später – beim IDM-Lauf auf dem Salzburgring – verkündete Bartol: „Wir bemühen uns um eine WM-Wildcard für Michael.“

Nach eindrucksvollen Testzeiten in Brünn stand endgültig fest: Österreich hat nach vier Jahren – nach dem Welser Michael Witzeneder – wieder einen GP-Piloten.

Ranseder bewies allerdings bei seiner Premiere am 28. August mehr: so viel, dass er durchaus in die Fußstapfen eines Andy Preining oder Manfred Baumann, die 1994 als letzte Österreicher eine gesamte GP-Saison gefahren waren, treten kann. Im tschechischen Brünn gelang dem Antiesenhofener nämlich ein wahrlich toller Einstand: Als 16. war er um nur 58 Tausendstel am ersten WM-Punkt vorbeigeschrammt!

Michael Ranseder feierte in Brünn sein Debüt in der Motorrad-WM, verfehlte als 16. ganz knapp einen Punkt.

„Als Debütant in jeder Runde nur etwas mehr als eine Sekunde auf den Sieger zu verlieren – das ist gewaltig“, staunte selbst Harald Bartol, der noch nach Ranseders Sturz im ersten freien Training skeptisch gewesen war: „Hoffentlich kommt das WM-Debüt nicht zu früh. Wir dürfen Michael keineswegs verheizen.“
Womit er Ranseders Unerfahrenheit meinte. Schließlich war der Mechaniker-Lehrling erst zwei Jahre zuvor vom Motocross zum Straßenrennsport gekommen. „Dort war ich mit meinen 1,69 m und 56 Kilo körperlich unterlegen“, begründet Ranseder seinen Wechsel.
Aber Michael hat sich blitzschnell eingelebt: 2002 holte er den ADAC-Junior-Titel, heuer den IDM-Gesamtsieg und dank der Hilfe von KTM-Teamkollege Casey Stoner konnte er auch in der WM Fuß fassen. „Stoner hat meine Sitzposition verändert, mir bei der Linienwahl geholfen und mit seinem Mechaniker Warren Willing haben wir an den Einstellungen gearbeitet. Das war das Geheimnis. Dass es dann aber so klappt, das hätte ich selbst nicht gedacht“, erzählte Ranseder, der im Training sogar Ex-Weltmeister Roberto Locatelli hinter sich lassen konnte. Beim Rennen war Michael vor allem von einem beeindruckt: „Die vollen Natur-Tribünen. Da bekam ich wirklich eine Gänsehaut.“
Nach dem gelungenen Debüt gab es eine Belohnung direkt aus dem Munde von KTM-Boss Pierer: „Beim WM-Finale in Valencia bist du erneut mit einer Wildcard dabei!“
Dort konnte Michael dann auch mit seinem großen Vorbild Daniel Pedrosa sprechen. Nach dem 125er-Titel 2003 hatte sich der Spanier im Jahr darauf auch noch die Viertelliter-Klasse geholt. Ranseder bewundernd: „Seine Courage und seine Art, sich zu konzentrieren, beeindruckten mich wirklich.“

2005 soll Ranseder die gesamte EM fahren, bei den Matches mit den heißblütigen spanischen Piloten Rennerfahrung sammeln und phasenweise in der WM eingesetzt werden. „So leisten wir als Hersteller auch sportliche Aufbauarbeit. Etwas, was in Italien und Spanien der Verband übernimmt, bei uns passiert in dieser Richtung allerdings nichts“, erklärt Pierer und verweist auf das Red-Bull-Trainingszentrum in Thalgau: „Dort werden die Piloten sportlich und medizinisch betreut, trainiert, massiert und so weiter. Erste Erfolge ernten wir schon jetzt.“
Aber auch technisch gelangen KTM Riesenschritte: So greift jenes Werk, das im Jubiläumsjahr über fünf WM-Titel (im Motocross- und Enduro-Bereich) jubeln durfte, im nächsten Jahr ernsthaft nach dem 125-ccm-Gesamtsieg. „Ich möchte, dass Stoner auf Titeljagd geht“, meint Pierer, der aber weitere Akzente setzen wird:

- In der 250er-Klasse steigt das orange Team vorerst mit einem Motorrad ein. „Aber wir stehen nicht unter Zeitdruck, starten dieses Projekt erst im dritten oder vierten WM-Lauf. Wir müssen uns dort orientieren, ein Jahr später drehen wir dann stärker am Gasgriff“, erläutert der KTM-Chef.
- Auch in der Königsklasse wird das österreichische Fabrikat zu sehen sein. Das Proton-Team von Ex-Weltmeister Kenny Roberts hat den Viertakt-Motor, der drei Jahre lang entwickelt wurde und dabei fünf Millionen Euro verschlang, vorerst geheim in Brünn getestet. Die Bewährungsprobe ist geschafft. Im kommenden Jahr fährt Kurtis Roberts mit einem KTM-Motor gegen Valentino Rossi (holte sich seinen sechsten WM-Titel!) und Co.

Der Australier Casey Stoner (unten links) und der Finne Mika Kallio (unten rechts) hielten in der WM die KTM-Fahnen hoch.

OLYMPISCHE SPIELE

von **JOSEF METZGER**

Es war fast wie ein Jackpot im Casino oder ein Haupttreffer im Lotto. Nein, nicht 6 aus 45 hieß die magische Zahl – 7 aus 74 entpuppte sich als olympische Zauberformel, made in Austria. Sieben Medaillen von und für sieben der 74 SportlerInnen, die Rot-Weiß-Rot in den siebenten Himmel beförderten, wenn nicht gar in den Olymp.

Freudentänze und Jubelsprünge

Sieben Medaillen von und für sieben der 74 SportlerInnen, die Rot-Weiß-Rot in den siebenten Himmel beförderten, wenn nicht gar in den Olymp. Kein klassisches Wintermärchen, wie gehabt, sondern ein griechischer Sommernachtstraum, geschrieben, inszeniert und gespielt von fünf Männern und zwei Frauen.

2-4-1, eine dürre Zahlenkombination, die in voller Länge auf der Zunge zergeht: Zweimal Gold, viermal Silber, einmal Bronze! Es gab, schlag nicht nur nach bei Sarajevo, sondern auch Innsbruck und Sapporo, schon Winterspiele, in denen Pisten-Artisten, Ski-Häschen oder Eis-Prinzesserln glücklich und froh gewesen wären, hätten sie den aktuellen Seglern, Schwimmern, Schützen und Amazonen buchstäblich das Wasser reichen können. Kurzum, am Saronischen Golf von Athen badete Österreich in einem Erfolg, den sich auch olympische Insider nicht einmal in kühnsten Träumen hätten ausmalen können. Wie hatte doch ÖOC-General Heinz Jungwirth gesagt, ehe das rot-weiß-rote Team vom neuen, sportbegeisterten Bundespräsidenten Heinz Fischer auf Fairness und Ehre eingeschworen worden war: „Wenn's eine machen, ist's okay. Zwei wär' super – und bei drei Medaillen würden wir schon an die Deck'n hupfen!" Es endete ganz anders. Österreich kam, obwohl es einige Fehltritte gab, aus Freudentänzen und Jubelsprüngen gar nicht mehr heraus. Am dritten Tag gab's erstes Silber, am vorletzten Tag die zweite Goldene. Und dazwischen wenig Frust und viele Feiern im Club Austria. Der Medaillen-Sirtaki passte zum fantastischen Ambiente und Panorama, das sich ebendort bot: linker Hand die beleuchtete Akropolis, zur rechten der Lykabettos-Hügel in der Millionen-Metropole. Und mittendrin unsere olympischen Attraktionen:

Hans-Peter Steinacher, Andreas Geritzer, Christian Planer (obere Reihe von links nach rechts), Roman Hagara, Kate Allen, Claudia Heill und Markus Rogan (untere Reihe) holten für Österreich in Athen olympische Medaillen.

Roman Hagara und Hans Peter Steinacher, Kate Allen und Claudia Heill, Markus Rogan, Andreas Geritzer und Christian Planer. Da konnte man Feste feiern, wie sie fallen. Rot-weiß-rote Athleten schrieben diesmal nicht Geschichterln, wie sonst so oft, sondern an klassischer Stätte, wo Olympia mit und dank des noblen Pierre de Coubertin wieder geboren worden war, sogar Sport-Geschichte. Genauer gesagt: Segel-, Schwimm- und Triathlon-Geschichte. Athen wird in die Annalen eingehen als die besten Spiele der Nachkriegszeit. Immer wieder, immer wieder Österreich, Österreich, Österreich!

Noch schöner als vor vier Jahren

Land der Berge, Land am Strome, ganz ohne Meer und Salz – aber das hindert doch echte und gelernte Österreicher noch lange nicht daran, mit allen Wassern gewaschen, mit allen Wellen vertraut und allen Salben geschmiert zu sein. Goldstücke, die hat man oder holt man sich, je nachdem. Und von wegen Seen! Deren haben wir genug. Also können sich ja auch bei uns echte Seebären entwickeln, die eine Nase haben, woher und wohin der Wind weht, dieses bisweilen teuflische, aber am Ende doch himmlische Kind, das Aeolus vom Olymp geschickt hatte, Meltemi genannt, so unberechenbar wie Quecksilber in Buben. Aber Roman Hagara und Hans Peter Steinacher konnten weder dieser gefürchtete Nordwind noch die so genannte Sea-Breeze aus dem Süden ins Bockhorn jagen oder in die Irre führen, dazu kannten sich die beiden zu gut aus im Revier, dazu segeln sie schon zu lange gemeinsam, dazu haben sie viel zu viel Klasse und Erfahrung. Sie sind eben durch alle Wässerchen geschwommen, die beiden Tornado-Olympiasieger von Sydney, die auch nach der einschneidenden Regeländerung vor drei Jahren – mit Gennaker, der viel mehr Kraft erfordert, statt Spinnaker – die Gegner nach allen Regeln der Kunst versenkten.

Zweimal Tornado-Gold binnen vier Jahren, das hatte es noch nie gegeben. Eine triumphale olympische Premiere, bei der Roman und Hans Peter vor Freude über Bord gingen, als sie wieder die Endstation Sehnsucht erreicht hatten. Und hinten nach sprangen alle anderen ins Wasser, die am Erfolg gebastelt und getüftelt, Material gesucht und ebenso gefunden hatten wie die perfekte Strategie, voran Sport-Koordinator Georg Fundak, das Schwergewicht aus Ungarn, mit einem Herz für Segler aber, das noch größer ist als sein Bauch. „Meine Burschen sind super!", jubelte Georg über die Titelverteidigung, die Hagara und Steinacher spektakulär fixiert hatten – als Sieger der finalen Regatta, weit vor den argentinischen Weltmeistern Lange-Espinola und den Amerikanern Lovell-Ogletree, die ihnen im Nacken gesessen waren. Sie zeigten Flagge, als es gefordert war. Und schwelgten im Glück, als die rot-weiß-rote Fahne gehisst und die Bundeshymne intoniert wurde. Ein gewohntes Bild, oder? „Nein", sagt „Captain" Hagara. „Dieses Gold ist noch schöner als vor vier Jahren, weil es viel schwerer zu gewinnen war als in Sydney!" In Rushcutter's Bay waren sie ihrer Zeit voraus und im Blitztempo am Gold-Ziel – bevor sie aber in Agios Kosmas bei Athen wieder auf der Erfolgswelle schaukelten, hatten Roman und Hans Peter eine mehrjährige Odyssee hinter sich mit mehr Flaute als Flut, um im Fachjargon zu reden. Und das sprach Roman auch in der Sieger-Pressekonferenz an, als er – Schelm im Nacken – sagte: „In Sydney war's ja eher langweilig, da war ja zwei Regatten vor Schluss schon alles entschieden. Diesmal haben wir's auch für euch spannender gemacht!"

Angriff als beste Verteidigung

Bis zum letzten Tag, bis zur letzten Wettfahrt, vor der eine (Bronze-)Medaille für die Führenden schon fix war. Aber welche würde es werden? Wie würden sie's angehen? Auch die heimische Segel-Flotte witterte die Gefahr, die Amerikaner könnten ganz bewusst gegen Hagara-Steinacher segeln, um sie zu einem Frühstart (Disqualifikation) zu zwingen oder in ein Windloch zu drängen, aus dem es kein

Eine ganze Armada jagte die Tornado-Titelverteidiger, die am Ende wieder jubeln durften.

Entkommen gibt. Aber Roman und Hans Peter, Georg und Günther (Amesberger), der Sportpsychologe, hatten den richtigen Plan für die Seeschlacht von – nein, nicht Salamis, sondern nahe Kap Sounion, ausbaldowert. Was heißt da Taktieren? Angriff als beste Verteidigung, so lautete die Devise. Und so schnell konnten die Rivalen, voran Lovell-Ogletree und die Australier Bundock-Forbes, Olympiazweite 2000, aber auch die Argentinier, Sparringpartner und Entwicklungshelfer der Österreicher, gar nicht schauen, waren sie abgehängt von den Leichtwind-Spezialisten. Je näher es dem Ziel ging, desto weiter schoben sie sich nach vorn, ehe sie auch noch die Franzosen schnappten, um als vielbejubelte und vielgelobte alte, neue Olympiasieger im Hafen des Seglerglücks zu landen. „Ihr wart die Besten!", zollten auch die Amis den rot-weiß-roten Tornados höchsten Respekt. Und sie wussten, wovon sie sprachen. Im Final Countdown zu den Spielen, als Roman und Hans Peter noch immer, fast schon verzweifelt, das beste (Jessenig-)Segel suchten, hatten sie und andere Betuchte noch 80.000 Dollar in Windkanal-Tests investiert.

Geld allein aber macht, wie man sieht, nicht immer glücklich und schon gar nicht Gold, wenn es Menschen wie Hagara und Steinacher gibt, die Materialdefizite mit ihrer Segelkunst mehr als wettmachen. Olympia, so scheint es, verleiht Roman und Hans Peter, ganz abgesehen vom Sponsor Red Bull, offenbar Flügel. Dann backen sie, um auch den zweiten treuen Gesellen der Geldgeber ins rechte Licht zu rücken, die Bäckerbuben Ströck nämlich, keine kleinen Brötchen, sondern eine fabelhafte Siegestorte. Und niemand dachte mehr daran, wie lange die beiden im Trüben gefischt und seit 2001, seit Silber in Südafrika, stets WM-Medaillen verpasst hatten. Oft genug hatten sie auch, was das Segel betraf, einen falschen Kurs eingeschlagen, aber aus Fehlern und Rückschlägen so viel gelernt, um

Olympiasieg! Da folgte der Jubelsprung von Hans Peter Steinacher und Roman Hagara in das griechische Meer ...

doch noch zeitgerecht das Steuer herumzureißen. Einfach Klasse. Einfach Hagara-Steinacher mit ihrem Team. Einfach historisch. Hintereinander Gold, da kann man nur sagen – ein umwerfender Tornado, den es aus Österreich hereinwehte.

Aus einem Binnenland, dem Meere im Laufe der Geschichte längst abhanden gekommen waren. Gemessen an Gegnern, die im Geld schwimmen, im Hi-Tech-Luxus baden und am Ozean ankern, sind Hagara und Steinacher sozusagen einzigartige Außenseiter dieser hehren Segelgesellschaft, klasse, ganz normale Männer mit ihren Freundinnen, Frauen, Kindern und dem Clan, der den Seemächten einen Streich spielte. Und sie segelten in die Geschichtsbücher. Zweimal Olympiasieger in Folge, das hat zuvor nur Gold-Peter Seisenbacher geschafft, ebenfalls als erster Judoka der Welt. Und damit haben diese Ikonen des Sommersports die Nase vorn im Rennen gegen alle heimischen Pistenartisten, denen solch ein historischer Olympia-Doppelpack noch nie geglückt ist.

Köpfchen, Können, Geduld und Nerven

Welch fabelhaftes Happy-End, das da in Agios Kosmas und am letzten Tag im Raiffeisen-Club Austria von Athen gefeiert wurde, ganz so, als wäre diese dramatische Übersteigerung mit einem Crescendo inszeniert worden. Was soll hier der Konjunktiv? Er wurde ja schon angesprochen, der schwergewichtige Georg, dieser Fundak, der eigentlich Pfundak heißen müsste, weil er ein solcher Pfundskerl ist, der alles Menschenmögliche versucht und in Bewegung setzt, um seine Segelflotte, nicht nur das goldene Flaggschiff, sondern auch die Jungen in ihren kleineren und kleinsten Booten in eine Armada zu verwandeln. Mein Gott, was hat der Chef-Regisseur – Pardon: Sport-Koordinator – alles getan, damit das Segelzentrum in Neusiedl entsteht, das alle Stückerln spielt, damit alle die beste Betreuung und den richtigen Mann an der Seite haben, ob Amesberger, ob Pelinka, ob Peinhaupt, ob Jessenig, „Wetterfrosch" Pezzoli oder den Skandinavier Sven Johannesen aus Norwegen, der als Trainer von Andreas Geritzer zum Silberschmied des Laser-Seglers wurde. Jede Mannschaft, so sagt man, ist nur so stark wie ihr schwächstes Glied. Aber im Segeln ist die Mannschaft stark, kompakt und auf ein Teamwork eingeschworen, das Erfolge abwirft, obwohl Spitzauer-Hanakamp im Star-Boot keine Stars (13.) waren, obwohl die Maturanten Nico (Delle-Karth) und Niko (Resch) noch Lehrgeld für Sturm und Drang zollen mussten, aber unter die Top Ten (10.) kamen. Erfolg ist auch eine Frage der Zeit. Man darf nichts übers Knie brechen. Man braucht dazu Köpfchen, Können, Geduld und vor allem Nerven. Starke Nerven.

Durchs Luftschnuppern ins Segeln verliebt …

Sie waren so stark wie Drahtseile bei Andi Geritzer, dem 26-jährigen Wahlburgenländer, der vor der elften und letzten Wettfahrt um die Medaillen bei brütender Hitze von 38 Grad, aber so gut wie keinem Hauch Wind auf die Folter gespannt worden war. Für 42 Laser-Segler (Einhand-Jolle) wurde es wie zum Warten auf Godot. Da wurde gestartet, abgebrochen, gewartet, wieder gestartet, ehe es nach 20 Minuten hieß: Abbruch! Dann wurde wieder verschoben, weil man unbedingt ein sportlich faires Finale haben wollte. Drei Stunden dauerte es, bis es losging. „Das", meinte Andi, „ist ja das Schwierige. Du bist zur Untätigkeit verdammt, musst dich aber immer pushen, damit du für den Fall der Fälle bereit bist. Aber das Kribbeln, wenn du nervös bist, macht Spaß!" Als Wind aufkam, war Andi auf der Hut und mit der Spitze so gut unterwegs, dass er die erste Wende vor seinen Verfolgern aus Slowenien (Zbogar), Großbritannien (Goodison) und Portugal (Lima) kreuzte. „Ein psychologischer Vorteil!" Er nahm ihnen quasi den Wind aus den Segeln, um als Zehnter bei der letzten Wende der Silbernen sicher zu sein. „Es ist wunderbar, unglaublich!", jubelte

Andreas Geritzer konnte wirklich den Daumen heben – Platz zwei in der Laserklasse, geschlagen nur von Weltmeister Robert Scheidt.

Andreas Geritzer, der rot-weiß-rote „Silber-Laser“ von Athen 2004.

Geritzer, nur besiegt vom Deutsch-Brasilianer Robert Scheidt, siebenmal Weltmeister, schon Olympiazweiter in Sydney, wo Andi noch Fünfter gewesen war. „Diesmal hab' ich vom Start gewusst, ich schaff' es, ich kann es, ich sehe nur positive Bilder!“ Visualisiert, wie Sport-Psychologe Amesberger das nennt. Einerlei. Andreas behielt Durchblick, bewahrte Übersicht und bewies Dankbarkeit, als er im Augenblick des Triumphes zum nächsten Handy griff, um seine Eltern anzurufen, die – anders als Freundin Angie, die angedüst war – nicht in Agios Kosman der olympischen Dinge harrten, sondern auf Segeltörn in Kroatien weilten. „Papa“, fragte er, „habt's eh alles g'sehen? Und – lebt die Mama eh noch?“

Ein Sohn nach Maß, nicht von schlechten Eltern. Immerhin ist der ebenfalls seetüchtige Herr Papa auch Vizepräsident im Verband, aber ein rühriger, der für alle da ist, ganz ohne Vetternwirtschaft. Aber zum Segeln war Andi als Kleinkind durch ganz andere, höhere Gewalt gekommen. „Ich war eine Frühgeburt“, erzählt er. „Acht Wochen. Der Hausarzt war schuld, dass ich Segler geworden bin!“ Weil der kleine Andi von großen Lungenproblemen und einer chronischen Bronchitis geplagt worden war, verordnete ihm der Onkel Doktor einst die „gute Seeluft“. Salz und Jod als Kur wurden zum wundersamen Rezept, wie man einen Kränkelnden so heilt, dass aus ihm ein Vizeweltmeister und jetzt ein olympischer Silbermedaillen-Gewinner wird. „Durchs Luftschnuppern“, so Andi, „hab ich mich ins Segeln verliebt!“

Von der Schafhirtin zur Olympiasiegerin

Ja, ja, des Meeres und der Liebe Wellen. Aber das, was sich da in Athen aufschaukelte, war alles, nur keine altgriechische Tragödie à la Grillparzer um Hero und Leander, sondern eine liebevolle Beziehung zwischen Australia und Austria, die im Hafen der Ehe und in den Gestaden olympischen Glücks endete. Und kein klassischer Dichter stand da Pate, sondern schlicht und einfach das Fernweh eines Twens, der genug hatte von den hunderten Schafsköpfen der elterlichen Farm in Geelong bei Melbourne, also irgendwo *down under*, wo man sich muh und mäh sagt. Verständlich, dass Miss Kate von der Sehnsucht geküsst wurde, endlich einmal mit Freundinnen auszuziehen, um die große, weite Welt, sprich: Europa, mehr noch: das Herz Europas,

also Austria kennen zu lernen, jenes Land, das die Amis und andere so gerne mit Australia verwechseln.
Also sind wir nicht bei Grillparzer, sondern beim Qualtinger und dessen legendärem Spruch, der da heißt: „Wenn mi‘ des Reisebüro net vermittelt hätt' …"

Sag niemals nie

Der langen Rede kurzer Sinn: Miss Allen, Vorname Kate, führte der Holiday-Express 1995 auf Umwegen ins Ski-Mekka Kitzbühel, wo sie sich als Tellerwäscherin und Aushilfskellnerin in einer Nacht-Bar ein bisserl Körberlgeld verdiente, weil die Reisekassa schon ziemlich leer war. Und weil sie sich um ihre Fitness sorgte, die ihr als Hobbyläuferin langsam abhanden zu kommen drohte, wollte sie sich in der Kitzbüheler Aquarena beim Schwimmen erfrischen. Das Glück war kein Vogerl, es kam angeschwommen in Gestalt von Marcel Dienster, der eine eigene Bahn hatte, um Längen abzuspulen. Ganz schüchtern fragte sie nach, ob auch sie da schwimmen dürfe. Durchs Reden, so heißt es, kommen die Leut' z'samm. Mehr noch: Amors Pfeil traf beide, den Marcel und die Kate. Zuerst gingen sie gemeinsam sporteln, dann wurde daraus verliebte Zweisamkeit, die sich auch im Sport auslebte. „Na, was wäre, wenn'st einen Triathlon versuchst", meinte Marcel. Sie probierte es, meinte aber danach: „Nein, nie mehr wieder!" Man soll niemals nie sagen. Auf den ersten Blick hatte sie sich in Marcel verknallt.

Triathlon wurde zur Liebe auf den zweiten Blick, von der keiner ahnte, was sich daraus entwickeln würde. Nicht einmal, als sie schon den *Ironman* am Wörther See gewonnen, Weltcup-Spitzenplätze erobert und EM-Silber auf der olympischen Distanz laufend buchstäblich ins Trockene gebracht hatte. Zu groß schienen die Defizite im Schwimmen, um sich olympischen Illusionen hinzugeben oder gar von einer Medaille zu träumen. Aber auf der Suche nach Experten, die ihr Tipps und gute Ratschläge geben, wie sie auch beim Schwimmen quasi aus dem Wasser sein könnte, fanden Kate und Marcel bei einem „Roten Bullen" Gehör, der seinerzeit schon aus Hermann, dem Unbekannten, den Herminator geformt hatte – Bernd Pansold, umstritten als einstiger DDR-Arzt, unumstritten als Sportphysiologe, gab einiges aus seinem Wissens-Fundus weiter. Heimlich, still und leise, weil's von Gottsoberen nicht so gern gesehen und gehört wird, wenn er irgendwo im Spiel ist. Aber irgendwie kam's doch heraus. Schließlich ist auch Kate mit Red Bull so im Bunde wie der „Professor". Dennoch bleibt es eine Randgeschichte als Vorgeschichte, auch wenn man ihr erst im Nachhinein auf die Spur kam.
Die wahre Geschichte der Kate Allen ist die Herz-Schmerz-Story von der Schafhirtin, die fern der Heimat eine fast filmreife Tellerwäscher-Karriere machte, die nicht mit einem Geldregen, sondern mit dem Goldsegen endete: *Born in Australia, made in Austria*, so könnte man sagen. Und kein Mensch hätte einen Cent darauf verwettet, als Kate Allen als 44. aus dem Wasser gestiegen war, 2:01 Minuten hinter der besten Schwimmerin, vermeintlich im Niemandsland wie die Farm ihrer Eltern, eine gute Autostunde entfernt von Melbourne. Und die Odds standen nicht einmal bei Insidern viel besser, als sie aus dem Sattel des Rades kletterte, um sich sozusagen Siebenmeilenstiefel anzuziehen, die sie ins Reich der unbegrenzten Möglichkeiten tragen sollten.

„Super drauf, gib Gas!"

Wäre nicht Mittagszeit gewesen, sondern Prime-Time, die Einschaltquoten des Fernsehens wären in die Höhe geschnellt wie bei Gottschalk: *Wetten, dass* sie eine Medaille macht … Diese Frage stand

Als Kate Allen aus dem Wasser stieg, lag sie noch auf Platz 44, beim Radfahren machte sie schon Boden gut …

schon nach den ersten der zehn Kilometer im Raum, in denen Kate Allen Fersengeld gab, als wäre sie nicht universelle Triathlon-, sondern eine gelernte Marathonfrau, die es mit den Spezialisten aufnehmen kann. Sie lief an einer nach der anderen vorbei, als würden sie gehen oder joggen, auf einmal war sie Top Ten, dann Top Fünf, ehe sie hörte, wie ihr Mann hineinschrie von der Strecke: „Kate, du bist super drauf, gib Gas!“ Sie ließ sich nicht zweimal bitten, um den Overdrive einzulegen, als wollte sie noch schneller ans Ziel kommen. Die Stimme von Christopher D. Ryan, der im Fernsehen kommentierte, überschlug sich, je mehr sich Kate der Dritten näherte, dann der Zweiten, schließlich der Ersten, just einer Australierin, Pikanterie und Ironie am Rande. „Kate Allen hat eine Medaille … es ist schon Silber, aber kann sie noch die Führende abfangen …“ Es war so spannend wie ein Krimi, bei dem das Herz zu pochen beginnt. Aber es wurde gar kein Herzschlagfinale, weil Kate Allen mit dem Turbogang schon 80 Meter vor dem Ziel an der verdutzten, wehrlosen und ausgepumpten Australierin vorbeilief, als wär's die einfachste Sache der Welt. „Nein, das gibt's nicht … ja, sie hat sie, die Sensation ist perfekt, Kate Allen ist Olympiasiegerin!“

Als sie, die Arme in die Höhe gerissen, das erste Gold für Österreich in Athen bejubelte, da war auch der sonst so distanzierte, gelassene Chef-Olympier Leo Wallner ganz aus dem Häuschen. Eine Medaille, wer weiß – im Hinterkopf hatte man damit spekuliert, aber Gold, nein, nie und nimmer. Und dann noch in einem Sturmlauf, der alle von den Sitzen riss. „Die war so schnell, ich hab gedacht, die läuft noch weiter!“, scherzte Leo, der Casino-Chef, der sich vorkam, als hätten seine Schäfchen mit der Schafhirtin von ehedem einen klassischen Jackpot geknackt.

Ein rot-weiß-rotes Produkt

„Es ist alles so wahnsinnig schön. Ein perfekter Tag, ein perfektes Rennen, es war der Lauf meines Lebens!“ So jubelte die 34-jährige Kate Allen über die perfekte Sensation. Und rang dabei vor lauter Aufregung nach den richtigen Worten auf Deutsch, obwohl sie schon neun Jahre in Tirol daheim ist und in Innsbruck lebt. Als vergoldete Kate ein rot-weiß-rotes Produkt, weil hier erst alles angefangen hat, aber von ihrer Ausbildung und Einstellung halt doch keine geborene Österreicherin, sondern eine echte Australierin mit einer anerzogenen Härte gegen sich selbst und einem Hang zur Sportlichkeit, der *down under* selbstverständlich ist. Laufen, laufen, laufen, das war schon immer ihr Elixier. Als sie Triathlon zum Beruf und Lebensinhalt machte, ordnete sie ihm alles unter. „Sie hat es sich verdient“, sagt Ehegespons Marcel, „sie hat eine eiserne Konsequenz, die ist sensationell!“ Und genau hier sieht Kate

... um nach dem Laufen als strahlende Siegerin im Ziel zu jubeln!

selbst die Defizite in Österreich, die sie auch lauthals anprangert, manchmal radebrechend, aber unmissverständlich, ehrlich und sympathisch. Vor allem gegen die Kürzung der Turnstunden wetterte das Golden Girl, weil Kinder und Jugendliche hierzulande ohnehin unter Bewegungsarmut leiden würden. „Hier“, sagt sie, „wird viel zu wenig getan. In Australien müssen sich Kinder jeden Tag im Sport üben!“ Und damit sie es überhaupt könnten, müssten sie sich selbst oder die Eltern die Möglichkeiten schaffen oder kaufen, ob Fahrräder, Sportschuhe oder Eintritt in Schwimmbäder.

Hierzulande, so findet sie, würde den Jungen viel zu viel abgenommen oder, man verzeihe den Ausdruck, hinten hineingeschoben. Und alles würde krank gejammert, fehlendes Medieninteresse kritisiert und a priori verlangt, dass es genug Geld oder Sponsoren gibt. „Aber wo nichts ist, wird es auch nichts geben. Zuerst musst du Resultate liefern. Aber die Mentalität steht im Wege, die Gesellschaft ist fett und faul. Viele arbeiten nicht hart genug, um Großes zu schaffen!“ Sie lag nie im Faulbett. Darum hat sie das Größte geschafft. Die andere, echte Österreicherin, Eva Bramböck, schwamm, radelte, lief brav mit. Und Norbert Domnik hatte immerhin durchgehalten. Das ist die rot-weiß-rote Norm, da darf man sich nichts vormachen. Österreich ist trotz Gold-Allen noch lange keine Triathlon-Nation, auch wenn jetzt mit einem sensationellen Olympiasieg endete, was anfangs der 80er-Jahre mit einem verrückten, kantigen Mann der ersten Stunde begonnen hatte: Sepp Resnik, Sportsoldat und schillernde Figur, hatte als TV-Pionier, gefördert vom einstigen Klammer-Betreuer und Sporthilfe-Chef Gerold Krims, die Werbetrommel für den vordem unbekannten Sport geschlagen auf dem Umweg übers ferne Hawaii und den klassischen *Ironman* an der Datumsgrenze.

Jetzt gehen die Uhren anders, jetzt hat eine Frau nicht nur die (Triathlon-)Hosen an, sondern Gold im Schrank. Deshalb, weil sie keine Tortur scheute, weil sie nicht heiße Luft von sich gab, sondern alles tat, um den Akku aufzuladen, damit sie ihrer (Schwimm-)Schwäche mit Hirn und Herz, starken Wadeln und langem Atem enteilte. 40 Watt mehr als früher leistete ihre „Batterie“ wie beim Hasen in der Werbung, für den der Herminator wirbt.

Sie vergoldete sich, wenn auch im Sommer, wenn auch in einem anderen Metier, als weibliches Pendant. Sie hatte sich und alle mit dem Sturmlauf in den Olymp verblüfft, sie selbst muss mehr als verwundert gewesen sein, wie sich die Wahlheimat Tirol bei ihr bedankte. Mit einem Grundstück? Einer schmucken größeren Wohnung, weil sie sich samt Mann Marcel in einer 35 Quadratmeter großen Garçonnière kaum rühren konnte? Irrtum! Für *Kiss me Kate*, den Gold-Hit, bekam die ehemalige Farmerstochter ein – nein, lachen Sie nicht – Schaf. Ein Gag? Eher halb so lustig.

Kürzester Olympiasieger der Geschichte

Eigentlich, oder zumindest inoffiziell, hatte Österreich ja einen dritten Olympiasieger, der sogar der erste in Athen gewesen wäre und der erste seit 108 Jahren im Schwimmen, ebenfalls in Athen, als Paul Neumann die Goldene gewonnen hatte. Geschichte. Die Rogan-Story blieb ein Intermezzo von zwanzig

Österreichs Schwimm-Star Markus Rogan holte über 100 m und 200 m Rücken jeweils die Silbermedaille.

Minuten, das wieder im Nirwana verschwand, ehe es in den Geschichtsbüchern hätte landen können. Wer weiß, was geschehen wäre, hätte der ehrliche Markus nicht lauthals dagegen protestiert, dass er Gold auf Kosten des Amerikaners Aaron Peirsol hätte bekommen sollen, der ihn über 200 m Rücken um immerhin 2,4 Sekunden besiegt hatte? Lassen wir das, es macht wenig Sinn, über ungelegte Eier zu reden.

Tatsache war, dass Aaron Peirsol vor Markus Rogan gewonnen hatte, aber in dem Augenblick, als alle österreichischen Reporter in die Mixed-Zone eilten, um Interviews zu machen, plötzlich alles anders zu sein schien. Der Blick auf die Anzeigetafel ward fast ungläubig und Zuschauer, die 200 Euro pro Ticket hingeblättert hatten, reagierten mit Buhrufen: 1. Markus Rogan, AUT, 1:57,35 – Aaron Peirsol, USA, DQ.

„Gold ... Olympiasieger is' er – Rogan hat g'wonnen!"

Es ging kreuz und quer, drunter und drüber, keiner wusste, was passiert war, ehe es sich herumsprach: „Peirsol hat Kraulbeinschläge vor der Wende gemacht, eh zu erkennen im Fernsehen!" Und da geschah etwas, was man vor allem bei Österreichern nicht gewohnt war, geschweige denn erwartet hätte. Markus machte keine Freudensprünge, sondern reagierte so, wie es keiner erwartet hätte. „Nein, dieses Gold will ich nicht!", sagte Rogan. „Ich schließe mich dem Protest der Amerikaner gegen diese Entscheidung an. Ich kann zwar nicht beeinflussen, was passiert, aber eines weiß ich: Aaron ist ein ehrlicher Bursch', der nie schwindelt, er ist der Beste. Und ich bin sehr, sehr glücklich, der zweitbeste Rückenschwimmer der Welt zu sein!"

Ja, das ist es, was *Sportsmanship* bei den Anglo-Amerikanern heißt. Und bei Spielen olympischer Geist, der Fairness und Freundschaft vor Opportunismus setzt, auch wenn es in der Welt des Sports ganz fremde Töne waren, die man da vom Amerikaner aus Wien hörte, der acht Jahre drüben gelebt, studiert und das Diplom in politischen Beziehungen gemacht hatte. „Gold und Silber sind es nicht wert", sagte Markus jedem, ob er es hören wollte oder nicht, „dass ich einen Freund verliere. Hätte ich nicht mit Aaron in Stanford trainiert, wäre ich nicht der Schwimmer geworden, der ich bin!"

Anwalt der Fairness

Also beschäftigte ihn auch nicht, warum die Gedanken aller Journalisten um die Gretchenfrage kreisten, wie es denn sei, wenn man sich zwanzig Minuten als Olympionike fühlt, das Gold aber, kaum gewonnen, wieder zerronnen ist? „Wahrscheinlich“, witzelte er locker, „bin ich der kürzeste Olympiasieger der Geschichte. Aber ehrlich, es ist höchstens in mein Bewusstsein gedrungen, aber nie bis zu meinem Herzen!“ Herzlichst, ihr Anwalt der Fairness!

Welch Kontrast zu so vielen Querelen, in die heimische (Ski-)Stars mit Olympiern oder anderen Sportbürokraten verwickelt wurden. Markus, so könnte man sagen, wurde zum Anti-Schranz, entsinnt man sich der Skandale von Grenoble (1968) und Sapporo (1972), die die Österreicher in Rage versetzt, auf die Straße und zum Heldenplatz getrieben hatten. Rogan hingegen wurde auch von Auslands-Medien als Held der anderen Art gefeiert. Kein Goldfisch wider Willen, sondern Silberhecht. Zuerst über 100 m Rücken, dann über die 200. Immer mit Rekorden. Doppelt hält besser. Aber was sollen Dolchstoßlegenden, wenn es den historischen Doppelpack gibt? Ein Silber nach dem anderen, die erste Schwimm-Medaille seit 1912, einer Damen-Kraulstaffel, die erste Herrenmedaille nach 96 Jahren (Otto Wahle), fast ein Jahrhundert-Ereignis eines Wieners, der schon am dritten Olympia-Tag in Athen den Bann gebrochen hatte in einem atemberaubenden Verfolgungsrennen, das nicht nur die Augenzeugen im Schwimmstadion von den Sitzen gerissen, sondern auch Bundespräsident Heinz Fischer daheim vorm Fernseher fasziniert hatte. „Ich hab“, meinte er nach vollbrachter Rogan-Tat bei seinen Glückwünschen, „bis jetzt gar nicht gewusst, wie spannend Wettschwimmen sein kann ...“

Unglaublich, wie spannend es Markus bei seiner ersten Medaillenjagd über 100 m Rücken gemacht hatte! Als Zweitbester war er in den Endlauf geschwommen, also Medaillenkandidat, der bis dahin stets olympisches Lampenfieber überspielt und die Ruhe in Person vorgegaukelt hatte. Vorspiegelung falscher Tatsachen für alle anderen, er selbst hingegen wurde von Nervosität so gepackt, dass er den Start, sonst seine Stärke, total verhaute. Als Achter und Letzter hatte er gewendet, aber diese Wende brachte den Umschwung und Markus in Fahrt. „Ich hab Peirsol und Krayzelburg gesehen und mir gesagt: Burschen, diese Länge gehört mir!“ Und wie er aufdrehte, der Ex-Amerikaner aus Wien. Peirsol blieb unerreichbar, aber zu den anderen schloss er auf und schlug am besten von drei Schwimmern an. Was war er aber wirklich geworden im Hundertsteldrama um Silber, Bronze und Blech? Kaum hatte es die Elektronik ausgespuckt, da jubelte Markus: 2. M. Rogan, AUT, 54,43. Silber. Da schlug er einen Aufwärtshaken mit der Faust. Vollbracht. Ein Traum ward Wirklichkeit geworden. „Wie ich mich fühl'? Österreichisch!“ Barocke Seele. Jubeln und Heulen vor Freude in einem. „Aber historische Figur oder Held, nein, das ist übertrieben, so fühl' ich mich nicht!“

Eben nur Markus Rogan, eine Schwimmgröße, die als Bub am liebsten Eishockeyspieler geworden wäre. „Aber dazu waren meine Knöcheln zu schwach, der Arzt hat's verboten!"

Des Knöchels Fluch, des Schwimmens Segen.

Wer hat denn nun gewonnen? Der Amerikaner Aaron Peirsol (rechts) und sein Freund Markus Rogan (links) blicken gebannt zur Anzeigetafel.

Training um sechs Uhr früh

Markus hat erst 22 Jährchen auf dem Buckel, aber schon zehn Medaillen auf dem Konto: zweifacher Olympia-Zweiter, Doppel-Europameister, Vizeweltmeister, dreimal EM-Silber, zweimal EM-Bronze. Alles binnen drei Jahren. Davon hätte man, ehe Vera Lischka in Atlanta 1996 um Hundertstel nur die damals sensationelle Bronzene verpasst hatte, nie zu träumen gewagt. Markus Rogan, wer? Leben und Karriere sind eine eigene Geschichte. Eine Familien-Saga, in der es drunter und drüber ging. Nicht einfach für einen Buben, der als permanentes Scheidungskind stets zwischen zwei Stühlen saß. Die Salzburger Mutter, Professorin und auch Skilehrerin, trennte sich bald vom leiblichen Vater, Alfred Michael Rogan, einem Gynäkologen aus Wien, der zweite Mann brachte Markus zum Schwimmen, im wahrsten Sinn des Wortes, weil er ihn frühmorgens bei Andrzej Szarzynski, dem ersten Trainer, im Amalienbad ablieferte. „Da“, feixt Andrzej, „ist er schon um sechs Uhr vorm Türl gestanden, er hat's Training nicht erwarten können!“

Er wollte schon als Kleiner hoch hinaus. Und wurde ein ganz Großer, woran auch der dritte Mann seiner Mutter, der ZDF-Korrespondent Schmitz, seine Anteile hat. Als Markus schon „einer der besten seines Alters auf der Welt war“, übersiedelte die Schmitz-Familie nach Washington.

Das Talent, vielleicht Erbgut vom Großpapa, einem Schwimmer, ward ihm in die Wiege gelegt. Wettkampfstärke, Selbstbehauptung und Siegesmentalität lernte er in der Highschool bei Trainer Jeff King, nach dem Olympia-Flop von Sydney an der Elite-Uni von Stanford, wo er unter der Regie von Coach Ski Kienney, einem Goldschmied, mit Weltmeistern und US-Stars seine Längen zog. Dabei wuchs sich Markus, der Wiener, zum Vizewelt- und Europameister, zum NCAA-Champion und zum Kapitän der Mannschaft aus, den unverbrüchliche Treue, Freundschaft, Teamgeist und Führungsqualitäten auszeichneten. Lauter Eigenschaften, die er mit wachsender Reife immer mehr in die Waagschale warf. Er lernte drüben, nicht Zeiten zu jagen und Rekorde zu brechen, sondern zu gewinnen.

„Du trainierst nur für Zeiten“, sagte er vor dem ersten Medaillengewinn, „aber du schwimmst für den Sieg. Wenn ich mit Europarekord nur Vierter bin, ist es nicht schön, sondern peinlich für Europa!“

Nur Medaillen zählen

Also zählten nur Podest, Medaillen und Ölzweige. Für ihn wie für die Mannschaft. Das betonte Markus immer wieder, als hätte die alte Platte einen Sprung. „Ich stehe zwar auf dem Podest. Aber es war die Mannschaft, die mir so viel Kraft gibt, die Mirna, der Max, der Dominik, die Judith, die Petra, auch die Fabienne, obwohl sie nicht da ist. Wir sind ein Super-Team mit sehr viel Potenzial!“

Aber nur Markus Rogan, geeicht in den Staaten, nicht verdorben durch heimischen Schlendrian, voll Wiener Schmäh, aber amerikanischer Mentalität, hielt tatsächlich, was man sich nach dem EM-Doppelpack von Madrid im Mai unter widrigsten Bedingungen auch in Athen versprochen hatte. Er hatte die Europa-Generalprobe optimal genützt, um sich mental aufzumöbeln, auch wenn er den goldenen Doppelpack von Madrid samt Silber, das – eine Hundertstel spielt bei ihm immer eine Rolle – auch Gold hätte sein können, herunterspielte. „Wenn ich jetzt", meinte der erfolgreichste aller EM-Stars bescheiden, „nach Stanford komm', hat das keinen Stellenwert bei den Amis. Die sagen höchstens: Zeig uns, was du kannst!“

Mirna Jukic, die Kurz- und Langbahn-Europameisterin von Dublin und Madrid, konnte in Athen die in sie gesteckten Erwartungen nicht erfüllen.

Also konnte er sich nicht auf Lorbeeren ausruhen. Er jagte die Besten und wurde von Stars gejagt, übrigens neben dem Studium, das er im Juni als „Bachelor“ abgeschlossen hatte, ein zusätzlicher Motivationsschub. Getrieben wurde er auch im Olympia-Countdown, für den er sich einen seiner besten Stanford-Kumpel, Peter Marshall, nach Rijeka und Wien geholt hatte. Heim-Trainer Robert Michlmayr: „Er braucht immer Herausforderung und einen Schrittmacher als Gradmesser, wie gut er drauf ist!“ Der ausgeklügelte „Marshall-Plan“ der sportlichen Art führte direkt zur Schwimm-Konjunktur. Darum feierte Markus auch gemeinsam mit Peter und sieben weiteren Stanford-Freunden ausgelassen die Silbermedaillen im Club Austria. Und flocht Marshall und Co. nichts als Kränze. „Ich hab Glück gehabt“, relativierte er den Triumph. „Peter hat das Athen-Ticket bei den Trials als Dritter verpasst. Dabei ist er dort eine Zeit geschwommen, die drei Zehntel besser ist als mein neuer Rekord!“ Er wusste, was er den Amis schuldig war. Und darum wollte er nicht um die Burg ein Olympionike sein, der womöglich ausgepfiffen wird. Es wäre fast wie ein Stich ins Herz des Sportsmanns gewesen, der die rot-weiß-rote Fahne hochgehalten hatte. In vieler Hinsicht.

Die unerfüllte Hoffnung

Als Markus quasi Hof hielt im Club Austria, saß Mirna Jukic daneben, einerseits bewundernd aufschauend, andererseits den Blick zum Boden gerichtet. Athen war für die Wienerin aus Kroatien aus unerfindlichen Gründen zur Unvollendeten geworden mit einem siebenten Platz im Endlauf über 200 m Brust. Ja, hätte sie ihre Bestzeit

erreicht, sie hätte eine Medaille gewonnen, die alte und neue Kurz- und Langbahn-Europameisterin von Dublin und Madrid. „Ich hab leider das Beste nicht zeigen können", meinte Mirna, die unerfüllte Hoffnung, ein wenig traurig bis bedauernd, um anzufügen. „Es hat keinen Sinn, jetzt zu fragen, was die Gründe waren. Und immerhin bin ich in einem Finale gewesen, das ist ja was!"
Aber nicht, was sich die 18-Jährige wirklich gewünscht hat nach dem gezielten Aufbau über einige Monate, Höhentraining in Flagstaff, Arizona, inklusive. Was war schief gegangen? Wo lag der Fehler? Etwa das Übermaß an Wettkämpfen, die Mirna wieder bestritten hatte wie im Vorjahr, als sie ungeschlagen zur Weltmeisterschaft nach Barcelona gekommen war und als Favoritin über 200 m Brust ebenfalls durch die Finger geschaut hatte? Der strenge, streitbare Trainerpapa Zjelko Jukic bestreitet das energisch, weil er findet, dass nichts einen Sportler mehr stärkt als die Wettkampfhärte. Wer nicht durch diese Wässerchen schwimme, werde keine Größe, so sagt er jedem, der es hören will. Daran ist schon was Wahres dran, aber in Wahrheit muss man auch fragen, warum Mirna seit einem Jahr nicht nur stagniert, sondern ihre eigenen Bestzeiten weit verfehlt um fast zwei Sekunden über 100 und 200 m Brust. Und das ist bei ihrer Jugend, da es eigentlich ständig bergauf gehen sollte, höchst ungewöhnlich und mit dem Wandel vom zarten Mädchen zur ausgewachsenen Frau allein nicht zu erklären.
Auch nicht mit Open-Air-Pool, Wind und Wellen, die nicht sie schlagen konnte, sondern die über ihr zusammenschlugen. „Aber ich bin noch so jung", kehrte sie den Trotzkopf hervor, „werd' sicher noch zwei- oder dreimal bei Olympischen Spielen starten!"
Die Premiere, von der sich sie und wir so viel erwartet hatten, wurde zur Lektion. Einen Endlauf (100 m) verpasst, einmal Siebente, viel Lehrgeld für ein Mädchen, das als Wunderkind ausgezogen war, Gold en masse zu sammeln und die (Schwimm-)Welt zu erobern, aber von der Weltklasse zurechtgestutzt wurde auf Normalmaß.
Athen war nicht Madrid, wo Mirna mit Mittelmaß, was ihr Potenzial betrifft, noch Gold und Bronze geholt hatte. Aber wie hat Markus Rogan gesagt: „Europameistertitel und Rekorde zählen nichts, wenn die ganze Welt dabei ist!"

Anja Richter fiel nicht durch ihre sportlichen Leistungen auf – für mehr Aufmerksamkeit sorgte sie durch ihre Grüße in die Heimat ...

Die Wiener Stadthalle ruft

Die SchwimmerInnen haben mit den neuen Dimensionen, die sie eröffneten, auch die Perspektiven verschoben. Und das galt für alle, die in Athen nur Statistenrollen spielten, auch für Maxim Podoprigora, den sympathischen Vizeweltmeister, Ex-Europameister und Ex-Europarekordler über 200 m Brust, den mitten im olympischen Countdown wiederum ein Virus für drei Wochen außer Gefecht gesetzt hatte. Er hatte lange mit Trainer Szarzynski gerätselt, ob er überhaupt das Wagnis eingehen sollte zu fliegen und zu starten. „Ich hab gedacht, wenn ich 2:13 im Vorlauf schwimm', kann ich vielleicht im Semifinale zwei Sekunden zulegen!" Irrtum. Wo nichts ist, kann nichts aus dem geschwächten Körper kommen.
Podoprigora ging unter wie Dittrich-Schützling Petra Zahrl, die EM-Fünfte (200 m Delfin) und Judith Draxler, die Schwimm-Oma, die als zweifache EM-Finalistin in Athen um ein paar Hundertstel am Semifinale über 50 m vorbeikraulte. „Aber 19. ist doch ihr bestes Olympiaresultat", resümierte Trainerbruder Alfons. Und Judith, 34-Jähriger Evergreen, schaut schon nach vor zur Kurzbahn-WM (Indianapolis) und vor allem zur Kurzbahn-EM in der Wiener Stadthalle, die mit Markus ihren großen Lokalmatador hat, eine Attraktion und ein Vorbild, nicht nur sportlich, das mehr Kinder denn je fürs Schwimmen begeistern soll und kann, damit die Gegenwart auch Zukunft hat. Derzeit sind es neben der aktuellen Spitze der 19-jährige Olympiadebütant Dominik Koll und ein Mädchen-Duo, das für künftige Großereignisse allerhand verspricht. Nina Dittrich, keine 14, Tochter von Schwimmeltern, die sie bemuttern oder, wie Papa Kurt, trainieren, und Marilies Demal, die Rogans Heim-Trainer Robert Michlmayr unter sei-

Das Schützen-Quintett freute sich über die Medaille von Christian Planer (ganz rechts) – die anderen schieden mit teilweise viel Pech aus.

nen Fittichen hat. Und nicht zuletzt auch Fabienne Nadarajah, das schönste Schwimmwesen, das die beste, leibhaftige Motivation sozusagen an der Hand hat: ihren Freund, den Allerweltskerl Markus Rogan. Ein privates G'schichterl in den Geschichten, die er heuer geschrieben hat.
Und die es auch für Kommerzialrat Paul Schauer, den Schwimmpräsidenten, medial maximal umzusetzen gilt. Mit allem Drum und Dran.

Des einen Freud, des anderen Leid

Die Schwimmer hatten es gut im heißen Sommer von Athen, sie gingen oben ohne und kühlten sich im Wasser ab. Im Schweiße ihres Angesichts aber nahmen in Markopoulo, eine halbe Autostunde vom Zentrum der Spiele entfernt, die Meisterschützen und „Flintenweiber" die Zielscheiben ins Visier. Auch wenn's gut klimatisiert war, die Anstrengung war allen ins Gesicht geschrieben und selbst die Besten waren unter diesen Umständen keine Präzisionsmaschinen. Schließlich darf man nicht vergessen, dass die (Gewehr-)Schützen auch unterm Gewand so gut gepolstert sind, dass es alles, nur nicht ohne ist. Ski-Unterwäsche, so verriet Mario Knögler, gehörte zur Ausrüstung, um sich besser abzustützen beim Anlegen und beim Rückstoßeffekt der Waffe, die immerhin fünf Kilo hat, also eine schwerwiegende Aufgabe bei 40 Schuss im Vorkampf. Sogar in die Sauna war er gegangen damit, um sich auf einen schweißtreibenden Wettkampf vorzubereiten. Klingt kurios, stimmt aber. Wie das Sprichwort vom Schuss Glück, das nötig ist, um Volltreffer zu landen.
Beim vorolympischen Weltcup hatte es der Moni gelächelt, Monika Haselsberger aus Scheffau in Tirol, der Jung-Mama. Sieg mit Weltrekord, 60 Treffer ohne Fahrkarte, damit hatte sie doch noch das Ticket ergattert, eine Wildcard, weil der Schützenweltverband die Weltbeste bei Olympia dabeihaben wollte. Soweit die Vorgeschichte, die einiges versprach vom Solopagat, den Monika spielte, und vom Herren-Quartett (Knögler, Waibel, Farnik, Planer), dem durch die Bank eine Medaille zugetraut worden war.

Das verflixte Läuten

Aber dann schien es, als würden die Schützen von der Sydney-Vergangenheit eingeholt, als immer ein Schuss zu viel vorbeigegangen war. Wie bei Haselsberger, um die sich eine Dolchstoßlegende drehte, die viele Zeitungsspalten füllte. Ja, was war passiert? Als Monika zum 38. von 40 Schüssen der vier Zehnerserien anlegte, da schrillte plötzlich ein Handy, obwohl es ein absolutes Verbot für Mobiltelefone gab. Und wer war der Übeltäter, der vergessen hatte, es abzuschalten? Theodor Zeh, der Chef des olympischen Sommersport-Ausschusses! Verflixt und zugenäht. Just da brach Moni ab, um nochmals anzulegen – nur ein Neuner! Hätte sie am Ende noch einen Zehner gehabt, wär's nicht ins Gewicht gefallen. Aber das Pulver war verschossen, es gelang keiner mehr. Sie hatte 393 Treffer, womit sie nach Adam Riese zwar geteilte Sechste war, aber nur Neunte wurde, weil andere hinten raus einen Zehner hatten.

Knapp daneben ist auch vorbei. Wie in Sydney. Das Schicksal hatte sie wieder aus dem Achter-Finale um die Medaillen geworfen. Aber Monika steckte die Enttäuschung schneller weg als die verdutzten Reporter, die sie trösten wollten ob des Schusspechs. „Geh, was macht's denn ihr für G'sichter", fragte sie. „Natürlich war ich im ersten Moment enttäuscht, aber so schnell kann's gehen, wenn die Dichte so groß ist. Ich bin stolz auf meine Leistung, ich brauch' mich net genieren für die Wildcard!" Und räumte auch mit der Dolchstoßlegende auf, kaum dass sie im Raume gestanden war. „Na, na, ich hab das Läuten gar net g'hört. Viel schlimmer ist es, wenn die Leut ständig um Ruhe zischeln!" Das würde mehr Kraft und Konzentration rauben. Daran habe es nicht gefehlt, nur an einem Hauch Glück, das entschwand wie ein hellenisches Tauberl. Moni hatte wieder nur den Spatz in der Hand, zog aber eine höchst positive Bilanz dieser Spiele, die schließlich nach der langen Babypause quasi eine schwere Geburt gewesen wären. „Schaut's", versuchte sie alles in die richtigen Relationen zu setzen. „Für die anderen ist Schießen der Beruf. Ich bin nur eine Profi-Mama, aber als Schütze nur ein Amateur!" Die Einstellung, Hingabe und Leidenschaft aber, die sie mitbringt, sind absolut professionell. Und vorbildlich.

Es schien, als verfolgte das Haselsberger-Los die heimischen Schützen mit eiserner Faust. Ob Mario Knögler, ob Wolfram Waibel, zweifacher Medaillengewinner von Atlanta, ob Thomas Farnik, sie kamen mit dem Luftgewehr nie über 12. und 16. Plätze hinaus, an der Schwelle zum Finale oder zur Weltspitze, aber wie gehabt: Treff war doch nicht Atout die ganze Woche in Markopoulo.

„Gentlemen, one minute!"

Und damit ging's zum Kleinkaliber-Dreistellungsmatch, der Königsdisziplin, punkto Medaillenchance der letzte Rest vom Schützenfest, den das Duo Thomas Farnik und Christian Planer ins Visier nahm.

„Na, wie läuft's?" Bange Fragen, die Journalisten im Main-Press-Center zu früher Sonntagsstunde an Kollegen stellten, die einen Blick in die Computer und aufs Zwischenresultat warfen. „Na ja, soso lala – der Farnik könnt's packen, aber der Planer trifft nix, einen 94er hat er sogar drinnen ..." Nach einer Stunde sah alles anders aus. „Na gibt's denn das? A paar schießen ja noch, aber der Planer is' Dritter. Und der Farnik schon fertig als Sechster!"

Also nichts wie hinaus nach Markopoulo, wo zur Mittagszeit das Finale mit zwei Österreichern angesetzt war. High Noon in einer Gegend, die Kulisse für einen Wildwest-Film mit John Wayne hätte sein können, hineingehauen in den kahlen Berg, an dessen Fuß eine Olivenhain-Oase angelegt war, um olympische Vegetation zu schaffen. Na, bitte. So ein finales Wettschießen um Medaillen in einer eigens dafür konzipierten riesigen Halle wird inszeniert wie ein Drama mit einem Spielleiter als Sprachrohr, ehe es so mucksmäuschenstill wird, dass man eine Stecknadel fallen hören könnte, bis die Schüsse fallen.

Christian Planer konnte sein Glück gar nicht fassen, nachdem er gesehen hatte, dass auf der Anzeigetafel des Amerikaners Emmons bei Schuss zehn kein Treffer aufgeschienen war (unten links).

Aber schön der Reihe nach. Man stellt jeden einzelnen Finalisten samt Porträt auf der Videowall vor, begleitet vom Applaus der Fan-Gruppen. Dann gibt's Probeschüsse, bis es heißt: „Gentlemen, one minute!“ Final Countdown, ehe es – nein, nicht knallt, sondern hallt: Athleten, laden sie zum nächsten Schuss. Achtung: Drei, zwei, eins, Start ... Gebannte Blicke auf die (Video-)Scheiben, auf denen in Millimillimetern die Treffer-Genauigkeit aufleuchtet.
Erster Schuss. Pause. Dann knallt's zweimal hintereinander. Pause. Dann wieder. Planer beginnt so schlecht wie im Vorkampf, Farnik ist dabei. Dann dreht sich alles. Der Amerikaner Matthew Emmons, der schon eine Goldene (liegend) im Sack hat, schießt sich auf die zweite ein, den Doppelpack im Schießen, der historisch wäre. Die Österreicher fliegen aus den Medaillenrängen, sind zwischendurch nur ganz hinten, ehe Planer immer besser zielt. Und auch Farnik, der Sportsoldat an der Schützenfront, wieder Zehner trifft. Fünfter und Siebenter vorm letzten Schuss, es scheint wie verhext, wieder nichts.

Der letzte Schuss

Vorm letzten Schuss noch einmal das Prozedere: Vorbereiten, laden, starten, schießen! Insgeheim hat man die Medaille schon abgehakt. Kannst nix machen, ein österreichisches Schicksal. Aber erstens kommt es anders, zweitens als man denkt. Wieder Schüsse und welch ein Treffer von Planer, dem 29-jährigen Tiroler aus Walchsee bei Kufstein: 10.6. Aber plötzlich verschwindet die Anzeige und eine neue Zahl leuchtet auf, die konsterniert: 8.1, also fast eine Niete.
Unruhe. Durcheinander. Rätselraten, was da los ist. Schließlich gibt's bei Emmons gar keine Ziffer. Palaver der Jury. Waffeninspektion beim Amerikaner. Atemlose Spannung, bis Jubel sie durchschneidet: Planers Volltreffer zählt, der andere war nur ein „Kreuzschuss“ des Amis auf seine, also die falsche Scheibe. *Misfire*, wie der englische Fachjargon sagt, ein peinliches Versagen, das den Triumph durchkreuzte und Österreich die erste Schützenmedaille seit 1996 (Silber und Bronze von Waibel) bescherte. Durch Christian Planer, einen stillen Helden, der auf leisen Sohlen zum Star geworden war. Ein Leisetreter und kein Lautsprecher, dessen Ausbund an Freude über Bronze blieb, dass er das Gewehr triumphierend in die Höhe hielt, ehe er bei der Siegerehrung immer wieder auf die Medaille schielte, als würd' er es nicht glauben können.
Die Schützenehre war sozusagen im letzten Abdruck gerettet von einem Zeitsoldaten, der als Kind in der Loipe seine Spuren gezogen hatte, aber einmal, als er krank geworden war, von einem Nachbarskind zum Schießstand gebracht worden war. Er legte die Langlauflatten weg, um sich auf eine andere Laufbahn zu konzentrieren, die er quasi auch von der Pike auf gelernt hat. Der neue Meisterschütze ist nämlich gelernter Büchsenmacher, der durch die Ferlacher Fachschule gegangen ist. Handwerk kann auch, um es im übertragenen Sinn zu sagen, bronzene Scheiben haben.

Rad an Rad mit dem Superstar

Das Rad der Zeit lässt sich eben nicht zurückdrehen. Georg Totschnig hätt's gerne getan, als er nach dem olympischen Straßenrennen in sengender Hitze bei Mousse au Chocolat andeutete, die Meisterschaft von Zürich oder der Große Preis von Gippingen als kommende Rennen würden ihm mehr liegen als die kurzen, steilen Anstiege von Athen. Hätte der Zillertaler geahnt, was kommt, er hätte dankend darauf verzichtet und wäre bei seiner schwangeren Frau Michaela geblieben. Kaum hatte Georg beim Olympiarennen eine gescheiterte Attacke geritten, kaum war der Tiroler als 21. mit der Verfolgergruppe um Jan Ullrich und Co. nur 16 Sekunden hinter Olympiasieger Paolo Bettini, Italien, ins Ziel gerollt, da holte ihn der Sturzteufel ein. Totschnig kam in Gippingen so unglücklich zu Fall, dass er sich dabei das Schlüsselbein brach und operiert werden musste. Damit war die Saison schmerzhaft vorbei. Seine beste als knapp 33-Jähri-

Beim Giro d'Italia hatte Gerhard Trampusch als Prolog-Vierter für mehr Aufmerksamkeit gesorgt als dann beim olympischen Straßenrennen ...

Zehntausende feuerten Georg Totschnig bei seinem Husarenritt hinauf nach La Beille an.

ger, der mit der Aufgabe des Gerolsteiner-Kapitäns in Rundfahrten zum Weltklassefahrer gereift war. Der beste Totschnig jedenfalls, den es je gab, hatte in der Tour de France auch mit den Allerbesten rund um Lance Armstrong meist mitgehalten.

Ja, was wäre gewesen, hätte es für die Gerolsteiner-Truppe des Schorsch im Mannschaftszeitfahren, als der US-Postal-Express von Lance Armstrong der Konkurrenz im strömenden Regen eine kalte Dusche verabreichte, nicht zeitraubende Stürze und Defekte gegeben? Was, hätte Totschnig nach dem zweiten Ruhetag nicht kurz den Tritt verloren als Mohikaner in der Spitzengruppe? Müßig, darüber zu diskutieren. Schon gar nicht schätzt dies der Tiroler selbst, der gezeigt hatte, welch Kaliber er ist.

Letzteres vor allem in den Pyrenäen, in der schwersten Etappe mit sieben Gipfeln und der Bergankunft in La Beille, einer Hitzeschlacht, die die Tortur erschwert hatte. Im elf Kilometer langen Schlussanstieg hatte die Stunde der Kletterer geschlagen, einer Gruppe um den besten Armstrong, den es je gab, aber nicht Jan Ullrich war dessen hartnäckigster Gegner, sondern Ivan Basso aus Italien und Totschnig, der robuste Tiroler. Nicht auf der ultraschweren Pyrenäenfahrt, sondern vorm Tour-Start hatte er Haare gelassen, „weil es feiner ist, wenn es heiß wird". Und es ward ein heißer Tag über Tourmalet und andere gefürchtete Gipfel. Einer nach dem anderen riss ab, als es immer steiler bergwärts ging, Ullrich, Hamilton, die Spanier, deren Star Iban Mayo eine halbe Stunde verlor, auch Virenque, der alte, neue Bergkönig, verlor den Anschluss, bis es nur noch ein Trio gab mit Lance, Ivan und Georg, dem Gipfelstürmer. Erst fünf Kilometer vorm Ziel musste er die beiden ziehen lassen. Gebot der Vernunft, „weil ich nur mein Tempo fahren kann, sonst explodierst". So fuhr er zwischen Spitze und Verfolgern im Alleingang ein einsames Bergrennen, biss die Zähne zusammen, stieg immer wieder aus dem Sattel, um noch härter in die Pedale zu treten. Ein Husarenritt, mit dem er Dritter der Königsetappe wurde, sich einen Traum erfüllte, Schlagzeilen lieferte und die Deutschen, ganz fixiert auf Ullrich und Klöden, den neuen T-Mobile-Kapitän, verblüffte.

„Ich hab das genossen"

„Das ist es", meinte Totschnig, nie Mann großer Worte oder gar euphorischer Kommentare, „warum du fährst. Es ist nicht wichtig, was geschrieben wird. Das Tolle ist, wenn dich eine Welle der Begeisterung hinauftreibt, wenn die Fans dich anfeuern, wildfremde Menschen, die wissen, was man leistet. Ich hab das richtig genossen!" Da vergisst man die Qual, das verleiht Flügel. Totschnig, der leise Held, katapultierte sich auf den sechsten Platz des Gesamtklassements, verlor in der 14. Etappe, halb so schwer, einen und erreichte als Siebenter, drittbestes Tour-Ergebnis eines Österreichers (3. Christian, 1957/5. Luttenberger, 1996), die Champs-Élysées in Paris.

Eine Sternstunde für einen Spätberufenen, der vielleicht noch viel mehr in seinem Profileben hätte erreichen können, wäre er nicht so lange ein treuer, gut honorierter Diener des Enfant terrible Jan Ullrich gewesen. Aber davon will Totschnig nichts hören. „Glaub' ich nicht, alles braucht seine Zeit!" Als 30-Jähriger erst war er reif, um selbst die Dinge als Kapitän in die Hand zu nehmen. So eindrucksvoll,

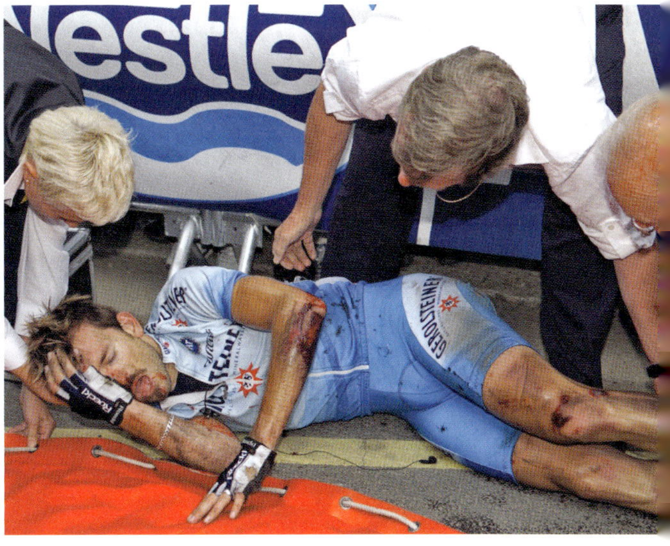

René Haselbacher bleibt die Tour de France 2004 in unangenehmer Erinnerung – schwerer Sturz, nachdem ihm der Lenker gebrochen war, mit Nasenbeinbruch und kaputten Rippen wird der Burgenländer ins Spital eingeliefert.

dass es Angebote für ihn regnete von vielen Seiten, auch von Armstrong, der ab 2005 unter neuer Flagge *(Discovery Channel)* den siebenten Tour- oder den ersten Giro-Sieg in Angriff nehmen will. Auch von T-Mobile, auch von Phonak. „Wir können sondieren und gustieren", meinte Michaela, die Manager-Frau, die im Herbst wieder Mutter wurde. „Wir sind auch mit Gerolsteiner in guten Gesprächen." Teamchef Holczer legte was drauf. Und Georg, die treue Seele, blieb bei der Mannschaft, mit der es im Spätherbst seiner Laufbahn so steil bergauf gegangen war wie noch nie. Nicht nur in der großen Schleife, auch in der Generalprobe, der Tour de Suisse, als Totschnig erstmals zeigte, was er drauf hat, auch an mentaler Stärke und Angriffsgeist. In der Königsetappe, Bergankunft Malbun, hatte er sich ein Herz gefasst, attackiert, sich von Ullrich und Co. abgesetzt, um mit letzter Kraft den Angriff des Schweizers Fabian Jeker um wenige Sekunden abzuwehren.

Aus Georg, dem soliden Spitzenmann, war ein Siegfahrer geschlüpft. Nur der Traum, endlich bei einer klassischen Rundfahrt aufs Podest zu steigen, blieb wiederum eine Unvollendete, weil Georg in der vorletzten Etappe, als es eiskalt war auf den letzten Bergen, „fast erfroren wär'. Meine Schuld, ich hätt' wärmere Sachen nehmen sollen!" So verlor er im Rennen gegen die Uhr noch den dritten Platz und wurde Vierter.

Aber welche Bilanz, die Totschnig vorweisen kann, ein Beweis seiner Konstanz: 7., 12., 20. in der Tour de France, 9., 7., 5. im Giro d'Italia, 6., 5., 4. in der Tour de Suisse, 11. in der Tour de Romandie, Sieger der Millenniums-Österreich-Rundfahrt, Star der Post-Tour-Kriterien in Graz, Wien, Mayerhofen und Wels, von heimischen Meistertiteln, Straße und Zeitfahren, ganz zu schweigen.

Da kommt Peter Luttenberger, der seit 1996 quasi hinter sich selbst nachradelt, nicht mit. Längst haben ihn Peter Wrolich, der Rund um Hainleite gegen Ullrich gewann, Bernhard Eisel, der Spezialist für Sprint in Flachetappen, und Gerhard Trampusch, der den Giro d'Italia sensationell als Prolog-Vierter begonnen hatte, links überholt.

Doppelt bitter, dass der Schorsch just im besten Jahr am Ende ins Unglück stürzte. Aber wer weiß, vielleicht lädt er den Akku mit der Pause umso besser und länger auf. Und Gerolsteiner hat ihm jetzt auch einen „Leutnant" gekauft, der verhindern soll, dass Totschnig, wenn es hart auf hart, Rad an Rad in den Bergen geht, immer ein Solo bestreiten muss. Aber wie heißt es doch so schön: Der Stärkste ist am stärksten allein, oder ...?

Steffi Graf trat in Athen nur noch als TV-Co-Kommentatorin in Erscheinung, nachdem sie zu Beginn des Jahres den Entschluss gefasst hatte, ihre Laufschuhe an den Nagel zu hängen.

Der größte Trumpf saß hinterm Mikrophon ...

Wo fand man Österreichs größten Leichtathletik-Trumpf, laufender Garant für Medaillen, in Athen? Am Mikrofon! Stephanie Graf erlebte die Spiele von der anderen Seite und aus der neuen Perspektive einer TV-Kommentatorin, die auch in Zeitungskolumnen ihr Hintergrundwissen an die Leser brachte. Gleichsam Startschuss in eine zweite Karriere, während sie Österreichs Leichtathletik nicht nur bei den Spielen auf der Laufbahn vermisste. Der Entschluss, von heute auf morgen den Rücktritt zu erklären, war lange vor Athen gefallen – mitten in der Hochsaison des Ski-Weltcups, mitten in der Vorbereitungszeit, die sie in Südafrika verbrachte. „Und da hab' ich gespürt, dass ich eigentlich keine Lust mehr hab', mich im Training total zu überwinden. Wenn man aber das nicht mehr kann, kann man keine Zeiten mehr laufen, die man braucht, um in Athen gewinnen zu können. Und es wäre nur um Gold gegangen, weil Silber hab' ich ja schon. Und Dritte, Vierte oder Sechste, nein, das wollt' ich nicht werden!"

Also zog sie aus heiterem Himmel und für die meisten nicht nachvollziehbar fern der Heimat einen Schluss-Strich, um fortan die Seele baumeln zu lassen, Ski laufen zu gehen oder Caddie bei Freund Niki Zitny, dem Golfer, zu spielen. Kaum hatte sich Steffi dazu durchgerungen, genehmigte sie sich auch einen Schluck feinsten Rotweins, „ohne denken zu müssen, was am nächsten Tag ist. Und das

Frühstück hat mir so gut wie schon lange nicht mehr geschmeckt!"

Hätte Stephanie geahnt, dass die vermeintlich Unbezwingbare, die ewige Rivalin Maria de Lourdes Mutola, nur die Blechtrommeln rühren und die von ihr immer wieder geschlagene Kenny Holmes zum goldenen Doppelpack (800 m/1500 m) stürmen würde, wer weiß, ob sie nicht schleunigst wieder den Rücktritt vom Rücktritt erklärt hätte? Hypothesen, nichts als Hypothesen.

Die Silber-Gräfin jedenfalls hinterließ eine Lücke, die so schnell niemand schließen konnte. Und dazu kam ja noch, dass Elmar Lichtenegger in der „Doping-Affäre" um eine verunreinigte Nahrungs-Ergänzung zwar von den ÖLV-Richtern nach einem halben Jahr grünes Licht bekam, nicht aber vom Weltverband (IAAF), der auf zwei Jahren beharrt, ehe ihn eine oberflächlich salomonische Lösung des Schiedsgerichts in Lausanne (CAS) für 18 Monate suspendierte, also praktisch von Athen ausschloss. Ein zweischneidiges Urteil, das FPÖ-Jung-Parlamentarier Lichtenegger aber als halben Freispruch empfand, „weil es nicht oft vorkommt, dass eine Strafe reduziert wird". Und weil er es so sah, nahm er sich ganz fest vor, noch eine Hallensaison anzuhängen, quasi einen Gehorsams-Sprung, damit das lange und harte Training doch nicht ganz umsonst war. Ab November standen dem Comeback Elmars keine Hindernisse mehr im Weg – nur noch die Hürden für den 110-m-Sprint.

Nach Blech doch Bronze

Genau umgekehrt war Karin Mayr-Krifka ganz unverhofft zum Medaillen-Glück gekommen, das Blech nach einigen Monaten in obendrein historisches WM-Sprint-Bronze verwandelte. Hatte sich Karin nach dem Endlauf über 200 m bei der Hallen-Weltmeisterschaft in Budapest noch geärgert, dass ihr im Finish der Saft ausgegangen und fast sicheres Silber abhanden gekommen war, weinte sie fast fünf Monate später dann Freudentränen in Linz. Bei der Gugl-Gala erhielt sie aus den Händen von ÖLV-Chef Gloggnitzer die Bronzene, weil Siegerin Kapaczinskaja wegen Dopings nachträglich disqualifiziert worden war.

Bei der WM in Budapest jubelte die Russin Kapaczinskaja noch – fünf Monate später jubelte dann Karin Mayr-Krifka (Startnummer 508), die, da die Russin wegen Dopings disqualifiziert worden war, nachträglich Bronze erhielt.

Aus vier mach drei – wenn das kein Motivationsschub für Olympia war, was dann? Aber Karin war nicht so gut und schnell drauf, wie sie sich das mit dem Wechsel zum englischen Star- und Erfolgstrainer Malcolm Arnold in Bath erhofft hätte. War sie in der Halle noch Spitzenzeiten gerannt, so kam sie im Sommer nie so richtig in Tritt – mit einer Ausnahme, dem olympischen Vorlauf in Athen! Da lief Karin mit 22,81 eine Weltklassezeit, die zu früh zu viel versprach. Hatten sie und andere im Zwischenlauf mit einer Steigerung kokettiert, wurden Finalrechnungen zur Fehlspekulation. Also hieß es wieder Endstation in der zweiten Runde – wie schon über 100 m, wo Karin froh war, „dass es mich nicht hing'haut hat, ich bin ins Straucheln gekommen!" Sie stolperte sich in den Zwischenlauf, sogar besiegt von Bettina Müller, ihrer Erzrivalin, die von Karins früherem Trainer Walter Hable betreut wird. Müller war selbstkritisch genug, um zu gestehen: „Ich hab gesehen, dass mir Rennen bei großen Meetings fehlen. Man kann nicht gleich mit dem größten anfangen, einem olympischen Rennen!" Eine richtige und wichtige Konsequenz aus einem halben Flop.

Keine Lehren aus den WM-Enttäuschungen des Vorjahres hingegen hatten Martin Pröll (3000 m Hindernis) und sein feindlicher OÖ-„Bruder" Günther Weidlinger gezogen. Der eine hielt nicht Schritt – der andere versuchte hingegen mit Siebenmeilenstiefeln die Flucht nach vorn. Als die anderen aufs Tempo drückten, ging Weidlinger wieder einmal in die Knie. Immerhin kam er nicht zu Sturz und auch ins Ziel, wenn auch abgeschlagen, weit hinter der Zeit, die er ins Visier genommen hatte. Aber Taktik und Olympia gingen buchstäblich ins Auge.

Der große Hoffnungsträger

Aber es gab auch in Athen einen Athleten, der die Fahne hochhielt – einen olympischen Debütanten, der andeutete, dass er das Potenzial, aber auch die mentale Stärke und den nötigen Willen besitzt, um dereinst Österreichs bester Zehnkämpfer aller Zeiten zu werden: Roland Schwarzl, Wahl-Salzburger aus Lienz. Mann, oh Mann, kann man da nur sagen

Zehnkämpfer Roland Schwarzl zählte in Athen zu den positiven Überraschungen: 8.102 Punkte, Platz zehn.

zu diesem Modellathleten, von dem ÖLV-General Roland Gusenbauer schwärmt: „Der hat tolle Hebel, wenn er verletzungsfrei bleibt, trau ich ihm noch sehr viel zu!"

Schwarzl, ein wahrer Hüne, wurde der Vorschusslorbeeren unter schwierigen olympischen Bedingungen mehr als gerecht. Wo andere in die Knie gingen, wo sengende Hitze, enormer Substanzverlust und auch Blessuren den Weltmeister Pappas, Ex-Weltmeister Dvorak und auch Titelverteidiger Erki Nool aus dem Bewerb warfen oder ins Hintertreffen brachten, eilte Schwarzl von einer Bestleistung zur nächsten – Highlight waren die 5,10 m, die er im Stabhochsprung meisterte, einer der Besten überhaupt. Hätte er im Hochsprung nur ein paar Zentimeter mehr gepackt und mit dem Diskus seine Standard-Weite erreicht, es wären noch viel mehr als 8102 Punkte und der zehnte Platz möglich gewesen für den Osttiroler, der sich von seinem Langzeit-Coach getrennt hatte, um neue Wege zu gehen. Sie führten in Athen zum Top-Ten-Ziel, von dem niemand zu träumen gewagt hätte. Nicht einmal der 23-Jährige selbst, der mit großen Hoffnungen in die Zukunft blickt. „Wartet nur ab – langfristig ist mein Ziel eine Medaille bei der WM oder bei Olympia, wenn nicht 2008, dann 2012. Und ich würde das nie sagen, würde ich mir das nicht zutrauen!"

Wenn einer das sagt, der bis an die Grenzen geht, dann nimmt er den Mund nicht voll. Schwarzl ist der große Hoffnungsträger der Leichtathletik, ein kleiner Gigant mit riesigen Hebeln und Möglichkeiten.

Der irre Ire

So sehr der Zehnkämpfer die Muskeln spielen hatte lassen, so sehr kehrte Marathon-Mann Michael Buchleitner im klassischen 42,190-km-Rennen von Marathon nach Athen zum Abschluss der Spiele den ökonomischen Routinier hervor. Buchleitner ließ sich auf keine Risken ein, schnallte sich einen Getränke-Gürtel um, mit dem er Gewicht mitschleppen musste, aber Herr seiner eigenen Versorgung an Flüssigkeit war. Er lief stets sein Tempo in der Hitzeschlacht, in der es am Ende aus anderen Gründen heiß herging. Jener Ex-Priester aus Irland, der schon in Silverstone auf die Formel-1-Piste gerannt war, stürmte diesmal auf die Marathon-Strecke, um den führenden Brasilianer Silva zu attackieren, abzudrängen und aus dem Tritt zu bringen. Der irre Ire wurde überwältigt, Silva aber ein- und überholt, um schließlich mit Bronze auch einen Tapferkeitsorden, die Coubertin-Medaille, zu kassieren.

Es war einer der wenigen (Schand-)Flecke auf der weißen Weste der Spiele, die mit einem italienischen Triumph endeten. Und einem Buchleitner, der im Marathon-Finish einen nach dem anderen überholte, sich als 29. im ersten Drittel klassierte.

Rekord bei den Paralympics

Die finale olympische Selbstüberwindung war dem Mödlinger geglückt – er konnte getrost Vorläufer für einen blinden Afrikaner bei den Paralympics spielen, die Ende September ebenfalls in Athen stiegen und mit einem wahren „Medaillenregen" für Österreich endeten: Achtmal Gold, elfmal Silber, viermal Bronze – Rekord! Erich Geierspichler, der erfolgreichste rot-weiß-rote Athlet, war mit insgesamt fünf Medaillen (1 x Gold, 3 x Silber, 1 x Bronze) einer der Superstars überhaupt der Paralympics 2004.

Manch einer der Behindertensportler bringt, vor allem in der Leichtathletik, mehr Ehrgeiz und Willensstärke mit als viele gesunde Athleten, bei denen es an Einstellung, aber auch richtigem Training krankt. Wie an einer Masse an Talenten. Es gibt viele Hobbyläufer, Jogger und Nordic Walker, aber je größer die Anforderungen, desto dünner werden die Starterfelder. Das ist Besorgnis erregend.

Der Österreicher Erich Geierspichler war mit insgesamt fünf Medaillen einer der Superstars der Paralympics 2004 in Athen,

Eine scharfe Waffe, die schnell stumpf wurde

Am Tag, als für Claudia die Judo-Welt buchstäblich heil(l) war, brach sie für einen anderen zusammen. Eine der schärfsten Waffen und besten Klingen Österreichs war im olympischen Ernstfall stumpf geworden. Für die Nummer 1 der Weltrangliste im Degenfechten, den zweimaligen Weltcupsieger und erstmaligen Europameister Christoph Marik, wurde das erste Gefecht auch schon zum letzten des Turniers in der Runde der letzten 64. Hatte sich der junge Roland Schlosser mit dem Florett noch verzweifelt, aber vergebens in einer tollen Aufholjagd gegen das Aus gewehrt, so warf den Wr. Neustädter Sport-Soldaten Marik nach anfänglicher Führung ein Blackout aus dem Rennen. „Mir selbst ein Rätsel, was da passiert ist", gestand Trainer-Vater Walter Marik, der letzte heimische Fechter, der Meister in allen Waffengattungen gewesen war. „So gut hat er begonnen, mit 6:3 geführt, dann war's auf einmal vorbei!"

So, als hätte ihn ein Bannstrahl von Zeus in der neuen Halle am ehemaligen Flughafen Hellenikon getroffen. Jedenfalls übermannt von der Größe des Augenblicks. Als es um alles oder nichts ging, holte Marik die Vergangenheit ein, als er bei großen Titelkämpfen immer wieder von mentaler Schwäche oder gar Nerven, die mit ihm durchgegangen waren, ausgestochen worden war. „Na, jetzt müsst's eh glücklich sein, dass er versagt hat!", kühlte Walter Marik sein Mütchen auch am Sport-Staatssekretär und am Chronisten, die kritisch angemerkt hatten, dass der hochtalentierte Degenfechter sich allzu oft Weltcup-Turniere ausgesucht und auch gewonnen hatte, bei denen viele Weltklasse-Leute gar nicht auf der Planche gestanden waren. Das war auch Teil der Strategie gewesen, sich dabei so viele Weltranglistenpunkte zu holen, um auf diesem Weg das

Christoph Marik und Trainer-Vater Walter rätselten nach dem Aus in der ersten Runde über das „Wie" ...

Olympia-Ticket zu lösen. Was einerseits von Erfolg gekrönt war, erwies sich andererseits als fataler Trugschluss. Da aber die Vorbehalte gegen diese Taktik schon ein gutes Jahr her waren, käme es einer Dolchstoßlegende gleich, dieser Kritik die Schuld am schnellen Aus der enttäuschenden wie enttäuschten Medaillenhoffnung in die Schuhe zu schieben.

Ganz sicher spielte auch eine Rolle, dass Marik in Athen als Degen-Mohikaner mehr unter Druck stand als sonst, wenn andere Spitzenleute wie Marcus Robatsch, Michael Switak und Co. ihn gewissermaßen entlastet hatten. Und olympische Bürden fallen viel mehr ins Gewicht als die übliche Last der Verantwortung, wenn sozusagen niemand ein Auge auf die Musketiere wirft.

Die unerfüllten Erwartungen und verpassten Erfolge schaukelten auch daheim Emotionen auf und lösten Ressentiments aus – vor allem bei Michael Ludwig, der sich übervorteilt gefühlt hatte. Juristisch hatte Ludwig dagegen ankämpfen wollen, dass man nicht ihn, sondern Roland Schlosser zum Olympia-Qualifikations-Turnier geschickt hatte, in dem der Salzburger aus Vorarlberg dann die Fahrkarte zu den Spielen gelöst hatte. Aber für ihn war der Zug längst abgefahren, es gab keine Paragrafen-Lücke, durch die er hätte nach Athen gelangen können. Aber die Atmosphäre war dadurch vergiftet, auch wenn Michi betonte, „dass ich persönlich nichts gegen Schlosser hab. Aber die Art, wie alles gemacht wurde, war einfach nicht okay." Trotzdem muss man sagen, dass Schlosser neue Perspektiven eröffnen kann – wie die Hinterseer-Brüder, die ebenfalls aus Salzburg kommen. Eine neue, junge Mannschaft kündigt sich da an, die dereinst auf den Spuren von Wendt, Ludwig, Richter, Falchetto und Salbrechter wandeln könnte.

Es heißt weiter: Bitte warten ...

Ein Schlag ins Wasser – das war das hoch dotierte Wildwasser-Kanu-Ehepaar Violette Peters-Oblinger und ihr Mann Helmut Oblinger. „Passt's auf die beiden auf", sagte Segler-Seele Fundak, der stets mit den beiden in Kontakt war. „Sie sind super drauf!" Aber irren ist menschlich. Als es im künstlichen Wildwasserkanal von Hellenikon darum gegangen wäre, das Finale zu erreichen, patzten die beiden potenziellen Final- und Medaillenkandidaten wie nur

ganz selten in den letzten Jahren, höchstens einmal, bei der WM in Bourg-St.-Maurice am Fuße von Val d'Isère. Ein Fehler weniger und beide hätten's geschafft. Konjunktiv. Dabei hatten sie sich so akribisch vorbereitet samt ihrem englischen Coach, aber Betreuer fahren bekanntlich nicht mit, sie können nur Wegweiser spielen, mehr nicht. Bei Violetta war's ja noch eher ein Spiegel der Weltcupsaison, aber Helmut, was war in ihn gefahren? Als sichere Finalbank machte er zwar keine Eskimo-Rolle, touchierte aber um ein Tor zu viel, wurde nur Dreizehnter im Semifinale und war damit so aus dem Rennen wie seine Frau. Aber wenn man andere hat, die Medaillen gewinnen, fällt das unter den Tisch.
Dabei sind beide absolute Weltklasse, alles andere würde ihnen nicht gerecht. Aber sie hatten, wie so viele, am Tag X, als sie hätten ihr Bestes geben müssen, eben nicht ihren besten Tag. Und das ist bei Olympia unabdingbare Voraussetzung, um eine Medaille zu gewinnen und damit in der Auslage zu stehen – samt dem Sport, den sie betreiben, einem Mauerblümchen der Berichterstattung. Also heißt es weiter wie seit 1972, als Norbert Sattler in Augsburg die Silberne gewonnen hat: Bitte warten.
Und das galt ja von vornherein nach dem Rücktritt von Uschi Profanter für die Flachwasser-Kanuten, einst Medaillen-Kandidaten wie Raub-Widermann, Pfaff und Seibold. Inzwischen ist absolute Ebbe in diesem Sport und Professor Paul Haber, Präsident des Wiener Paddelsport-Klubs, fast untröstlich: „Wir haben in der Kuchelau eine tolle Regattastrecke, aber es gibt zu wenig Paddler!“ Zu wenig Eventkultur, zu große Anstrengungen im Training.

Ein Jahr zu früh – oder eines zu spät

Aber das gilt ja auch für die Ruderer, deren Flaggschiff, der Leichtgewichts-Vierer, nach einigen Umbesetzungen bei weitem nicht mehr das war, was die Vorgänger einmal waren. „Da kommt was Gutes nach!“, hatte Bundestrainer Martin Kessler vor den Spielen in Athen gemeint, besser gesagt: in Schinias, wo der Meltemi, der tückische Nordwind, den Ruderern immer im Nacken saß seit dem Vorjahr. Aber entweder kamen die Spiele ein Jahr zu früh oder eines zu spät, wie auch immer – für den leichten Vierer mit Matewski-Sageder-Wakolbinger-Sigl, der sich direkt qualifiziert hatte, war im Semifinale schon Endstation und nur noch das kleine Finale drin, in dem die Österreicher nur den vierten Platz und damit Rang zehn belegten. Immerhin Top Ten – und davon war der sympathische Raphael Hartl im Einer, dem Skiff, weit entfernt. Hartl kam nur ins C-Finale, also endete er dort, wo normal nur die Entwicklungsländer daheim sind.
Bei allem Respekt vor dem früheren Zweier-Ruderer (mit Uhl) – wieso man im Olympiajahr plötzlich auf die Idee gekommen war, eine Ausscheidung zwischen dem verhinderten Zweier-Ruderer Hartl gegen den zweimaligen Sculler-WM-Finalisten Ralf Kreibich anzusetzen, das bleibt ein Rätsel. Natürlich stimmt's, dass Kreibich nur den Quotenplatz erkämpft hatte, der ans Land und nicht den einzelnen Aktiven geht. Aber warum sollte der Sonst-Nie-

Kanutin Violetta Oblinger-Peters erreichte so wie Ehemann Helmut nicht das Finale, auch die Schützlinge von Rudertrainer Martin Kessler (Bild unten) kamen in keinen Endlauf.

Sculler Hartl im Ernstfall plötzlich besser sein als der WM-erprobte Kreibich? Der Salzburger hatte sich aber der Entscheidung gebeugt, das erste Rennen nicht fahren können, sondern verschieben müssen, weil er erkrankt war – und dann das einzige Quali-Duell mit dem Oberösterreicher verloren.
War er etwa noch geschwächt, als er den Startplatz verlor? Und wäre er nicht eher in der Lage gewesen, zumindest das Semifinale zu erreichen? Aber nicht um die Burg wollte der Ruderverband von seiner eigenen Qualifikation abgehen. Es war also, wenn man's genau betrachtet, ein programmierter Flop.
Wo sind die Zeiten, da es Weltmeister, Weltcupsieger und Medaillen-Gewinner gab? Vom Sog des Erfolges, so scheint es, sind die Ruderer in einen Strudel der Probleme gekommen. Die Doping-Causa à la Lichtenegger hatte sich zwar in Wohlgefallen, sprich: Freispruch durch den Weltverband, aufgelöst. Aber sportlich gab's keine Wellen.

Vom Winde verweht – vom Platz geschossen

Voll Optimismus war Jürgen Melzer mit seinem Coach Karl Heinz Wetter zu seinem Olympia-Debüt nach Athen gekommen als Tennis-Mohikaner, weil sich die Hoffnungen von Sydney-Viertelfinalistin Barbara Schett auf eine Wildcard nicht erfüllt hatten. „Fifty-fifty" stuften Jürgen und Karl Heinz die Chancen gegen den Amerikaner Vince Spadea ein, eine laufende Ballwand, die mit dem Tempo des Gegners selbst Druck erzeugt. Bei der Auslosung ahnten beide nicht, dass Melzer einige Tage später vom Wind verweht und von Spadea vom Platz geschossen würde. „Alles andere haben's abgesagt im Freien – wir aber haben spielen müssen, weil es keinen Ausweichtermin gegeben hätte", ärgerte sich der Coach weniger über das peinliche 0:6, 1:6 in guten 50 Minuten, vielmehr über die Umstände. „Absolut irregulär, nicht ernst zu nehmen!" Am Resultat ändert's nichts, es war blamabel wie das Spiel Melzers, der bei so heftigen Windböen ebenso wenig spielen konnte wie zuvor in der Höhenlage von Kitzbühel. Immer wieder haderte er mit dem Wetter, warf das Racket weg und wäre am liebsten im Erdboden verschwunden. Ein kapitaler Flop statt einer veritablen Chance, olympische Überraschungen à la Berdych, Fish oder gar dem vergoldeten Massu zu liefern.
Mit seinem Risiko-Tennis war Melzer gegen den Sicherheitsspieler Spadea chancenlos – nicht anders als beim *Generali Open* am Hahnenkamm. Kaum hatte er sich durch einige tolle Erfolge, darunter auch in Key Biscayne gegen Daviscup-Gegner in spe, Tim Henman, unter die Top 50 gespielt, kaum schien sein Durchbruch geglückt, da holte Melzer das Kitzbüheler Gesetz der Sieglosigkeit ein. Nicht gegen eine Größe, sondern den argentinischen Italiener Arguello. Alles vor den Augen von Thomas Muster, der im Frühjahr von Günter Bresnik das Amt des Non-Playing-Captains im Daviscup übernommen hatte. Muster, sonst ein „Fan" von Melzer („Mir sind solche Typen lieber, die an guten Tagen jeden schlagen können, als einer, der nie über ein gewisses Maß hinauskommt!"), mokierte sich mit beißender Ironie über die Verhaltensweise des bestklassierten Österreichers in der Weltrangliste, immerhin zweimaliger Viertelfinalist in Turnieren der Masters-Serie, immerhin Semifinalist beim Raiffeisen-Grand-Prix in St. Pölten (Dreisatz-Niederlage gegen Xavier Malisse, Belgien).
„So kann man sich nicht benehmen", wetterte Muster in Wetters Beisein. „Wer in Kitzbühel spielt, muss sein Tennis den speziellen Verhältnissen anpassen, nicht hadern, dass die Bälle so fliegen. Der Ort liegt halt in 800 m – für den Jürgen werden's Kitzbühel nicht ans Meer verlegen!" Kurzum, Muster sagte es ihm so hinein, wie er es sich dachte. Kinderkrankheiten eines 22-Jährigen, der ein Jahr nach dem Schweizer Genie Roger Federer im Wimbledon-Juniorenturnier triumphiert hatte (1999), aber ein Spätzünder ist. Zwar schon konstanter als früher in seinen Leistungen, aber immer noch schwankend zwischen Höhen und Tiefen.
Aber das galt auch für Stefan Koubek, die Nr. 2, und Alexander Peya, ebenfalls ein Spätberufener, der

Für Jürgen Melzer war Olympia schnell vorbei – 0:6, 1:6 in Runde eins gegen den Amerikaner Vince Spadea.

sich heuer erstmals für Grand-Slam-Turniere qualifizierte, und dabei von Paris über Wimbledon bis zum US-Open stets eine Runde mehr gewann.

Wie gewonnen, so zerronnen ...

Stichwort US-Open und Flushing Meadows. Jürgen, Stefan und Alexander schrieben dort kleine Tennisgeschichte, verpassten aber einen großen Auftritt, wie gehabt. Mit ihnen standen erstmals drei Österreicher in der dritten Runde der US-Open, eine tolle Sache. Aber wie gewonnen, so zerronnen – fast symptomatisch für Österreichs Tennis in der Post-Muster-Ära, obwohl es mit Toms Bestellung zum Kapitän aus welchen Gründen auch immer einen Ruck gegeben hatte. Gut, dass Peya gegen Tommy Robredo nichts gewinnen würde, hatte man erwarten dürfen. Dass Stefan Koubek gegen die junge schwedische Aufschlagkanone Joachim Johansson, die später auch Andy Roddick abservierte, nach vier harten Sätzen verliert, war aller Ehren wert gewesen – auch ohne Happy End.
Dass aber Jürgen Melzer gegen den französischen Doppelspezialisten Llodra, ebenfalls Linkshänder, so gut wie chancenlos sein würde, das hätte niemand erwartet, auch Coach Wetter nicht. „Er hat nicht zu seinem Rhythmus gefunden", entschuldigte der Trainer. „Er hat ihm auch mit seinem bedingungslosen Aufschlag-Volley-Spiel keinen gegeben. Llodra war besser als sonst – und Jürgen unter seinem Niveau." Nachsatz: „Es liegt halt alles sehr eng beisammen. Man darf nicht vergessen, dass Llodra immerhin die Nr. 54 ist – und Jürgen ist nur Nummer 40 und keine Top Ten. Und auch die fliegen ja reihenweise raus!" Aus der leisen Hoffnung, Melzer und Koubek könnten gegeneinander im Achtelfinale, wie es das Los gewollt hätte, um einen Viertelfinalplatz spielen, wurde ein kollektiver Abschied aus New York, während der Siegeszug des Daviscup-Gegners Tim Henman erst im Semifinale vom überragenden Triple-Grand-Slam-Sieger Federer gestoppt wurde.

Stolzer „Captain Tom"

Muster allerdings jagte das vor dem Relegations-Duell in Pörtschach keinen Schrecken ein. „Hartplatz und Sand sind zwei Paar Schuhe. Ich hab Henman in Paris gesehen. Dort war er auch im Semifinale, hat aber in den beiden ersten Runden schrecklich gespielt." Je langsamer der Sand, desto schwerer für Henman, Rusedski und die anderen Briten, ihr Angriffspiel aufzuziehen. „Captain Tom" behielt

Jubel nach der Sensation gegen England bei Alex Peya, Stefan Koubek, Jürgen Melzer und Julian Knowle (v.l.n.r) und Thomas Muster, der seine Mannen immer wieder angetrieben hatte.

Recht: Henman wurde zum Auftakt gleich von Koubek in drei Sätzen deklassiert, verlor dann auch das Doppel mit Rusedski gegen Knowle und Peya. Dass er danach Melzer (der schon am ersten Tag Rusedski unterlegen war) schlug, nutzte den Briten nichts – ein entfesselter Stefan Koubek machte im letzten Einzel alles klar für Österreich. Dreisatz-Sieg gegen Rusedski, 3:2-Sieg, Österreich gehört damit auch 2005 zu den 16 besten Tennisnationen der Welt. Muster: „Darauf können wir sehr stolz sein!"
Noch ein Wort zu Julian Knowle, alemannisches Stiefkind des heimischen Tennis mit indischen Wurzeln. Mit dem Serben Zimonjic, jenem Unbekannten, der in St. Pölten den Superstar Andre Agassi zu einem Kurzauftritt verurteilt hatte, holte Knowle zu einem historischen Wimbledon-Schlag aus. Obwohl der lädierte Serbe nur mit Spritzen spielen konnte, zwangen die beiden mit vereinten Kräften ein Favoriten-Duo nach dem anderen in die Knie, um das Doppel-Endspiel zu erreichen. „Eine sensationelle Leistung", jubelte Muster. „Und ich finde es super, dass es justament ihm gelungen ist. Dem Julian hat nie jemand etwas zugetraut, darum

freut's mich doppelt, dass er was geleistet hat, was keinem anderen Österreicher zuvor gelungen ist." Schon gar nicht Rasenmuffel Muster, der einmal gesagt hatte, Rasen wäre nur zum Grasen für die Kühe da ...

Thriller am Bergisel

Kampf um die Weltgruppe lautete das Motto in Kärnten – der umfunktionierte Auslauf der Bergisel-Schanze wurde hingegen zum Sprungbrett der österreichischen Tennisdamen ins zweite Final Four des Fed-Cups binnen zwei Jahren. War Barbara Schwartz seinerzeit in Charlotteville fast im Alleingang die Bannerträgerin des sensationellen Triumphes gegen die USA gewesen, so entpuppte sich in Innsbruck die Tiroler „Hausherrin" Barbara Schett als „Mutter" des Sieges über die zweite und dritte amerikanische Garnitur mit Chanda Rubin, Lisa Raymond und Martina Navratilova, dem 47-jährigen Evergreen, im Doppel immer noch eine der Weltbesten. Dabei hatte es gar nicht gut angefangen, weil Schwartz ohne viel Spielpraxis gegen Rubin zunächst chancenlos schien, ehe sie – fast schon Macht der Gewohnheit – durch Kampf(geist) doch noch ins Spiel fand und die schwarze Perle an den Rand der Niederlage brachte. Fast hätte die andere Babsi, unberechenbare Linkshänderin, das Match noch umgedreht, verlor aber doch in drei Sätzen.

Ihre Niederlage aber erwies sich als „Pyrrhus-Sieg" für Rubin, die anderntags nichts mehr zuzusetzen hatte. Schett, wie verwandelt gegenüber oft schwachen Turnier-Auftritten, diktierte mit knallharten Schlägen, großem Angriffsgeist und viel Selbstvertrauen das Match, ließ Chanda laufen und letztlich keine Chance – 2:1 für Österreich.

Und im Anschluss zog Schwartz gegen Lisa Raymond den Kopf wieder einmal aus der Schlinge, als es niemand mehr erwartet hätte. Sie schien bereits besiegt, sie hatte Matchbälle gegen sich, aber dann auch das Glück aller Tüchtigen, um es auf den Kopf zu stellen. So schwächlich die immer wieder von Handproblemen geplagte Babsi auch wirkt – immer dann, wenn sie mit dem Rücken zur Wand steht, packt sie die unglaublichsten (Passier-)Schläge aus, die Gegnerinnen am falschen Fuß erwischen. Und auch die Kulisse, eher klein, aber fein und vor allem fanatisch, wirkte wie ein Motivationsschub. In einem echten Thriller behielt sie mit 15:13 im dritten Satz die Oberhand, um auf den Schultern aller Teamkolleginnen und des Kapitäns Alfred Tesar vom Platz getragen zu werden.

Mannschaftstennis hat eben eigene Gesetze – ein Grundparagraf, den Schett, Schwartz, Wartusch und Fauth bestätigten. Im Einzel oft pfui, als Team aber hui. Und damit im Final Four von Moskau gegen

Im Auslauf der Bergisel-Schanze bestritten Babsi Schett und Kolleginnen das Fed-Cup-Duell gegen die USA – und landeten einen sensationellen Sieg.

Russland, Frankreich und Spanien. So viele Sportarten haben wir nicht, in denen das gelingt. Was nicht gelang, war einen Veranstalter zu finden, der das Geld hingeblättert hätte, um in der Endrunde (November) mit Heimvorteil neue Coups zu liefern.

Nur im Doppel erfolgreich

Ein leiser, der sich kaum Gehör verschaffte, war Babsi Schett auch in Flushing Meadows mit Partnerin Patty Schnyder gelungen – Vorstoß bis ins Halbfinale des Damendoppels, ihr drittes in einem Grand-Slam-Turnier nach US-Open (mit Pierce) und Melbourne (mit Kournikova). „Aber meine Entscheidung, ob ich weitermach'", meinte Babsi, „beeinflusst das nicht. Ich spiel' Doppel nur, weil's Spaß macht – aber Turniere spiel' ich vor allem, um Erfolg im Einzel zu haben." Und da stand sich Schett mit ihrem dünnen Nervenkostüm oft selbst im Weg, als sie immer wieder unterwegs zu Siegen zuerst den Kopf und dann viele Spiele verlor. Wie beim US-Open, als sie gegen die junge Russin Chakwedadse mit 6:2, 2:0 geführt hatte. Chakwedadse allerdings eliminierte danach Paris-Siegerin Myskina. Alles ist relativ in der Dichte des heutigen Spitzentennis.

Goldene Vergangenheit und rosige Zukunft

Die große, alte Dame des Tennis zu Gast in Österreich – aber auch Martina Navratilova, die hier serviert, konnte die Niederlage der USA nicht verhindern.

Goldene Pirouetten oder silberne Husarenritte, nein, die konnte man von Österreichs Reitern und Amazonen weder erhoffen noch erwarten. Ganz abgesehen davon, dass er im Winter abgeworfen und außer Gefecht gesetzt worden war, hatte Hugo Simon olympisch längst abgesattelt, um die Halbpension zu genießen. So war er nur Zaungast in Athen, während der andere Weltcupsieger von einst, Thomas Frühmann, seine neue Wunderwaffe, *The Sixth Sense*, erst bei kleineren Turnieren im Ausland für seine zweite Karriere als 54-Jähriger aufzuzäumen begann.

In federführender Funktion begegnete man hingegen der Gold-Sissy von Moskau. Elisabeth Max-Theurer kümmerte sich als Verbandspräsidentin nicht nur um Tochter Victoria, Nina Stadlinger, Peter Gmoser und Fritz Gaulhofer, die das Dressur-Quartett bildeten, sondern auch um die Vielseitigkeitsreiter Ambrosch, Riedl, Zehrer, Siegl und Margit Appelt, erstmals seit 1972 wieder bei Olympia – und gleich als Mannschaft. Der spektakuläre Geländeritt, bei dem es über dicke Baumstämme und im Wasser über Fischerboote ging, wurde einem Duo zum Verhängnis. Andreas Zehrer stürzte samt Pferd und fiel buchstäblich aus der Wertung, auch die unerschrockene Margit wurde ausgehoben, schwang sich aber, obschon lädiert, wieder in den Sattel, um ins Ziel zu galoppieren – und von dort gleich ins Spital transportiert zu werden. Margit hatte sich an der Hüfte verletzt. Thomas Frühmann, der via Fernsehen die Schrecksekunden erlebt hatte, stockte der Atem bei den Stürzen nicht nur der Österreicher. „Die reiten wie Selbstmörder", fand der Olympiazweite von Barcelona 92. „Solche Rouladen wie von unseren hab' ich noch selten erlebt!" Immerhin wurde die Mannschaft (13.) nicht gesprengt, immerhin bewies Harald Ambrosch seine Olympiareife (27.). Aber das war für die olympischen Debütanten auch schon das höchste der Gefühle.

Besser lief es für das Dressur-Team, das sich mannschaftlich an achter Stelle klassierte und dank der Amazonen Vicky (20.) und Nina (24.) im Einzel sogar im Duett im Grand-Prix-Finale der besten 25 vertreten war. „Es ist viel besser gelaufen, als wir das erwartet hätten", resümierte Mama Sissy vor allem über Tochter Victoria, die sich in der Qual der Pferde-Wahl gegen Weinrausch sowie Agrigento und für Falcao entschieden hatte. Mit ihm war sie besser zusammengespielt, mit ihm bewies sie, dass Max-Theurer nicht nur eine goldene Vergangenheit hat, sondern auch eine rosige Zukunft besitzt. Als Zwanzigste fehlte nicht viel zum Kürfinale bei der olympischen Feuertaufe, die für den Teenager an sich nur gedacht war, „damit ich einmal diese Atmosphäre schnuppern kann. Ich bin ja erst am Anfang meiner Laufbahn!" Und da ist's schwierig, mit den eigenen Nerven den Gaul so gut zu dressieren, dass man auch Vorbehalte oder gar Ressentiments gegen eine Max-Theurer bei den Juroren zerstreut. Einige haben ja noch immer nicht vergessen, dass Mama angesichts des fast lückenlosen Olympia-Boykotts 80 zur Gold-Sissy geworden war. Frau Präsidentin allerdings fühlt sich im Nachhinein durch sport-politische Entwicklungen bestätigt. „Jetzt hat's die Kriege in Afghanistan und Irak gegeben – und niemand wäre auf die Idee eines Boykotts gekommen. Politik darf den Sport nicht in Beschlag nehmen!"

Wieder vom Ehrgeiz gepackt

Schade nur, dass kein Springreiter, Amazonen inbegriffen, die immer öfter die Hosen anhaben, den Sprung nach Athen geschafft hatten – trotz des mehr als passablen 10. EM-Platzes in Donaueschingen. Aber mit Julia Kayser, Tatjana Freytag von Loringhoven, Gerfried Puck, Anton Martin Bauer, Helmut Morbitzer und Co. mischt Rot-Weiß-Rot immer wieder auch international mit. Und wenn Thomas Frühmann mit dem Kauf von *The Sixth Sense*, finanziert von Serena Hamberg, wirklich sechsten Sinn bewiesen hat, dann verfügt Österreichs Reiterei wieder über ein Zugpferd, das nicht nur beim Fest der Pferde oder demnächst beim Österreichischen Spring-Derby am Reuhof am Wagram für Erfolge oder gar Schlagzeilen sorgt. Thomas, der junge Vater, wurde wieder von Ehrgeiz und Motivation gepackt, einer eingeschlafenen Karriere noch einmal die Sporen zu geben.

Victoria Max-Theurer, Tochter von Olympia-siegerin Sissy, verpasste bei ihrer olympischen Feuertaufe nur knapp das Dressur-Kürfinale.

Franks Schmuckkästchen

Donner grollte, Blitze zuckten am Himmel, der sich verdunkelte, ehe er die Schleusen für einen Wolkenbruch öffnete. Fast ein Symbol, dass weder Gewitter oder andere kalte Duschen einen Frank Stronach daran hindern, in die Tat umzusetzen, was er sich einmal in den Kopf setzt. Es prasselte also am 4. 4. 2004, 14 Uhr, kaum dass Niederösterreichs Landesvater die neue Pferderennbahn Magna Racino mit dem Segen des Pfarrers von Ebreichsdorf eröffnet hatte. Ein Schmuckkästchen, in dem auch ein Gourmet-Tempel untergebracht ist – und fabelhafte Stallungen, die alle Stückerln spielen. Auch wenn, wie immer bei Frank, dem reichen Onkel aus Kanada, manche Opposition aufbegehrt hatte, so stellte sich der Erfolg schneller ein, als man dachte. Sozusagen im Galopp, obwohl in Ebreichsdorf auch getrabt wird – und mitunter sogar Polo gespielt. Und trotzdem gibt's Baden und die Krieau noch immer.

Ein Unglück kommt selten allein

Ein Unglück, so sagt man, kommt selten allein. Das traf auf Beach-Boy Nik Berger zu, der zu Jahresbeginn mit seinem angestammten Partner Clemens Doppler sogar als Medaillen-Kandidat gehandelt worden war. Aber dann lief alles anders, als Nik und Clemens gedacht hätten. Sie rangen um ihre Normalform, wurden immer wieder durch Wehwehchen und Blessuren zurückgeworfen, da konnte auch der italienische Trainer Solustri nichts dagegen machen. Jedenfalls hatten ihm die Aufsteiger Novotny-Gartmayr schon die Show gestohlen, ehe es knüppeldick kam für Clemens Doppler – justament vor dem Grand-Slam-Turnier in Klagenfurt, der olympischen Generalprobe: Kreuzband lädiert, Olympia ade? Clemens wollt es nicht wahrhaben, sondern mit einer Spezial-Therapie alles tun, um das medizinisch fast Ausgeschlossene doch möglich zu machen.

Inzwischen „borgte" sich Nik, selbst nicht fullfit, aber Vater in spe, von Strauß dessen Partner Gosch aus, um in Klagenfurt zu sehen, ob dieser eine

alternative Ergänzung für Olympia wäre für den Fall der Notfälle. Obwohl der Test verpatzt war, gab das ÖOC grünes Licht für den Ersatzmann, als Doppler schweren Herzens endgültig absagen hatte müssen.

Eine Verlegenheitslösung, keine Frage, aber Berger-Gosch machten noch das Beste daraus in Athen – auch ohne Happy End. Das Los hatte es so gewollt, dass beide Österreich-Teams in einer Vorrunden-Gruppe spielten. Und da wuchs das Duo, das aus der Not geboren worden war, den nervösen Landsleuten in Faliro über den Kopf. Ja, hätten die beiden noch einen Satz gegen die Schweizer Brüder Laciga gewonnen, dann? Sie verpassten den Satzgewinn und damit den Aufstieg. Aber wer weiß, ob Nik überhaupt hätte spielen können. Wie gesagt, ein Unglück kommt selten allein. Ein Bandscheibenvorfall, besser gesagt: ein Wirbel, der herausgesprungen war, verursachte fast unerträgliche Schmerzen und zwang den Zweimetermann zu einer komplizierten Rückenoperation, die auch die Fortsetzung der Karriere in Frage stellt. „Ich hab'", schilderte Nik, „immer noch Lähmungserscheinungen. Laufen oder springen kann ich nicht. Aber man hat mir gesagt, dass es mindestens zwei Monate dauert, bis sich das gibt." Man kann ihm nur die Daumen drücken, dass sich alles in Wohlgefallen auflöst.

Den Spieß umgedreht

Was Indoor-Volleyball, den Mannschaftssport, betrifft, erfüllte sich dieser Wunsch wieder einmal für Peter Kleinmann, den Aon-hotVolleys-Zampano. Hatte es im Cup eine Götterdämmerung gegeben mit dem Triumph der Tirol-Herausforderer gegen den Pokalverteidiger in Krems, drehte die Wiener Legionärs-Truppe den Spieß im finalen Play-off um den Meistertitel wieder um. Der Kroate Antunovic, der Finne Heikkinen und alle anderen machten die Tiroler sozusagen wieder einen Kopf kürzer. Waren die ersten beiden Matches noch auf des Messers Schneide gestanden, schienen die Innsbrucker dann zu resignieren. Hatte es im Vorjahr noch Dramatik bis zur Neige gegeben, ging's diesmal ruckizucki – 4 Spiele, 4 Siege für die hotVolleys, die ganz heiß auf Revanche gewesen waren.

Aber nach dem Endspiel hatte Kleinmann als Verbandspräsident alle Hände voll zu tun, um die Tiroler vor der Auflösung zu bewahren. Da Sponsor Wasserkraft den Volleyballern die kalte Schulter zeigte, weil er angesichts der kommenden Eishockey-WM plötzlich Feuer und Flamme war für die Innsbrucker Cracks, drohte der Geldhahn zu versiegen. Nach langem Hin und Her, Ultimaten und Fristverlängerungen konnte Tirol doch noch ein Budget-Paket schnüren, das die Teilnahme am Europacup sicherte. Alles andere wäre auch ein harter Schlag für den Volleyball gewesen.

Und für Kleinmann, der inzwischen davon träumt, dass auch das Nationalteam über kurz oder lang erstklassig wird. „Jedenfalls haben wir die Chance, uns in zwei Gruppenphasen für die WM zu qualifizieren. Und das ist realistisch!" An missionarischem Eifer, optimistischem Geist und großer Überzeugungskraft hat's ihm ja noch nie gefehlt. Alles Eigenschaften, die mithalfen, seine Aon hotVolleys für die neue (Champions-League-)Saison um absolute Klassespieler zu verstärken. Heikkinen ging, aber dafür wurden die Serben Djordjevic, erst 21, aber in Athen dabei, und Mrdja sowie der Russe Salko („Er ist uns in den Schoß gefallen – seine Frau spielt bei Hypo im Handball-Tor") engagiert. Und der schlagkräftige Antunovic blieb. Gelingt die Rückkehr ins Final Four, von dem Kleinmann seit dem ersten Auftritt vor vier Jahren immer wieder träumt?

Nik Berger gewann zwar mit Partner Florian Gosch das olympische Österreicher-Duell gegen Nowotny/Gartmayer, beide Duos schieden aber in der Vorrunde aus.

Bange Minuten nach dem K.-o.-Beinschlag

Ganz anders, als man gedacht und gehofft hatte, sorgte Rot-Weiß-Rot beim olympischen Taekwondo-Turnier für Schrecksekunden und für Schlagzeilen. War für Mirjana Lucic, slawischer Herkunft, aber in Tirol geboren, nach viel versprechendem Auftakt das Aus mit dem zweiten Kampf gekommen, stand der gebürtige Türke Tuncay Caliskan in seinem Vor-

Tuncay Caliskan sorgte in seinem Kampf gegen den Zentralafrikaner Liandro für eine Schrecksekunde, nachdem sein Gegner nach einem Beinschlag schwer k. o. gegangen war – zum Glück gab es keine bleibenden Schäden.

runden-Pool gegen den Zentralafrikaner Liandro schon mit dem Rücken zur Wand. Der Olympiavierte von Sydney, der inzwischen einige Weltcups und auch Medaillen gewonnen hatte, fand die längste Zeit in diesem für uns Mitteleuropäer fernöstlich-fremdartigen Sport weder zu seinem Stil noch zu einem erfolgreichen Rezept. Als er schon mit 1:4-Wertungen hinten gelegen war, gelang ihm sozusagen mit dem Mute der Verzweiflung eine Konter-Attacke mit den Beinen. Und was für ein Volltreffer noch dazu, der den Schwarzafrikaner fällte.

Regungslos blieb Liandro, an der Schläfe getroffen, liegen, so schwer k. o., dass man schon das Schlimmste befürchtete. Betreuer und Ärzte eilten herbei, um erste Hilfe zu leisten beim Bewusstlosen, der mit vollem Gewicht auf die Matte gekracht war. Um Gottes willen, nein, das wäre schrecklich, wenn ... Kaum war Liandro, festgeschnallt auf der Trage, aus der Halle getragen worden, kaum hatte man noch gebetet, dass der Kelch vorübergeht, kam die Entwarnung aus dem Spital. Liandro war wieder aus der Ohnmacht erwacht, hatte sich bewegt und auch gesprochen, hatte aber keine Erinnerung mehr, was mit ihm geschehen war.

Im Gegensatz zu Tuncay Caliskan, dem es den Angstschweiß auf die Stirn getrieben hatte. „Ich war schockiert!", gestand der Austro-Türke. Und daraufhin im folgenden Kampf gegen einen Taiwan-Chinesen so gehemmt, dass er diesen Kampf verlor. Aber Tuncay hatte trotzdem Glück – der Taiwanese öffnete ihm als Finalist den Weg in die Hoffnungsrunde, über den noch eine Medaille möglich gewesen wäre. Und anfangs sah es auch so aus, als könnte Caliskan sozusagen durch die Hintertür noch aufs Podest kommen, aber kaum hatte er geführt, ging's gegen einen Ägypter vom 4:4 an bergab. Nicht nur ein mentales, auch ein körperliches Problem. Caliskan hatte sich am Knie verletzt, immer wieder knickte er ein, nur mit schmerzverzerrtem Gesicht und zusammengebissenen Zähnen hielt er durch. Aber Hoffnungen hatten sich in nichts aufgelöst. Wie der Angriffsgeist. Andersrum – für Tuncay wurde der K.-o.-Beinschlag, den er ausgeteilt hatte, zum Pyrrhus-Sieg.

Ein starker Mann stark im Kommen

Eine unerfüllte Hoffnung mehr, während der österreichische Gewichtheber-Solist in Athen, der schwergewichtige Jung-Twen Matthias Steiner allen Erwartungen mehr als gerecht wurde. Steiner leidet zwar unter Diabetes, verfügt aber nicht nur über technische Fähigkeiten, sondern auch mentale Vorzüge, um gegen die Kolosse vor allem aus dem Osten durchaus gute Figur zu machen. Er war jedenfalls auf den Tag und die Stunde genau in Rekord-Form, egalisierte mit 192,5 Kilo im Reißen seine eigene Bestmarke, mutete sich im Stoßen nach geschafften 222,5 kg mit 230 kg vielleicht ein wenig zu viel zu, stellte aber im Zweikampf mit 405,0 Kilo seinen eigenen Rekord ein. Das bedeutete zunächst den achten Platz, eine tolle Leistung, die einige Tage später noch aufgewertet wurde. Da der ungarische Zweite gedopt war, rückte Steiner auf Platz sieben nach, mehr als nur ein Achtungserfolg. Damit gehörte er auch nach den Medaillengewinnern und Thomas Farnik (6.) gemeinsam mit Mirna Jukic (7.) zu den besten österreichischen Olympia-Sportlern. Alle Achtung für einen, der mit einer Krankheit leben muss, die sich nur bekämpfen, aber nicht kurieren lässt. Seine Einstellung aber ist so gesund, dass man von ihm angesichts

Matthias Steiner sorgte mit österreichischem Rekord und Platz sieben für eine tolle Leistung.

seiner Jugend noch einiges erwarten kann. Wäre ja auch an der Zeit, dass Österreich wieder einen Gewichtheber besitzt, der sich mit Erfolg gegen die Bedeutungslosigkeit stemmt. Schließlich galt Wien ja einst als Stadt der starken Männer, die Olympiasieger, Weltmeister und Europameister hervorgebracht hat. Mit Steiner hat die Vergangenheit nach vielen Jahren wieder Zukunft.

Zum großen Wurf fehlt noch viel

Ja, ganze rot-weiß-rote Mannschaften wie noch in Sydney mit den Handballerinnen, die nur um einen Hauch eine Medaille verpasst hatten, gab's in Athen keine. Diesmal hatten sie die Qualifikation verpasst, da halfen auch altgediente Eingebürgerte nichts. Und bei den Männern fehlt noch viel zu einem großen Wurf! Fußball? Fehlanzeige seit Helsinki 52, als noch Joschi Walter, Gott hab ihn selig, dabei war. Basketball? Um mehr als eine Nummer zu groß. Volleyball – immerhin zu zweit doppelt vertreten! Hockey – nur zweitklassig, auch wenn's hin und wieder Achtungserfolge im Europacup gibt! Ja, im Faustball, da gibt's noch Spitzenplätze, aber da ist auch, um der Wahrheit die Ehre zu geben, die weltweite Verbreitung sehr gering und die Dichte so dünn, dass es leichter ist als anderswo zuzuschlagen.

Selbst einem Gunnar Prokop fällt es schwer, an die Europacup-Tradition von früher anzuschließen mit seinen Hypo-Südstadt-Mädels aus vielen Teilen Europas. War früher das Endspiel um den Europacup fast obligat und der Sieg schon Gewohnheit, so ist inzwischen schon in der Gruppenphase meistens Endstation. Und wer, wie Bregenz, in der Herrenliga dominiert, strauchelt in der Quali-Hürde für die Champions League. Und wenn auch die Aon hotVolleys von Kleinmann im Volleyball zur Beletage gehören – das Rad der Zeit ließ sich nicht zurückdrehen ins Millenniumsjahr 2000 und zum Final Four. Immerhin erreichte so eines Wasserkraft Tirol im Top-Teams-Cup – und immerhin gab's da in Innsbruck sogar die Bronzemedaille für die Tiroler Hausherren. Aber da spielen auch Legionäre mit, die die heimische Leistungsstärke verzerren. Darum heißt es, was Team-Erfolge betrifft, überall: Bitte warten.

Lange genug hatte man im Basketball, geführt von Wirtschaftsminister Bartenstein, dem Ex-Basketballer, und Norbert Steger, dem Ex-Vizekanzler als Bundesliga-Präsidenten, auf die Wiederauferstehung des Nationalteams gewartet. Drei Jahre hatte es nicht gespielt, ehe man für die EM, Gruppe B(-Qualifikation), unter dem Kapfenberger Meistermacher Michael Schrittwieser eine Mannschaft aufs Parkett stellte. Aber so einfach, wie es aussah, ist ein Comeback nach langer Abwesenheit nicht. Zunächst wurden zwar Zypern und Albanien besiegt, aber dann gaben die Weißrussen den heimischen Hoffnungen in Oberwart in letzter Sekunde mit einem Dreier einen Korb – 91:92. Damit schrumpften die Quali-Chancen wieder auf ein Minimum.

Mit kleinen Bällen geht es besser

Mit kleinen Bällen sind Österreicher besser drauf – nicht nur beim Tischtennis und auch Tennis, sondern neuerdings im Golf. Zwar endete die erste Saison auf der European Tour für den Senkrechtstarter Martin Wiegele aus Frauenthal in der Steiermark mit verpassten Cuts und unerfüllten Hoffnungen, aber dafür war Markus Brier, der Betriebswirt aus Wien, nach längerer Anlaufzeit wieder der alte. Als man dachte, er würde nicht mehr zu seiner Form finden, da schlug sich Brier aus dem Tief ins Hoch. „Ich hab das Spiel nicht neu erfunden", meinte er nach dem zweiten Platz in Moskau, weiteren Top-20-Plätzen in Hilversum und beim Linde Masters in Köln, „aber ich hab halt versucht, im Detail die Fehler zu minimieren!" Und so trieb er sie auch so gut aus, dass er beim BA-CA-Austrian Open in Fontana, einem Turnier der Challenge-Tour, die Gegnerschaft deklassierte und mit 23 unter Par einen persönli-

Auch 2004 wieder mit „Speed" unterwegs: Peter Kleinmann, Österreichs „Mr. Volleyball".

chen Rekord aufstellte. Für die *Order of Merit*, die Geldpreisliste, identisch mit dem Europa-Ranking, zählte es nicht, aber es war gut für die Moral. „Wenn du vor Selbstvertrauen strotzt", meinte Brier, „geht alles von selbst. Dann gelingen dir auch die schwierigsten Schläge, dann kannst du auch tiefe Scores schießen!"

Obwohl Wiegele nicht hielt, was sich viele versprochen hatten, obwohl Graf-Freund Niki Zitny, Ulf Wendling, Conrad Prader, Michael Ettl und Co. in der Challenge Tour nur hin und wieder mitmischen konnten, eröffnen sich erfreuliche Golf-Perspektiven durch talentierte Burschen und Mädchen. Da ist einmal Tristan Schulze-Bauer, der Sohn des ehemaligen EM-Finalisten und Abonnementmeisters im Kugelstoßen. Und da gibt's den 15-jährigen Dominic Ankawidjadja, der echter Österreicher ist, aber indonesische (Vater-)Wurzeln besitzt. Hätte er nicht im Finish des Young Masters am Murhof die Nerven weggeschmissen, er hätte gewinnen können. Aber der Teenager holte eine Medaille bei der U-16-EM und wurde fürs Europa-Team im Junior-Ryder-Cup gegen die USA in Ohio nominiert. Eine Ehre, für die er sich mit zwei Siegen bedankte – zwei Punkte zum 8,5 zu 3,5 Sieg, den Europa feierte. Das weibliche Pendant hieß Stefanie Endstrasser, 16-jährige Steirerin, die Fünfte bei der Amateur-EM wurde, nur drei Schläge hinter Bronze. Aber sie ist nicht allein, sondern es gibt mit Michl und Gergely auch zwei weitere Talente, die sie anstacheln. Endstrasser bewies ihr Potenzial auch beim Debüt auf der Ladies European Tour im Pannonia-Club von Tatabanya in Ungarn mit einem Spitzenresultat. Welch Einstand, der alle verblüffte – selbst Natascha Fink, die g'standene Proette, die heuer ihre vielleicht beste Saison hatte mit einem Podestplatz (2.) und der Qualifikation für die British Open und das Evian Masters. Und das, obwohl die Grazerin mit zwei Pässen (Österreich, USA) immer wieder der Rücken zwickte. Trotzdem holte sie zu beachtlichen Schlägen aus, die sie unter die Top 30 im Ranking beförderten. Tina Schneeberger hingegen teilte das Los von Martin Wiegele. Nichts ist schwerer, als Vorschusslorbeeren einzulösen. Aber das ist ja nicht nur beim Golf so.

Bei den BA-CA-Austrian Open in Fontana großer Sieger: Markus Brier, der 2004 wieder zu alter Stärke zurückfand.

Start der Galopper vor der prächtigen Kulisse der Haupttribüne.

Besser als Las Vegas

Frank Stronachs „Magna Racino“ im niederösterreichischen Ebreichsdorf ist weit mehr als eine Pferderennbahn im herkömmlichen Sinn. Es ist ein Unterhaltungs-Eldorado der Spitzenklasse, das nicht nur Pferdefreunden und Wettfans ein besonderes Freizeitvergnügen in einem einzigartigen Ambiente bietet.

1999 gründete Frank Stronach Magna Entertainment Corp. (MEC), mittlerweile der größte Betreiber von Pferderennbahnen und Sportparks in Nordamerika und einer der weltweit führenden Simulcast-Anbieter für Live-Pferderennen. Mit der Gründung des europäischen Headquarters in Österreich wurde ein neues Kapitel in der Geschichte der MEC geschrieben.

Frank Stronach über die Gründe für die Realisierung des „Magna Racino“: „Vor vielen Jahren begann meine Leidenschaft für den Rennsport. Diese Faszination und die Liebe zu den Pferden haben mich nie wieder losgelassen. Heute bin ich Züchter vieler Champions, führe eines der erfolgreichsten Gestüte Nordamerikas und meine Pferde haben weltweit anerkannte Rennen gewonnen.
Als Vorsitzender der MEC sehe ich aber primär die wirtschaftliche Zukunft und Möglichkeiten rund um den Rennsport. Das Pferd stellt einen beachtlichen Wirtschaftsfaktor dar, und deshalb sezten wir mit dem Magna Racino auf eine optimale Kombination aus Sport und Entertainment, um ein einzigartiges Gesamterlebnis zu bieten.
Das Magna Racino in Ebreichsdorf bietet daher allen Besuchern die Möglichkeit, Sport und Unterhaltung in beeindruckender Atmosphäre zu genießen. Darüber hinaus haben wir mit diesem Projekt viele neue Arbeitsplätze geschaffen.“

Ein neues Unterhaltungsgefühl

Tatsächlich sorgt das „Magna Racino“ für ein in Europa völlig neues Unterhaltungsgefühl. Die schnellsten und schönsten Rennpferde warten im Unterhaltungstempel in Ebreichsdorf genauso wie Live-Sportwetten auf der größten Video-Wall Europas, ein neuartiger Spielbereich namens WINWIN im gediegenen Ambiente, Kulinarik auf höchstem Niveau und ein internationales Showprogramm:

- „Dramatik pur auf der Rennbahn“: Auf der modernsten Rennbahn Europas wird an rund 50 Renntagen pro Jahr (jeweils Donnerstag und Sonntag) bei den Trab- und Galopprennen „Pferdesport pur“ geboten. Bei den Trabern stehen 321 Rennen mit einem Rennpreisvolumen von 1.340.000 Euro auf dem Jahresprogramm, bei den Galoppern 160 Rennen mit einem Rennpreisvolumen von 1.124.000 Euro, darunter Highlights wie das Österreichische Galopperderby.

- „Glamour und Shows“: Im größten Entertainment-Center Österreichs erwartet die Besucher ein Unterhaltungsprogramm der Extraklasse. Die Revue-Show „Lucky Horse“, Live-Musik, professionelle Renn-Moderation, Kinderbetreuung etc. sorgen dafür, dass sich jeder Gast im „Magna Racino“ wohl fühlt. Top-Highlight des Programms sind die Lucky-Horse-Showgirls, die mit ihrer „Pferderennen-Revueshow“ einen Hauch Eroitk auf der Bühne verbreiten. Für Karibik-Feeling sorgen jeden Tag die entzückenden Samba-Show-Girls, die ein „Las-Vegas“-Feeling in Ebreichsdorf erzeugen.
- „Nervenkitzel und Spielvergnügen“: Im WIN-Center runden 150 Video-Lottery-Terminals und 100 Wett-Terminals namens „Horse wizard“ das Spielangebot ab. Spannend die Wettmöglichkeiten: Nicht nur auf die vor Ort stattfindenden Rennen kann getippt werden, mit RaceON TV werden internationale Pferderennen live ins „Magna Racino“ zugeschaltet. Aber auch die Wett-Fans anderer Sportarten kommen nicht zu kurz: Ob heimische Fußball-Bundesliga, Champions League, Formel 1 oder der Ski-Abfahrtsklassiker auf der Streif – Top-Sport-Events werden im „Magna Racino“ auf 100 m² im Außenbereich und 240 m² im Entertainment-Center live übertragen und zu einem einzigartigen Erlebnis. Das Besondere: Während des Live-Geschehens kann gewettet werden, charmante

Schöne Girls und packender Pferderennsport – beides gibt es im „Magna Racino“ zu sehen.

Wetthostessen erklären das Wettgeschehen und nehmen Wetten an.

- „Kulinarische Köstlichkeiten“: Neun Gastronomie-Stationen fügen sich in das mondäne Ambiente der einzigartigen Architektur des „Magna Racino“ ein. Hier kann sich der Gast nicht nur kulinarisch verwöhnen lassen – das „Fortunas Restaurant“ etwa bietet einen atemberaubenden Blick über die gesamt Rennanlage.

Das alles gibt es nicht einmal in Las Vegas, nur im „Magna Racino“!

Alle Infos zum „Magna Racino“

EINTRITT: *An Tagen ohne Pferderennen ist der Eintritt frei, an Renntagen beträgt der Eintritt ins „Magna Racino“ € 5,– und inkludiert bereits einen Wettgutschein im Wert von € 3,–. Für Kinder und Jugendliche bis 18 Jahre ist der Eintritt gratis.*

ÖFFNUNGSZEITEN: *MI-SO 17:00 bis 24:00 Uhr; DO (an Renntagen) 16:00 bis 24:00 Uhr; SO (an Renntagen) 11:00 bis 24:00 Uhr, An Feiertagen gelten die Öffnungszeiten von Sonntag. Montag und Dienstag Ruhetag*

HOTLINE: *Tel. 02254/9000 1100, Fax. 02254/9000 1111, email: info@magnaracino.at*

INTERNET: *www.magnaracino.at*

ANFAHRT: *Das „Magna Racino“ befindet sich in Ebreichsdorf, ca. 20 Kilometer südlich von Wien und ist mit dem Auto oder den öffentlichen Verkehrsmitteln leicht erreichbar. Mit dem Auto ab Wien über die Südautobahn A2, ab dem Knoten Guntramsdorf über die A3-Abfahrt Ebreichsdorf Nord; ab Graz über die Südautobahn A2, ab der Abfahrt Baden über die Bundesstraße B210 Richtung Ebreichsdorf; ab Eisenstadt über die A3-Abfahrt Ebreichsdorf West.*

Fein essen im Fortunas Restaurant, Wettfeeling pur im Entertainment-Center.

EVENTS

von ROBERT SOMMER

Cartier

Männer, die nie aufgeben ...

„And the Oscar goes to the Termi ... pardon: to the Herminator!“ Da applaudierte auch Michael Douglas und gratulierte herzlich.

„Hollywood“ wurde heuer nach Lissabon verlegt – zumindest für die kleine, aber feine Sportwelt: Im Centro Cultural de Belem strahlte ein österreichischer Skifahrer wie die untergehende Sonne am Horizont des Atlantiks: Hermann Maier gewann beim *Laureus World Sports Award* die Kategorie „Comebacksportler des Jahres“, besiegte dabei Alessandro Zanardi (Motor), Martina Navratilova (Tennis), Peter Forsberg (Eishockey), Inge de Bruijn (Schwimmen) und Fred Couples (Golf).

Der Weg zurück vom Straßengraben in Radstadt, in dem der Salzburger fast sein Bein verloren hatte, zurück aufs oberste Stockerl des Gesamt-Weltcupsiegers begeisterte die Jury: etwa Pele, Franz Beckenbauer, Boris Becker, Ed Moses, Emerson Fittipaldi, Mark Spitz und natürlich Franz Klammer.

„Wenn ein Athlet nach einer derart schweren Verletzung wieder siegt, ist das etwas ganz Besonderes“, schwärmte Michael Douglas. Und auch Portugals Fußballheld Luis Figo staunte über Maiers Comeback: „Das wäre so, als würde ich in einem Spiel wegen einer Verletzung zehnmal ein- und ausgetauscht werden – und in der 90. Minute das Siegestor schießen.“ Also unmöglich!

Aber den Terminator auf der Leinwand und den Herminator auf der Piste darf man nicht abschreiben: Männer, die niemals aufgeben ...

... und Männer, die ein Herz haben! Denn die Huldigungen von Seiten der Weltstars ließen den sonst so abgebrühten Maier gar nicht „cool“. „Ich danke allen für meine wunderbare Rettung“, meinte er sichtlich gerührt, „vor allem meinen Ärzten.“

Beim Galadiner spät am Abend spürte Hermann auch den Hauch der Geschichte. Angesprochen auf den „Weltsportler des Jahres“ Michael Schumacher meinte er nachdenklich: „Diese Kategorie werde ich wohl nie gewinnen – daher bin ich wahrscheinlich zum letzten Mal bei der Gala dabei. Es sei denn ... ich mach' noch einmal ein Comeback.“

Das würde aber eine weitere Maier-Pause bedeuten – und die will ganz sicher niemand!

Promis in Lissabon: Luis Figo, Michael Douglas, Hermann Maier (oben), US-Filmstar Morgan Freeman, Leichtathlet Michael Johnson und Formel-1-Star David Coulthard im Schottenrock (unten).

Krone
Fußball
Kronen Zeitung
FUSSBALLER
DES JAHRES
2003

ANZUG NUMMER FÜNF FÜR DIDI...

Dietmar Kühbauer gewann zum fünften Mal die *Krone*-Fußballerwahl – das war zuvor nur Hans Krankl gelungen.

Der „kleine Didi“ auf einer Stufe mit dem „großen Hans“! Dietmar Kühbauer, Star des SV Mattersburg, wurde von den Lesern der *Kronen Zeitung* zum fünften Mal zum „Fußballer des Jahres“ gewählt – und zog damit mit dem Goleador gleich. „Vielleicht“, lachte der lustige Burgenländer, „werd' ich ja auch noch einmal Teamchef wie der Krankl.“

600 Ehrengäste beklatschten den kleinen, nein: den längst groß gewordenen Didi bei der Gala im ORF-Zentrum: etwa Heinz Fischer, Benita Ferrero-Waldner, Herbert Haupt, Liese Prokop, Helmut Zilk, Friedrich Stickler, Marianne Mendt, Ulla Weigerstorfer und viel andere Prominenz aus Politik, Wirtschaft, Kunst und Sport!

Kühbauer, der mit über einer halben Million Stimmen Vorsprung auf Rapids Andi Ivanschitz gewann, war nicht der einzige Sieger des Abends: Werner Gregoritsch wurde „Trainer des Jahres“, Cornelia Wallisch „Fußballerin des Jahres“, Emanuel Pogatetz erhielt den TOTO-Preis als bester Jungstar.

Die Veranstaltung brach alle Feier-Rekorde: Schließlich waren auch die Vertreter der Bundesliga, angeführt von Präsident Frank Stronach und (dem damaligen Vorstand) Peter Westenthaler, stolz auf das 30-Jahr-Jubiläum – und ehrten die außergewöhnlichsten Darsteller: Hans Krankl (269 Tore in der Liga), Heribert Weber (meiste Liga-Spiele) und Franz Wöhrer (Schiedsrichter mit den meisten Einsätzen). Antonin Panenkas Schupfer beim 5:0-Sieg Rapids gegen Innsbruck, der den Grün-Weißen 1982 den Meistertitel beschert hatte, wurde zum schönsten Tor in der Geschichte der Bundesliga gewählt.

Die wunderbare Welt des Fußballs – so hieß die *Krone*-Gala diesmal – drehte sich aber natürlich in erster Linie um Didi Kühbauer. „Diese Wahl kommt mich langsam ziemlich teuer“, scherzte das Schlitzohr, „nach jedem Sieg muss ich mir nämlich einen neuen Anzug kaufen. Damit ich nicht bei jeder Feier gleich ausschau'! Das geht ins Geldbörsel.“

Großes Bild: Die Sieger Didi Kühbauer und Cornelia Wallisch. – Von oben nach unten: Die Krone-Chefredakteure Christoph Dichand (mit Gattin) und Michael Kuhn mit Dr. Benita Ferrero-Waldner; Liga-Präsident Frank Stronach mit Teamchef Hans Krankl; die Trainer Kurt Jara und Werner Gregoritsch; Rapids Roman Wallner beim „Füttern“ von Schauspieler Karl Pfeifer.

Raiffeisen
UNIQA
VISA
EVN

BTM
BURGENLAND
lotto

mitten in

Paradiesvogel zahlte selbst

Viele Stars zum Anfassen machten den „kleinen“ St. Pöltner Raiffeisen-Grand-Prix wieder zu einem großen Erlebnis.

Andre Agassi kam, sah und gewann ... an Sympathien! Das war vielleicht sein einziger Erfolg in St. Pölten – aber immerhin: Der US-Superstar verlor zwar in der ersten Runde gegen den serbischen Nobody Nenad Zimonjic, die Nummer 339 der Welt, hielt aber die Verluste von Turnierdirektor Hans Holzer in Grenzen. Denn der Paradiesvogel, der nach der Ankunft das Hotel gewechselt hatte und in eine Suite der Nobelherberge „Le Meridien“ auf der Ringstraße gezogen war, zahlte nach dem Ausscheiden alle Rechnungen für die Übernachtungen selbst. „Das haben wir noch nie erlebt“, wunderten sich die Veranstalter, „da sieht man, was für ein großartiger Mensch Andre ist.“

Ein Mensch aus Fleisch und Blut, der hin und wieder auch verlieren kann ...

Agassi war nicht der einzige Star zum Anfassen, der den „kleinen“ Raiffeisen-GP zu einem großen Erlebnis gemacht hatte: Die UN-Sonderbotschafterin Waris Dirie, die mit ihrer Biographie *Wüstenblume* viel Staub aufgewirbelt hatte, kam – und plauderte nicht nur über ihren Welt-Bestseller, sondern joggte auch mit Hermann Maier. Sehr zur Ver- und Bewunderung des Herminators: „Ich hab' gar nicht gewusst, dass sie so eine gute Kondition hat!“

Die vielen Promis waren Wasser auf die Mühlen von Landeshauptmann Erwin Pröll, der sich sehr um dieses Turnier bemüht hat: Daviscup-Kapitän Thomas Muster gewann eine Exhibition gegen Petr Korda, Fußball-Teamchef Hans Krankl gab seinen Kader für das Russland-Länderspiel bekannt, Super-G-Weltmeisterin Michaela Dorfmeister feuerte ihren blau-gelben Landsmann an: Jürgen Melzer kam – dank der lautstarken Unterstützung? – bis ins Semifinale.

Die sieben Tennis-Tage in St. Pölten wurden zu einer goßen Party-Woche – mit der feierlichen Gala im VIP-Zelt als Höhepunkt.

Jetzt hoffen alle, dass die St. Pöltner Erfolgs-Story auch nach dem Auslaufen des Vertrages zwischen der ATP und der veranstaltenden AMI-Agentur weitergeschrieben wird: in vielen, vielen Kapiteln ...

Von links nach rechts: Fußball-Teamchef Hans Krankl mit Tennis-Teamchef Thomas Muster, Andre Agassi bei seinem Kurzeinsatz und Erwin Pröll mit Sieger Filippo Volandri.

FILA
ERSTE
3

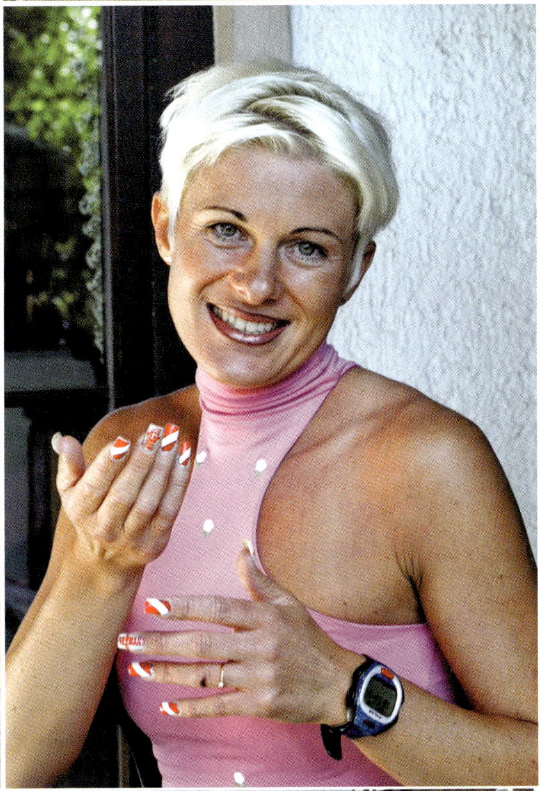

Die grösste Party von Wien

Eine „Marathon-Party“ kann manchmal sehr, sehr lange dauern: drei Stunden, vier ... ja, sogar fünf.

Und sie macht ziemlich müde! Trotzdem sind die 42,195 km, die Jahr für Jahr durch Wien gelaufen werden, für zigtausende Menschen aus aller Welt ein einziges Fest: eine Marathon-Party!

ÖVP-Minister Martin Bartenstein, SPÖ-Klubchef Josef Cap und FPÖ-Staatssekretär Karl Schweitzer plauderten nach vollbrachten Leistungen so gemütlich miteinander, als gäbe es für sie nur einen einzigen „Fraktionszwang“: gemeinsam den Freuden des Marathons zu frönen!

„Zu laufen ist wunderschön“, jubelte der kenianische Sieger Samson Kandie im Ziel, „in Wien zu laufen, ist überhaupt das Schönste.“ Von der positiven Stimmung ließen sich auch die Hunderttausenden Zuschauer entlang der Strecke anstecken – auch sie, nicht nur die Teilnehmer, waren wie jedes Jahr Gäste der Party namens *Vienna City Marathon*.

Diesmal besuchte sogar Neo-Bundespräsident Heinz Fischer das größte Sportfest Wiens. Und fühlte sich im VIP-Zelt des Zielgeländes sichtlich wohl – kein Wunder, es war ja vor der Hofburg ...

„Vor sieben Jahren“, erinnerte er sich, „habe ich hier am 15-Kilometer-Bewerb teilgenommen.“ Nicht als Erster, „aber jeder Läufer gewinnt dazu“, erzählte Fischer, „und zwar ein bisschen mehr Gesundheit.“ Dem stimmte auch Michael Häupl, bei allen Wien-Marathons dabei, zu – mit dem schwergewichtigen Zusatz: „Immer nur als Sport-Stadtrat oder Bürgermeister. Selber renne ich viel zu wenig.“

Das überließ er heuer wieder anderen: etwa Tennis-Daviscupkapitän Thomas Muster, der in einer Staffel mit Eisprinzessin Claudia Kristofics-Binder mitmachte; oder der ehemaligen Slalom-Weltcupsiegerin Roswitha Stadlober-Steiner, die ihre Marathon-Bestzeit auf 2:55,17 Stunden verbesserte, oder natürlich Michael Buchleitner, der das Olympia-Limit für Athen um zwei Sekunden unterbot ...

Für die meisten der 20.000 Läufer wurden die Sekunden allerdings zu Minuten und die Minuten zu Stunden – aber je länger eine Party dauert, desto schöner ist sie ja bekanntlich!

Wiens größte Party: Eva-Maria Gradwohl zeigte ihre patriotischen Fingernägel; Veranstalter Wolfgang Konrad, Heinz Fischer, Berlins Bürgermeister Klaus Wowereith und Michael Häupl (von links).

Zipfer zone

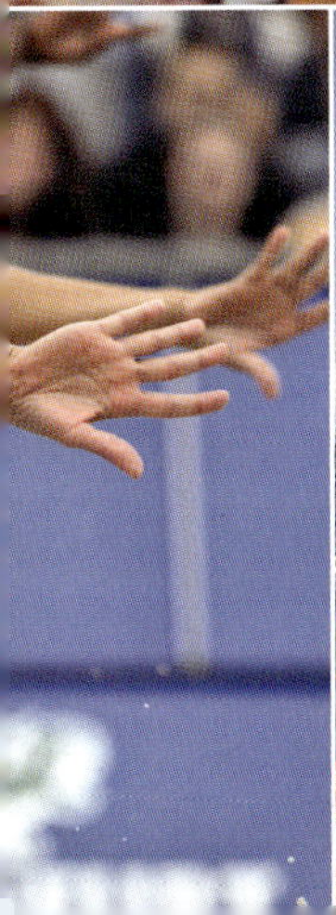

Donauwalzer statt Sirtaki

Die Welle der Begeisterung, die am Wörther See ihren Ursprung hatte, schwappte heuer auch auf Griechenland über ...

Heiße Mädchen tanzten auf dem Sand, die Fans sangen „That's the way I like it" und der Stadionsprecher rief zur nächsten Party auf: Vom traditionellen Beachvolleyball-Grand-Slam in Klagenfurt sind wir das ja gewöhnt – aber heuer herrschte auch bei den ehrwürdigen Olympischen Spielen in Athen eine derart prickelnde Stimmung.

„In Österreich findet das beste Turnier der ganzen Tour statt", gaben die Veranstalter zu, „klar haben wir das genau beobachtet und ein bisserl kopiert." Darauf kann Eventking Hannes Jagerhofer genauso stolz sein wie auf eine olympische Goldmedaille!

Und so schrie der österreichische Starmoderator Tom Bläumauer, der die Zuschauer in Kärnten seit Jahren mitreißt, auch in Athen ins Mikrophon: „Put the hands up in the air!" Und so feierten die Griechen, die sich allerdings erst langsam an die Olympia-Disziplin namens „Beach-Party" gewöhnen mussten, an ihrem Meer die gleichen Feste wie am Wörther See: Am schönsten war wohl der Donauwalzer, bei dem die Fans in Form einer langsamen „Welle" die Wogen (der Begeisterung) simulierten ...

Wer will da schon Sirtaki tanzen?

„Am Anfang waren die Ränge noch leer", berichtete unser Nik Berger, der nach der Knieverletzung seines Partners Clemens Doppler in Athen mit Florian Gosch spielte, „aber dann dürfte es sich herumgesprochen haben, was hier los ist. Und die Leute kamen in Scharen." Das olympische Herren-Endspiel zwischen den siegreichen Brasilianern Emanuel/Ricardo und den Spaniern Bosma/Herrera lockte in Griechenland sogar mehr TV-Zuschauer an als das 100-m-Finale der Herren.

Waren die tanzenden Girls, die die Pausen beim Beachvolleyball genauso kurz hielten wie das Textil an ihrem Körper, für diesen Erfolg verantwortlich? Oder doch die sportlichen Leistungen der Athleten? Wahrscheinlich ist es diese „Kombination made in Austria", die die Fans überall in den Bann zieht.

Unsere Teilnehmer Berger/Gosch sowie Robert Nowotny und Peter Gartmayer kamen zwar nicht, wie erhofft, ins Achtelfinale – trotzdem hinterließ Österreich tiefe Spuren im Sand des olympischen Beachvolleyball-Turniers ...

RACINO

Frank, der Zauberer

Bei der feierlichen Eröffnung des „Magna Racino", Europas größten Pferdesportparks, verriet Frank Stronach sein Erfolgsrezept: „Alles, was ich anfasse, wird irgendwie verzaubert …"

Wetten, dass … Frank Stronach bei der Eröffnungs-Party seines Ebreichsdorfer Pferdesportparks zur Hochform „aufgaloppierte"!

„Alles, was ich anfasse, wird irgendwie verzaubert", meinte der Multi-Millionär im „Magna Racino" – und die Magie des Glücksspiels zog die 4000 Ehrengäste in ihren Bann. „Wir werden noch größer als Las Vegas", sang unser Frankie-Boy ein Loblied auf sein Lebenswerk. Und alle stimmten mit ein, auch der blau-gelbe Landesvater Erwin Pröll: „Stronach sollte eigentlich niederösterreichischer Ehrenbürger werden."

Wetten, dass … er bei seiner Eröffnungsparty sehr, sehr glücklich war!

Benita Ferrero-Waldner, Hubert Gorbach, Karl-Heinz Grasser, Franz Vranitzky, Maria Rauch-Kallat, Liese Prokop, Friedrich Stickler, Hannes Kartnig, Rudi Roth, DJ Ötzi und die vielen anderen VIPs standen trotz des Wolkenbruchs nicht allein im Regen. „Pferderennen finden eben bei jedem Wetter statt", strahlte die Ex-Miss-World Ulla Weigerstorfer, die in Ebreichsdorf als PR-Managerin arbeitet.

Die Opening-Party war jedenfalls für alle Besucher ein Riesen-Gewinn – vor allem für DJ-Ötzi, der diesmal nicht die Hitparade, sondern das Auszahlungs-Büro stürmte: Der „Anton aus Tirol" tippte nämlich gleich beim allerersten Rennen den Sieger und streifte 20 Euro ein.

Das kann übrigens Frank Stronach nicht passieren: Der Multimillionär rührt nämlich Wettscheine fast nie an.

Wetten, dass … er im „Magna Racino", einer Anlage, die europaweit ihresgleichen sucht, trotzdem gewinnt!

Das prachtvolle „Magna Racino" im niederösterreichischen Ebreichsdorf ist Europas größte und modernste Pferderennbahn, bietet dazu viele weitere „Zuckerln" wie Restaurants und Wettmöglichkeiten. Frank Stronach und der blau-gelbe Landeshauptmann Erwin Pröll eröffneten im Frühjahr 2004 stolz die Anlage, die auch typisch britisches Flair wie „Dame mit Hut" und brasilianischen „Samba-Zauber" zu bieten hat.

30 KAMEN DURCH

Höhepunkt beim 10. Erzbergrodeo war das „Red Bull Hare Scramble“ – das schwierigste Enduro-Motorradrennen der Welt.

Der Erzberg war vom 20. bis 23. Mai wieder der Nabel der Enduro-Welt. Das einzigartige Offroad-Spektakel lockte wieder Hunderte Motorrad-Artisten in die Steiermark, alle hatten nur ein Ziel: den „Eisernen Berg“, diese gigantische, unverwundbare Pyramide zu bezwingen. Der härteste Gipfelsturm ist das „Red Bull Hare Scramble“ – über 27 Kilometer pure Offroadstrecke hinauf zum Gipfel, wer ankommt, ist ein Sieger. 2004 war der Deutsche Christian Pfeiffer (Bild oben) der Schnellste (er benötigte 1 Stunde und 29 Minuten), bester Österreicher war Andreas Obereder. PS: Nur 30 der 500 gestarteten Teilnehmer erreichten das Ziel, danach musste das Rennen wegen eines schweren Gewitters abgebrochen werden. Pech hatte der Kärntner Klaus Martinjak – ihm fehlten nur 50 m ...

STATISTIK

von PETER KLÖBL

Ergebnisse und Tabellen der österreichischen Meisterschaften sowie der Olympischen Sommerspiele und der Fußball-EURO 2004

AMERICAN FOOTBALL

Finale

Tyrolean Raiders – Chrysler Vikings 28:20 (14:14)

BADMINTON

Herren

Einzel: Jürgen KOCH
Doppel: Heimo GÖTSCHL/Martin DE JONGE

Damen

Einzel: Simone PRUTSCH
Doppel: Simone PRUTSCH/Sabine FRANZ

Mixed

Verena FASTENBAUER/Harald KOCH

Staatsliga

WAT HERNALS

BAHNENGOLF

Herren

Einzel: Rudolf KLUPATY
Mannschaft: ASKÖ MGC WAT 21 FLORIDSFORF

Damen

Einzel: Christina LINDTNER
Mannschaft ASKÖ MGC BISCHOFSHOFEN

BASEBALL und SOFTBALL

Baseball Herren: WR. NEUSTADT DIVING DUCKS
Softball Damen: DORNBIRN SHARX

BASKETBALL

HERREN

Staatsmeisterschaft

Grunddurchgang

1.Kapfenberg	18	16	2	1655	1471	34
2.Oberwart	18	13	5	1605	1499	31
3.Gmunden	18	12	6	1591	1418	30
4.Wels	18	11	7	1518	1493	29
5.Klosterneuburg	18	11	7	1587	1596	29
6.Wörthersee	18	9	9	1570	1508	27
7.Oberwaltersdorf	18	7	11	1476	1574	25
8.Traiskirchen	18	5	13	1514	1575	23
9.Mattersburg	18	3	15	1429	1598	21
10.Fürstenfeld	18	3	15	1505	1718	21

Meisterrunde

1.Kapfenberg	28	19	9	2460	2313	47
2.Oberwart	28	19	9	2415	2316	47
3.Gmunden	28	19	9	2406	2140	47
4.Wörthersee	28	16	12	2425	2317	44
5.Wels	28	16	12	2355	2341	44
6.Klosterneuburg	28	13	15	2421	2516	41

Viertelfinale (best of three)

Kapfenberg – Traiskirchen 2:0
(94:65, 77:75)
Oberwart – Oberwaltersdorf 2:1
(92:68, 64:87, 96:58)
Gmunden – Klosterneuburg 2:0
(89:72, 103:98)
Wels – Wörthersee 2:0
(92:74, 94:90 n.V.)

Semifinale (best of five)

Kapfenberg – Wels 3:0
(78:59, 86:77, 89:84)
Gmunden – Oberwart 3:1
(90:84, 73:70, 73:80, 90:80)

Finale (best of five)

Kapfenberg – Gmunden 3:1

Kapfenberg – Gmunden 84:78 (35:34)
Gmunden – Kapfenberg 75:68 (37:37)
Kapfenberg – Gmunden 90:88 (51:56)
Gmunden – **Kapfenberg** 86:94 (44:48)

Österreichischer Cup

Gmunden – Oberwart 82:76 (45:40)

DAMEN

Staatsmeisterschaft

Grunddurchgang

1.	Herzogenburg	19	16	3	1607	1086	35
2.	Union Kuenring	19	13	6	1806	1417	32
3.	Baden	19	13	6	1685	1378	32
4.	Post SV	19	12	7	1849	1354	31
5.	UBSC Graz	19	3	16	950	1815	22
6.	Klosterneuburg	19	0	19	1059	1906	18

Meisterrunde

1.	Herzogenburg	6	4	2	488	445	10
2.	Wels	6	3	3	556	540	9
3.	Post SV	6	3	3	512	571	9
4.	Union Kuenring	6	2	4	545	545	8

Semifinale (best of three)

Herzogenburg – Union Kuenring 2:0
(70:66, 67:65)
Wels – Post SV 2:1
(80:74, 93:102, 106:100)

Finale (best of five)

Wels – Herzogenburg 3:1

Herzogenburg – Wels 82:73 (46:32)
Wels – Herzogenburg 90:73 n.V. (69:69)
Herzogenburg – **Wels** 64:70 (33:37)
Wels – Herzogenburg 78:75 (38:35)

Österreichischer Cup

Wels – Herzogenburg 86:76 (40:43)

BILLARD

Pool

Herren

8-Ball: Martin KEMPTNER
9-Ball: Erich GRUBER
14-1 endlos: Martin KEMPTNER

Damen

8-Ball: Jasmin OUSCHAN
9-Ball: Jasmin OUSCHAN

Matchbillard

Herren

Freie Partie: Thomas RIML
Cadre 47/1: Arnim KAHOFER
Cadre 47/2: Arnim KAHOFER
Cadre 71/2 Arnim KAHOFER
Einband: Arnim KAHOFER
Dreiband: Gerhard KOSTISTANSKY
Artistik: Robert IMMERVOLL

Damen

Freie Partie: Ingrid ENGLBRECHT
Dreiband: Ingrid ENGLBRECHT

Mannschaft

Dreiband: BSK AUGARTEN
Pentathlon: WIENER BILLARD ASSOZIATION

BOB und SKELETON

Bob

Herren-Zweier: Wolfgang STAMPFER/Andreas PRÖLLER
Herren-Vierer: Wolfgang STAMPFER/Andreas PRÖLLER/Klaus SEELOS/Jürgen MAYER
Damen-Zweier: Silke ZEUNER/Claudia STERN

Skeleton

Herren: Martin RETTL
Damen Alexandra GRÜNBERGER

BOCCIA

Einzel: Niki NATALE
Zweier: Dieter ILL/Günther ILL
Dreier: D. ILL/G. ILL/Günther HAUSMAYR

BOGENSCHIESSEN

Indoor

Herren

Recurve Einzel: Bruno KOBATH
Recurve Mannschaft: STEIERMARK
Compound Einzel: Gerhard KRANABETTER
Compound Mannschaft: TIROL

Damen

Recurve Einzel:	Karin WÖLL
Recurve Mannschaft:	TIROL
Compound Einzel:	Petra FRIEDL

Outdoor

Herren

Recurve Einzel::	Tobias BÜCHSNER
Recurve Mannschaft:	OBERÖSTERREICH
Compound Einzel:	Christian PODREPSEK
Compound Mannschaft:	TIROL

Damen

Recurve Einzel::	Sabine MAYRHOFER
Recurve Mannschaft:	NIEDERÖSTERREICH
Compound Einzel:	Petra FRIEDL

Feld

Herren

Barebow:	Othmar GOMBOCZ
Recurve:	Johann SUCHAN
Compound:	Hans Jörg KAIN
Mannschaft:	STEIERMARK I

Damen

Barebow:	Reingild LINHART
Recurve:	Sabine MAYRHOFER
Compound:	Petra FRIEDL
Mannschaft:	NIEDERÖSTERREICH I

3-D

Compound limited:	Wolfgang DUCHKOWITSCH
Compound unlimited:	Markus GRITSCH
Langbogen Herren:	Winfried HUMER
Langbogen Damen:	Inge NEUMAYR

BOXSPORT

Halbfliegengewicht:	Anton WALTL
Federgewicht:	Wanusch ABASOW
Leichtgewicht:	Ulrich HARLANDER
Halbweltergewicht:	Michael SEEWALD
Weltergewicht:	Benjamin ONELLI
Mittelgewicht:	Franz KOHLBAUER
Halbschwergewicht:	Rainer GERDENITSCH
Schwergewicht:	Markus BRUGGER
Superschwergewicht:	Andre SIMIC

CASTING

Fliege Ziel:	Kurt WALLNSTORFER
Fliege Weit Einhand:	Helmut HOCHWARTNER
Fliege Weit Zweihand:	Helmut HOCHWARTNER
Gewicht Präzision:	Helmut HOCHWARTNER
Gewicht Ziel:	Helmut HOCHWARTNER
Gewicht Weit 7,5 g:	Gerhard MEINL
Gewicht Weit Zweihand:	Gerhard LAY

CURLING

Herren Mannschaft:	CURLING CLUB KITZBÜHEL
Damen Mannschaft:	CURLING CLUB KITZBÜHEL

EISHOCKEY

Österreichische Meisterschaft

1. KAC	48	162	119	53
2. Linz	48	147	119	43
3. Villach	48	148	134	40
4. Graz	48	141	147	38
5. Vienna Capitals	48	113	128	37
6. Feldkirch	48	116	133	33
7. Innsbruck	48	108	155	32

Semifinale

KAC – Graz 3:0
(4:2, 4:2, 2:0)
Villach – Linz 3:0
(6:4, 2:1 n.V., 4:3 n.P.)

Finale (best of five)

KAC – Villach 3:2

KAC – Villach	3:2 (2:1, 1:0, 0:1)
Villach – **KAC**	1:2 n.P. (0:0, 1:0, 0:1, 0:1)
KAC – **Villach**	1:2 (0:2, 1:0, 0:0)
Villach – KAC	5:3 (1:0, 1:3, 3:0)
KAC – Villach	3:2 n.V. (0:1, 1:0, 1:1, 1:0)

A-Weltmeisterschaft 2004

(Tschechien, 24. April – 9. Mai)

Vorrunde

1.	Kanada	3	2	1	0	8	3	5
2.	**Österreich**	3	1	2	0	12	6	4
3.	Schweiz	3	1	1	1	11	7	3
4.	Frankreich	3	0	0	3	0	15	0

Österreich – Frankreich 6:0 (2:0, 1:0, 3:0), Schweiz – Frankreich 6:0, **Österreich – Kanada 2:2 (1:0, 1:0, 0:2)**, Kanada – Frankreich 3:0, **Österreich – Schweiz 4:4 (0:0, 4:1, 0:3)**, Kanada – Schweiz 3:1.

Zwischenrunde

1.	Tschechien	5	5	0	0	19	5	10
2.	Kanada	5	3	1	1	15	10	7
3.	Lettland	5	1	2	2	8	9	4
4.	Schweiz	5	1	2	2	8	11	4
5.	Deutschland	5	1	1	3	6	14	3
6.	**Österreich**	5	0	2	3	9	16	2

Österreich – Tschechien 0:2 (0:0, 0:1, 0:1), Kanada – Lettland 2:0, Lettland – Schweiz 1:1, **Österreich – Deutschland 1:3 (0:1, 0:1, 1:1)**, Schweiz – Tschechien 1:3, Kanada – Deutschland 6:1, **Österreich – Lettland 2:5 (1:0, 1:3, 0:2)**, Tschechien – Kanada 6:2, Deutschland – Schweiz 0:1.

Damen-Bundesliga

1. Ravens Salzburg	14	126	23	26
2. EHV Sabres	14	148	21	22
3. Vienna Flyers	14	76	28	22
4. Dragons Klagenfurt	14	85	30	18
5. Gipsy Girls Villach	14	34	68	10
6. Grazer Eishexen	14	22	117	8
7. Kundl Crocodiles	14	13	114	4
8. Red Angels Innsbruck	14	17	120	2

Finale (best of five)

Sabres – Salzburg 2:1

Salzburg – **Sabres**	2:4 (2:1, 0:1, 0:2)
Sabres – **Salzburg**	4:5 (0:1, 2:2, 2:2)
Salzburg – **Sabres**	3:6 (2:3, 1:3, 0:0)

EISLAUFSPORT

Eiskunstlauf

Damen:	Julia LAUTOWA
Herren:	Clemens JONAS
Eistanzen	Barbara HERZOG/Dmitri MATSYUK

Schnelllauf

Herren

Vierkampf:	Christian ZOLLER
Sprint:	Christian ZOLLER
Short Track:	Andre PULEC
Short Track Staffel:	SU SPEED SKATING VIENNA

Damen

Vierkampf:	Anna ROKITA
Sprint:	Anna ROKITA
Short Track:	Veronika WINDISCH
Short Track Staffel:	ASKÖ ESV WEIZ

EIS- und STOCKSPORT

Eisstocksport

Herren

Weit:	Bernhard PATSCHG
Ziel-Einzel:	Manfred GUTMANN
Ziel-Mannschaft:	OBERÖSTERREICH
Mannschaft:	EV ROTTENDORF

Damen

Ziel-Einzel:	Rosemarie STRIEDER
Ziel-Mannschaft:	KÄRNTEN
Mannschaft:	EDELWEISS KLAGENFURT

Stocksport

Herren

Weit:	Bernhard PATSCHG
Ziel:	Thomas FUCHS
Ziel-Mannschaft::	LV STEIERMARK
Mannschaft:	ESV VOITSBERG

Damen

Ziel:	Hildegard FINK
Ziel-Mannschaft:	LV SALZBURG
Mannschaft:	HSV GRATKORN

FAUSTBALL

Herren

Halle:	ASKÖ LINZ-URFAHR
Feld:	UNION FREISTADT

Damen

Halle:	UNION ARNREIT
Feld:	UNION ZWETTL/RODL

Europameisterschaft 2004

Herren:	1. Platz	ÖSTERREICH
Damen	3. Platz	ÖSTERREICH

FECHTEN

Herren

Florett-Einzel:	Roland SCHLOSSER
Florett-Mannschaft:	FU MÖDLING 1
Degen-Einzel:	Christoph MARIK
Degen-Mannschaft:	FECHTKLUB BALMUNG
Säbel-Einzel:	Johannes HRADEZ
Säbel-Mannschaft:	STLFL

Damen

Florett-Einzel:	Barbara KOPPENWALLNER
Florett-Mannschaft:	AFC SALZBURG
Degen-Einzel:	Andrea RENTMEISTER
Degen-Mannschaft:	FU MÖDLING
Säbel-Einzel:	Dorothea TANZMEISTER
Säbel-Mannschaft:	ASC WIEN

FLUGSPORT

Fallschirmspringen

Damen Ziel:	Angelika ZECHNER
Herren Stil::	Mark SCHWARZL
Herren Ziel:	Bernhard TRAMMER
Herren Kombination:	Bernhard TRAMMER
Mannschaft Ziel:	AQUALIFE GRAZ 1
4er Formation:	1. OEFC Graz FILA
8er-Formation:	1. OEFC Graz FILA

Modellflug

F3F:	Kurt PLANITZER
F2B:	Walter WEINSEISEN
F3A:	Helmut DANKSAGMÜLLER

Segelflug

15 m Klasse:	Eduard SUPERSBERGER
18 m Klasse:	Wolfgang JANOWITSCH
Offene Klasse:	Thomas HYNEK
Standard Klasse:	Peter HARTMANN

Europameisterschaft

18 m Klasse:	1. Platz	Wolfgang JANOWITSCH

Hängegleiten

Flexible HG:	Robert REISINGER
Starre HG:	Josef BRANDNER

Paragleiten

Streckenflug Einzel:	Rudolf UNTERMOSER

Ballonfahrt

Gerald STÜRZLINGER

FUSSBALL

WM-QUALIFIKATION, Gruppe 7

STAND 8. September 2004

1.	**Österreich**	2	1	1	0	4 2	4
2.	England	2	1	1	0	4 3	4
3.	Polen	2	1	0	1	4 2	3
4.	Wales	2	0	2	0	3 3	2
5.	Aserbaidschan	2	0	1	1	1 3	1
6.	Nordirland	2	0	1	1	2 5	1

4. September 2004, Wien:

Österreich – England 2:2 (0:1)

Österreich: Manninger; Standfest, Stranzl, Martin Hiden, Pogatetz; Sick, Kühbauer, Aufhauser (74. Kiesenebner), Ivanschitz; Glieder (68. Kollmann), Haas (90. Hieblinger).
Torfolge: 0:1 (24.) Lampard, 0:2 (64.) Gerrard, 1:2 (71.) Kollmann (Freistoß), 2:2 (73.) Ivanschitz.

8. September 2004, Wien:

Österreich – Aserbaidschan 2:0 (2:0)

Österreich: Manninger; Standfest, Stranzl, Martin Hiden, Pogatetz; Schopp (57. Dollinger), Kühbauer, Aufhauser, Ivanschitz; Haas (72. Glieder), Kollmann (80. Linz).
Torfolge: 1:0 (23.) Stranzl, 2:0 (44.) Kollmann.

Freundschaftsspiele

31. März 2004, Bratislava:

Slowakei – Österreich 1:1 (0:0)

Österreich: Payer (56. Mandl); Dospel, Hieblinger, Stranzl, Pogatetz; Schopp (79. Wallner), Scharner, Aufhauser, Ivanschitz (65. Dollinger); Haas (70. Kollmann), Kirchler.
Torfolge: 1:0 (72.) Mintal, 1:1 (91.) Kollmann.

28. April 2004, Innsbruck:

Österreich – Luxemburg 4:1 (2:0)

Österreich: Mandl (46. Schranz); Cerny, Stranzl, Hieblinger (46. Dospel), Martin Hiden (72. Standfest); Schopp, Kiesenebner (80. Kovacevic), Kirchler; Wallner (56. Haas), Linz (56. Kollmann).
Torfolge: 1:0 (5.) Kirchler, 2:0 (9.) Kiesenebner, 2:1 (63.) Huss, 3:1 (86.) Haas, 4:1 (88.) Kollmann.

25. Mai 2004, Graz:

Österreich – Russland 0:0

Österreich: Mandl (90. Arzberger); Stranzl, Hieblinger, Martin Hiden, Pogatetz (46. Standfest); Schopp (77. Wallner), Aufhauser (67. Kiesenebner), Kovacevic, Dollinger (82. Amerhauser), Haas (65. Linz), Haas (86. Kollmann).

18. August 2004, Wien:

Österreich – Deutschland 1:3 (1:1)

Österreich: Mandl; Stranzl, Ehmann, Martin Hiden, Katzer; Schopp (46. Kirchler), Kühbauer, Aufhauser, Ivanschitz, Amerhauser (61. Linz); Kollmann (70. Wallner).
Torfolge: 0:1 (2.) Kuranyi, 1:1 (10.) Amerhauser, 1:2 (61.) Kuranyi, 1:3 (73.) Kuranyi.

EUROPACUP 2003/2004

UEFA-CUP

1. Runde

Salzburg – Udinese (It)	0:1 (0:1)
Udinese – **Salzburg**	1:2 (1:0)
Austria – Borussia Dortmund	1:2 (1:1)
Borussia Dortmund – Austria	1:0 (1:0)
Valerenga Oslo (Nor) – GAK	0:0
GAK – **Valerenga Oslo**	1:1 (1:0)
Feyenoord Rotterdam – FC Kärnten	2:1 (0:0)
FC Kärnten – **Feyenoord Rotterdam**	0:1 (0:1)

2. Runde

Salzburg – AC Parma (It)	0:4 (0:0)
AC Parma – Salzburg	5:0 (3:0)

MEISTERSCHAFT 2002/2003

T-Mobile-Bundesliga

1.	GAK	36	21	9	6	62	32	72
2.	Austria	36	21	8	7	63	31	71
3.	Pasching	36	17	12	7	59	41	6
4.	Rapid	36	16	9	11	50	47	57
5.	Bregenz	36	11	12	13	47	58	45
6.	Admira	36	11	9	16	42	49	42
7.	Salzburg	36	11	5	20	44	48	38
8.	Mattersburg	36	9	10	17	39	61	37
9.	Sturm	36	8	11	17	39	52	35
10.	FC Kärnten	36	7	11	18	36	62	32

1. Runde: GAK – Admira 1:0, Kärnten – Austria 2:1, Rapid – Pasching 4:2, Bregenz – Salzburg 1:0, Mattersburg – Sturm 3:1.

2. Runde: Admira – Mattersburg 1:1, Austria – Bregenz 4:0, Pasching – GAK 1:2, Salzburg – Rapid 1:2, Sturm – Kärnten 0:0.

3. Runde: Bregenz – Sturm 2:1, Mattersburg – Kärnten 0:0, Rapid – Admira 1:0, Pasching – Salzburg 3:2, GAK – Austria 1:3.

4. Runde: Salzburg – GAK 1:2, Austria – Mattersburg 3:0, Kärnten – Bregenz 1:1, Sturm – Rapid 0:2, Admira – Pasching 4:0.

5. Runde: Pasching – Sturm 2:1, Admira – Salzburg 4:0, Mattersburg – Bregenz 3:2, Rapid – Austria 2:2, GAK – Kärnten 5:1.

6. Runde: Bregenz – GAK 4:1, Austria – Admira 2:1, Kärnten – Pasching 0:0, Sturm – Salzburg 4:2, Mattersburg – Rapid 1:4.

7. Runde: Admira – Sturm 2:1, GAK – Mattersburg 1:1, Pasching – Bregenz 3:1, Salzburg – Austria 0:0, Rapid – Kärnten 2:2.

8. Runde: Austria –Pasching 1:0, Mattersburg – Salzburg 0:1, Bregenz – Rapid 1:2, Sturm – GAK 2:1, Kärnten – Admira 2:0.

9. Runde: Admira – Bregenz 0:1, Pasching – Mattersburg 1:1, Salzburg – Kärnten 5:0, Sturm – Austria 0:0, Rapid – GAK 2:1.

10. Runde: Austria – Sturm 1:1, Bregenz – Admira 2:2, Kärnten – Salzburg 1:2, Mattersburg – Pasching 4:2, GAK – Rapid 2:0.

11. Runde: Admira – GAK 1:1, Salzburg – Bregenz 0:1, Sturm – Mattersburg 0:1, Austria – Kärnten 3:0, Pasching – Rapid 1:2.

12. Runde: Bregenz – Austria 4:2, GAK – Pasching 1:1, Mattersburg – Admira 1:1, Rapid – Salzburg 0:0, Kärnten – Sturm 0:3.

13. Runde: Admira – Rapid 4:2, Salzburg – Pasching 0:2, Sturm – Bregenz 1:1, Kärnten – Mattersburg 1:2, Austria – GAK 0:1.

14. Runde: Bregenz – Kärnten 3:2, GAK – Salzburg 1:0, Mattersburg – Austria 0:1, Pasching – Admira 3:0, Rapid – Sturm 2:0.

15. Runde: Bregenz – Mattersburg 2:1, Kärnten – GAK 3:0, Salzburg – Admira 1:2, Sturm – Pasching 0:1, Austria – Rapid 2:0.

16. Runde: Admira – Austria 0:2, Pasching – Kärnten 3:0, Rapid – Mattersburg 3:1, Salzburg – Sturm 5:0, GAK – Bregenz 2:0.

17. Runde: Bregenz – Pasching 1:2, Mattersburg – GAK 0:0, Sturm – Admira 2:0, Austria – Salzburg 0:0, Kärnten – Rapid 2:0.

18. Runde: Admira – Kärnten 1:0, Pasching – Austria 2:4, Rapid – Bregenz 2:2, Salzburg – Mattersburg 4:0, GAK – Sturm 1:0.

19. Runde: Austria – Admira 5:1, Mattersburg – Rapid 1:1, Sturm – Pasching 2:2, Kärnten – Salzburg 0:3, Bregenz – GAK 1:0.

20. Runde: Admira – Mattersburg 2:0, GAK – Kärnten 4:1, Pasching – Bregenz 3:0, Salzburg – Austria 0:1, Rapid – Sturm 1:1.

21. Runde: Austria – Pasching 0:1, Kärnten – Admira 0:0, Mattersburg – GAK 1:4, Sturm – Salzburg 0:0, Bregenz – Rapid 1:1.

22. Runde: Admira – Sturm 0:0, Mattersburg – Bregenz 1:1, Pasching – Salzburg 1:0, GAK – Austria 0:0, Rapid – Kärnten 3:2.

23. Runde: Kärnten – Bregenz 3:2, Pasching – Admira 2:1, Salzburg – GAK 1:2, Sturm – Mattersburg 4:0, Austria – Rapid 1:1.

24. Runde: Admira – Salzburg 3:2, Bregenz – Austria 0:1, Mattersburg – Kärnten 2:0, Rapid – Pasching 0:0, GAK – Sturm 1:1.

25. Runde: Admira – Rapid 1:0, Austria – Mattersburg 1:0, Pasching – GAK 3:3, Salzburg – Bregenz 2:0, Sturm – Kärnten 2:0.

26. Runde: Bregenz – Sturm 2:1, GAK – Admira 2:1, Mattersburg – Pasching 0:0, Rapid – Salzburg 2:0, Kärnten – Austria 2:0.

27. Runde: Admira – Bregenz 0:0, Austria – Sturm 5:1, Pasching – Kärnten1:1, Salzburg – Mattersburg 1:0, GAK – Rapid 2:1.

28. Runde: Bregenz – Admira 2:2, Kärnten – Pasching 1:1, Mattersburg – Salzburg 2:1, Rapid – GAK 0:4, Sturm – Austria 1:3.

29. Runde: Admira – Austria 0:1, Salzburg – Kärnten 3:2, GAK – Bregenz 1:0, Pasching – Sturm 3:0, Rapid – Mattersburg 2:0.

30. Runde: Bregenz – Pasching 1:1, Austria – Salzburg 3:0, Kärnten – GAK 0:0, Mattersburg – Admira 3:0, Sturm – Rapid 1:2.

31. Runde: Admira – Kärnten 1:1, GAK – Mattersburg 1:0, Rapid – Bregenz 0:0, Salzburg – Sturm 0:0, Pasching – Austria 1:1.

32. Runde: Bregenz – Mattersburg 3:2, Kärnten – Rapid 0:1, Sturm – Admira 2:0, Salzburg – Pasching 1:2, Austria – GAK 1:3.

33. Runde: Admira – Pasching 1:2, Bregenz – Kärnten 1:1, GAK – Salzburg 3:0, Mattersburg – Sturm 2:2, Rapid – Austria 1:2.

34. Runde: Austria – Bregenz 4:1, Kärnten – Mattersburg 5:1, Pasching – Rapid 2:0, Salzburg – Admira 2:1, Sturm – GAK 0:2.

35. Runde: Bregenz – Salzburg 2:2, GAK – Pasching 1:1, Kärnten – Sturm 2:0, Mattersburg – Austria 4:1, Rapid – Admira 1:3.

36. Runde: Admira – GAK 2:1, Austria – Kärnten 2:0, Pasching – Mattersburg 4:0, Salzburg – Rapid 2:0, Sturm – Bregenz 4:1.

Red Zac Erste Liga

1.	Wacker Tirol	36	22	6	8	65	44	72
2.	Austria Lustenau	36	18	11	7	55	36	65
3.	Kapfenberg	36	18	6	12	68	55	60
4.	Interwetten	36	18	6	12	61	48	60
5.	Ried	36	16	8	12	60	43	56
6.	DSV Leoben	36	11	13	12	44	44	46
7.	LASK	36	12	8	16	46	55	44
8.	SV Wörgl	36	9	10	17	48	66	37
9.	FC Lustenau	36	6	13	17	40	58	31
10.	BSV Juniors	36	5	9	22	31	69	24

ABSTEIGER: BSV Juniors, FC Lustenau,
NEU in der ersten Liga Altach und Gratkorn

ÖSTERREICHISCHER CUP

Finale

GAK – Austria 3:3 (2:2, 1:1) n.V. / Elfer 5:4

EUROPACUP 2004/2005

Champions League

3. Qualifikationsrunde

GAK – Liverpool 0:2 (0:1)
Liverpool – GAK 0:1 (0:0)

UEFA-CUP

Qualifikationsrunde

Illychivets Mariupol (Ukr) – Austria 0:0
Austria – Illychivets Mariupol 3:0 (1:0)

Rapid – Rubin Kazan (Russ) 0:2 (0:0)
Rubin Kazan – **Rapid** 0:3 (0:2)

Pasching – Zenit St. Petersburg (Russ) 3:1 (2:1)
Zenit St. Petersburg – Pasching 2:0 (2:0)

1. Runde

GAK – Liteks Lovetch (Bul) 5:0 (3:0)
Liteks Lovetch – **GAK** 1:0 (0:0)

Austria – Legia Warschau (Pol) 1:0 (0:0)
Legia Warschau – **Austria** 1:3 (0:2)

Sporting Lissabon (Por) – Rapid 2:0 (0:0)
Rapid – **Sporting Lissabon** 0:0

UI-CUP

1. Runde

Bregenz – Khazar (Aserbaiddschan) 0:3*
Khazar – Bregenz 2:1 (1:0)

* der ursprüngliche 4:0-Sieg der Bregenzer wurde strafverifiziert, da die Vorarlberger unberechtigt drei Nachwuchsspieler eingesetzt hatten.

DAMEN-BUNDESLIGA

1.	Neulengbach	18	16	1	1	107	10	49
2.	Landhaus	18	14	3	1	69	14	45
3.	Innsbrucker AC	18	11	2	5	69	27	35
4.	Südburgenland	18	8	4	6	38	33	28
5.	LUV Graz	18	8	3	7	31	27	27
6.	Ardagger/N.	18	8	1	9	38	51	25
7.	Kleinmünchen	18	7	3	8	49	41	24
8.	St. Margarethen	18	4	3	11	23	53	15
9.	Dörfl	18	3	1	14	13	76	10
10.	Hellas Kagran	18	0	1	17	12	117	1

ÖSTERREICHISCHER CUP

Finale

Neulengbach – Südburgenland 12:0 (5:0)

GEWICHTHEBEN

Herren

Bis 56 Kilogramm

Reißen: Alfred IMMLER
Stoßen: Alfred IMMLER
Zweikampf Alfred IMMLER

Bis 62 Kilogramm

Reißen: Mario PICHLER
Stoßen: Mario PICHLER
Zweikampf Mario PICHLER

Bis 69 Kilogramm

Reißen: Michael AMSÜSS
Stoßen: Michael AMSÜSS
Zweikampf Michael AMSÜSS

Bis 77 Kilogramm

Reißen: Dietmar OBERDANNER
Stoßen: Thomas LANGTHALER
Zweikampf Thomas LANGTHALER

Bis 85 Kilogramm

Reißen: Robert WACHET
Stoßen: Robert WACHET
Zweikampf Robert WACHET

Bis 94 Kilogramm

Reißen: Klaus HOFWIMMER
Stoßen: Jürgen TROLL
Zweikampf Jürgen TROLL

Bis 105 Kilogramm

Reißen:	Rudolf KOBLER
Stoßen:	Rudolf KOBLER
Zweikampf	Rudolf KOBLER

Über 105 Kilogramm

Reißen:	Matthias STEINER
Stoßen:	Matthias STEINER
Zweikampf	Matthias STEINER

Damen

Reißen:	Heidi NEUBACHER
Stoßen:	Heidi NEUBACHER
Zweikampf	Heidi NEUBACHER

Mannschaft

AKH VÖSENDORF

GOLFSPORT

Zählspiel Herren:	Siegfried BERETZKI
Zählspiel Damen:	Stefanie ENDSTRASSER
Matchplay Herren:	Bernd WIESBERGER
Matchplay Damen:	Stefanie ENDSTRASSER
Mannschaft Herren	GC DELLACH
Mannschaft Damen	GC DELLACH

HANDBALL

HERREN

Staatsmeisterschaft

Grunddurchgang

1.	Bregenz	18	13	3	2	507	450	29
2.	Hard	18	11	3	4	479	430	25
3.	West Wien	18	10	0	8	465	449	20
4.	Linz	18	10	0	8	470	461	20
5.	Margareten	18	8	3	7	500	494	19
6.	Tulln	18	7	3	8	471	471	17
7.	Innsbruck	18	8	1	9	512	509	17
8.	Krems	18	8	1	9	507	490	17
9.	Bärnbach/Köfl.	18	6	0	12	439	497	12
10.	Gänserndorf	18	2	0	16	417	516	4

Meisterrunde

1.	Bregenz	14	12	0	2	400	343	31 (7)
2.	West Wien	14	8	0	6	367	375	21 (5)
3.	Hard	14	7	0	7	372	352	20 (6)
4.	Krems	14	10	0	4	371	340	20 (0)
5.	Linz	14	5	1	8	331	342	15 (4)
6.	Margareten	14	4	0	10	373	394	11 (3)
7.	Innsbruck	14	5	0	9	382	408	11 (1)
8.	Tulln	14	4	1	9	341	383	11 (2)

() Bonuspunkte aus dem Grunddurchgang

Finale (best of three)

Bregenz – West Wien 2:0

Bregenz – West Wien	36:12 (16:12)
West Wien – **Bregenz**	22:25 (8:9)

Österreichischer Cup

Tulln – Hard	25.20 (11:10)

EUROPACUP 2003/2004

Champions League

Qualifikationsrunde

Hard – Minsk (WRuss)	35:17 (18:5)
Minsk – **Hard**	26:26 (14:11)

Hauptrunde

Hard – **Montpellier**	18:27 (5:14)
Leon – Hard	29:24 (15:15)
Hard – **Moskau**	26:30 (13:14)
Hard – **Leon**	24:32 (12:19)
Montpellier – Hard	29:24 (14:11)
Moskau – Hard	33:22 (15:9)

1.	Montpellier (Fra)	6	5	0	1	167	144	10
2.	Leon (Spa)	6	4	0	2	179	161	8
3.	Moskau (Russ)	6	3	0	3	166	165	6
4.	**Hard**	6	0	0	6	138	180	0

Cupsieger

2. Runde

Bregenz – Wisla Plock (Pol)	27:22 (10:11)
Wisla Plock – **Bregenz**	27:26 (12:11)

3. Runde

Bregenz – Creteil (Fra)	22:24 (14:12)
Creteil – Bregenz	19:16 (10:9)

EHF-Cup

2. Runde

Linz – Nikosia (Zyp)	30:18 (10:9)
Nikosia – **Linz**	22:24 (10:11)

3. Runde

Linz – Santander (Spa)	18:29 (8:15)
Santander – Linz	27:22 (10:12)

DAMEN

Staatsmeisterschaft

Grunddurchgang

1.	Wr. Neustadt	16	16	0	0	593	319	32
2.	Hypo NÖ 2	16	12	0	4	459	354	24
3.	Korneuburg	16	11	1	4	472	405	23
4.	Fünfhaus	16	9	1	6	389	364	19
5.	Dornbirn/Sch.	16	7	0	9	397	407	14
6.	Tulln	16	5	1	10	341	420	11
7.	Maroltingerg.	16	4	1	11	402	524	9
8.	A. Landhaus	16	4	1	11	358	441	9
9.	Floridsdorf	16	1	1	14	285	462	3

Meisterrunde

1.	Hypo NÖ	6	6	0	0	210	123	12
2.	Wr. Neustadt	6	4	0	2	192	162	8
3.	Hypo NÖ 2	6	2	0	4	161	192	4
4.	Korneuburg	6	0	0	6	119	205	0

Österreichischer Cup

Hypo NÖ – Wr. Neustadt	39:25 (19:16)

WELTMEISTERSCHAFT

(Kroatien, 1. – 14. Dezember 2003)

Vorrunde, Gruppe B

1.	Russland	5	5	0	0	153	106	10
2.	Südkorea	5	4	0	1	165	113	8
3.	**Österreich**	5	3	0	2	165	130	6
4.	Tschechien	5	2	0	3	126	125	4
5.	Angola	5	1	0	4	119	120	2
6.	Uruguay	5	0	0	5	77	211	0

Österreich – Angola 29:19 (19:6), Österreich – Uruguay 47:20 (22:9), Österreich – Tschechien 29:22 (16:11), Österreich – Russland 26:30 (15:16), Österreich – Südkorea 34:39 (16:17).

Zwischenrunde

1.	Frankreich	5	4	0	1	128	121	8
2.	Südkorea	5	3	0	2	158	151	6
3.	Spanien	5	2	1	2	139	138	5
4.	Russland	5	2	1	2	129	129	5
5.	Serbien-Monten.	5	2	0	3	145	158	4
6.	Österreich	5	1	0	4	149	151	2

Österreich – Spanien 26:27 (14:19), Österreich – Frankreich 25:28 (15:14), Österreich – Serbien-Montenegro 38:27 (22:14). – **Österreich belegte den 11. Endrang**.

EUROPACUP 2003/2004

Champions League

Qualifikationsrunde

Hypo NÖ – Nordstrand Oslo (Nor)	22:22 (12:10)
Nordstrand Oslo – Hypo NÖ	21:25 (14:12)

Hauptrunde

Hypo NÖ – Skopje	25:23 (13:11)
Slagelse – Hypo NÖ	38:26 (16:7)
Hypo NÖ – Nis	28:23 (16:11)
Hypo NÖ – **Slagelse**	27:29 (10:12)
Skopje – Hypo NÖ	25:23 (11:10)
Nis – **Hypo NÖ**	28:30 (16:16)

1.	Slagelse (Dk)	6	5	1	0	178	152	11
2.	Skopje (Maz)	6	3	1	2	154	148	7
3.	**Hypo NÖ**	6	3	0	3	159	166	6
4.	Nis (Serbien-M.)	6	0	0	6	156	181	0

Cupsieger

2. Runde

Korneuburg – Holon (Isr)	40:24 (20:11)
Korneuburg – Holon	35:19 (18:6)

3. Runde

Korneuburg – Lutch Moskau (Russ)	18:31 (7:14)
Korneuburg – **Lutch Moskau**	17:30 (7:14)

Viertelfinale

Hypo NÖ – Vaci (Ung)	30:15 (16:10)
Vaci – **Hypo NÖ**	26:30 (11:14)

Semifinale

FCK Kopenhagen (Dk) – Hypo NÖ	27:29 (14:13)
Hypo NÖ – FCK Kopenhagen	39:24 (20:12)

Finale

Hypo NÖ – Ikast (Dk)	35:30 (20:16)
Ikast – Hypo NÖ	36:22 (18:11)

EHF-Cup

2. Runde

Wr. Neustadt – Cornexi Alcoa (Ung)	28:22 (13:14)
Cornexi Alcoa – **Wr. Neustadt**	26:31 (18:11)

3. Runde

Wr. Neustadt – Rapid Bukarest (Ru)	29:34 (14:19)
Rapid Bukarest – Wr. Neustadt	30:21 (13:11)

Challenge-Cup

3. Runde

Dornbirn/Schoren – Merignacais (Fra)	23:32 (10:17)
Merignacais – Dornbirn/Schoren	28:22 (14:11)

HOCKEY

Herren

Halle: WAC
Feld: WAC

Damen

Halle: HC WR. NEUDORF
Feld: HC WR. NEUDORF

JAGD- und WURFTAUBEN

Trap FU

Herren: Peter BLAZEK jun.
Mannschaft : NIEDERÖSTERREICH 1

Trap FA

Herren: Franz TICHY
Mannschaft : NIEDERÖSTERREICH

Trap FO

Herren: Philipp HOFBAUER
Mannschaft : VORARLBERG

Jagdlich Trap FA

Herren: Adolf TSCHERNER
Damen: Marianne GABER
Mannschaft: STEIERMARK 3

Jagdlich Trap FO

Herren: Philipp HOFBAUER
Damen: Silvia ZOTTER
Mannschaft: NIEDERÖSTERREICH 2

Doubletrap

Herren: Walter PFLEGER
Damen: Silvia EIDENBERGER
Mannschaft: NIEDERÖSTERREICH 1

Jagdlich Kugel

Herren: Franz KASPAR

Olympisch Skeet

Herren: Josef ERBSCHWENDTNER
Mannschaft: SALZBURG 1

Jagdlich Skeet

Herren: Josef ERBSCHWENDTNER
Damen: Monika FUNK
Mannschaft: SALZBURG 1

Jagdparcours

Herren: Josef NEUBURGER
Damen: Regine SCHEICHENOST
Mannschaft: NIEDERÖSTERREICH 1

Compak Sporting

Herren: Matthias RATHAMMER
Mannschaft: WIEN

JIU-JITSU

Herren

bis 62 kg: Peter SUROVIC
bis 69 kg: Oliver HAIDER
bis 77 kg: Matthias GASTGEB
bis 85 kg: Hannes DATTERL
bis 94 kg: Hannes GANSELMAYER
über 94 kg: Georg NOVAK
Duo: Daniel HOFMANN/ Christian BEISTEINER

Damen

bis 55 kg: Katharina KRIZSANITS
bis 62 kg: Corina CEKADA
über 70 kg: Bettina KAINZ
Duo: Katharina KRIZSANITS/ Eva EHRLICH

Mixed

Marion TREMEL / Daniel HOFMANN

JUDO

Herren

bis 60 kg: Ludwig PAISCHER
bis 66 kg: Roland STEGMÜLLER
bis 73 kg: Christoph SCHWENNINGER
bis 81 kg: Florian RINNERTHALER
bis 90 kg: Stefan KIMESWEGER
bis 100 kg: Franz BIRKFELLNER
über 100 kg: Eric KRIEGER

Damen

bis 48 kg: Yvonne SCHERNTHANER
bis 52 kg: Renate WASSERMANN
bis 57 kg: Maria WURMSHUBER
bis 63 kg: Claudia HEILL
bis 70 kg: Silvia SCHLAGNITWEIT
bis 78 kg: Marianne MORAWEK
über 78 kg: Christine DORFINGER

Europameisterschaft

Herren, bis 60 kg 1 Platz Ludwig PAISCHER

KANU

Herren

Kajak-Einer 200 m: Harald HUDETZ
Kajak-Einer 500 m: Günther BRIEDL
Kajak-Einer 1000 m: Günther BRIEDL
Kajak-Zweier 200 m: Alexander STARK/ Christian ENDL
Kajak-Zweier 500 m: Alexander STARK/ Michael HACKL
Kajak-Zweier 1000 m: Gerhard SCHMID/ Harald HUDETZ
Kajak-Zweier Marathon: Markus STOLLNBERGER/ Wolfgang HÖCHTL
Kajak-Vierer 200 m: Alexander STARK/ Michael HACKL/ Christian ENDL/ Michael WLACH
Kajak-Vierer 500 m: Harald HUDETZ/ Michael HACKL/ Michael WLACH/ Christian ENDL
Kajak-Vierer 1000 m: Harald HUDETZ/ Herwig NATMESSNIG/ Gerhard SCHMID/ Mathias SCHMID
Canadier-Einer 200 m: Vasile LEHACI
Canadier-Einer 500 m: Michael PFLEGER
Canadier-Einer 1000 m: Vasile LEHACI
Canadier-Zweier 200 m: Vasile LEHACI/ Markus STOLLNBERGER
Canadier-Zweier 500 m: Vasile LEHACI/ Christoph PÖSTINGER
Canadier-Zweier 1000 m: Vasile LEHACI/ Gregor SCHOBESBERGER
Canadier-Zweier Marathon: Georg GEORGIEV/ Gregor SCHOBESBERGER
Slalom K1: Herwig NATMESSNIG
Slalom Mannschaft: Herwig NATMESSNIG/ Harald HUDETZ Gerhard SCHMID
WW Regatta Sprint K1: Harald HUDETZ
WW Regatta Team K1: Harald HUDETZ/ Gerhard SCHMID/ Mathias SCHMID

Damen

Kajak-Einer 200 m: Petra SCHLITZER
Kajak-Einer 500 m: Petra SCHLITZER
Kajak-Einer 1000 m: Viktoria SCHWARZ
Kajak-Zweier 200 m: Viktoria SCHWARZ/ Julia HAMBERGER
Kajak-Zweier 500 m: Viktoria SCHWARZ/ Julia HAMBERGER
Kajak-Zweier 1000 m: Viktoria SCHWARZ/ Julia HAMBERGER
Kajak-Zweier Marathon: Julia KAGERHUBER/ Viktoria SCHWARZ
Kajak-Vierer 200 m: Viktoria SCHWARZ/ Julia HAMBERGER/ Michaela SCHLÖGLMANN/ Theresa JAMNIG
Kajak-Vierer 500 m: Viktoria SCHWARZ/ Julia HAMBERGER/ Michaela SCHLÖGLMANN/ Theresa JAMNIG
Slalom K1: Corinna KUHNLE
Wildwasser Sprint K 1: Corinna KUHNLE

KARATE

Kata

Herren

Einzel:	Simon KLAUSBERGER
Mannschaft:	SU SCHWANENSTADT

Damen

Einzel:	Tanja DIENHOFER
Mannschaft:	SU SCHWANENSTADT

Kumite

Herren

bis 60 kg:	Robert GALVAS
bis 65 kg:	Peter PRIEWASSER
bis 70 kg:	Christian LOAKER
bis 75 kg:	Daniel DEVIGILI
bis 80 kg:	Thomas SCHELL
über 80 kg:	Georg PETERMANN
Open:	Jean-Marc MAYER
Mannschaft:	NIPPON WIEN

Damen

bis 53 kg:	Sonja ANDERL
bis 60 kg:	Eva FRIESENHAHN
über 60 kg:	Elisabeth FUCHS
Open:	Sabrina WRANN

KICKBOXEN

Semikontakt

Herren

bis 60 kg:	Robert HÖGLER
bis 67 kg:	Markus BELLINGER
bis 71 kg:	Michael GEBHART
bis 75 kg:	Ivan KULEV
bis 81 kg:	Daniel GRUBER
bis 91 kg:	Rupert GRITSCH
über 91 kg:	Günther WENINGER

Damen

bis 55 kg:	Nicole PENDL
bis 65 kg:	Birgit HAASER
über 65 kg:	Nina HORWATH

Leichtkontakt

Herren

bis 60 kg:	Thomas SULZENBACHER
bis 67 kg:	Armin HARB
bis 71 kg:	Karl GRUBER
bis 75 kg:	Michael GERDENITSCH
bis 81 kg:	Rainer GERDENITSCH
bis 91 kg:	Marcus PRÜGGER
über 91 kg:	Peter ERTL

Damen

bis 55 kg:	Nicole PENDL
bis 65 kg:	Nicole TRIMMEL
über 65 kg:	Christine GRÖSSING

Vollkontakt

Herren

bis 60 kg:	Mario KRAKOLINIG
bis 63,5 kg:	Thomas SULZENBACHER
bis 67 kg:	Armin HARB
bis 71 kg:	Karl GRUBER
bis 75 kg:	Michael GERDENITSCH
bis 80 kg:	Rainer GERDENITSCH
bis 85 kg:	Patrick GERDENITSCH
bis 91 kg:	Marcus PRÜGGER
über 91 kg:	Rupert GRITSCH

KRAFTDREIKAMPF

Bankdrücken

Herren

bis 67,5 kg:	Peter MUIGG
bis 75 kg:	Gerhard VALLAZZA
bis 82,5 kg:	Andreas ZEILINGER
bis 90 kg:	Thomas WETZSTEIN
bis 100 kg:	Frank RANZ
bis 110 kg:	Jürgen WIMMER
bis 125 kg:	Siegfried STEINMEIR
Über 125 kg:	Dieter KRESKER

Damen

bis 44 kg:	Margit WANKO
bis 48 kg:	Monika ENGELWIRTH
bis 52 kg:	Karin HOLLAUS
bis 56 kg:	Marion BRAUN
bis 60 kg:	Karin INNERHOFER
bis 67,5 kg:	Susanna CUNAT
bis 75 kg:	Claudia NAROVNIGG
bis 90 kg:	Rosemarie BEER
über 90 kg:	Manuela LUECKER

LEICHTATHLETIK

Halle

Herren

60 m:	Martin LACHKOVICS	6,76
200 m:	Thomas SCHEIDL	21,28
400 m:	Ralf HEGNY	48,24
800 m:	Markus HAILING	1:56,53
1500 m:	Daniel SPITZL	3:47,62
3000 m:	Florian DÜRR	8:29,07
60 m Hürden:	Leo HUDEC	7,86
4 x 200 m:	UNION SALZBURG 1 (Stanek/Purkrabek/Klampfer/Kwitt)	1:27,42
Weitsprung:	Isagani PEYCHÄR	7,50
Hochsprung:	Michael STERNAD	2,08
Dreisprung:	Klaus BIBERAUER	15,06
Stabhochsprung:	Roland SCHWARZL	5,02
Kugelstoßen:	Gerhard ZILLNER	17,26
Siebenkampf:	Franz PETTER	5.302

Damen

60 m:	Bettina MÜLLER	7,34
200 m:	Jennif. SCHNEEBERGER	24,45
400 m:	Bettina GERMANN	55,78
800 m:	Elisabeth NIEDEREDER	2:13,65
1500 m:	Alexandra KUMPF	4:31,60
3000 m:	Andrea MAYR	9:55,55
60 m Hürden:	Daniela WÖCKINGER	8,37
4 x 200 m:	ULC LINZ 1 (S. Wöckinger/Obermayr/D. Wöckinger/O. Wöckinger)	1:43,00
Weitsprung:	Olivia WÖCKINGER	6,39
Hochsprung:	Alexandra DREIER	1,74
Dreisprung:	Olivia WÖCKINGER	12,66
Stabhochsprung:	C. KLAUSBRUCKNER	3,70
Kugelstoßen:	Valentina FEDJUSCHINA	15,37
Fünfkampf	Elisabeth PLAZOTTA	3.954

Freiluft

Herren

100 m:	Roland KWITT	10,64
200 m:	Roland KWITT	21,32
400 m:	Ralf HEGNY	47,25
800 m:	Daniel SPITZL	1:53,76
1500 m:	Daniel SPITZL	3:55,43
5000 m:	Günther WEILINGER	14:14,18
10.000 m:	Günther WEIDLINGER	29:28,62
110 m Hürden:	Leo HUDEC	14,28
400 m Hürden:	Ralf HEGNY	53,75
3000 m Hindern.	Martin PRÖLL	8:40,08
4 x 100 m:	UNION SALZBURG (Tschepen/Kwitt/Klampfer/Sambs)	41,88
4 x 400 m:	ULV KREMS (Hollensteiner/Fürtauer/Zeller/Hegny)	3:17,97
3 x 1.000 m:	UNION SALZBURG (Müller/S. Thaler/W. Thaler)	7:43,54
Weitsprung:	Isagani PEYCHÄR	7,55
Hochsprung:	Günther GASPER	2,00
Dreisprung:	Klaus BIBERAUER	14,84
Stabhochsprung:	Thomas TEBBICH	4,70
Kugelstoßen:	Gerhard ZILLNER	18,16
Diskuswurf:	Gerhard MAYER	54,95
Hammerwurf:	Benjamin SIART	59,92
Speerwurf	Max LINHER	67,53
Zehnkampf:	Thomas TEBBICH	7.431
Halbmarathon:	Harald STEINDORFER	1:06,55
Marathon:	Roman WEGER	2:18:54
Cross-Kurzstr.:	Günther WEIDLINGER	11:17,3
Cross-Langstr.:	Christian PFLÜGL	31:49,5
Gehen (20 km):	Norbert JUNG	1:45,54
Berglauf:	Helmut SCHMUCK	54:00,21

Damen

100 m:	Bettina MÜLLER	11,26
200 m:	Karin MAYR	23,27
400 m:	Viktoria STEINMÜLLER	54,99
800 m:	Elisabeth NIEDEREDER	2:18,62
1500 m:	Susanne PUMPER	4:24,21
5000 m:	Eva-Maria GRADWOHL	17:17,32
10.000 m:	Andrea MAYR	36:42,16
100 m Hürden:	Lisi MAUERER	13,44
400 m Hürden:	Sarah BAIER	1:01,12
3000 m Hindern.	Andrea MAYR	10:27,02
4 x 100 m:	NÖ SVS (Eigner/Gribitz/Eidenberger/Mayr)	47,35
4 x 400 m:	UNION SALZBURG (Schwarzl/Aschenberger/J. & S. Baier)	3:51,49
3 x 800 m:	UNION SALZBURG (Aschenberger/S. Baier/J. Baier)	6:46,49
Weitsprung:	Olivia WÖCKINGER	6,72
Hochsprung:	Daniela KRIECHBAUM	1,70

Dreisprung:	Olivia WÖCKINGER	12,55
Stabhochsprung:	Brigitta PÖLL	3,60
Kugelstoßen:	Valentina FEDJUSCHINA	14,48
Diskuswurf:	Veronika WATZEK	51,76
Hammerwurf:	Claudia STERN	55,01
Speerwurf	Simone IGL	46,37
Siebenkampf:	Elisabeth PLAZOTTA	5.190
Halbmarathon:	Eva-Maria GRADWOHL	1:16,38
Marathon:	Ingrid EICHBERGER	2:50:08
Cross:	Sandra BAUMANN	19:43,6
Gehen (10 km):	Viera TOPOREK	55,56
Berglauf:	Petra SUMMER	46:01,00

HALLEN-WM

(Budapest, 5. – 7. März 2004))

Herren

3.000 m:

19. Platz	Günther WEIDLINGER	7:59,82

Damen

60m:

23. Platz	Bettina MÜLLER	7,42

200 m:

3. Platz*	Karin MAYR-KRIFKA	23,18

* ursprünglich Platz vier, da die Siegerin Anastasia Kapatschinskaja (Russland) des Dopings überführt wurde und ihre Goldmedaille verlor, rückte Karin Mayr-Krifka auf Platz drei vor.

MODERNER FÜNFKAMPF

Herren:	Thomas DANIEL
Damen:	Verena JÄGGLE

MOTORSPORT

FORMEL I

Weltmeisterschaft 2003

1. Michael SCHUMACHER (D/Ferrari)	93
2. Kimi RAIKKÖNEN (Fin/McLaren)	91
3. Juan Pablo MONTOYA (Kol/Williams)	82
4. Rubens BARRICHELLO (Bra/Ferrari)	65
5. Ralf SCHUMACHER (D/Williams)	58
6. Fernando ALONSO (Spa/Renault)	55

WM-Läufe

AUSTRALIEN (Melbourne, 9. März): 1. Coulthard, 2. Montoya, 3. Raikkönen, 4. Michael Schumacher, 5. Trulli, 6. Frentzen, 7. Alonso, 8. Ralf Schumacher.

MALAYSIA (Sepang, 23. März): 1. Raikkönen, 2. Barrichello, 3. Alonso, 4. Ralf Schumacher, 5. Trulli, 6. Michael Schumacher, 7. Button, 8. Heidfeld.

BRASILIEN (Interlagos, 6. April): 1. Fisichella, 2. Raikkönen, 3. Alonso, 4. Coulthard, 5. Frentzen, 6. Villeneuve, 7. Ralf Schumacher, 8. Trulli.

SAN MARINO (Imola, 20. April): 1. Michael Schumacher, 2. Raikkönen, 3. Barrichello, 4. Ralf Schumacher, 5. Coulthard, 6. Alonso, 7. Montoya, 8. Button.

SPANIEN (Barcelona, 4. Mai): 1. Michael Schumacher, 2. Alonso, 3. Barrichello, 4. Montoya, 5. Ralf Schumacher, 6. da Matta, 7. Webber, 8. Firman.

ÖSTERREICH (Spielberg, 18. Mai): 1. Michael Schumacher, 2. Raikkönen, 3. Barrichello, 4. Button, 5. Coulthard, 6. Ralf Schumacher, 7. Webber, 8. Trulli.

MONACO (Monte Carlo, 1. Juni): 1. Montoya, 2. Raikkönen, 3. Michael Schumacher, 4. Ralf Schumacher, 5. Alonso, 6. Trulli, 7. Coulthard, 8. Barrichello.

KANADA (Montreal, 15. Juni): 1. Michael Schumacher, 2. Ralf Schumacher, 3. Montoya, 4. Alonso, 5. Barrichello, 6. Raikkönen, 7. Webber, 8. Panis.

EUROPA (Nürburgring, 29. Juni): 1. Ralf Schumacher, 2. Montoya, 3. Barrichello, 4. Alonso, 5. Michael Schumacher, 6. Webber, 7. Button, 8. Heidfeld.

FRANKREICH (Magny-Cours, 6. Juli): 1. Ralf Schumacher, 2. Montoya, 3. Michael Schumacher, 4. Raikkönen, 5. Coulthard, 6. Webber, 7. Barrichello, 8. Panis.

GROSSBRITANNIEN (Silverstone, 20. Juli): 1. Barrichello, 2. Montoya, 3. Raikkönen, 4. Michael Schumacher, 5. Coulthard, 6. Trulli, 7. da Matta, 8. Button.

DEUTSCHLAND (Hockenheim, 3. August): 1. Montoya, 2. Coulthard, 3. Trulli, 4. Alonso, 5. Panis, 6. da Matta, 7. Michael Schumacher, 8. Button.

UNGARN (Hungaroring, 24. August): 1. Alonso, 2. Raikkönen, 3. Montoya, 4. Ralf Schumacher, 5. Coulthard, 6. Webber, 7. Trulli, 8. Michael Schumacher.

ITALIEN (Monza, 14. September): 1. Michael Schumacher, 2. Montoya, 3. Barrichello, 4. Raikkönen, 5. Gene, 6. Villeneuve, 7. Webber, 8. Alonso.

USA (Indianapolis, 28. September): 1. Michael Schumacher, 2. Raikkönen, 3. Frentzen, 4. Trulli, 5. Heidfeld, 6. Montoya, 7. Fisichella, 8. Wilson.

JAPAN (Suzuka, 12. Oktober 2003): 1. Barrichello, 2. Raikkönen, 3. Coulthard, 4. Button, 5. Trulli, 6. Sato, 7. da Matta, 8. Michael Schumacher.

Weltmeisterschaft 2004

(Stand 26. September)

1. Michael SCHUMACHER (D/Ferrari)	136
2. Rubens BARRICHELLO (Bra/Ferrari)	108
3. Jenson BUTTON (Gb/BAR)	79
4. Fernando ALONSO (Spa/Renault)	50
5. Jarno TRULLI (It/Renault)	46
Juan Pablo MONTOYA (Kol/Williams)	46
16. **Christian KLIEN** (Jaguar)	3

WM-Läufe

AUSTRALIEN (Melbourne, 7. März): 1. Michael Schumacher, 2. Barrichello, 3. Alonso, 4. Ralf Schumacher, 5. Montoya, 6. Button, 7. Trulli, 8. Coulthard ... 11. **Klien.**

MALAYSIA (Sepang, 21. März): 1. Michael Schumacher. 2. Montoya, 3. Button, 4. Barrichello, 5. Trulli, 6. Coulthard, 7. Alonso, 8. Massa ... 10. **Klien.**

BAHRAIN (Manama, 4. April): 1. Michael Schumacher, 2. Barrichello, 3. Button, 4. Trulli, 5. Sato, 6. Alonso, 7. Ralf Schumacher, 8. Webber ... 14. **Klien.**

SAN MARINO (Imola, 25. April): 1. Michael Schumacher, 2. Button, 3. Montoya, 4. Alonso, 5. Trulli, 6. Barrichello, 7. Ralf Schumacher, 8. Raikkönen ... 14. **Klien.**

SPANIEN (Barcelona, 9. Mai): 1. Michael Schumacher, 2. Barrichello, 3. Trulli, 4. Alonso, 5. Sato, 6. Ralf Schumacher, 7. Fisichella, 8. Button ... **Klien** (technischer Defekt) in der 46. Runde ausgeschieden.

MONACO (Monte Carlo, 23. Mai): 1. Trulli, 2. Button, 3. Barrichello, 4. Montoya, 5. Massa, 6. da Matta, 7. Heidfeld, 8. Panis ... **Klien** (Kollision) in der ersten Runde ausgeschieden.

EUROPA (Nürburgring, 30. Mai): 1. Michael Schumacher, 2. Barrichello, 3. Button, 4. Trulli, 5. Alonso, 6. Fisichella, 7. Webber, 8. Montoya ... 12. **Klien.**

KANADA (Montreal, 13. Juni): 1. Michael Schumacher, 2. Barrichello, 3. Button, 4. Fisichella, 5. Raikkönen, 6. Coulthard, 7. Glock, 8. Heidfeld, 9. **Klien.**

USA (Indianapolis, 20. Juni): 1. Michael Schumacher, 2. Barrichello, 3. Sato, 4. Trulli, 5. Panis, 6. Raikkönen, 7. Coulthard, 8. Baumgartner ... **Klien** (Unfall) in der ersten Runde ausgeschieden.

FRANKREICH (Magny-Cours, 4. Juli): 1. Michael Schumacher, 2. Alonso, 3. Barrichello, 4. Trulli, 5. Button, 6. Coulthard, 7. Raikkönen, 8. Montoya ... 11. **Klien.**

GROSSBRITANNIEN (Silverstone, 11. Juli): 1. Michael Schumacher, 2. Raikkönen, 3. Barrichello, 4. Button, 5. Montoya, 6. Fisichella, 7. Coulthard, 8. Webber ... 14. **Klien.**

DEUTSCHLAND (Hockenheim, 25. Juli): 1. Michael Schumacher, 2. Button, 3. Alonso, 4. Coulthard, 5. Montoya, 6. Webber, 7. Pizzonia, 8. Sato ... 10. **Klien.**

UNGARN (Hungaroring, 15. August): 1. Michael Schumacher, 2. Barrichello, 3. Alonso, 4. Montoya, 5. Button, 6. Sato, 7. Pizzonia, 8. Fisichella ... 13. **Klien.**

BELGIEN (Spa, 29. August): 1. Raikkönen, 2. Michael Schumacher, 3. Barrichello, 4. Massa, 5. Fisichella, 6. **Klien**, 7. Coulthard, 8. Panis.

ITALIEN (Monza, 12. September): 1. Barrichello, 2. Michael Schumacher, 3. Button, 4. Sato, 5. Montoya, 6. Coulthard, 7. Pizzonia, 8. Fisichella ... 13. **Klien.**

CHINA (Shanghai, 26. September): 1. Barrichello, 2. Button, 3. Raikkönen, 4. Alonso, 5. Montoya, 6. Sato, 7. Fisichella, 8. Massa ... **Klien** (Kollision) in der elften Runde ausgeschieden.

ORIENTIERUNGSLAUF

Herren

Tag-OL Sprint:	Felix BREITSCHÄDEL
Tag-OL Mittelstrecke:	Felix BREITSCHÄDEL
Tag-OL long:	Felix BREITSCHÄDEL
Tag-OL Staffel:	Felix BREITSCHÄDEL/ Tobias BREITSCHÄDEL/ Norbert HELMINGER
Ski-OL Sprint:	Johann KUGLER
Ski-OL klassisch:	Johann KUGLER
Ski-OL Staffel:	Max HABE NICHT/ Dieter MIKULA/ Markus BUCHTELE

Damen

Tag-OL Sprint:	Lucie BÖHM
Tag-OL Mittelstrecke:	Lucie BÖHM
Tag-OL long:	Lucie BÖHM
Tag-OL Staffel:	Lucie BÖHM/ Andrea EISL/ Christine GATHERCOLE
Ski-OL Sprint:	Sonja ZINKL
Ski-OL klassisch:	Sonja ZINKL
Ski-OL Staffel:	Ursula VARGA/Sonja ZINKL

PFERDESPORT

Springen:	Anton Martin BAUER
Springen Mannschaft:	A. SCHÖBER/A. WIMMER R. u. P. ENGLBRECHT/
Dressur:	Victoria MAX-THEURER
Vielseitigkeit:	Claudia MÖLLER
Einspänner:	Albert POINTL
Zweispänner	Georg MOSER
Distanzreiten:	Gertraud NIKLES
Voltigieren Herren:	Gregor STÖCKL
Voltigieren Damen:	Christa KRISTOFICS-BINDER
Voltigieren Gruppe:	VG PILL/TU SCHWAZ

RADSPORT

Herren

Straße Einzel:	Harald MORSCHER
Straße Berg:	Hans-Peter OBWALLER
Straße Einzelzeitfahren:	Georg TOTSCHNIG
Querfeldein	Peter PRESSLAUER
Mountainb. Downhill:	Walter MARTINSCHITZ
Mountainbike Cross:	Michael WEISS
Mountainb. Marathon:	Alban LAKATA
Kunstfahren:	Manuel FRICK
Radball:	Andreas LUBETZ/ Reinhard SCHNEIDER

Damen

Straße Einzel:	Christiane SOEDER
Straße Einzelzeitfahren:	Christiane SOEDER
Querfeldein:	Isabella WIESER
Mountainb. Downhill:	Petra BERNHARD
Mountainbike Cross:	Bärbel JUNGMAIER
Mountainb. Marathon:	Monika SCHACHL
Kunstfahren:	Denise BOLLER

Österreich-Rundfahrt

Gesamtwertung

1.	Cadel EVANS (Aus/T-Mobile)	26:27:36
2.	Michele SCARPONI (It/Domina Vac.)	+ 0:19
3.	Maurizio VANDELLI (It/Resch & Frisch)	+ 0:28
4.	Tomas KONECNY (Tch/T-Mobile)	+ 1:07
5.	Jure GOLCER (Slo/Formaggi Pinzolo)	+ 1:28
6.	Paul CRAKE (Aus/Corratec)	+ 1:28
7.	Christian WERNER (D/T-Mobile)	+ 1:36
8.	Wim VAN HUFFEL (Bel/Vlaanderen)	+ 2:52
9.	Yaroslav POPOVYCH (Ukr/Landbouw.)	+ 2:54
10.	**Thomas ROHREGGER** (Ö/Hervis)	+ 3:01
11.	**Harald MORSCHER** (Ö/Volksbank)	+ 3:09
12.	**Gerhard TRAMPUSCH** (Österreich)	+ 3:13
13.	Matija KVASINA (Kro/Perutnina)	+ 3:36
14.	**Andreas MATZBACHER** (Ö/Saeco)	+ 3:38
15.	Theo ELTINK (Ho/Rabobank)	+ 3:49

Weitere Österreicher: 24. Harald TOTSCHNIG (Elk) + 10:32, 36. Stefan RUCKER (Elk) + 18:22, 41. Christian PFANNBERGER (Österreich) + 21:40, 43. Bernhard KOHL (Rabobank) + 22:29, 45. Christian PÖMER (Hervis) + 23:17, 61. Werner FALTHEINER (Österreich) + 31:04, 62. Siegfried BAUER (Corratec) + 31:15, 63. Markus EIBEGGER (Österreich) + 31:19, 70. Harald BERGER (Österreich) + 33:36, 73. Wolfgang MURER (Elk) + 33:59, 75. Jochen SUMMER (Elk) + 35:04, 78. Thomas MAIR (Resch & Frisch) + 36:29, 85. Peter PICHLER (Resch & Frisch) + 38:59, 86. Paul KASIS (Österreich) + 38:59, 90. Patrick RIEDESSER (Hervis) + 39:42, 91. Rene KOPEINIG (Corratec) + 39:46, 92. Andrew BRADLEY (Elk) + 40:20, 96. Peter PRESSLAUER (Volksbank) + 42:48, 98. Werner RIEBENBAUER (Hervis) + 43:48, 99. Johann JAUK (Resch & Frisch) + 43:49, 104. Rudolf AMETSREITER (Resch & Frisch) + 48:38, 106. Christoph KERSCHBAUM (Österreich) + 49:06, 107. Michael PICHLER (Resch & Frisch) + 50:59, 109. Hubert HAMMERL (Corratec) + 51:07, 110. Roland WAFFLER (Elk) + 54:33.

Etappenwertungen

1. Etappe (Salzburg – Salzburg, 148 km): Tom STEELS (Bel)
2. Etappe (Salzburg – Kitzbühler Horn, 144 km): Cadel EVANS
3. Etappe (Kitzbühel – Bad Hofgastein, 186 km): Tom STEELS
4. Etappe (Bad Hofgastein – Lienz, 148 km): Gerrit GLOMSER
5. Etappe (Lienz – St. Veit/Glan, 174 km): Filippo SIMEONI
6. Etappe (St. Veit – Bad Radkersburg, 195 km): Jan KUYCKX (Bel)
7. Etappe (Wien-Ringstraße, Rundstrecke, 124 km): Ludo DIERCKXSENS (Bel)

Einzelwertungen

Berg: 1. Konecny 30, 2. Sijmens 24, 3. Mahoric 21, 4. Evans 16, 5. Crake 16, 6. Vandelli 14, 7. Scarponi 10, 8. **Rucker** 8, 9. **Matzbacher** 8, 10. **Pfannberger** 8.

Sprint: 1. Kopp 17, 2. Hungerbühler 13, 3. **Rucker** 12, 4. Herman 11, 5. **Faltheiner** 8, 6. **Riedesser** 8, 7. Cappe 8, 8. Schumacher 7, 9. Konecny 6, 10. Moerenhout 6.

Punkte: 1. Steels 50, 2. Kopp 35, 3. Scarponi 25, 4. Mori 24, 5. Evans 23, 6. Gardeyn 21, 7. Konecny 20, 8. Vanlandschoot 20, 9. Moerenhout 16, 10. Simeoni 15.

Team: 1. T-Mobile (D) 79:25:50, 2. Domina Vacanze (It) + 5:53, 3. Saeco (It) + 19:39, 4. Perutnina (Slo) + 26:51, 5. Landbouwkr,.Colnago (Bel) + 27:13, 6. Vlaanderen (Bel) + 28:14, 7. Formaggi Pinzolo (It) + 36:43, 8. Rabobank (Ho) + 37:05, 9. **Volksbank Ideal** + 37:16, 10. **Corratec Austria** (Ö) + 43:35.

RINGEN

Herren

Griechisch-Römisch

bis 55 kg:	Helmut MÜHLBACHER
bis 60 kg:	Hannes LIENBACHER
bis 66 kg:	Thomas KATHAN
bis 74 kg:	Peter PHILIPPITSCH
bis 84 kg:	Hannes HARING
bis 96 kg:	Thomas KRUG
bis 120 kg:	Alexander NEUMÜLLER

Freistil

bis 55 kg:	Helmut MÜHLBACHER
bis 60 kg:	Markus NAGEL
bis 66 kg:	Lubos CIKEL
bis 74 kg:	Mario HARTMANN
bis 84 kg:	Haris TAJIC
bis 96 kg:	Thomas LOACKER
bis 120 kg:	Radovan VALACH

Sumoringen

bis 85 kg:	Rupert BRANDAUER
bis 115 kg:	Thomas KRUG
über 115 kg:	Ernö LASZLO
Open:	Mario FRÜHWIRTH

Damen

bis 48 kg:	Sonja KÖB
bis 51 kg:	Sonja WINKLER
bis 55 kg:	Sandra HINTERBAUER
bis 63 kg:	Birgit STERN
bis 67 kg:	Nikola HARTMAN-DÜNSER
bis 72 kg:	Marina GASTL

RODELN

Kunstbahn

Herren Einsitzer:	Armin PFISTER
Doppelsitzer::	Tobias und Markus SCHIEGL
Damen Einsitzer:	Sonja MANZENREITER

Kunstbahn-EM

3. Platz	Doppelsitzer	Andreas LINGER/ Wolfgang LINGER
3. Platz	Mannschaft	Martin ABENTUNG/ Veronika HALDER/ LINGER/LINGER

Naturbahn

Herren Einsitzer:	Gernot SCHWAB
Doppelsitzer:	Reinhard BEER/Herbert KÖGL
Damen Einsitzer:	Sandra MARINER

Naturbahn-EM

1. Platz	Herren-Einsitzer	Andreas PILZ
3. Platz	Herren-Einsitzer	Gerald KALLAN
3. Platz	Herren-Doppel	Andreas SCHOPF/ Wolfgang SCHOPF

ROLLSPORT

Herren

Downhill:	Werner LADURNER
Halbmarathon::	Hannes WOLF
Marathon:	Hannes WOLF
Bahn:	Thomas SCHIMATSCHEK

Damen

Downhill:	Elisabeth SCHRENK
Halbmarathon::	Eva PATZL
Marathon:	Anna ROKITA
Bahn:	Emese DÖRFLER-ANTAL

Rollhockey

RHC Dornbirn

RUDERN

Herren

Einer:	Ralph KREIBICH
Zweier ohne:	B. PFALLER/P. RUTTMANN
Doppelzweier:	F. HÖLLERSBERGER/Ch. UHL
Vierer ohne:	P. SOMMEREGGER/U. DAXBÖCK/ M. HINTERLEITNER/P. BERGER
Doppelvierer:	Th. PFALLER/B. PFALLER/ Wolfgang SIGL jun./P. RUTTMANN
Achter:	1. WRC LIA
Einer Leicht:	Daniel STENGG
Zweier ohne l.:	U. DAXBÖCK/P. SOMMEREGGER
Doppelzweier leicht:	Wolfgang SIGL jun./ Dominik SIGL
Vierer ohne leicht:	W. SIGL jun./D. SIGL/ V. PARZER/P. RUTTMANN
Doppelvierer leicht:	B. FEUERSTEIN/M. GRASS T. BÖHLER/R. REITER

Damen

Einer:	Birgit NEUWIRTH
Doppelzweier:	B. BOGNER/C. SPRINGER
Doppelvierer:	H. HABERL/J. REIL/ E. MEIDL/C. SPRINGER
Vierer ohne:	H. HABERL/J. REIL/ B. BOGNER/E. MEIDL
Einer leicht:	Michaela TAUPE

SCHIESSEN

Herren

Armbrust

10 m Einzel:	Christian MÖLG
10 m Mannschaft:	OBERÖSTERREICH

Laufende Scheibe

10 m Normallauf Einzel:	Herbert GRASBÖCK
10 m Normallauf Mannschaft:	OBERÖSTERREICH
50 m Normallauf Einzel:	Herbert GRASBÖCK
50 m Normallauf Mannschaft:	OBERÖSTERREICH
50 m gemischter Lauf Einzel:	Herbert GRASBÖCK
50 m gemischter Lauf Mannsch.:	OBERÖSTERREICH

Gewehr (50 m)

60 Schuss liegend Einzel:	Wolfram WAIBEL j.
60 Schuss liegend Mannsch.:	VORARLBERG
3 x 40 Schuss Einzel:	Thomas FARNIK
3 x 40 Schuss Mannschaft:	TIROL

Gewehr (300 m)

60 Schuss liegend Einzel:	Hannes GUFLER
3 x 20 Schuss Einzel:	Christian PLANER

Luftgewehr

Einzel:	Wolfram WAIBEL
Mannschaft:	TIROL

Luftpistole

Einzel:	Günter ZÖBL
Mannschaft:	BURGENLAND

Schnellfeuerpistole

Einzel:	Georg LEITNER
Mannschaft:	BURGENLAND

Zentralfeuerpistole

Einzel:	Giovanni BOSSI
Mannschaft:	TIROL

Pistole (50 m)

Einzel:	Giovanni BOSSI
Mannschaft:	TIROL

IPSC

Open Einzel:	Andreas STETTIN
Standard Einzel:	Hermann KIRCHWEGER

Damen

Armbrust

10 m Einzel:	Margit BRABEC
10 m Mannschaft	NIEDERÖSTERREICH

Kleinkalibergewehr

60 Schuss liegend Einzel:	Barbara SCHUBERT
60 Schuss liegend Mannschaft:	WIEN
3 x 20 Einzel:	Regina TIME
3 x 20 Mannschaft:	WIEN

Luftgewehr

Einzel:	Monika HASELSBERGER
Mannschaft:	TIROL

Luftpistole

Einzel:	Dr. Regina ENDER
Mannschaft:	NIEDERÖSTERREICH

25 m Pistole

Einzel:	Jana KUBALA
Mannschaft:	WIEN

IPSC

Open:	Gabriele KRAUSHOFER
Standard:	Elisabeth STRASSER

Offene Klasse

Armbrust

30 m kniend Einzel:	Harald HAUSEGGER
30 m stehend Einzel:	Thomas LAMPL
30 m Komb. Einzel:	Roland RAAB
30 m Komb. Mannsch.:	TIROL

IPSC

Open Mannschaft:	TIROL
Standard Mannschaft:	NIEDERÖSTERREICH

Vorderlader – Freies Perkussionsgewehr

50 m Einzel:	Andreas GASSNER
50 m Mannschaft:	TIROL
100 m Einzel:	Andreas GASSNER
100 m Mannschaft:	OBERÖSTERREICH

Vorderlader – Perkussionspistole

Einzel:	Helmut ZÖBL
Mannschaft:	OBERÖSTERREICH

Vorderlader - Perkussionsrevolver

Einzel:	Siegfried BÖCK
Mannschaft:	TIROL

Vorderlader - Steinschlosspistole

Einzel:	Sebastian NÖSSING
Mannschaft:	OBERÖSTERREICH

SCHWIMMEN

Halle

Herren

50 m Kraul:	Dominik KOLL	23,97
100 m Kraul:	Dominik KOLL	51,56
200 m Kraul:	Dominik KOLL	1:50,81
400 m Kraul	Dominik KOLL	3:58,33
800 m Kraul:	Hannes KALTEIS	8:09,59
1500 m Kraul:	Hannes KALTEIS	15:27,81
4 x 100 m Kraul:	ASV WIEN I (S. Stoss/K. Stoss/ Sonnleitner/Podoprigora)	3:36,82
4 x 200 m Kraul:	ASV WIEN I (S. Stoss/Sonnleitner/ Stockinger/Ostermaier)	8:00,53
50 m Rücken:	Lukas OSTERMAIER	27,33
100 m Rücken:	Lukas OSTERMAIER	57,95
200 m Rücken:	Oliver SCHMICH	2:02,99
50 m Brust:	Thomas NARNHOFER	30,06
100 m Brust:	Maxim PODOPRIGORA	1:03,46
200 m Brust:	Maxim PODOPRIGORA	2:18,69
50 m Delphin:	Martin SPITZER	25,60
100 m Delphin:	Dietmar STOCKINGER	56,93
200 m Delphin:	Oliver SCHMICH	2:04,49
200 m Lagen:	Oliver SCHMICH	2:06,39
400 m Lagen:	Sebastian STOSS	4:32,51
4 x 100 m Lagen:	ASV WIEN (Ostermaier/Podoprigora/ S. Stoss/Stockinger)	3:52,03

Damen

50 m Kraul:	Judith DRAXLER	25,80
100 m Kraul:	Birgit KOSCHISCHEK	57,57
200 m Kraul:	Jördis STEINEGGER	2:03,41
400 m Kraul	Jördis STEINEGGER	4:21,40
800 m Kraul:	Petra ZAHRL	9:04,32
1500 m Kraul:	Claudia TROGBACHER	17:24,46
4 x 100 m Kraul:	ASV WIEN Roth//Scherschneva/ Schwarz/Heidenreich	4:04,07
4 x 200 m Kraul:	ASV WIEN (Koschischek/Scherschneva/ Roth/Heidenreich)	9:08,00
50 m Rücken:	Marlies DEMAL	30,59
100 m Rücken:	Nina DITTRICH	1:07,65
200 m Rücken:	Jördis STEINEGGER	2:21,81
50 m Brust:	Mirna JUKIC	33,17
100 m Brust:	Mirna JUKIC	1:09,31
200 m Brust:	Mirna JUKIC	2:28,51
50 m Delphin:	Fabienne NADARAJAH	27,21
100 m Delphin:	Fabienne NADARAJAH	1:00,82
200 m Delphin:	Petra ZAHRL	2:14,93

200 m Lagen:	Mirna JUKIC	2:17,98
400 m Lagen:	Mirna JUKIC	4:53,19
4 x 100 m Lagen:	SC AUSTRIA WIEN (Köck/Jukic/Lewandowski/Pokorny)	4:30,24

Freiluft

Herren

50 m Kraul:	Dominik KOLL	23,97
100 m Kraul:	Dominik KOLL	50,86
200 m Kraul:	Dominik KOLL	1:52,66
400 m Kraul	Dominik KOLL	4:01,29
800 m Kraul	Hannes KALTEIS	8:18,13
1500 m Kraul:	Hannes KALTEIS	15:48,09
4 x 100 m Kraul:	SU SALZBURG (Schmich/Schmoller/Schentz/Ryaskov)	3:34,64
4 x 200 m Kraul:	SU SALZBURG (Schmich/Schmoller/Schentz/Ryaskov)	7:53,73
50 m Rücken:	Erwin DOKTER	28,04
100 m Rücken:	Markus ROGAN	56,68
200 m Rücken:	Markus ROGAN	2:01,68
50 m Brust:	Stefan WIPPLINGER	30,08
100 m Brust:	Stefan WIPPLINGER	1:04,24
200 m Brust:	Martin CERNANSKY	2:19,86
50 m Delphin:	Plamen RYASKOV	25,35
100 m Delphin:	Dietmar STOCKINGER	56,45
200 m Delphin:	Oliver SCHMICH	2:03,36
200 m Lagen:	Oliver SCHMICH	2:05,99
400 m Lagen:	Oliver SCHMICH	4:31,56
4 x 100 m Lagen:	ASV WIEN (Ostermaier/Stoss/Swoboda/Stockinger)	3:59,47

Damen

50 m Kraul:	Judith DRAXLER	25,74
100 m Kraul:	Birgit KOSCHISCHEK	57,07
200 m Kraul:	Jördis STEINEGGER	2:06,12
400 m Kraul	Petra ZAHRL	4:24,05
800 m Kraul:	Petra ZAHRL	8:47,31
1.500 m Kraul:	Petra ZAHRL	16:46,36
4 x 100 m Kraul:	SC AUSTRIA WIEN (Dittrich/Rychlewski/Stecher/Zahrl)	4:01,22
4 x 200 m Kraul:	ASV WIEN Koschischek/Roth/Krupicka/Heidenreich	9:06,65
50 m Rücken:	Marilies DEMAL	31,01
100 m Rücken:	Barbara AUER	1:05,55
200 m Rücken:	Barbara AUER	2:19,33
50 m Brust:	Mirna JUKIC	33,77
100 m Brust:	Mirna JUKIC	1:10,75
200 m Brust:	Mirna JUKIC	2:28,22
50 m Delphin:	Marilies DEMAL	27,38
100 m Delphin:	Fabienne NADARAJAH	1:01,26
200 m Delphin:	Petra ZAHRL	2:15,79
200 m Lagen:	Mirna JUKIC	2:17,85
400 m Lagen:	Mirna JUKIC	4:54,14
4 x 100 m Lagen:	SC AUSTRIA WIEN (Rychlewski/Dittrich/Stecher/Zahrl)	4:32,74

Synchronschwimmen

Solo:	Lisbeth MAHN
Duett:	Lisbeth MAHN/Nadine BRANDL
Team:	SU WIEN

Wasserspringen

Herren

1 m, 3m und Turm:	Constantin BLAHA
Synchron:	Const. BLAHA/Sascha WITTMANN

Damen

1 m u. 3 m::	Veronika KRATOCHWIL
Turm:	Marion REIFF
Synchron:	Veronika KRATOCHWIL/Caroline FRECE

Wasserball

WBC TIROL

Kurzbahn-Europameisterschaft

(Dublin, 11. – 14. Dezember 2003)

Herren

100 m Kraul:		
51. Platz	Dominik KOLL	50,14
200 m Kraul:		
18. Platz	Markus ROGAN	1:47,49
19. Platz	Dominik KOLL	1:47,50
400 m Kraul:		
29. Platz	Dominik KOLL	3:55,40
50 m Brust:		
36. Platz	Thomas NARNHOFER	29,43
100 m Brust:		
40. Platz	Thomas NARNHOFER	1:03,65
200 m Brust:		
34. Platz	Thomas NARNHOFER	2:16,05
100 m Rücken:		
5. Platz	Markus ROGAN	52,39
200 m Rücken:		
3. Platz	Markus ROGAN	1:53,08

Damen

50 m Kraul:		
6. Platz	Judith DRAXLER	24,81
100 m Kraul:		
24. Platz	Judith DRAXLER	55,28
50 m Brust:		
9. Platz	Mirna JUKIC	31,42
100 m Brust:		
3. Platz	Mirna JUKIC	1:06,68
200 m Brust:		
1. Platz	Mirna JUKIC	2:21,09
50 m Delfin:		
3. Platz	Fabienne NADARAJAH	26,44
9. Platz	Judith DRAXLER	26,83
100 m Delfin:		
14. Platz	Fabienne NADARAJAH	1:00,00

Europameisterschaft

(Madrid, 5. – 16. Mai 2004)

Herren

100 m Kraul:		
30. Platz	Dominik KOLL	51,66
200 m Kraul:		
9. Platz	Dominik KOLL	1:50,51
100 m Brust:		
15. Platz	Maxim PODOPRIGORA	1:03,58
200 m Brust:		
	Maxim PODOPRIGORA	disqual.
50 m Rücken:		
23. Platz	Lukas OSTERMAIER	27,06
100 m Rücken:		
2. Platz	Markus ROGAN	55,27
23. Platz	Lukas OSTERMAIER	2:02,53
200 m Rücken:		
1. Platz	Markus ROGAN	1:57,58
9. Platz	Lukas OSTERMAIER	2:02,53
200 m Lagen:		
1. Platz	Markus ROGAN	1:59,79
400 m Lagen:		
4. Platz	Markus ROGAN	4:17,75

Damen

50 m Kraul:		
7. Platz	Judith DRAXLER	25,71
18. Platz	Fabienne NADARAJAH	36,40
100 m Kraul:		
21. Platz	Birgit KOSCHISCHEK	57,45
200 m Kraul:		
20. Platz	Jördis STEINEGGER	2:04,42
29. Platz	Birgit KOSCHISCHEK	2:07,71
50 m Brust:		
14. Platz	Mirna JUKIC	33,23
100 m Brust:		
3. Platz	Mirna JUKIC	1:09,41
200 m Brust:		
1. Platz	Mirna JUKIC	2:27,25
50 m Delfin:		
6. Platz	Judith DRAXLER	27,29
10. Platz	Fabienne NADARAJAH	27,62
100 m Delfin:		
10. Platz	Fabienne NADARAJAH	1:00,46

200 m Delfin:

5. Platz	Petra ZAHRL	2:10,50

100 m Rücken:

24. Platz	Barbara AUER	1:06,36

200 m Rücken:

17. Platz	Barbara AUER	2:20,26

200 m Lagen:

16. Platz	Jördis STEINEGGER	2:22,17

400 m Lagen:

13. Platz	Jördis STEINEGGER	5:03,02

Wasserspringen

Damen, 1-m-Brett

16. Platz Veronika KRATOCHWIL

Damen, 3-m-Brett

14. Platz Veronika KRATOCHWIL

Damen, 10-m-Turm

7. Platz Anja RICHTER
10. Platz Marion REIFF

Damen, Turm Synchro

4. Platz Anja RICHTER/Marion REIFF

SEGELN

Finn:	Michael GUBI
Laser:	Bertram FISCHER
Soling:	Carl AUTERIED/ Udo MOSER/ Martin KENDLER
Star:	Franz KLOIBER/ Michael MÜLLER
Tornado:	Roman HAGARA/ Hans Peter STEINACHER
Pirat:	Walter SCHASCHL/ Andreas GILHOFER
Dart:	Luis GAZZARI/ Vanessa KRAMER
Europe:	Verena WAGNER
Hobie Cat 16:	Philipp BELCREDI/ Wolfgang WARNOLD
Drachen:	Dietmar GREIFNER/ Martin FUSSI/ Helmut WOLLNER
49-er:	Dominik und Daniel KOCHOLL
H-Boot:	Stefan FRAUSCHER Peter HAININGER/ Peter FABOWSKY
Tempest:	Willi EBSTER/ Josef STEININGER
Yngling Herren:	Martin LUTZ/ Georg SKOLAUT
Yngling Damen:	Stephanie BARTENSTEIN/ Doris WOLLNER/ Lisa FARTHOFER
Mistral Herren:	Martin SANDRIESER
Mistral Damen:	Regina STADLER

SKIBOB

Herren

Riesenslalom:	Markus MOSER
Slalom:	Markus MOSER
Super-G:	Markus MOSER
Kombination:	Markus MOSER

Damen

Riesenslalom:	Petra MÖRTENHUBER
Slalom:	Petra MÖRTENHUBER
Super-G:	Petra MÖRTENHUBER
Kombination:	Petra MÖRTENHUBER

SKISPORT

Snowboard

Herren

PSL:	Andreas PROMMEGGER
PGS:	Felix STADLER
SBX:	Manuel GEILER
Halfpipe:	Alexander STÜTLER

Damen

PSL:	Claudia RIEGLER
PGS:	Heidi NEURURER
SBX:	Doris GÜNTHER
Halfpipe:	Nici PEDERZOLLI

Langlauf

Herren

15 km:	Johannes EDER
50 km:	Martin TAUBER
Doppelverfolgung:	Jürgen PINTER
K.o.-Sprint:	Thomas STÖGGL
Teamsprint:	Roland DIETHART/Gerhard URAIN

Damen

10 km:	Barbara FEICHTNER
30 km:	Katharina SMUTNA
Doppelverfolgung:	Katharina SMUTNA
K.o.-Sprint:	Barbara FEICHTNER
Teamsprint:	Barb. FEICHTNER/Daniela BICHEL

Nordische Kombination

Einzel:	Felix GOTTWALD
Sprint:	Felix GOTTWALD

Biathlon

Herren

10 km-Sprint:	Hans ACHORNER
Verfolgung:	Hans ACHORNER
15 km:	Christoph SUMANN
3 x 7,5 km Staffel:	Daniel u. Martin MESOTITSCH/ Friedrich PINTER

Damen

7,5 km-Sprint:	Nicole PFLUGER
10 km Verfolgung:	Nicole PFLUGER
12,5 km:	Tanja WENTSEIS
3 x 6 km Staffel:	Nicole PFLUGER/Julia KRÖLL/ Elisabeth MAYER

Grasski

Herren

Slalom:	Christian BALEK
Riesenslalom:	Christian BALEK
Super G	Christian BALEK
Kombination:	Christian BALEK

Damen

Slalom:	Ingrid HIRSCHHOFER
Riesenslalom:	Ingrid HIRSCHHOFER
Super G:	Ingrid HIRSCHHOFER
Kombination:	Ingrid HIRSCHHOFER

Firngleiten

Herren

Slalom:	Pierre EGGER
Riesenslalom:	Arnold STEINER
Kombination:	Pierre EGGER

Damen

Slalom:	Maria WINDERLE
Riesenslalom:	Simona HÖLLERMANN
Kombination:	Simona HÖLLERMANN

SKI ALPIN

Herren – Weltcup

Gesamtwertung

1.	**Hermann MAIER**	1265
2.	**Stephan EBERHARTER**	1223
3.	**Benjamin RAICH**	1139

... 4. Bode MILLER (US) 1134, 5. Daron RAHLVES (US) 1004, 6. Kalle PALANDER (Fin) 944, 7. **Michael WALCHHOFER** 828, 8. Lasse KJUS (Nor) 824, 9. **Hans KNAUSS** 796, 10. **Rainer SCHÖNFELDER** 727, 11. Bjarne SOLBAKKEN (Nor) 696, 12. **Andreas SCHIFFERER** 694, 13. Didier CUCHE (Sz) 647, 14. **Fritz STROBL** 625, 15. **Christoph GRUBER** 578.

Weitere Österreicher: 23. Mario MATT 352, 25. Manfred PRANGER 347, 26. Heinz SCHILCHEGGER 340, 28, Johann GRUGGER 291, 29. Klaus KRÖLL 290, 33. Hannes TRINKL 274, 46. Stephan GÖRGL 175, 48. Kilian ALBRECHT 172, 61. Kurt ENGL 113, 64. Martin MARINAC 113, 67. Christian MAYER 98, 69. Norbert HOLZKNECHT 87, 85. Josef STROBL 56, 99. Peter RZEHAK 31, 111. Werner FRANZ 18, 138. Hannes REICHELT 4.

Gesamtwertung Abfahrt

1.	**Stephan EBERHARTER**	831
2.	Daron RAHLVES	627
3.	**Hermann MAIER**	537

... 4. **Fritz STROBL** 512, 5. **Michael WALCHHOFER** 503, 6. **Hans KNAUSS** 421, 7. Antoine DENERIAZ (Fra) 367, 8. Ambrosi HOFFMANN (Sz) 317, 9. Lasse KJUS und Didier CUCHE 316, 11. **Andreas SCHIFFERER** 296, 12. **Klaus KRÖLL** 290, 13. Bjarne SOLBAKKEN 268, 14. **Johann GRUGGER** 266, 15. Bruno KERNEN (Sz) 241.

Weitere Österreicher: 17. Christoph GRUBER und Hannes TRINKL 200, 29. Norbert HOLZKNECHT 77, 35. Benjamin RAICH 41, 38. Peter RZEHAK 31, 42. Josef STROBL 22, 45. Werner FRANZ 18.

Gesamtwertung Super-G

1. **Hermann MAIER** 580
2. Daron RAHLVES 340
3. **Stephan EBERHARTER** 312

... 4. Bjarne SOLBAKKEN 298, 5. **Michael WALCHHOFER** 243, 6. **Hans KNAUSS** 237, 7. Lasse KJUS 230, 8. **Benjamin RAICH** 215, 9. **Andreas SCHIFFERER** 212, 10. Didier CUCHE 211, 11. **Christoph GRUBER** 173, 12. Patrik JAERBYN (Sd) 151, 13. Bruno KERNEN 149, 14. Tobias GRUENENFELDER (Sz) 140, 15. Aksel Lund SVINDAL (Nor) 138.

Weitere Österreicher: 18. Fritz STROBL 113, 20. Stephan GÖRGL 95, 23. Hannes TRINKL 74, 29. Josef STROBL 34, 33. Johann GRUGGER 25, 38. Norbert HOLZKNECHT 10.

Gesamtwertung Riesenslalom

1. Bode MILLER 410
2. Kalle PALANDER 349
3. Massimiliano BLARDONE (It) 266

... 4. **Benjamin RAICH** 255, 5. Davide SIMONCELLI (It) 238, 6. **Heinz SCHILCHEGGER** 210, 7. Frederic COVILI (Fra) 190, 8. Joel CHENAL (Fra) 187, 9. **Andreas SCHIFFERER** 186, 10. Christoph GRUBER 181, 11. Arnold RIEDER (It) 154, 12. Alberto SCHIEPPATI (It) 149, 13. Thomas GRANDI (Ka) 145, 14. Lasse KJUS 141, 15. **Hans KNAUSS** 138.

Weitere Österreicher: 17. Hermann MAIER 110, 20. Christian MAYER 98, 21. Rainer SCHÖNFELDER 97, 26. Stephan GÖRGL 80, 29. Stephan EBERHARTER 65, 52. Hannes REICHELT 4.

Gesamtwertung Slalom

1. **Rainer SCHÖNFELDER** 630
2. Kalle PALANDER 595
3. **Benjamin RAICH** 468

... 4. Giorgio ROCCA (It) 429, 5. Bode MILLER 376, 6. **Mario MATT** 352, 7. **Manfred PRANGER** 347, 8. Truls Ove KARLSEN (Nor) 262, 9. Manfred MÖLGG (It) 236, 10. Thomas GRANDI 221, 11. Akira SASAKI (Jap) und Tom STIANSEN (Nor) 216, 13. Silvan ZURBRIGGEN (Sz) 210, 14. Ivica KOSTELIC (Kro) 195, 15. Pierrick BOURGEAT (Fra) 194.

Weitere Österreicher: 17. Kilian ALBRECHT 172, 20. Heinz SCHILCHEGGER 130, 24. Kurt ENGL 113, 27. Martin MARINAC 108.

Gesamtwertung Kombination

1. Bode MILLER 200
2. **Benjamin RAICH** 160
3. Lasse KJUS 120

... 4. Pierrick BOURGEAT 90, 5. **Michael WALCHHOFER** 82, 6. Aksel Lund SVINDAL 77, 7. Silvan ZURBRIGGEN 74, 8. Ondrej BANK (Tch) 42, 9. Andrej SPORN (Slo) 40, 10. **Hermann MAIER**, Didier CUCHE und Ambrosi HOFFMANN 38, 13. Didier DEFAGO (Sz) und Markus LARSSON (Sd) 36, 15. Patrik JAERBYN und Peter FILL (It) 29.

Weitere Österreicher: 20. Christoph GRUBER 24, 22. Stephan EBERHARTER 15.

Weltcuprennen

26.10.2003 — ***RIESENSLALOM*** — ***Sölden***

1. Bode MILLER 2:09,58
2. Frederic COVILI 2:10,70
3. Joel CHENAL 2:10,76

... 5. Benjamin RAICH 2:11,50; 6. Heinz SCHILCHEGGER 2:11,57; 7. Hans KNAUSS 2:11,58; 8. Stephan EBERHARTER 2:11,59; 9. Andreas SCHIFFERER 2:11,70; 16. Hermann MAIER 2:12,67.

22.11.2003 — ***RIESENSLALOM*** — ***Park City***

1. Bode MILLER 2:20,84
2. **Andreas SCHIFFERER** 2:21,70
3. **Hans KNAUSS** 2:21,84

... 7. Hermann MAIER 2:22,22; 8. Christian MAYER 2:22,51, 11. Heinz SCHILCHEGGER 2:22,80; 14. Benjamin RAICH 2:23,14; 19. Rainer SCHÖNFELDER 2:23,69; 24. Christoph GRUBER 2:23,94; 27. Stephan GÖRGL 2:24,59.

23.11.2003 — ***SLALOM*** — ***Park City***

1. Kalle PALANDER 1:35,91
2. **Rainer SCHÖNFELDER** 1:35,93
3. **Manfred PRANGER** 1:36,60

... 9. Benjamin RAICH 1:37,52; 13. Mario MATT 1:37,67; 15. Kurt ENGL 1:38,08; 21. Kilian ALBRECHT 1:38,56.

29.11.2003 — ***ABFAHRT*** — ***Lake Louise***

1. **Michael WALCHHOFER** 1:51,16
2. Erik GUAY 1:51,85
3. Antoine DENERIAZ 1:51,90

... 4. Andreas SCHIFFERER 1:52,01; 5. Hans KNAUSS 1:52,09; 7. Johann GRUGGER 1:52,12; 9. Hermann MAIER 1:52,37; 15. Norbert HOLZKNECHT 1:52,47; 17. Fritz STROBL 1:52,57; 22. Stephan EBERHARTER 1:52,81; 24. Christoph GRUBER 1:52,88; 28. Klaus KRÖLL 1:52,94; 29. Hannes TRINKL 1:52,99.

30.11.2003 — ***SUPER-G*** — ***Lake Louise***

1. **Hermann MAIER** 1:36,69
2. **Michael WALCHHOFER** 1:36,95
3. **Stephan EBERHARTER** 1:37,24

... 4. Benjamin RAICH 1:37,64; 13. Fritz STROBL 1:38,44; 14. Josef STROBL 1:38,46; 22. Johann GRUGGER 1:38,95; 24. Hans KNAUSS 1:39,00.

5.12.2003 — ***ABFAHRT*** — ***Beaver Creek***

1. Daron RAHLVES 1:39,59
2. **Stephan EBERHARTER** 1:40,28
   Bjarne SOLBAKKEN 1:40,28

... 4. Michael WALCHHOFER 1:40,36; 5. Hermann MAIER 1:40,38; 7. Johann GRUGGER 1:40,91; 8. Hannes TRINKL 1:41,11; 9. Klaus KRÖLL 1:41,20; 13. Andreas SCHIFFERER 1:41,39; 16. Norbert HOLZKNECHT 1:41,53; 26. Fritz STROBL 1:41,93.

6.12.2003 — ***ABFAHRT*** — ***Beaver Creek***

1. **Hermann MAIER** 1:39,76
2. **Hans KNAUSS** 1:40,71
3. **Andreas SCHIFFERER** 1:40,95

... 5. Klaus KRÖLL 1:41,08; 6. Michael WALCHHOFER 1:41,12; 8. Johann GRUGGER 1:41,26; 9. Fritz STROBL 1:41,37; 12. Stephan EBERHARTER 1:41,76; 16. Peter RZEHAK 1:42,10; 26. Norbert HOLZKNECHT 1:42,77.

7.12.2003 — ***SUPER-G*** — ***Beaver Creek***

1. Bjarne SOLBAKKEN 1:13,05
2. **Hermann MAIER** 1:13,44
3. **Hans KNAUSS** 1:13,50

... 7. Andreas SCHIFFERER 1:13,85; 9. Christoph GRUBER 1:14,04; 11. Benjamin RAICH 1:14,16; 15. Josef STROBL 1:14,33; 19. Stephan EBERHARTER 1:14,62; 23. Stephan GÖRGL 1:15,50.

14.12.2003 — ***RIESENSLALOM*** — ***Alta Badia***

1. Kalle PALANDER 2:30,57
2. Davide SIMONCELLI 2:31,49
3. Frederic COVILI 2:31,65

... 8. Andreas SCHIFFERER 2:32,42; 9. Rainer SCHÖNFELDER 2:32,54; 10. Benjamin RAICH 2:32,58; 11. Christoph GRUBER 2:32,61; 12. Heinz SCHILCHEGGER 2:32,75; 13. Hans KNAUSS 2:32,83; 20. Christian MAYER 2:33,28.

15.12.2003 — ***SLALOM*** — ***Madonna***

1. Ivica KOSTELIC 1:33,26
2. Giorgio ROCCA 1:33,57
3. **Manfred PRANGER** 1:33,68

... 4. Benjamin RAICH 1:33,83; 6. Rainer SCHÖNFELDER 1:34,11, 7. Kilian ALBRECHT 1:34,98; 13. Mario MATT 1:35,37; 17. Kurt ENGL 1:35,67; 21. Martin MARINAC 1:36,15; 24. Heinz SCHILCHEGGER 1:36,71.

19.12.2003 — ***SUPER-G*** — ***Gröden***

1. Lasse KJUS 1:36,94
2. **Stephan EBERHARTER** 1:37,04
3. **Hermann MAIER** 1:37,42

... 4. Hans KNAUSS 1:37,78; 8. Benjamin RAICH 1:37,85; 9. Christoph GRUBER 1:37,90; 10. Michael WALCHHOFER 1:37,94; 13. Andreas SCHIFFERER 1:38,43; 18. Fritz STROBL 1:38,80; 21. Norbert HOLZKNECHT 1:39,02.

20.12.2003 — ***ABFAHRT*** — ***Gröden***

1. Antoine DENERIAZ 1:52,99
2. **Michael WALCHHOFER** 1:53,88
3. **Hans KNAUSS** 1:53,91

... 4. Fritz STROBL 1:54,07; 5. Hermann MAIER 1:54,18; 6. Stephan EBERHARTER 1:54,25; 7. Klaus KRÖLL 1:54,27; 9. Norbert HOLZKNECHT 1:54,38; 16. Werner FRANZ 1:55,09; 20. Andreas SCHIFFERER 1:55,33; 28. Hannes TRINKL 1:55,70.

21.12.2003 — ***RIESENSLALOM*** — ***Alta Badia***

1. Davide SIMONCELLI 2:33,90
2. Kalle PALANDER 2:34,93
3. Bode MILLER 2:35,11

... 5. Benjamin RAICH 2:35,89; 14. Stephan GÖRGL 2:37,04; 15. Heinz SCHILCHEGGER 2:37,05; 16. Hans KNAUSS 2:37,12; 20. Andreas SCHIFFERER 2:37,50; 23. Rainer SCHÖNFELDER 2:37,91; 26. Hermann MAIER 2:38,54.

3.1.2004 — ***RIESENSLALOM*** — ***Flachau***

1. **Benjamin RAICH** 2:22,54
2. Massimiliano BLARDONE 2:23,24
3. Bjarne SOLBAKKEN 2:23,36

... 4. Christoph GRUBER 2:23,46; 8. Heinz SCHILCHEGGER 2:24,05; 9. Christian MAYER 2:24,18; 12. Andreas SCHIFFERER und Stephan GÖRGL 2:24,39; 24. Hans KNAUSS 2:25,05.

4.1.2004	***SLALOM***	***Flachau***
1. Kalle PALANDER		1:42,24
2. **Manfred PRANGER**		1:42,78
3. Giorgio ROCCA		1:42,80

... 4. Benjamin RAICH 1:42,85; 9. Martin MARINAC 1:43,87; 12. Kilian ALBRECHT 1:44,01; 19. Heinz SCHILCHEGGER 1:44,40.

10.1.2004	***ABFAHRT***	***Chamonix***
1. **Stephan EBERHARTER**		1:59,08
2. Lasse KJUS		1:59,39
3. **Michael WALCHHOFER**		1:59,83

... 4. Andreas SCHIFFERER 1:59,99; 5. Hannes TRINKL 2:00,00; 6. Fritz STROBL 2:00,06; 7. Johann GRUGGER 2:00,15; 8. Christoph GRUBER 2:00,31; 13. Hermann MAIER 2:00,41; 14. Benjamin RAICH 2:00,45; 16. Josef STROBL 2:00,63; 17. Hans KNAUSS und Klaus KRÖLL 2:00,65; 19. Norbert HOLZKNECHT 2:00,68; 28. Werner FRANZ 2:01,14.

11.1.2004	***SLALOM***	***Chamonix***
1. Giorgio ROCCA		1:29,09
2. Pierrick BOURGEAT		1:29,17
3. Bode MILLER		1:29,52

... 4. Rainer SCHÖNFELDER 1:29,58; 6. Manfred PRANGER 1:29,83; 7. Heinz SCHILCHEGGER 1:30,10; 10. Kilian ALBRECHT 1:30,33; 12. Mario MATT 1:30,38; 13. Martin MARINAC 1:30,44; 18. Benjamin RAICH 1:30,49.

11.1.2004	***Kombination***	***Chamonix***
1. Bode MILLER		3:30,91
2. **Benjamin RAICH**		3:30,94
3. Lasse KJUS		3:30,97

... 8. Michael WALCHHOFER 3:34,26; 11. Christoph GRUBER 3:36,19; 13. Hermann MAIER 3:40,32.

18.1.2004	***SLALOM***	***Wengen***
1. **Benjamin RAICH**		1:40,50
2. **Rainer SCHÖNFELDER**		1:40,97
3. Ivica KOSTELIC		1:41,54

... 4. Heinz SCHILCHEGGER 1:41,54; 6. Mario MATT 1:41,65; 12. Kurt ENGL 1:42,50.

22.1.2004	***ABFAHRT***	***Kitzbühel***
1. Lasse KJUS		1:58,78
2. **Stephan EBERHARTER**		1:58,79
3. Daron RAHLVES		1:58,98

... 4. Hermann MAIER 1:59,26; 5. Hans KNAUSS 1:59,28; 8. Hannes TRINKL 1:59,63, 9. Fritz STROBL 1:59,83; 11. Christoph GRUBER 1:59,86; 15. Peter RZEHAK 2:00,07; 16. Michael WALCHHOFER 2:00,17; 20. Klaus KRÖLL 2:00,43; 21. Andreas SCHIFFERER 2:00,46; 22. Benjamin RAICH 2:00,58; 24. Josef STROBL 2:00,84; 25. Johann GRUGGER 2:00,88.

23.1.2004	***SUPER-G***	***Kitzbühel***
1. Daron RAHLVES		1:23,08
2. **Hermann MAIER**		1:23,11
3. **Michael WALCHHOFER**		1:23,47

... 4. Andreas SCHIFFERER 1:23,52; 6. Hannes TRINKL 1:23,72; 9. Stephan EBERHARTER 1:24,09; 12. Stephan GÖRGL 1:24,28; 15. Hans KNAUSS 1:24,32; 21. Fritz STROBL 1:24,49; 22. Benjamin RAICH 1:24,53; 25. Christoph GRUBER 1:24,60; 27. Johann GRUGGER 1:24,78.

24.1.2004	***ABFAHRT***	***Kitzbühel***
1. **Stephan EBERHARTER**		1:55,48
2. Daron RAHLVES		1:56,69
3. Ambrosi HOFFMANN		1:56,78

... 4. Hans KNAUSS 1:57,23; 5. Michael WALCHHOFER 1:57,26; 8. Christoph GRUBER 1:57,66; 9. Hermann MAIER 1:57,67; 10. Fritz STROBL 1:57,70; 14. Hannes TRINKL 1:57,99; 19. Klaus KRÖLL 1:58,19; 20. Andreas SCHIFFERER 1:58,21.

25.1.2004	***SLALOM***	***Kitzbühel***
1. Kalle PALANDER		1:30,63
2. Thomas GRANDI		1:30,71
3. **Rainer SCHÖNFELDER**		1:31,69

... 6. Benjamin RAICH und Mario MATT 1:31,86; 11. Kilian ALBRECHT 1:32,23; 14. Martin MARINAC 1:32,50; 15. Kurt ENGL 1:32,66; 18. Heinz SCHILCHEGGER 1:32,83.

25.1.2004	***Kombination***	***Kitzbühel***
1. Bode MILLER		3:31,43
2. **Benjamin RAICH**		3:32,44
3. Lasse KJUS		3:34,67

... 4. Michael WALCHHOFER 3:35,48; 14. Hermann MAIER 3:39,51; 16. Stephan EBERHARTER 3:41,93.

27.1.2004	***SLALOM***	***Schladming***
1. **Benjamin RAICH**		1:41,67
2. Manfred MÖLGG		1:42,24
3. Kalle PALANDER		1:42,25

... 5. Rainer SCHÖNFELDER 1:42,42; 7. Manfred PRANGER 1:42,63; 20. Kilian ALBRECHT 1:44,61.

30.1.2004	***ABFAHRT***	***Garmisch-P.***
1. Didier CUCHE		1:59,49
2. Daron RAHLVES		1:59,57
3. **Stephan EBERHARTER**		1:59,70

... 4. Fritz STROBL 2:00,20; 5. Hermann MAIER 2:00,32; 10. Hans KNAUSS 2:00,60; 12. Christoph GRUBER 2:00,67; 13. Andreas SCHIFFERER 2:00,75; 15. Hannes TRINKL 2:01,10; 17. Klaus KRÖLL 2:01,33.

31.1.2004	***ABFAHRT***	***Garmisch-P.***
1. **Stephan EBERHARTER**		1:58,70
2. **Fritz STROBL**		1:58,79
3. Alessandro FATTORI		1:59,15

... 5. Hermann MAIER, Hannes TRINKL und Christoph GRUBER 1:59,49; 10. Klaus KRÖLL 1:59,91; 12. Johann GRUGGER 2:00,05; 13. Andreas SCHIFFERER 2:00,32; 15. Hans KNAUSS 2:00,41; 16. Michael WALCHHOFER 2:00,46.

1.2.2004	***SUPER-G***	***Garmisch-P.***
1. **Hermann MAIER**		1:18,09
2. Pierre-Emmanuel DALCIN		1:18,16
3. Tobias GRUENENFELDER		1:18,46

... 4. Andreas SCHIFFERER 1:18,54; 7. Stephan GÖRGL 1:18,71; 9. Stephan EBERHARTER 1:18,78; 10. Fritz STROBL 1:18,88; 11. Hans KNAUSS 1:18,89; 12. Hannes TRINKL 1:18,94; 19. Johann GRUGGER 1:19,56.

7.2.2004	***RIESENSLALOM***	***Adelboden***
1. Kalle PALANDER		2:32,15
2. Massimiliano BLARDONE		2:32,89
3. **Heinz SCHILCHEGGER**		2:33,27
Christoph GRUBER		2:33,27

... 8. Hermann MAIER 2:33,70; 10. Rainer SCHÖNFELDER 2:34,16; 21. Stephan EBERHARTER 2:35,52; 23. Christian MAYER 2:35,99; 24. Benjamin RAICH 2:36,27.

8.2.2004	***SLALOM***	***Adelboden***
1. **Rainer SCHÖNFELDER**		1:44,98
2. Bode MILLER		1:45,17
3. **Benjamin RAICH**		1:45,48

... 4. Mario MATT 1:45,88; 12. Kilian ALBRECHT 1:47,24; 13. Martin MARINAC 1:47,47.

14.2.2004	***ABFAHRT***	***St. Anton***
1. **Hermann MAIER**		1:56,09
2. **Stephan EBERHARTER**		1:56,41
3. **Johann GRUGGER**		1:56,46

... 4. Klaus KRÖLL 1:56,80; 6. Hans KNAUSS und Michael WALCHHOFER 1:56,83; 9. Fritz STROBL 1:56,91; 14. Christoph GRUBER 1:57,16.

15.2.2004	***SLALOM***	***St. Anton***
1. Bode MILLER		1:34,60
2. Kalle PALANDER		1:35,55
3. **Mario MATT**		1:35,69

... 4. Rainer SCHÖNFELDER 1:35,73; 5. Kurt ENGL 1:35,76; 17. Kilian ALBRECHT 1:36,42; 20. Manfred PRANGER 1:36,57.

28.2.2004	***RIESENSLALOM***	***Kranjska Gora***
1. Bode MILLER		2:13,01
2. Alberto SCHIEPPATI		2:13,26
3. Fredrik NYBERG		2:13,61
Alexander PLONER		2:13,61

... 6. Christoph GRUBER 2:13,91; 7. Stephan GÖRGL 2:13,99; 12. Hermann MAIER und Rainer SCHÖNFELDER 2:14,61; 14. Christian MAYER und Heinz SCHILCHEGGER 2:14,76; 17. Benjamin RAICH 2:14,79; 19. Andreas SCHIFFERER 2:14,91; 27. Hannes REICHELT 2:15,55.

29.2.2004	***SLALOM***	***Kranjska Gora***
1. Truls Ove KARLSEN		1:42,72
2. Tom STIANSEN		1:42,80
3. **Mario MATT**		1:42,99

... 5. Rainer SCHÖNFELDER 1:43,29; 19. Heinz SCHILCHEGGER 1:44,04; 20. Martin MARINAC 1:44,15; 24. Kilian ALBRECHT 1:44,86.

6.3.2004	***ABFAHRT***	***Kvitfjell***
1. **Stephan EBERHARTER**		1:43,41
2. **Fritz STROBL**		1:43,45
3. Antoine DENERIAZ		1:43,77

... 5. Hans KNAUSS 1:43,89; 9. Hermann MAIER 1:44,27; 11. Klaus KRÖLL 1:44,38; 12. Johann GRUGGER 1:44,42; 13. Andreas SCHIFFERER 1:44,45; 17. Benjamin RAICH 1:44,71; 18. Michael WALCHHOFER 1:44,73; 24. Hannes TRINKL 1:44,97.

7.3.2004	***SUPER-G***	***Kvitfjel***
1. Daron RAHLVES		1:34,00
2. Bjarne SOLBAKKEN		1:34,15
3. **Hermann MAIER**		1:34,17

... 4. Benjamin RAICH 1:34,22; 5. Michael WALCHHOFER 1:34,40; 6. Hans KNAUSS 1:34,45; 7. Christoph GRUBER 1:34,56; 8. Andreas SCHIFFERER 1:34,63; 9. Stephan GÖRGL 1:34,66; 10. Fritz STROBL 1:34,67; 12. Stephan EBERHARTER 1:34,70; 19. Hannes TRINKL 1:35,43.

10.3.2004 **ABFAHRT** **Sestriere**

1. Daron RAHLVES 1:51,88
2. **Fritz STROBL** 1:51,98
3. **Stephan EBERHARTER** 1:52,01

... 5. Michael WALCHHOFER 1:52,12; 10. Klaus KRÖLL 1:53,06; 11. Andreas SCHIFFERER 1:53,14; 13. Christoph GRUBER 1:53,26; 15. Johann GRUGGER 1:53,44; 17. Hans KNAUSS 1:53,61; 18. Hermann MAIER 1:53,96; 19. Hannes TRINKL, 24. Benjamin RAICH 1:55,13; 26. Romes BAUMANN 1:56,46.

11.3.2004 **SUPER-G** **Sestriere**

1. **Hermann MAIER** 1:18,73
2. **Stephan EBERHARTER** 1:19,36
3. **Christoph GRUBER** 1:19,48

... 4. Benjamin RAICH 1:19,59; 6. Hans KNAUSS 1:19,97; 8. Michael WALCHHOFER 1:20,00; 11. Andreas SCHIFFERER 1:20,12; 14. Fritz STROBL 1:20,49; 16. Stephan GÖRGL 1:20,86; 18. Hannes TRINKL 1:20,99.

14.3.2004 **SLALOM** **Sestriere**

1. Kalle PALANDER 1:49,67
2. **Rainer SCHÖNFELDER** 1:49,72
3. **Manfred PRANGER** 1:49,82

... 6. Mario MATT 1:50,34; 10. Benjamin RAICH 1:50,68; 16. Kilian ALBRECHT 1:50,90; 18. Heinz SCHILCHEGGER 1:51,01.

Damen – Weltcup

Gesamtwertung

1. Anja PAERSON (Sd) 1561
2. **Renate GÖTSCHL** 1344
3. Maria RIESCH (D) 977

... 4. Hilde GERG (D) 962, 5. Carole MONTILLET (Fra) 957, 6. **Michaela DORFMEISTER** 943, 7. Martina ERTL (D) 770, 8. **Alexandra MEISSNITZER** 734, 9. Tanja POUTIAINEN (Fin) 669, 10. **Elisabeth GÖRGL** 654, 11. Nadia STYGER (Sz) 606, 12. **Nicole HOSP** 566, 13. Kirsten L. CLARK (US) 456, 14. **Marlies SCHILD** 455, 15. Isolde KOSTNER (It) 449.

Weitere Österreicherinnen: **19. Brigitte OBERMOSER 382, 26. Silvia BERGER 316m 37. Sabine EGGER 202, 39. Katja WIRTH 200, 57. Martina LECHNER 120, 63. Michaela KIRCHGASSER 100, 66. Tanja SCHNEIDER 94, 68. Kathrin WILHELM 75, 69. Ingrid RUMPFHUBER 73, 73. Christine SPONRING 58, 75. Karin TRUPPE 55, 104. Selina HEREGGER 16, 108. Carina RAICH 9.**

Gesamtwertung Abfahrt

1. **Renate GÖTSCHL** 680
2. Hilde GERG 546
3. Carole MONTILLET (Fra) 492

... 4. Isolde KOSTNER 348, 5. **Michaela DORFMEISTER** 334, 6. Sylviane BERTHOD (Sz) 300, 7. Maria RIESCH 283, 8. Nadia STYGER 252, 9. Kirsten L. CLARK 228, 10. **Alexandra MEISSNITZER** 225, 11. Fraenzi AUFDENBLATTEN (Sz) 200, 12. Emily BRYDON (Ka) 192, 13. Daniela CECCARELLI (It) 175, 14. Linsey C. KILDOW (US) 158, 15. **Brigitte OBERMOSER** 150.

Weitere Österreicherinnen: **28. Kathrin WILHELM 66, 29. Tanja SCHNEIDER 59, 30. Ingrid RUMPFHUBER 55, 31. Katja WIRTH 43, 44. Selina HEREGGER 16.**

Gesamtwertung Super-G

1. **Renate GÖTSCHL** 467
2. Carole MONTILLET 402
3. **Michaela DORFMEISTER** 391

... 4. Hilde GERG 390, 5, Maria RIESCH 338, 6. Nadia STYGER 292, 7. **Alexandra MEISSNITZER** 267, 8. **Silvia BERGER** 219, 9. Melanie SUCHET (Fra) 207, 10. **Brigitte OBERMOSER** 195, 11. Caroline LALIVE (US) 178, 12. Genevieve SIMARD (Ka) 177, 13. Martina ERTL 169, 14. **Katja WIRTH** 157, 15. Anja PAERSON 144.

Weitere Österreicherinnen: 18. Martina LECHNER 120, 31. Tanja SCHNEIDER 35, 38. Elisabeth GÖRGL 22, 41. Ingrid RUMPFHUBER 18, 48. Katrin WILHELM 9

Gesamtwertung Riesenslalom

1. Anja PAERSON 630
2. Denise KARBON (It) 343
3. Maria Jose RIENDA CONTRERAS (Sp) 339

... 4. **Elisabeth GÖRGL** 293, 5. Tanja POUTIAINEN 279, 6. **Nicole HOSP** 260, 7. **Alexandra MEISSNITZER** 242, 8. Tina MAZE (Slo) 234, 9. Martina ERTL 230, 10. **Michaela DORFMEISTER** 218, 11. Anna OTTOSSON (Sd) 211, 12. Sarah SCHLEPER (US) 201, 13. **Renate GÖTSCHL** 190, 14. Andrine FLEMMEN (Nor) 169, 15. Allison FORSYTH (Ka) 167.

Weitere Österreicherinnen: 19. Silvia BERGER 97, 31. Brigitte OBERMOSER 37, 48. Michaela KIRCHGASSER 9, 49. Marlies SCHILD 8.

Gesamtwertung Slalom

1. Anja PAERSON 770
2. **Marlies SCHILD** 447
3. Monika BERGMANN (D) 437

... 4. Tanja POUTIAINEN 390, 5. **Elisabeth GÖRGL** 339, 6. **Nicole HOSP** 306, 7. Martina ERTL 299, 8. Kristina KOZNICK (US) 297, 9. Maria RIESCH 245, 10. Sarka ZAHROBSKA (Tch) 244, 11. Sarah SCHLEPER 215, 12. **Sabine EGGER** und Laure PEQUEGNOT (Fra) 202, 14. Trine ROGNMO-BAKKE (Nor) 196, 15. Veronika ZUZULOVA (Svk) 192.

Weitere Österreicherinnen: 25. Michaela KIRCHGASSER 91, 27. Christine SPONRING 58, 30. Karin TRUPPE 55, 45. Carina RAICH 9, 47. Renate GÖTSCHL 7.

Weltcuprennen

25.10.2003 **RIESENSLALOM** **Sölden**

1. Martina ERTL 2:31,86
2. Anja PAERSON 2:32,06
3. Maria Jose RIENDA CONTRERAS 2:32,25

... 8. Alexandra MEISSNITZER 2:34,36; 13. Elisabeth GÖRGL 2:35,29; 15. Renate GÖTSCHL 2:35,53; 18. Silvia BERGER 2:35,72; 27. Michaela DORFMEISTER 2:36,81.

28.11.2003 **RIESENSLALOM** **Park City**

1. Anja PAERSON 2:27,14
2. **Nicole HOSP** 2:28,56
3. Denise KARBON 2:28,65

... 5. Elisabeth GÖRGL 2:28,80; 6. Alexandra MEISSNITZER 2:28,96; 24. Brigitte OBERMOSER 2:30,66; 26. Michaela DORFMEISTER 2:30,89; 27. Silvia BERGER 2:31,06.

29.11.2003 **SLALOM** **Park City**

1. Anja PAERSON 1:33,74
2. Sonja NEF 1:34,88
3. **Marlies SCHILD** 1:35,15

... 11. Sabine EGGER 1:36,29; 12. Christine SPONRING 1:36,32; 18. Michaela KIRCHGASSER 1:36,95; 21. Karin TRUPPE 1:37,15.

5.12.2003 **ABFAHRT** **Lake Louise**

1. Carole MONTILLET 1:34,03
2. Hilde GERG 1:34,19
3. Kirsten L. CLARK 1:34,33

... 7. Alexandra MEISSNITZER 1:34,53; 9. Ingrid RUMPFHUBER 1:34,71; 13. Renate GÖTSCHL 1:35,04; 15. Selina HEREGGER 1:35,12; 17. Katja WIRTH 1:35,19; 18. Michaela DORFMEISTER 1:35,24; 20. Brigitte OBERMOSER 1:35,31.

6.12.2003 **ABFAHRT** **Lake Louise**

1. Carole MONTILLET 1:24,18
2. **Michaela DORFMEISTER** 1:24,30
3. **Renate GÖTSCHL** 1:24,41

... 6. Alexandra MEISSNITZER 1:25,15; 10. Ingrid RUMPFHUBER 1:25,27; 16. Kathrin WILHELM 1:25,51; 21. Brigitte OBERMOSER 1:25,61; 30. Katja WIRTH 1:25,91.

7.12.2003 **SUPER-G** **Lake Louise**

1. **Renate GÖTSCHL** 1:14,98
2. **Michaela DORFMEISTER** 1:15,49
3. Hilde GERG 1:15,66

... 6. Martina LECHNER 1:15,98; 10. Katja WIRTH 1:16,29; 14. Ingrid RUMPFHUBER 1:16,68; 23. Silvia BERGER 1:16,97; 28. Alexandra MEISSNITZER 1:17,12; 30. Kathrin WILHELM 1:17,23.

13.12.2003 **RIESENSLALOM** **Alta Badia**

1. Denise KARBON 2:14,69
2. **Nicole HOSP** 2:14,72
3. **Elisabeth GÖRGL** 2:15,06

... 9. Alexandra MEISSNITZER 2:16,29; 16. Michaela DORFMEISTER 2:17,29; 21. Renate GÖTSCHL 2:17,64; 22. Michaela KIRCHGASSER 2:18,11; 23. Silvia BERGER 2:18,17; 26. Marlies SCHILD 2:18,97.

16.12.2003 **SLALOM** **Madonna**

1. Anja PAERSON 1:40,68
2. Laure PEQUEGNOT 1:41,49
3. **Nicole HOSP** 1:41,78

... 7. Marlies SCHILD 1:42,07; 16. Sabine EGGER 1:43,60; 19. Karin TRUPPE 1:43,86; 22. Elisabeth GÖRGL 1:44,01.

17.12.2003 **SLALOM** **Madonna**

1. **Nicole HOSP** 1:37,97
2. Anja PAERSON 1:38,26
3. **Marlies SCHILD** 1:38,50

... 4. Elisabeth GÖRGL 1:39,04; 7. Christine SPONRING 1:39,73; 17. Michaela KIRCHGASSER 1:40,56; 18. Sabine EGGER 1:40,79; 24. Karin TRUPPE 1:41,16.

20.12.2003 **ABFAHRT** **St. Moritz**

1. **Renate GÖTSCHL** 1:39,78
2. Hilde GERG 1:39,95
3. Maria RIESCH 1:39,97

... 8. Michaela DORFMEISTER 1:40,49; 10. Tanja SCHNEIDER 1:40,60; 11. Alexandra MEISSNITZER 1:40,62; 13. Kathrin WILHELM 1:40,68; 23. Brigitte OBERMOSER 1:41,03; 28. Katja WIRTH 1:41,28.

27.12.2003 **RIESENSLALOM** **Lienz**

1. **Nicole HOSP** 2:06,24
2. **Renate GÖTSCHL** 2:06,89
3. Kirsten L. CLARK 2:07,17

... 10. Alexandra MEISSNITZER 2:07,76; 11. Michaela DORFMEISTER 2:07,84; 17. Silvia BERGER 2:08,72; 27. Marlies SCHILD 2:09,96.

28.12.2003 **SLALOM** **Lienz**

1. Anja PAERSON 1:48,97
2. **Nicole HOSP** 1:49,31
3. Monika BERGMANN 1:49,32

... 10. Sabine EGGER 1:50,95; 17. Karin TRUPPE 1:51,68; 22. Marlies SCHILD 1:52,43.

4.1.2004 **SUPER-G** **Megeve**

1. **Alexandra MEISSNITZER** 1:24,98
2. **Renate GÖTSCHL** 1:25,19
3. **Michaela DORFMEISTER** 1:25,40

... 11. Silvia BERGER 1:26,74; 15. Katja WIRTH 1:26,96; 23. Brigitte OBERMOSER 1:27,32; 25. Tanja SCHNEIDER 1:27,37.

5.1.2004 **SLALOM** **Megeve**

1. Anja PAERSON 1:42,25
2. **Marlies SCHILD** 1:42,59
3. Martina ERTL 1:42,70
   Monika BERGMANN 1:42,70

... 7. Elisabeth GÖRGL 1:43,99; 10. Michaela KIRCHGASSER 1:44,12; 14. Sabine EGGER 1:44,50; 19. Karin TRUPPE 1:45,04; 24. Renate GÖTSCHL 1:45,98; 25. Nicole HOSP 1:47,70.

10.1.2004 **ABFAHRT** **Veysonnaz**

1. **Renate GÖTSCHL** 1:38,58
2. **Michaela DORFMEISTER** 1:39,07
   Hilde GERG 1:39,07

... 6. Alexandra MEISSNITZER 1:39,60; 15. Brigitte OBERMOSER 1:40,01; 19. Tanja SCHNEIDER 1:40,36; 20. Katja WIRTH 1:40,39; 26. Kathrin WILHELM 1:40,70.

11.1.2004 **SUPER-G** **Veysonnaz**

1. Hilde GERG 1:21,34
2. **Michaela DORFMEISTER** 1:21,58
3. **Silvia BERGER** 1:22,10

... 7. Alexandra MEISSNITZER 1:22,68; 10. Brigitte OBERMOSER 1:22,89; 12. Martina LECHNER 1:23,05; 15. Katja WIRTH 1:23,13; 23. Kathrin WILHELM 1:23,36; 25. Tanja SCHNEIDER 1:23,50.

14.1.2004 **SUPER-G** **Cortina**

1. Genevieve SIMARD 1:13,05
2. Maria RIESCH 1:13,70
3. Hilde GERG 1:13,83

... 7. Renate GÖTSCHL und Katja WIRTH 1:14,34; 12. Alexandra MEISSNITZER 1:14,45; 17. Brigitte OBERMOSER 1:14,67; 19. Tanja SCHNEIDER 1:14,70; 22. Silvia BERGER 1:14,83; 23. Martina LECHNER 1:14,84; 25. Michaela DORFMEISTER 1:14,90.

16.1.2004 **SUPER-G** **Cortina**

1. **Renate GÖTSCHL** 1:10,59
2. Martina ERTL 1:10,92
3. Hilde GERG 1:11,02

... 8. Alexandra MEISSNITZER 1:11,71; 15. Silvia BERGER 1:12,25; 18. Michaela DORFMEISTER 1:12,29; 20. Tanja SCHNEIDER 1:12,31; 22. Martina LECHNER 1:12,39; 26. Brigitte OBERMOSER 1:12,44; 30. Katja WIRTH 1:12,60.

17.1.2004 **ABFAHRT** **Cortina**

1. Hilde GERG 1:17,57
2. **Renate GÖTSCHL** 1:17,87
3. Carole MONTILLET 1:17,96

... 4. Michaela DORFMEISTER 1:18,06; 12. Brigitte OBERMOSER 1:18,55; 13. Kathrin WILHELM 1:18,62; 19. Tanja SCHNEIDER 1:18,89, 26. Katja WIRTH 1:19,21.

18.1.2004 **ABFAHRT** **Cortina**

1. Carole MONTILLET 1:16,27
2. **Renate GÖTSCHL** 1:16,50
3. Lindsey C. KILDOW 1:16,51

... 8. Michaela DORFMEISTER 1:17,18; 11. Alexandra MEISSNITZER 1:17,47; 18. Brigitte OBERMOSER 1:17,74; 28. Tanja SCHNEIDER 1:18,34.

24.1.2004 **RIESENSLALOM** **Marburg**

1. Anja PAERSON 2:18,27
2. **Michaela DORFMEISTER** 2:19,25
3. Maria Jose RIENDA CONTRERAS 2:19,50

... 8. Elisabeth GÖRGL 2:20,56; 10. Alexandra MEISSNITZER 2:20,66; 11. Renate GÖTSCHL 2:20,70; 12. Silvia BERGER 2:20,94; 15. Brigitte OBERMOSER 2:21,34

25.1.2004 **SLALOM** **Marburg**

1. Anja PAERSON 1:38,08
2. **Marlies SCHILD** 1:39,32
3. **Nicole HOSP** 1:39,43

... 6. Sabine EGGER 1:39,69; 14. Michaela KIRCHGASSER 1:41,12; 15. Elisabeth GÖRGL 1:41,18; 22. Carina RAICH 1:42,65.

30.1.2004 **ABFAHRT** **Haus**

1. Maria RIESCH 1:39,30
2. Isolde KOSTNER 1:39,76
3. **Renate GÖTSCHL** 1:39,78

... 9. Michaela DORFMEISTER 1:40,62; 17. Alexandra MEISSNITZER 1:41,31; 25. Tanja SCHNEIDER 1:41,79; 26. Kathrin WILHELM 1:41,86.

31.1.2004 **ABFAHRT** **Haus**

1. Isolde KOSTNER 1:39,31
2. **Renate GÖTSCHL** 1:39,66
3. Fränzi AUFDENBLATTEN 1:39,90

... 13. Brigitte OBERMOSER 1:40,32; 14. Michaela DORFMEISTER 1:40,34; 20. Alexandra MEISSNITZER 1:40,84; 22. Katja WIRTH 1:41,01; 30. Kathrin WILHELM 1:41,53.

1.2.2004 **SUPER-G** **Haus**

1. Maria RIESCH 1:25,04
   Carole MONTILLET 1:25,04
3. **Michaela DORFMEISTER** 1:25,19

... 4. Brigitte OBERMOSER 1:25,33; 5. Alexandra MEISSNITZER 1:25,41; 10. Martina LECHNER 1:25,87; 15. Katja WIRTH 1:26,06; 16. Renate GÖTSCHL 1:26,10; 19. Silvia BERGER 1:26,30.

7.2.2004 **RIESENSLALOM** **Zwiesel**

1. Anja PAERSON 2:17,80
2. Tina MAZE 2:19,78
3. **Renate GÖTSCHL** 2;19,85

... 4. Michaela DORFMEISTER 2:19,89; 7. Elisabeth GÖRGL 2:20,14; 9. Alexandra MEISSNITZER 2:20,51; 10. Silvia BERGER 2:20,69; 17. Brigitte OBERMOSER 2:21,08.

8.2.2004 **SLALOM** **Zwiesel**

1. Anja PAERSON 1:29,58
2. Monika BERGMANN 1:30,02
3. Veronika ZUZULOVA 1:30,26

... 7. Elisabeth GÖRGL 1:30,99; 12. Sabine EGGER 1:31,34; 13. Michaela KIRCHGASSER 1:31,41.

21.2.2004 **SUPER-G** **Aare**

1. Renate GÖTSCHL 1:09,22
2. **Carole MONTILLET** 1:09,44
3. **Brigitte OBERMOSER** 1:09,50

... 6. Silvia BERGER 1:09,54; 8. Michaela DORFMEISTER 1:09,69; 13. Katja WIRTH 1:09,90; 16. Martina LECHNER 1:10,16; 29. Elisabeth GÖRGL 1:11,18.

22.2.2004 **RIESENSLALOM** **Aare**

1. Anja PAERSON 2:15,64
2. Maria Jose RIENDA CONTRERAS 2:16,17
3. **Elisabeth GÖRGL** 2:16,37

... 17. Michaela DORFMEISTER 2:17,61; 21. Silvia BERGER 2:17,99.

28.2.2004 **SLALOM** **Levi**

1. Tanja POUTIAINEN 1:49,12
2. **Elisabeth GÖRGL** 1:49,30
3. Maria RIESCH 1:49,45

... 19. Sabine EGGER 1:52,68.

29.2.2004 **SLALOM** **Levi**

1. Maria RIESCH 1:43,75
2. **Elisabeth GÖRGL** 1:44,07
3. Martina ERTL 1:44,71

... 8. Sabine EGGER 1:46,04; 12. Marlies SCHILD 1:46,43.

10.3.2004 **ABFAHRT** **Sestriere**

1. **Renate GÖTSCHL** 1:45,01
2. Sylviane BERTHOD 1:45,36
3. Isolde KOSTNER 1:45,53

... 4. Brigitte OBERMOSER 1:45,86; 7. Alexandra MEISSNITZER 1:45,98; 17. Michaela DORFMEISTER 1:47,20; 20. Elisabeth GÖRGL 1:47,74.

11.3.2004 **SUPER-G** **Sestriere**

1. Nadia STYGER 1:25,53
2. Maria RIESCH 1:25,85
3. **Michaela DORFMEISTER** 1:25,89

... 4. Silvia BERGER 1:26,00; 7. Renate GÖTSCHL 1:26,25; 8. Brigitte OBERMOSER 1:26,31; 9. Alexandra MEISSNITZER 1:26,46; 10. Katja WIRTH 1:26,48; 13. Elisabeth GÖRGL 1:26,53; 20. Martina LECHNER 1:27,20.

13.3.2004 **SLALOM** **Sestriere**

1. **Marlies SCHILD** 1.41,82
2. Sarah SCHLEPER 1:42,03
3. Tanja POUTIAINEN 1:42,11

... 8. Elisabeth GÖRGL 1:42,66; 16. Sabine EGGER 1:44,04; 18. Kathrin ZETTEL 1:44,37; 24. Renate GÖTSCHL 1:47,92.

14.3.2004 **RIESENSLALOM** **Sestriere**

1. Anja PAERSON 2:13,70
2. Denise KARBON 2:14,81
3. **Alexandra MEISSNITZER** 2:14,97

... 6. Elisabeth GÖRGL 2:15,57; 10. Michaela DORFMEISTER 2:15,89.

NATIONENCUP

Gesamt

1.	**Österreich**	17.027
2.	Italien	4.961
3.	USA	4.897
4.	Schweiz	4.844
5.	Deutschland	4.056
6.	Frankreich	3.780
7.	Norwegen	3.280
8.	Schweden	3.128
9.	Finnland	1.782
10.	Kanada	1.552
11.	Slowenien	816
12.	Kroatien	433
13.	Spanien	339
14.	Tschechien	319
15.	Japan	252
16.	Großbritannien	225
17.	Liechtenstein	211
18.	Slowakei	192
19.	Russland	26
20.	Andorra	12
21.	Australien	10
22.	Belgien	3

Herren

1.	**Österreich**	10.631
2.	Italien	3.031
3.	Schweiz	2.660
4.	Norwegen	2.569
5.	USA	2.540
6.	Frankreich	1.658
7.	Finnland	1.076
8.	Schweden	914
9.	Kanada	657
10.	Slowenien	544
11.	Deutschland	326
12.	Kroatien	271
13.	Japan	216
14.	Liechtenstein	190
15.	Großbritannien	86
16.	Tschechien	42
17.	Russland	26
18.	Andorra	12
19.	Australien	10

Damen

1.	**Österreich**	6.396
2.	Deutschland	3.730
3.	USA	2.357
4.	Schweden	2.214
5.	Schweiz	2.184
6.	Frankreich	2.122
7.	Italien	1.930
8.	Kanada	895
9.	Norwegen	711
10.	Finnland	706
11.	Spanien	339
12.	Tschechien	277
13.	Slowenien	272
14.	Slowakei	192
15.	Kroatien	162
16.	Großbritannien	139
17.	Japan	36
18.	Liechtenstein	21
19.	Belgien	3

SKI NORDISCH

Staatsmeister

Normalschanze:	Martin HÖLLWARTH
Großschanze:	Martin HÖLLWARTH

Weltcup

1.	Janne AHONEN (Fin)	1.316
2.	Roar LJÖKELSÖY (Nor)	1.306
3.	Björn-Einar ROMÖREN (Nor)	825

... 4. Sigurd PETTERSEN (Nor) 787; 5. **Martin HÖLLWARTH** 731, 6. **Thomas MORGENSTERN** 696, 7. Matti HAUTAMÄKI (Fin) 673, 8. Noriaki KASAI (Jap) 631, 9. Georg SPÄTH (D) 557, 10. Peter ZONTA (Slo) 545, 11. Tommy INGEBRIGSTEN (Norwegen) 526, 12. Adam MALYSZ (Po) 525, 13. Simon AMMANN (Sz) 511, 14. Michael UHRMANN (D) 501, 15. Veli-Matti LINDSTRÖM (Fin) 476.

Weitere Österreicher: 18. Andreas GOLDBERGER 299, 21. Andreas KOFLER 263, 28. Wolfgang LOITZL 206, 29. Andreas WIDHÖLZL 192, 36. Reinhard SCHWARZENBERGER 93, 40. Florian LIEGL 71, 49. Christian NAGILLER 44, 57. Balthasar SCHNEIDER 20, 59. Stefan THURNBICHLER 16, 77. Roland MÜLLER 2.

Nationencup

1.	Norwegen	5.007
2.	Finnland	4.042
3.	**Österreich**	2.983

4. Deutschland 2.777, 5. Japan 1.842, 6. Slowenien 1.393, 7. Schweiz 769, 8. Polen 702, 9. Frankreich 249, 10. Schweden 136.

Vierschanzentournee

Gesamtwertung

1.	Sigurd PETTERSEN (Nor)	1.066,6
2.	**Martin HÖLLWARTH**	1.031,5
3.	Peter ZONTA (Slo)	1.023,6
4.	**Thomas MORGENSTERN**	1.012,9
5.	Janne AHONEN (Fin)	1.012,6
6.	Georg SPÄTH (D)	1.009,8
7.	Michael UHRMANN (D)	998,7
8.	Noriaki KASAI (Jap)	996,5
9.	Roar LJÖKELSOY (Nor)	956,5
10.	Lars BYSTÖL (Nor)	952,6

Weitere Österreicher: 17. Andreas WIDHÖLZL 858,7; 24. Andreas GOLDBERGER 778,2; 26. Florian LIEGL 636,7; 30. Andreas KOFLER 558,3.

Oberstdorf (29.12.2003)

1.	Sigurd PETTERSEN	295,2
2.	**Thomas MORGENSTERN**	272,7
3.	**Martin HÖLLWARTH**	269,1
4.	Michael UHRMANN	267,9
5.	Noriaki KASAI	261,8
6.	Rok BENKOVIC	261,6
7.	Georg SPÄTH	261,3
8.	Tommy INGEBRIGSTEN	260,2
9.	Roar LJÖKELSOY	254,4
	Adam MALYSZ	254,4

Weitere Österreicher: 20. Andreas KOFLER 239,9; 25. Florian LIEGL 229,3; 26. Andreas WIDHÖLZL 222,0; 29. Reinhard SCHWARZENBERGER 213,4; 37. Martin KOCH 100,4; 40. Andreas GOLDBERGER 95.4

Garmisch-Partenkirchen (1.1.2004)

1.	Sigurd PETTERSEN	253,8
2.	**Martin HÖLLWARTH**	253,1
3.	Georg SPÄTH	248,7
4.	Janne AHONEN	248,5
5.	Peter ZONTA	241,2
6.	Noriaki KASAI	239,8
7.	Michael UHRMANN	238,6
8.	**Thomas MORGENSTERN**	233,7
9.	Sven HANNAWALD	231,9
10.	Veli-Matti LINDSTRÖM	230,8

Weitere Österreicher: 15. Andreas GOLDBERGER 221,5; 21. Andreas KOFLER 216,9; 30. Andreas WIDHÖLZL 185,8; 34. Martin KOCH 100,4; 41. Florian LIEGL 95,3.

Innsbruck (4.1.2004)

1.	Peter ZONTA	265,2
2.	Veli-Matti LINDSTRÖM	253,9
3.	Janne AHONEN	253,8
4.	Sigurd PETTERSEN	251,8
5.	**Martin HÖLLWARTH**	251,7
6.	Noriaki KASAI	249,5
7.	**Thomas MORGENSTERN**	247,6
8.	Lars BYSTÖL	245,7
9.	Sven HANNAWALD	244,4
10.	Georg SPÄTH	242,6

Weitere Österreicher: 15. Wolfgang LOITZL 233,2; 22. Florian LIEGL 222,0; 24. Andreas WIDHÖLZL 220,2; 28. Andreas GOLDBERGER 217,2; 31. Christian NAGILLER 112,8; 32. Stefan KAISER 110,6; 38. Matthias HAFELE 102,4; 39. Reinhard SCHWARZENBERGER 102,0; 41. Andreas KOFLER 101,5; 43. Roland MÜLLER 100,1; 47. Stefan THURNBICHLER 96,5.

Bischofshofen (6.1.2004)

1.	Sigurd PETTERSEN	265,8
2.	Peter ZONTA	263,4
3.	Janne AHONEN	261,3
4.	**Thomas MORGENSTERN**	258,9
5.	**Martin HÖLLWARTH**	257,6
6.	Georg SPÄTH	257,2
7.	Veli-Matti LINDSTRÖM	256,1
8.	Matti HAUTAMÄKI	251,7
9.	Michael UHRMANN	250,2
10.	Roar LJÖKELSOY	247,1

Weitere Österreicher: 12. Andreas GOLDBERGER 244,1; 18. Andreas WIDHÖLZL 230,7; 21. Wolfgang LOITZL 216,4; 24. Reinhard SCHWARZENBERGER 212,6; 35. Stefan THURNBICHLER 93,5; 39. Stefan KAISER 91,5; 40. Martin KOCH 91,4; 42. Florian LIEGL 90,1; 43. Roland MÜLLER 89,6; 49. Balthasar SCHNEIDER 66,4.

SPORTKEGELN

Classic

Herren

Einzel:	Thomas GAUWEILER
Paare:	Roland GALOS/Christian KOZAK

Damen

Einzel:	Regina GRAFL
Paare:	Notburga SANDLER/Eva REINOLD

Bowling

Herren

Einzel:	Thomas GROSS
3er Mannschaft:	CASINO WIEN

Damen

Einzel:	Ivonne GROSS
3er Mannschaft:	UNISTAHL WIEN

Mixed

Ivonne GROSS/Thomas GROSS

SQUASH

Herren

Einzel:	Andreas FUCHS
Mannschaft:	USC WR. NEUDORF/MÖDLING

Damen

Einzel:	Pamela PANCIS
Mannschaft:	SAS WIEN

TAEKWONDO

Formen-Poomse

Herren Einzel:	Richard ZINKL
Herren Synchron:	Rudolf SCHWAIGER/ Roland KRENNER/ Klaus GSCHWANDTNER
Damen Einzel:	Regina SINGER
Damen Synchron:	Sabina ROSSGATTERER/ Nicole THURNN/ Magdalena STADLER
Paar:	Katherina STEINER/ Gregor HELMBERGER

Kampf-Kyorugi

Herren

bis 54 kg:	Stefan TOBISCH
bis 62 kg:	Kurt BAUMGARTNER
bis 67 kg:	Alexander LECHTHALER
bis 72 kg:	Tuncay CALISKAN
bis 78 kg:	Martin DANLER
bis 84 kg:	Gerhard HUBER
uber 84 kg:	Lukas NEGRIN

Damen

bis 47 kg:	Fatma TUTKUN
bis 55 kg:	Yvonne HREN
bis 59 kg:	Silvia BOKORI
bis 63 kg:	Sabrina GOLDSCHALD
bis 72 kg:	Bettina PERNSTICH

TANZSPORT

Standardtänze:	Siret SIILAK/Roman MAYER
Lateinamerikanische T:	Manuela STÖCKL/ Florian GSCHAIDER
Kombination:	UTSC FORUM WIEN
Formation:	Manuela STÖCKL/ Florian GSCHAIDER

TAUCHSPORT

Flossenschwimmen

Herren

50 m:	Manfred MAHRLE
100 m:	Manfred MAHRLE
200 m:	Ivan SOSTARIC
400 m:	Manfred MAHRLE
800 m:	Jochen GUGGENBERGER
1500 m:	Jochen GUGGENBERGER
4 x 100 m:	FSC PIRANHAS
4 x 200 m:	FSC PIRANHAS

Damen

50 m:	Kamila DAVIDOVA
100 m:	Kamila DAVIDOVA
200 m:	Kamila DAVIDOVA
400 m:	Kamila DAVIDOVA
800 m:	Kamila DAVIDOVA
1500 m:	Kamila DAVIDOVA
4 x 100 m:	FSC PIRANHAS
4 x 200 m:	FSC PIRANHAS

Streckentauchen

Herren

100 m:	Georg BIEGELBAUER
400 m:	Martin GLOZIK
800 m:	Martin GLOZIK

Damen

100 m:	Kamila DAVIDOVA
400 m:	Kamila DAVIDOVA

Orientierungstauchen

5-Punkte-Kurs:	Martin GLOZIK
M-Kurs:	Martin GLOZIK
Sternbewerb:	Martin GLOZIK
Kombination:	Martin GLOZIK
Monk:	Georg BIEGELBAUER
Mannschaft:	HSV WIEN

TENNIS

HERREN

Einzel:	Thomas SCHIESSLING
Doppel:	Ingo NEUMÜLLER/ Clemens TRIMMEL

DAVISCUP

Weltgruppe, 1. Runde

USA – Österreich 5:0

(Uncasville, 6. – 8. Februar 2004)

Ginepri – Melzer	6:7, 4:6, 6:4, 6:4, 6:2
Roddick – Koubek	6:4, 6:4, 6:2
Bryan/Bryan – Knowle/Melzer	6:2, 6:1, 6:4
Roddick – Melzer	6:4, 6:2
Ginepri – Koubek	7:5, 6.2

Weltgruppe, Relegation

Österreich – England **3:2**

(Pörtschach, 24. – 26. September 2004)

Koubek – Henman	6:3, 6:3, 6:1
Melzer – Rusedski	6:3, 3:6, 4:6, 6:7
Knowle/Peya – Henman/Rusedski	6:4, 1:6, 6:2, 6:1
Melzer – Henman	6:0, 2:6, 6:7, 2:6
Koubek – Rusedski	7:6, 6:4, 7:5

TURNIERE IN ÖSTERREICH

Wr. Stadthalle (6. – 12. Oktober 2003)

1. Runde (Spiele der Österreicher)

Melzer – Robredo (US/6)	6:2, 6:7, 7:6
Koubek – Davydenko (Russ)	6:2 4:6, 7:6
Kiefer (D) – Peya	7:5, 7:5

Achtelfinale (Spiele der Österreicher)

Kiefer - **Melzer**	6:3, 6:4
Lopez (Spa) – **Koubek**	6:2, 6:2

Viertelfinale

Federer (Sz/1) – Nieminen (Fin)	6:3, 6:3
Moya (Spa/2) – Kiefer	6:4, 7:6
Mirnyi (WRuss) – Björkman (Sd)	7:6, 6:4
Henman (Gb) – Kiefer	6:1, 6:4

Semifinale

Federer – Mirnyi	6:2, 7:6
Moya – Henman	7:6, 7:5

Finale

Federer – Moya	6:3, 6:3, 6:3

St. Pölten (16. – 22. Mai 2004)

1. Runde (Spiele der Österreicher)

Melzer – Rusedski (Gb)	6:2, 7:6
Köllerer – Sanguinetti (It)	2:6, 6:2, 6:4
Knowle – Labadze (Geo/4)	7:5, 4:6, 6:2
Koubek – Söderling (Sd)	7:5, 7:6

2. Runde (Spiele der Österreicher)

Melzer – Andreev (Russ)	6:3, 7:5
Köllerer – Karlovic (Kro/7)	6:2, 4:6, 6:3
Rochus (Bel) – **Knowle**	3:6, 6:3, 6:1
D. Sanchez (Spa/6) – **Koubek**	w.o.

Viertelfinale

Melzer – Rochus	4:6, 7:6, 6:2
Malisse (Bel) – **Köllerer**	6:4, 3:6, 6:1
D. Sanchez – Davydenko (Russ/3)	3:6, 6:1, w.o.
Volandri (It/8) – Hanescu (Ru)	6:4, 6:3

Semifinale

Malisse – **Melzer**	3:6, 6:3, 6:3
Volandri – D. Sanchez	6:1, 4:6, 6:4

Finale

Volandri – Malisse	6:1, 6:4

Kitzbühel (19. – 25. Juli 2004)

1. Runde (Spiele der Österreicher)

Koubek – Rosset (Sz)	6:3, 6:0
Eschauer – **Schiessling**	6:3, 6:2
Luczak (Aus) – **Peya**	6:2, 7:6
Schukin (Russ) – **Ager**	6:1, 3:6, 6:3
Melzer (12)	Freilos

2. Runde (Spiele der Österreicher)

Arguello (It) – **Melzer**	6:4, 6:2
Lopez (Spa/4) – **Koubek**	3:6, 6:3, 6:4
A. Costa (Spa/11) – **Eschauer**	6:3, 6:7, 6:3

Viertelfinale

Schüttler (D/1) – Mayer (D/6)	7:6, 6:2
Gaudio (Arg/2) – Horna (Per/7)	7:6, 7:6
Massu (Chi/3) – Zabaleta (Arg/5)	7:6, 7:6
Verdasco (Spa/8) – Lopez	6:2, 6:3

Semifinale

Massu – Schüttler	6:3, 6:3
Gaudio – Verdasco	6:0, 6:2

Finale

Massu – Gaudio	7:6, 6:4

GRAND SLAM-TURNIERE

Australian Open

Einzel, 1. Runde

Melzer – Behrend (D)	6:1, 6:2, 6:2
Beck (Svk) – **Koubek**	6:4, 6:0, 2:6, 4:6

Einzel, 2. Runde

Melzer – Blanco (Spa)	6:3, 6:4, 6:3

Einzel, 3. Runde

Schalken (Ho/16) – **Melzer**	7:6, 6:4, 6:1

Doppel, 1. Runde

Melzer/Zimonjic (Serb.-M.) – Palmer/Vizner (US/Tch/12)	7:5, 6:3
Knowle/Kohlmann (D) – Healey/Huss (Aus)	6:4, 6:4

Doppel, 2. Runde

Sa/Saretta (Bra) – **Melzer**/Zimonjic	6:4, 6:4
Chela/Hernandez (Arg/Spa) – **Knowle**/Kohlmann	6:4, 4:6, 7:5

French Open

Einzel, 1. Runde

Koubek – D. Sanchez	6:3, 7:5, 3:6, 6:7, 6:0
Melzer – Ferreira	6:7, 6:2, 6:4, 6:3
Elsner (D) – **Peya**	6:1, 7:6, 6:2

Einzel, 2. Runde

Koubek – Ljubicic (Kro/25)	6:0, 1:6, 6:4, 6:2
Hewitt (Aus/12) – **Melzer**	6:4, 6:4, 4:6, 6:2

Einzel, 3. Runde

Nalbandian (Arg/8) – **Koubek**	6:7, 6:3, 7:6, 7:5

Doppel, 1. Runde

Peya/Wassen (Ho) – Arthurs/Hanley (Aus/5)	0:6, 7:5, 6:2
Knowle/Zimonjic (Serb.-M./15) – Ginepri/Merklein (US/Bah)	6:4, 3:6, 8:6
Etlis/Rodriguez (Arg/9) – **Melzer**/Labadse (Geo)	6:1, 7:5

Doppel, 2. Runde

Peya/Wassen – Vasselin/Vasselin (Fra)	7:5, 6:3
Ancic/Ljubicic – **Knowle**/Zimonjic	6:3, 6:4

Doppel, 3. Runde

Etlis/Rodriguez – **Peya**/Wassen	6:1, 3:6, 6:1

Wimbledon

Einzel, 1. Runde

Koubek – Acasuso (Arg)	4:6, 6:4, 6:1, 6:1
Peya – Salzenstein (US)	6:2, 6:4, 6:2
Hewitt (Aus/7) – **Melzer**	6:2, 6:4, 6:2
Falla (Kol) – **Knowle**	2:6, 6:3, 6:1, 6:3

Einzel, 2. Runde

Roddick (US/2) – **Peya**	6:3, 7:6, 6:4
Ferrero (Spa/6) – **Koubek**	4:6, 7:5, 5:7, 7:6, 8:6

Doppel, 1. Runde

Knowle/Zimonjic (Serb.-M./16) – Allegro/Kohlmann (Sz/D)	6:4, 6:4

Doppel, 2. Runde

Knowle/Zimonjic– Fyrstenberg/Matkowski (Pol)	7:6, 7:6

Doppel, Achtelfinale

Knowle/Zimonjic– Bhupathi/Mirnyi (Ind/WRuss/3)	6:4, 3:6, 8:6

Doppel, Viertelfinale

Knowle/Zimonjic – Black/Ulyett (Zim/6)	7:5, 4:6, 6:4

Doppel, Semifinale

Knowle/Zimonjic – Knowles/Nestor (Bah/Ka/5)	6:2, 3:6, 6:3, 6:7, 6:3

Doppel, Finale

Björkman/Woodbridge (Sd/Aus/1) – **Knowle**/Zimonjic	6:1, 6:4, 4:6, 6:4

US Open

Einzel, 1. Runde

Melzer – Carraz (Fra)	7:5, 6:0, 4:6, 6:3
Koubek – Bogomolow (US)	6:3, 6:4, 1:6, 2:6, 6:3
Peya – Reynolds (US)	2:6, 6:3, 6:3, 6:7, 6:4

Einzel, 2. Runde

Melzer – Spadea (US/23)	6:3, 4:6, 3:6, 6:3, 6:4
Koubek – Ferrero (Spa/7)	7:6, 4:6, 6:7, 6:2, 6:3
Peya – Enqvist (Sd)	1:6, 6:3, 6:3, 6:2

Einzel, 2. Runde

Llodra (Fra) – **Melzer**	6:3, 6:2, 7:5
Johansson (Sd/28) – **Koubek**	6:7, 7:6, 6:1, 6:3
Robredo (US/18) – **Peya**	6:3, 6:3, 6:2

Doppel, 1. Runde

Melzer/Peya – Bertolini/Volandri (It)	6:3, 6:3
Knowle/Zimonjic (Serb.-M./9) – Malisse/O. Rochus (Bel)	6:1, 6:4

Doppel, 2. Runde

Gonzalez/Massu (Chi) – **Knowle**/Zimonjic	5:7, 7:5, 7:6
Aspelin/Peryy (Sd/Aus) – **Melzer/Peya**	6:3, 6:3

Mixed, 1. Runde

Lichowtsewa/Zimonjic (Russ/Serb.-M./5) – **Schett/Knowle**	7:5, 6:4

DAMEN

Einzel:	Eva HOCH
Doppel:	Zita HORANYI/Nicole MELCH

FED-CUP

Weltgruppe, 1. Runde

<u>Österreich – Slowakei 3:2</u>

(St. Pölten, 24. und 25. April 2004)

Schett – Husarova	4:6, 6:1, 6:4
Schwartz – Cervanova	3:6, 7:6, 6:2
Schett – Sucha	7:5, 1:6, 6:2
Bammer – **Husarova**	3:6, 2:6
Schwartz/Wartusch – **Cervanova/Husarova**	3:6, 6:3, 4:6

Weltgruppe, Viertelfinale

<u>Österreich – USA 4:1</u>

(Innsbruck, 10. und 11. Juli 2004)

Schwartz – **Rubin**	1:6, 7:5, 4:6
Schett – Raymond	6:2, 6:4
Schett – Rubin	6:3, 6:2
Schwartz – Raymond	7:6, 4:6, 10:8
Schett/Wartusch – Craybas/Navratilova	6:3, 0:6, 6:3

TURNIERE IN ÖSTERREICH

Linz (20. – 26. Oktober 2003)

1. Runde (Spiele der Österreicherinnen)

Pistolesi (Isr/6) – **Bammer**	6:4, 2:6, 6:4
Mandula (Ung) – **Schett**	6.3, 6:3

Viertelfinale

Schnyder (Sz/8) – Myskina (Russ/1)	6:1, 6:1
Sugiyama (Jap/2) – Dokic (Yug)	6:4, 6:7, 6:3
Zvonareva (Russ/3) – Pistolesi	6:2, 3:6, 7:5
Petrova (Russ/4) – Suarez (Arg/7)	4:6, 6:4, 6:3

Semifinale

Sugiyama – Zvonareva	6:3, 3:6, 6:4
Petrova – Schnyder	6:2, 6:2

Finale

Sugiyama – Petrova	7:5, 6:4

Wien (17. – 22. Mai 2004)

1. Runde (Spiele der Österreicherinnen)

Meusburger – Camerin (It)	7:6, 6:1
Jidkova (Russ) – **Schwartz**	6:3, 6:2

2. Runde (Spiele der Österreicherinnen)

Serna (Spa/7) – **Meusburger**	6:1, 6:2

Viertelfinale

Smashnova-Pistolesi (Isr/2) – Serna	6:1, 6:0
Frazier (US/5) – Kurhajcova (Svk)	3:6, 6:2, 6:2
Molik (Aus/6) – Weingärtner (D)	6:2, 6:3
Kostanic (Kro/8) – Jidkova	7:6, 6:2

Semifinale

Smashnova-Pistolesi – Frazier	7:5, 6:2
Molik – Kostanic	6:4, 6:3

Finale

Smashnova-Pistolesi – Molik	6:2, 3:6, 6:2

GRAND SLAM-TURNIERE

Australian Open

Einzel, 1. Runde

Schett – Fernandez (Arg)	4:6, 6:3, 6:4

Einzel, 2. Runde

Santagelo (It) – **Schett**	7:6, 0:6, 6:3

Doppel, 1. Runde

Wartusch/Mandula (Ung/10) – Czink/Kapros (Ung)	7:6, 6:1
Schett/Schnyder (Sz/15) – Cargill/Harkleroad (US)	6:3, 7:6

Doppel, 2. Runde

Wartusch/Mandula – Svensson/Tu (Sd/US)	6:4, 3:6, 6:3
Ani/Prusova (Est/Tch) – **Schett**/Schnyder	6:3, 6:2

Doppel, 3. Runde

Vento-Kabchi/Widjaja (Ven/Ind/6)– **Wartusch**/Mandula	6:4, 2:6, 6:3

Mixed, 1. Runde

Bovina/Zimonjic (Russ/Serb.-M.) – **Wartusch**/Cermak (Tch)	6:2, 7:5

French Open

Einzel, 1. Runde

Scharapowa (Russ/18) - **Schwartz**	6:3, 6:0
Rittner (D) – **Schett**	6:3, 6:3

Doppel, 1. Runde

Wartusch/Casanova (Sz/14) – Kulikowskaja/Kustawa (Russ/WRuss)	6:2, 6:2
Schett/Schnyder (Sz/16) – Blahotova/G. Navratilova (Tch)	6:3, 7:5

Doppel, 2. Runde

Schett/Schnyder – Serra Zanetti/Serra Zanetti (It)	7:5, 6:3
Dulko/Tarabini – **Wartusch**/Casanova	6:4, 6:2

Doppel, Achtelfinale

Ruano Pascual/Suarez (Arg/1) – **Schett**/Schnyder	6:1, 3:6, 6:4

Wimbledon

Einzel, 1. Runde

Cervanova (Svk) – **Schett**	3:6, 6:4, 6:4

Doppel, 1. Runde

Schett/Schnyder (Sz) – Jugic Salkic/Jurak (BIH/Kro)	6:2, 4:6, 6:2
Schwartz/Wöhr (D) – Liggan/Parra Santonja (Irl/Spa)	6:4, 4:6, 7:5
Grande/Pennetta (It) – **Wartusch**/Rittner (D)	7:5, 3:6, 6:3

Doppel, 2. Runde

Schett/Schnyder – Dominikovic/Rodionowa (Aus/Russ)	6:1, 6:4
Bartoli/Loit (Fra/11) – **Schwartz**/Wöhr	6:1, 6:3

Doppel, Achtelfinale

Black/Stubbs (Zim/Aus/6) – **Schett**/Schnyder	7:6, 6:4

Mixed, 1. Runde

Schett/Schüttler (D) – Perebijnis/Labadse (Ukr/Geo)	2:6, 6:2, 6:2
Callens/Koenig (Bel/SA) – **Wartusch**/Kohlmann	6:2, 7:6

Mixed, 2. Runde

Schett/Schüttler – Raymond/M. Bryan (US)	3:6, 6:4, 6:4

Mixed, Achtelfinale

Schett/Schüttler – Rodionowa/Ram (Russ/Isr)	7:6, 3:6, 6:4

Mixed, Viertelfinale

Black/Black (Zim/6) – **Schett**/Schüttler	6:4, 7:6

US Open

Einzel, 1. Runde

Chakvetadse – **Schett**	1:6, 6:4, 6:2

Doppel, 1. Runde

Schett/Schnyder (Sz/12) – Serra Zanetti/Serra Zanetti (It)	6:4, 6:3

Doppel, 2. Runde

Schett/Schnyder – Cohen-Aloro/Granados (Fra/Spa)	6:1, 6:2

Doppel, Achtelfinale

Schett/Schnyder – Washington/Hopkins (US)	7:6, 7:6

Doppel, Viertelfinale

Schett/Schnyder – Lee/Peng (Tpe/Chn)	6:2, 7:5

Doppel, Semifinale

Kusnetsowa/Lichowtsea (Russ/2) – **Schett**/Schnyder	6:4, 6:2

TISCHTENNIS

Herren

Einzel:	Werner SCHLAGER
Doppel:	Werner SCHLAGER/ Karl JINDRAK
Mannschaft:	SGSVS NIEDERÖSTERREICH

Damen

Einzel:	Judith HERCZIG
Doppel:	Michaela RIEDER/ Sarah KAINZ
Mannschaft:	ASKÖ LINZ-FROSCHBERG

Mixed

Judith HERCZIG/
Werner SCHLAGER

TRIATHLON

Herren

Kurzdistanz:	Peter SCHOISSENGEIER
Langdistanz:	Werner LEITNER
Wintertriathlon:	Sigi BAUER
Duathlon Kurzdistanz:	Heinz PLANITZER
Duathlon Langdistanz:	Gernot SEIDL

Damen

Kurzdistanz:	Tanja HAIBÖCK
Langdistanz:	Monika STADLMANN
Wintertriathlon:	Klaudia MEISTERHOFER
Duathlon Kurzdistanz:	Andrea MAYR

TURNEN

Kunstturnen

Herren

Barren:	Mario RAUSCHER u. Marco MAYR
Boden:	Sebastian BÖSCH
Pauschenpferd:	Marco MAYR
Reck:	Mario RAUSCHER
Pferdsprung:	Marco MAYR
Ringe:	Marco BALDAUF
Mehrkampf:	Marco BALDAUF

Damen

Boden:	Tanja GRATT
Schwebebalken:	Tanja GRATT
Pferdsprung:	Barbara GASSER
Stufenbarren:	Tanja GRATT
Mehrkampf:	Tanja GRATT
Mannschaft:	OBERÖSTERREICH

Rhythmische Sportgymnastik

Ball:	Caroline WEBER
Band:	Caroline WEBER
Reifen:	Caroline WEBER
Keulen:	Caroline WEBER
Mehrkampf:	Caroline WEBER
Mannschaft:	Allgemeiner Turnverein GRAZ

Trampolinspringen

Herren:	Dieter HAYN
Damen:	Jenny STEINER

VOLLEYBALL

Volleyball

Herren:	VIENNA HOTVOLLEYS
Herren-Cup:	VT TIROL
Damen:	SG SVS PSV
Damen-Cup:	ATSC KLAGENFURT

Beach-Volleyball

Herren:	Robert NOWOTNY/Peter GARTMAYER
Damen:	Barbara HANSEL/Christina GSCHWEIDL

WASSERSKI

Tournament

Herren

Slalom:	Thomas FENZL
Figuren:	Thomas FENZL
Springen:	Thomas FENZL
Kombination:	Thomas FENZL

Damen

Slalom:	Luisa ZETTINIG
Figuren:	Luisa ZETTINIG
Springen:	Luisa ZETTINIG
Kombination:	Luisa ZETTINIG

Cable

Herren

Slalom:	Michael PUSTER
Figuren:	Alois KRENN
Springen:	Kurt MÜHLBAUER
Kombination:	Josef KRENN

Damen

Slalom:	Bianca SCHALL
Figuren:	Susanne SIEBER
Springen:	Bianca SCHALL
Kombination:	Bianca SCHALL

Barefoot

Slalom:	Georg WIMMER jun.
Figuren:	Bernhard KOSCH
Springen:	Georg WIMMER jun.
Kombination:	Georg WIMMER jun.

Wakeboard

Herren:	Daniel FETZ
Damen:	Barbara HAANL

Racing

Herren:	Thomas SCHWARENTHORER
Damen:	Katharina HEBENSTREIT

*

*

*

*

ANHANG 2

OLYMPISCHE

SOMMERSPIELE

(Athen / Griechenland,

13. – 29. August 2004)

Österreichs Teilnehmer,

alle Platzierungen der

rotweißroten Athleten und

alle Medaillengewinner

ANHANG 3

FUSSBALL,

EUROPAMEISTERSCHAFT

(Portugal,

12. Juni – 4. Juli 2004)

Tabellen aller Qualifikationsgruppen,

Aufstellungen und Tabellen aller

Spiele der EURO (Gruppenphase,

Viertelfinale, Semifinale und Finale)

OLYMPISCHE SOMMERSPIELE

ATHEN, 13. – 29. AUGUST

ÖSTERREICHS TEILNEHMER

Beach Volleyball

BERGER Nik
GARTMAYER Peter
GOSCH Florian
GARTMAYER Peter

Fechten

MARIK Christoph	Degen-Einzel
SCHLOSSER Roland	Florett-Einzel

Gewichtheben

STEINER Matthias	Klasse bis 105 kg

Judo

HEILL Claudia	Klasse bis 63 kg
PAISCHER Ludwig	Klasse bis 60 kg

Kanu

OBLINGER Helmut	Wildwasser-Slalom, Kajak
PETERS-OBLINGER Viola	Wildwasser-Slalom, Kajak

Leichtathletik

BUCHLEITNER Michael	Marathon
MAYR-KRIFKA Karin	100 m, 200 m
MÜLLER Bettina	100 m
PRÖLL Martin	3.000 m Hindernis
SCHWARZL Roland	Zehnkampf
WEIDLINGER Günther	5.000 m

Rad – Bahn

GARBER Roland	Madison
STOCHER Franz	Madison, Punktefahren

Rad – Mountainbike

JUNGMEIER Bärbel	Cross Country
SOUKUP Christoph	Cross Country
WEISS Michael	Cross Country

Rad – Strasse

SÖDER Christiane
EISEL Bernhard
GLOMSER Gerrit
TOTSCHNIG Georg
TRAMPUSCH Gerhard

Reiten – Dressur

GAULHOFER Fritz	Mannschaft
GMOSER Peter	Mannschaft
MAX-THEURER Victoria	Einzel, Mannschaft
STADLINGER Nina	Einzel, Mannschaft

Reiten – Vielseitigkeit

AMBROS Harald	Einzel, Mannschaft
APPELT Margit	Mannschaft
RIEDL Harald	Mannschaft
SIEGL Harald	Mannschaft
ZEHRER Andreas	Mannschaft

Ringen

CIKEL Lubos	Klasse bis 60 kg
GASTL Marina	Klasse bis 72 kg
VALACH Radovan	Klasse bis 96 kg

Rudern

HARTL Raphael	Einer
MADECKI Juliusz	Leichter Vierer ohne
SAGEDER Sebastian	Leichter Vierer ohne
SIGL Wolfgang	Leichter Vierer ohne
WAKOLBINGER Bernd	Leichter Vierer ohne

Schiessen

FARNIK Thomas	Kleinkalibergewehr Dreistellungskampf, Luftgewehr 10 m
HASELSBERGER Monika	Luftgewehr 10 m
KNÖGLER Mario	Kleinkalibergewehr liegend
PLANER Christian	Kleinkalibergewehr Dreistellungskampf, Luftgewehr 10 m
WAIBEL Wolfram jr.	Kleinkalibergewehr liegend

Schwimmen

DRAXLER Judith	50 und 100 m Kraul
JUKIC Mirna	100 und 200 m Brust
KOLL Dominik	200 m Kraul
PODOPRIGORA Maxim	100 und 200 m Brust
ROGAN Markus	100 und 200 m Rücken
ZAHRL Petra	200 m Delfin

Segeln

GERITZER Andreas	Laser
HAGARA Roman	Tornado
STEINACHER Hans-Peter	Tornado
DELLE-KARTH Nico	49er
RESCH Niko	49er
HANAKAMP Andreas	Star
SPITZAUER Hans	Star

Taekwondo

Nevena LUKIC	Klasseunter 49 kg
CALISKAN Tuncay	Klasse bis 68 kg

Tennis

MELZER Jürgen	Einzel

Tischtennis

CHEN Weixing	Einzel
JINDRAK Karl	Doppel
JIA Liu	Einzel
SCHLAGER Werner	Einzel und Doppel

Triathlon

ALLEN Kate
BRAMBÖCK Eva
DOMNIK Norbert

Wasserspringen

REIFF Marion	10 m-Turm
RICHTER Anja	10 m-Turm

BADMINTON

MÄNNER-EINZEL

GOLD:	HIDAYAT Taufik (Indonesien)
SILBER:	SHON Seung Mo (Südkorea)
BRONZE:	KUNCORO Soni Dwi (Indonesien)

MÄNNER-DOPPEL

GOLD:	KIM Dong Moon/HA Tea Kwon (Südkorea)
SILBER:	LEE Dong Soo/YOO Yong Sung (Südkor.)
BRONZE:	HIAN Eng/LIMPELE Flandy (Indonesien)

FRAUEN-EINZEL

GOLD:	ZHANG Ning (China)
SILBER:	AUDINA Mia (Holland)
BRONZE:	ZHOU Mi (China)

FRAUEN-DOPPEL

GOLD:	ZHANG Jiewen/YANG Wie (China)
SILBER:	HUANG Sui/GAO Ling (China)
BRONZE:	LEE Kyung Won/RA Kyung Min (Südkor.)

MIXED

GOLD:	ZHANG Jun/GAO Ling (China)
SILBER:	ROBERTSON Nathan/EMMS Gail (Gb)
BRONZE:	ERIKSEN Jens/SCHJOLDAGER Mette (Dk)

BASEBALL

GOLD:	KUBA
SILBER:	ARGENTINIEN
BRONZE:	JAPAN

BASKETBALL

MÄNNER

GOLD:	ARGENTINIEN
SILBER:	ITALIEN
BRONZE:	USA

FRAUEN

GOLD:	USA
SILBER:	AUSTRALIEN
BRONZE:	RUSSLAND

BEACHVOLLEYBALL

MÄNNER

GOLD:	REGO Emanuel/SANTOS Ricardo (Bra)
SILBER:	BOSMA Javier/HERRERA Pablo (Spa)
BRONZE:	HEUSCHER Patrick/KOBEL Stefan (Sz)

… Nik BERGER/Florian GOSCH und Robert NOWOTNY/Peter GARTMAYER (alle Österreich) in der Vorrunde ausgeschieden.

FRAUEN

GOLD:	WALSH Kerri/MAY Misty (USA)
SILBER:	BEHAR Adriana/BEDE Shelda (Bra)
BRONZE:	McPEAK Holly/YOUNGS Elaine (USA)

BOGENSCHIESSEN

MÄNNER-EINZEL

GOLD:	GALIAZZO Marco (Italien)
SILBER:	YAMAMOTO Hiroshi (Japan)
BRONZE:	CUDDIHY Tim (Australien)

MÄNNER-MANNSCHAFT

GOLD: SÜDKOREA (Im/Jang/Park)
SILBER: TAIWAN (Chen/Liu/Wang)
BRONZE: UKRAINE (Hrachov/Ruban/Serdyuk)

FRAUEN-EINZEL

GOLD: PARK Sung-Hyun (Südkorea)
SILBER: LEE Sung-Jin (Südkorea)
BRONZE: WILLIAMSON Alison (Großbritannien)

FRAUEN-MANNSCHAFT

GOLD: SÜDKOREA (Lee/Park/Yun)
SILBER: CHINA (He/Lin/Zhang)
BRONZE: TAIWAN (Chen/Wu/Yuan)

BOXEN

KLASSE BIS 48 KILOGRAMM

GOLD: BHARTELEMY Yan (Kub)
SILBER: YALCINKAYA Atagun (Tür)
BRONZE: KASAKOW Sergej (Russ)
ZOU Shiming (Chn)

KLASSE BIS 51 KILOGRAMM

GOLD: GAMBOA Yuriorkis (Kub)
SILBER: THOMAS Jerome (Fra)
BRONZE: RAHIMOW Rustan (D)
ASLANOW Fuad (Aserb)

KLASSE BIS 54 KILOGRAMM

GOLD: RIGONDEAUX Guillermo (Kub)
SILBER: PETCHKOOM Worapoj (Thai)
BRONZE: SOOLTONOW Bahodirjon (Usb)
MAMMADOW Aghasi (Aserb)

KLASSE BIS 57 KILOGRAMM

GOLD: TISCHTSCHENKO Alexej (Russ)
SILBER: KIM Song-Guk (Nordk)
BRONZE: TAJBERT Vitali (D)
JO SEOK-HWAN (Südk)

KLASSE BIS 60 KILOGRAMM

GOLD: KINDELAN Mario Cesar (Kub)
SILBER: KHAN Amir (Gb)
BRONZE: JELEJOW Serik (Kas)
KRATSCHEW Murat (Russ)

KLASSE BIS 64 KILOGRAMM

GOLD: BOONJUMNONG Manus (Thai)
SILBER: JOHNSON Yudel (Kub)
BRONZE: GEORGIEW Boris (Bul)
GHEORGHE Ionut (Ru)

KLASSE BIS 69 KILOGRAMM

GOLD: ARTAJEW Bachtjar (Kas)
SILBER: ARAGON Lorenzo (Kub)
BRONZE: KIM Jung-Joo (Südk)
SAITOW Oleg (Russ)

KLASSE BIS 75 KILOGRAMM

GOLD: GAIDARBEKOW Gennadi (Kas)
SILBER: GOLOWKIN Gennadi (Kas)
BRONZE: DIRRELL Andre (USA)
PRASATHINPHIMAI Suriya (Thai)

KLASSE BIS 81 KILOGRAMM

GOLD: WARD Andre (USA)
SILBER: ARIPGADIJEW Magomed (WRuss)
BRONZE: HAJDAROW Utkirbek (Usb)
ISMAIL Ahmed (Ägy)

KLASSE BIS 91 KILOGRAMM

GOLD: SOLIS Odlanier (Kub)
SILBER: ZUJEW Wiktar (WRuss)
BRONZE: AL SHAMI Naser (Syr)
ELSAYED Mohamed (Ägy)

KLASSE ÜBER 91 KILOGRAMM

GOLD: POWETKIN Alexander (Russ)
SILBER: ALY Mohamed (Ägy)
BRONZE: CAMMARELLE Roberto (It)
LOPEZ NUNEZ Michel (Kub)

FECHTEN

MÄNNER

DEGEN-EINZEL

GOLD: FISCHER Marcel (Schweiz)
SILBER: WANG Lei (China)
BRONZE: KOLOBKOW Pawel (Russland)
… Christoph MARIK (Ö) in der zweiten Runde ausgeschieden.

DEGEN-MANNSCHAFT

GOLD: FRANKREICH (Boisse/F. Jeannet/J. Jeannet/Obry)
SILBER: UNGARN (Boczko/Imre/Kovacs/Kulcsar)
BRONZE: DEUTSCHLAND (Fiedler/Schmid/Strigel)

FLORETT-EINZEL

GOLD: GUYART Brice (Frankreich)
SILBER: SANZO Salvatore (Italien)
BRONZE: CASSARA Andrea (Italien)
… Roland SCHLOSSER (Ö) in der zweiten Runde ausgeschieden.

FLORETT-MANNSCHAFT

GOLD: ITALIEN (Cassara/Sanzo/Vanni)
SILBER: CHINA (Dong/Wang/Wu/Ye)
BRONZE: RUSSLAND (Ganeev/Moltchan/Nassibouline/Pozdniakov)

SÄBEL-EINZEL

GOLD: MONTANO Aldo (Italien)
SILBER: NEMCSIK Zsolt (Ungarn)
BRONZE: TRETIAK Wladislaw (Ukraine)

SÄBEL-MANNSCHAFT

GOLD: FRANKREICH (Pillet/D. Touya/G. Touya)
SILBER: ITALIEN (Montano/Pastore/Tarantino)
BRONZE: RUSSLAND (Charikov/Diatchenko/Pozdniakov/Yakimenko)

FRAUEN

DEGEN-EINZEL

GOLD: NAGY Timea (Ungarn)
SILBER: FLESSEL-COLOVIC Laura (Frankreich)
BRONZE: NISIMA Maureen (Frankreich)

DEGEN-MANNSCHAFT

GOLD: RUSSLAND (Aznavourian/Ermakova/Logounova/Sivkova)
SILBER: DEUTSCHLAND (Bokel/Duplitzer/Heidemann)
BRONZE: FRANKREICH (Daninthe/Flessel/Kiraly/Nisima)

FLORETT-EINZEL

GOLD: VEZZALI Valentina (Italien)
SILBER: TRILLI Giovanna (Italien)
BRONZE: GRUCHALA Sylwia (Polen)

SÄBEL-EINZEL

GOLD: ZAGUNIS Mariel (USA)
SILBER: XUE Tan (China)
BRONZE: JACOBSON Sada (USA)

FUSSBALL

MÄNNER

GOLD: ARGENTINIEN
SILBER: PARAGUAY
BRONZE: ITALIEN

FRAUEN

GOLD: USA
SILBER: BRASILIEN
BRONZE: DEUTSCHLAND

GEWICHTHEBEN

MÄNNER

KLASSE BIS 56 KILOGRAMM

GOLD:	MUTLU Halil (Türkei)	295,0 kg
SILBER:	WU Meijin (China)	287,5 kg
BRONZE:	ARTUC Sedat (Türkei)	280,0 kg

KLASSE BIS 62 KILOGRAMM

GOLD:	ZHIYONG Shi (China)	325,0 kg
SILBER:	MAOSHENG Le (China)	312,5 kg
BRONZE:	RUBIO Israel Jose (Ven)	295,0 kg

KLASSE BIS 69 KILOGRAMM

GOLD:	ZHANG Guozheng (China)	347,5 kg
SILBER:	LEE Bae Young (Südkorea)	342,5 kg
BRONZE:	PECHALOV Nikolay (Aserb)	332,5 kg

KLASSE BIS 77 KILOGRAMM

GOLD:	SAGIR Taner (Türkei)	375,0 kg
SILBER:	FILIMONOW Sergej (Kas)	372,5 kg
BRONZE:	PEREPETSCHENOW O. (Rus)	365,0 kg

KLASSE BIS 85 KILOGRAMM

GOLD:	ASANIDZE George (Georgien)	382,5 kg
SILBER:	RYBAKOU Andrej (WRuss)	380,0 kg
BRONZE:	DIMAS Pyrros (Griechenland)	377,5 kg

KLASSE BIS 94 KILOGRAMM

GOLD:	DOBREW Milen (Bul)	407,5 kg
SILBER:	AKKAJEW Chadjimurad (Russ)	405,0 kg
BRONZE:	TJUKIN Eduard (Russ)	397,5 kg

KLASSE BIS 105 KILOGRAMM

GOLD:	BERESTOW Dimitri (Russ)	425,0 kg
SILBER:	RASORONOW Igor (Ukr)	420,0 kg
BRONZE:	PISAREWSKI Dimitri (Russ)	415,0 kg
	… 8. Matthias STEINER (Ö)	405,0 kg

KLASSE ÜBER 105 KILOGRAMM

GOLD:	ZADEH REZA Hossein (Iri)	472,5 kg
SILBER:	SCERBATIHS Viktors (Lett)	455,0 kg
BRONZE:	CHOLAKOW Velichko (Bul)	447,5 kg

FRAUEN

KLASSE BIS 48 KILOGRAMM

GOLD:	TAYLAN Nurcan (Türkei)	210,0 kg
SILBER:	LI Zhuo (China)	205,0 kg
BRONZE:	WIRATTHAWORN Aree (Tha)	200,0 kg

KLASSE BIS 53 KILOGRAMM

GOLD:	POLSAK Udomporn (Thailand)	222,5 kg
SILBER:	RUMBEWAS Raema Lisa (Ind)	210,0 kg
BRONZE:	MOSQUERA Mabel (Kol)	197,5 kg

KLASSE BIS 58 KILOGRAMM

GOLD:	CHEN Yangqing (China)	237,5 kg
SILBER:	RI Song-Hui (Nordkorea)	232,5 kg
BRONZE:	KAMEAIM Wandee (Thailand)	230,0 kg

KLASSE BIS 63 KILOGRAMM

GOLD:	SKAKUN Natalja (Ukraine)	242,5 kg
SILBER:	BATSIUSCHKA H. (WRuss)	242,5 kg
BRONZE:	STUKALAWA Tatsiana (Russ)	222,5 kg

KLASSE BIS 69 KILOGRAMM

GOLD:	CHUNHONG Liu (China)	275,0 kg
SILBER:	KRUTZLER Eszter (Ungarn)	262,5 kg
BRONZE:	KASAEWA Zarema (Russland)	262,5 kg

KLASSE BIS 75 KILOGRAMM

GOLD:	THONGSUK Pawina (Thailand)	272,5 kg
SILBER:	SABOLOTNAJA Natalja (Russ)	272,5 kg
BRONZE:	POPOWA Walentina (Russ)	265,0 kg

KLASSE ÜBER 75 KILOGRAMM

GOLD:	TANG Gonghong (China)	305,0 kg
SILBER:	JANG Mi Ran (Südkorea)	302,5 kg
BRONZE:	WROBEL Agata (Polen)	290,0 kg

HANDBALL

MÄNNER

GOLD: KROATIEN
SILBER: DEUTSCHLAND
BRONZE: RUSSLAND

FRAUEN

GOLD: DÄNEMARK
SILBER: SÜDKOREA
BRONZE: UKRAINE

HOCKEY

MÄNNER

GOLD: AUSTRALIEN
SILBER: HOLLAND
BRONZE: DEUTSCHLAND

FRAUEN

GOLD: DEUTSCHLAND
SILBER: HOLLAND
BRONZE: ARGENTINIEN

JUDO

MÄNNER

KLASSE BIS 60 KILOGRAMM

GOLD: NOMURA Tadahiro (Japan)
SILBER: KHERGIANI Nestor (Georgien)
BRONZE: TSAGAANBAATAR Khashbaatar (Mong.)
CHOI Min-Ho (Südkorea)
... Ludwig PAISCHER (Österreich) in der zweiten Runde ausgeschieden.

KLASSE BIS 66 KILOGRAMM

GOLD: UCHISHIBA Masato (Japan)
SILBER: KRNAC Jozef (Slowakei)
BRONZE: GEORGIEW Georgi (Bulgarien)
ARENCIBIA Yordanis (Kuba)

KLASSE BIS 73 KILOGRAMM

GOLD: LEE Won-Hee (Südkorea)
SILBER: MAKAROW Witali (Russland)
BRONZE: GUILHEIRO Leandro (Brasilien)
PEDRO James (USA)

KLASSE BIS 81 KILOGRAMM

GOLD: ILIADIS Ilias (Griechenland)
SILBER: GONTSCHJUK Roman (Ukraine)
BRONZE: NOSSOW Dimitri (Russland)
CANTO Flavio (Brasilien)

KLASSE BIS 90 KILOGRAMM

GOLD: ZVIADAURI Zurab (Georgien)
SILBER: IZUMI Hiroshi (Japan)
BRONZE: TAOW Khasanbi (Russland)
HUIZINGA Mark (Holland)

KLASSE BIS 100 KILOGRAMM

GOLD: MAKARAU Ihar (Weißrussland)
SILBER: JANG Sung-Ho (Südkorea)
BRONZE: JURACK Michael (Deutschland)
ZEEVI Ariel (Israel)

KLASSE ÜBER 100 KILOGRAMM

GOLD: SUZUKI Keiji (Japan)
SILBER: TMENOW Tamerlan (Russland)
BRONZE: PERTELSON Indrek (Estland)
VAN DER GEEST Dennis (Holland)

FRAUEN

KLASSE BIS 48 KILOGRAMM

GOLD: TANI Ryoko (Japan)
SILBER: JOSSINET Frederique (Frankreich)
BRONZE: MATIJASS Julia (Deutschland)
FENG Gao (China)

KLASSE BIS 52 KILOGRAMM

GOLD: XIAN Dongmei (China)
SILBER: YOKOSAWA Yuki (Japan)
BRONZE: SAVON Amarilys (Kuba)
HEYLEN Ilse (Belgien)

KLASSE BIS 57 KILOGRAMM

GOLD: BÖHNISCH Yvonne (Deutschland)
SILBER: KYE SUN Hui (Nordkorea)
BRONZE: GRAVENSTIJN Deborah (Holland)
LUPETEY Yurisleidy (Kuba)

KLASSE BIS 63 KILOGRAMM

GOLD: TANIMOTO Ayumi (Japan)
SILBER: **HEILL Claudia** (Österreich)
BRONZE: ZOLNIR Urska (Slowenien)
MORALES GONZALEZ Driulys (Kuba)

KLASSE BIS 70 KILOGRAMM

GOLD: UENO Masae (Japan)
SILBER: BOSCH Edith (Holland)
BRONZE: DONGYA Qin (China)
BÖHM Annett (Deutschland)

KLASSE BIS 78 KILOGRAMM

GOLD: ANNO Noriko (Japan)
SILBER: XIA liu (China)
BRONZE: MORICO Lucia (Italien)
LABORDE Yurisel (Kuba)

KLASSE ÜBER 78 KILOGRAMM

GOLD: TSUKADA Maki (Japan)
SILBER: BELTRAN Dayma (Kuba)
BRONZE: DONGUZASCHWILI Tea (Russland)
SUN Fuming (China)

KANU

MÄNNER

KAJAK-EINER 500 m

GOLD:	VAN KOEVERDEN Adam (Ka)	1:37,919
SILBER:	BAGGALEY Nathan (Aus)	1:38,467
BRONZE:	WYNNE Ian (Gb)	1:38,547

KAJAK-EINER 1000 m

GOLD:	LARSEN Eirik Veraas (Nor)	3:25,897
SILBER:	FOUHY Ben (Neus)	3:27,413
BRONZE:	VAN KOEVERDEN Adam (Ka)	3:28,218

KAJAK-ZWEIER 500 m

GOLD:	RAUHE Ronald/WIESKÖTTER Tim (D)	1:27,040
SILBER:	ROBINSON C./BAGGALEY N. (Aus)	1:27,920
BRONZE:	PIATRUSHENKA/MAKHNEU (WRuss)	1:27,996

KAJAK-ZWEIER 1000 m

GOLD:	OSCARSSON M./NILSSON H.(Sd)	3:18,420
SILBER:	ROSSI Antonio/BONOMI Beniamino (It)	3:19,484
BRONZE:	LARSEN Eirik/FJELDHEIM Nils (Nor)	3:19,528

KAJAK-VIERER 1000 m

GOLD:	UNGARN (Kammerer/Storcz/Vereckei/Horvath)	2:56,919
SILBER:	DEUTSCHLAND (Ihle/Zabel/Bach/Ulm)	2:58,659
BRONZE:	SLOWAKEI (Riszdorfer R./Riszdorfer M./Vlcek/Baca)	2:59,314

CANADIER-EINER 500 m

GOLD:	DITTMER Andreas (D)	1:46,383
SILBER:	CAL David (Spa)	1:46,723
BRONZE:	OPALEW Maxim (Russ)	1:47,767

CANADIER-EINER 1000 m

GOLD:	CAL David (Spa)	3:46,201
SILBER:	DITTMER Andreas (D)	3:46,721
BRONZE:	VAJDA Attila (Ung)	3:49,025

CANADIER-ZWEIER 500 m

GOLD:	GUANLIANG Meng/WENJUN Yang (Chn)	1:40,278
SILBER:	BLANCO Ibrahim/BALCEIRO Ledis (Kub)	1:40,350
BRONZE:	KOSTOGLODA. /KOWALEW A. (Russ)	1:40,442

CANADIER-ZWEIER 1000 m

GOLD:	GILLE Christian/WYLENZEK Tomasz (D)	3:41,802
SILBER:	KOSTOGLOD A./KOWALEW A. (Russ)	3:42,990
BRONZE:	KOZMANN G./KOLONICS G.(Ung)	3:43,106

WILDWASSER KAJAK-EINER

GOLD:	PESCHIER Benoit (Fra)	187,96
SILBER:	WALSH Campbell (Gb)	190,17
BRONZE:	LEFEVRE Fabien (Fra)	190,99

… 13. Helmut OBLINGER (Ö) 98,02.

WILDWASSER CANADIER-EINER

GOLD:	ESTANGUET Tony (Fra)	189,16
SILBER:	MARTIKAN Michael (Svk)	189,28
BRONZE:	PFANNMÖLLER Stefan (D)	191,56

WILDWASSER CANADIER-ZWEIER

GOLD:	HOCHSCHORNER Pavel und Peter	207,16
SILBER:	BECKER Marcus/HENZE Stefan (D)	210,98
BRONZE:	VOLF Jaroslav/STEPANEK Ondrej (Tch)	212.86

FRAUEN

KAJAK-EINER 500 m

GOLD:	JANICS Natasa (Ung)	1:47,741
SILBER:	IDEM Josefa (It)	1:49,729
BRONZE:	BRUNET Caroline (Ka)	1:50,601

KAJAK-ZWEIER 500 m

GOLD:	KOVACS Katalin/JANICS Natasa (Ung)	1:38,101
SILBER:	FISCHER Birgit/LEONHARDT Carolin (D)	1:39,533
BRONZE:	PASTUSZKA A./SOKOLOWSKA B. (Pol)	1:40,077

KAJAK-VIERER 500 m

GOLD:	DEUTSCHLAND (Fischer/Nollen/Wagner/Leonhardt)	1:34,340
SILBER:	UNGARN (Kovacs/Szabo/Viski/Bota)	1:34,536
BRONZE:	UKRAINE Osypenko/Semykina/Balabanowa/Cherevatov	1:36,192

WILDWASSER KAJAK-EINER

GOLD:	KALISKA Elena (Slowakei)	210,03
SILBER:	GIDDENS Rebecca (USA)	214,62
BRONZE:	REEVES Helen (GB)	218,77

… 12. Violetta OBLINGER-PETERS (Ö) 117,09.

LEICHTATHLETIK

MÄNNER

100 m

GOLD:	GATLIN Justin (USA)	9,85
SILBER:	OBIKWELU Francis (Por)	9,86
BRONZE:	GREENE Maurice (USA)	9,87

200 m

GOLD:	CRAWFORD Shawn (USA)	19,79
SILBER:	WILLIAMS Bernard (USA)	20,01
BRONZE:	GATLIN Justin (USA)	20,03

400 m

GOLD:	WARINER Jeremy (USA)	44,00
SILBER:	HARRIS Otis (USA)	44,16
BRONZE:	BREW Derrick (USA)	44,42

800 m

GOLD:	BORSAKOWSKI Juri (Russ)	1:44,45
SILBER:	MULAUDZI Mbulaeni (SA)	1:44,61
BRONZE:	KIPKETER Wilson (Dk)	1:44,65

1500 m

GOLD:	EL GUERROUJ Hicham (Mar)	3:34,18
SILBER:	LAGAT Bernard (Ken)	3:34,30
BRONZE:	SILVA Rui (Por)	3:34,68

5000 m

GOLD:	EL GUERROUJ Hicham (Mar)	13:14,39
SILBER:	BEKELE Kenenisa (Äth)	13:14,59
BRONZE:	KIPCHOGE Eliud (Ken)	13:15,10

… 20. Günther WEIDLINGER (Ö) 13:29,32.

10.000 m

GOLD:	BEKELE Kenenisa (Äth)	27:05,10
SILBER:	SIHINE Sileshi (Äth)	27:09.39
BRONZE:	TADESSE Zersenay (Eri)	27:22,57

MARATHON

GOLD:	BALDINI Stefano (It)	2:10,55
SILBER:	KEFLEZIGHI Mebrathorn (US)	2:11,29
BRONZE:	DE LIMA Vanderlei (Bra)	2:12,11

… 29. Michael BUCHLEITNER (Ö) 2:19,19.

110 m HÜRDEN

GOLD:	LIU Xiang (Chn)	12,91
SILBER:	TRAMMELL Terrence (USA)	13,18
BRONZE:	GARCIA Anier (Kub)	13,20

400 m HÜRDEN

GOLD:	SANCHEZ Felix (Dom)	47,63
SILBER:	McFARLANE Danny (Jam)	48,11
BRONZE:	KEITA Naman (Fra)	48,26

3000 m HINDERNIS

GOLD:	KEMBOI Ezekiel (Ken)	8:05,81
SILBER:	KIPRUTO Brimin (Ken)	8:06,11
BRONZE:	KOECH Paul Kipsiele (Ken)	8:06,64

… 19. Martin PRÖLL (Ö) 8:26,01.

4 x 100 m

GOLD:	GROSSBRITANNIEN (Gardener/Campbell/Devonish/Lewis-Francis)	38,07
SILBER:	USA (Crawford/Gatlin/Miller/Greene)	38,08
BRONZE:	NIGERIA (Fasuba/Emedolu/Egbele/Aliu)	38,23

4 x 400 m

GOLD:	USA (Harris/Brew/Wariner/Williamson)	2:55,91
SILBER:	AUSTRALIEN (Steffensen/Ormrod/Dwyer/Hill)	3:00,60
BRONZE:	NIGERIA (Godday/Audu/Weigopwa/Obong)	3:00,90

20 km GEHEN

GOLD:	BRUGNETTI Ivasno (It)	1:19:40
SILBER:	FERNANDEZ Javier (Spa)	1:19:45
BRONZE:	DEAKES Nathan (Aus)	1:20:02

50 km GEHEN

GOLD:	KORZENIOWSKI Robert (Pol)	3:38:46
SILBER:	NISCHEGORODOW D. (Russ)	3:42:50
BRONZE:	WOJEWODIN Alexej (Russ)	3:43:34

HOCHSPRUNG

GOLD:	HOLM Stefan (Sd)	2,36 m
SILBER:	HEMINGWAY Matt (USA)	2,34 m
BRONZE:	BABA Jaroslav (Tch)	2,34 m

STABHOCHSPRUNG

GOLD:	MACK Timothy (USA)	5,95 m
SILBER:	STEVENSON Toby (USA)	5,90 m
BRONZE:	GIBILISCO Giuseppe (It)	5,85 m

WEITSPRUNG

GOLD:	PHILLIPS Dwight (USA)	8,59 m
SILBER:	MOFFITT John (USA)	8,47 m
BRONZE:	MARTINEZ Joan Lino (Spa)	8,32 m

DREISPRUNG

GOLD:	OLSSON Christian (Sd)	17,79 m
SILBER:	OPREA Marian (Ru)	17,55 m
BRONZE:	BURKENJA Danila (Russ)	17,48 m

KUGELSTOSSEN

GOLD:	BILONOG Jurij (Ukr)	21,16 m
SILBER:	NELSON Adam (USA)	21,16 m
BRONZE:	OLSEN Joachim (Dk)	21,07 m

SPEERWERFEN

GOLD:	THORKILDSEN Andreas (Nor)	86,50 m
SILBER:	VASILEVSKIS Vadims (Lett)	84,95 m
BRONZE:	MAKAROW Sergej (Russ)	84,84 m

DISKUSWERFEN

GOLD:	ALEKNA Virgilijus (Lit)	69,89 m
SILBER:	KOVAGO Zoltan (Ung)	67,04 m
BRONZE:	TAMMERT Aleksander (Est)	66,66 m

HAMMERWERFEN

GOLD:	MUROFUSHI Koji (Jap)	82,35 m
SILBER:	TICHON Iwan (WRuss)	79,81 m
BRONZE:	APAK Esref (Tür)	79,51 m

ZEHNKAMPF

GOLD:	SEBRKE Roman (Tch)	8.893
SILBER:	CLAY Bryan (USA)	8.820
BRONZE:	KARPOW Dimitri (Kas)	8.725

… 10. Roland SCHWARZL (Ö) 8.102.

FRAUEN

100 m

GOLD:	NESTERENKO Julija (WRuss)	10,93
SILBER:	WILLIAMS Lauryn (USA)	10,96
BRONZE:	CAMPBELL Veronica (Jam)	10,97

… 26. Bettina MÜLLER (Ö) 11,50; 29. Karin MAYR-KRIFKA (Ö) 11,55.

200 m

GOLD: CAMPBELL Veronica (Jam) 22,05
SILBER: FELIX Allyson (USA) 22,18
BRONZE: FERGUSON Debbie (Bah) 22,30
18. Karin MAYR-KRIFKA (Ö) 23,19.

400 m

GOLD: WILLIAMS-DARLING T. (Bah) 49,41
SILBER: GUEVARA Ana (Mex) 49,56
BRONZE: ANTJUCH Natalja (Russ) 49,89

800 m

GOLD: HOLMES Kelly (Gb) 1:56,38
SILBER: BENHASSI Hasna (Mar) 1:56,43
BRONZE: CEPLAK Jolanda (Slo) 1:56,43

1500 m

GOLD: HOLMES Kelly (Gb) 3:57,90
SILBER: TOMASCHOWA Tatjana (Russ) 3:58,12
BRONZE: CIONCAN Maria (Ru) 3:58,39

5000 m

GOLD: DEFAR Meseret (Äth) 14:45,65
SILBER: OCHICHI Isabella (Ken) 14:48,19
BRONZE: DIBABA Tirunesh (Äth) 15:00,66

10.000 m

GOLD: XING Huina (Chn) 30:24,36
SILBER: DIBABA Ejegayehu (Äth) 30:24,98
BRONZE: TULU Derartu (Äth) 30:26,42

MARATHON

GOLD: NOGUCHI Mizuki (Jap) 2:26,20
SILBER: NDEREBA Catherine (Ken) 2:26,32
BRONZE: KASTOR Deena (USA) 2:27,20

100 m HÜRDEN

GOLD: HAYES Joanna (USA) 12,35
SILBER: KRASOWSKA Olena (Ukr) 12,45
BRONZE: MORRISON Melissa (USA) 12,56

400 m HÜRDEN

GOLD: HALKIA Fani (Gr) 52,82
SILBER: TIRLEA-MANOLACHE T. (Ru) 53,38
BRONZE: TERESCHTSCHUK T. (Ukr) 53,44

4 x 100 m

GOLD: JAMAIKA 41,73
(Lawrence/Simpson/Bailey/Campbell)
SILBER: RUSSLAND 42,27
(Fjodorowa/Tabakowa/Kabarowa/Kruglowa)
BRONZE: FRANKREICH 42,54
(Mang/Hurtis/Felix/Arron)

4 x 400 m

GOLD: USA 3:19,01
(Trotter/Henderson/Richards/Hennagan)
SILBER: RUSSLAND 3:20,16
(Krasnomowets/Nasarawa/Zykina/Antjuch)
BRONZE: JAMAIKA 3:22,00
(Williams/Burgher/Davy/Richards)

20 km GEHEN

GOLD: TSOUMELEKA Athanasia (Gr) 1:29,12
SILBER: IWANOWA Olimpiada (Russ) 1:29,16
BRONZE: SAVILLE Jane (Aus) 1:29,25

HOCHSPRUNG

GOLD: SLESARENKO Jelena (Russ) 2,06 m
SILBER: CLOETE Hestrie (SA) 2,02 m
BRONZE: STIOPINA Viktoria (Ukr) 2,02 m

STABHOCHSPRUNG

GOLD: ISINBAJEWA Jelena (Russ) 4,91 m
SILBER: FEOFANOWA Swetlana (Russ) 4,75 m
BRONZE: ROGOWSKA Anna (Pol) 4,70 m

WEITSPRUNG

GOLD: LEBEDEWA Tatajana (Russ) 7,07 m
SILBER: SIMAGINA Irina (Russ) 7,05 m
BRONZE: KOTOWA Tatajana (Russ) 7,05 m

DREISPRUNG

GOLD: MBANGO ETONE F. (Kam) 15,30 m
SILBER: DEVETZI Hrysopiyi (Gr) 15,25 m
BRONZE: LEBEDEWA Tatjana (Russ) 15,14 m

KUGELSTOSSEN

GOLD: CUMBA Yumileidi (Kuba) 19,59 m
SILBER: KLEINERT Nadine (Deutschl.) 19,55 m
BRONZE: KRIWELKOWA Swetlana (Russ) 19,49 m

SPEERWERFEN

GOLD: MENENDEZ Osleidys (Kub) 71,53 m
SILBER: NERIUS Steffi (D) 65,82 m
BRONZE: MANJANI Mirela (Gr) 64,29 m

DISKUSWERFEN

GOLD: SADOWA Natalja (Russ) 67,02 m
SILBER: KELESIDOU Anastasia (Gr) 66,68 m
BRONZE: JATSCHENKO Irina (WRuss) 66,17 m

HAMMERWERFEN

GOLD: KUSENKOWA Olga (Russ) 75,02 m
SILBER: MORENO Yipsi (Kub) 73,36 m
BRONZE: CRAWFORD Yunaika (Kub) 73,16 m

SIEBENKAMPF

GOLD: KLÜFT Carolina (Sd) 6.952
SILBER: SKUJYTE Austra (Lit) 6.435
BRONZE: SOTHERTON Kelly (Gb) 6.424

MODERNER FÜNFKAMPF

MÄNNER

GOLD: MOISEJEW Andrej (Russ) 5.480
SILBER: ZADNEPROVSKIS A. (Lit) 5.428
BRONZE: CAPALINI Libor (Tch) 5.392

FRAUEN

GOLD: VOROS Zsuzsanna (Ung) 5.448
SILBER. RUBLEWSKA Jelena (Lett) 5.380
BRONZE: HARLAND Georgina (Gb) 5.344

PFERDESPORT

SPRINGREITEN EINZEL

GOLD: O'CONNOR Cian (Irl) 4,00
SILBER: PESSOA Rodrigo (Bra) 8,00
BRONZE: KAPPLER Chris (USA) 8,00

SPRINGREITEN MANNSCHAFT

GOLD: DEUTSCHLAND 8,00
(Ahlmann/Kutscher/Becker/Beerbaum)
SILBER: USA 20,00
(Wylde/Ward/Kappler/Madden)
BRONZE: SCHWEDEN 20,00
(Eriksson/Fredericson/Baryard/Bengtsson)

DRESSUR EINZEL

GOLD: VAN GRUNSVEN Anky (Ho) 79,278
SILBER: SALZGEBER Ulla (D) 78,833
BRONZE: FERRER-SALAT Beatriz (Spa) 76,667
... 20. Victoria MAX-THEURER 68,753; 25. Nina STADLINGER 66,148.

DRESSUR MANNSCHAFT

GOLD: DEUTSCHLAND 74,653
(Kemmer/Schmidt/Schaudt/Salzgeber)
SILBER: SPANIEN 72,917
(Ferrer-Salat/Jimenez/Rambla/Soto)
BRONZE: USA 71,500
(Wilcox/Seidel/McDonald/Dover)
...8. ÖSTERREICH (Victoria MAX-THEURER/Nina STADLINGER/Friedrich GAULHOFER/Peter GMOSER)

VIELSEITIGKEIT EINZEL

GOLD: LAW Leslie (Gb) 44,4
SILBER: SEVERSON Kimberly (USA) 45,2
BRONZE: FUNNELL Philippa (Gb) 46,6
... 19. Harald AMBROS (Ö) 73,2; 48. Harald SIEGL (Ö) 83,8; 61. Harald RIEDL (Ö) 114,4; 71. Margit APPELT (Ö) 236,8; Andreas ZEHRER (Ö) im Geländeritt ausgeschieden.

VIELSEITIGKEIT MANNSCHAFT

GOLD: FRANKREICH 140,4
(Touzaint/Teulere/Courreges/Lyard/Boiteau)
SILBER: GROSSBRITANNIEN 143,0
(Funnell/Law/King/Brakewell(Pitt)
BRONZE: USA 145,6
(Richards/Tryon/Williams/Chiacchia/Severson)
... 13. ÖSTERREICH (Ambros/Siegl/Riedl/Appelt/Zehrer) 306,4.

RAD

MÄNNER

STRASSENRENNEN

GOLD: BETTINI Paolo (Italien) 5:41:44
SILBER: PAULINGO Sergio (Portugal) + 0:02
BRONZE: MERCKX Axel (Belgien) + 0:08
... 22. Georg TOTSCHNIG (Ö), 30. Gerhard TRAMPUSCH (Ö) beide + 0:12, 51. Gerrit GLOMSER (Ö) + 3:37, Aufgabe: Bernard EISEL (Ö).

STRASSE - ZEITFAHREN

GOLD: HAMILTON Tyler (USA) 57:31,74
SILBER: JEKIMOW Wjatscheslaw (Russ) + 18,84
BRONZE: JULICH Bobby (USA) + 26,45

BAHN - 1000 m ZEITFAHREN

GOLD: HOY Chris (Großbritannien) 1:00,711
SILBER: TOURNANT Arnaud (Fra) 1:00,896
BRONZE: NIMKE Stefan (Deutschland) 1:01,186

BAHN - 4000 m EINZELVERFOLGUNG

GOLD: WIGGINS Bradley (Großbritannien)
SILBER: McGEE Bradley (Australien)
BRONZE: ESCOBAR Sergi (Spanien)

BAHN - SPRINT

GOLD: BAYLEY Ryan (Aus)
SILBER: BOS Theo (Ho)
BRONZE: WOLFF Rene (D)

BAHN - OLYMPISCHER SPRINT

GOLD:	DEUTSCHLAND (Fiedler/Nimke/Wolff)	43,980
SILBER:	JAPAN (Fushimi/Inoue/Nagatsuka)	44,246
BRONZE:	FRANKREICH (Bourgain/Gane/Tournant)	44,359

BAHN - 4000 m MANNSCHAFTSVERFOLGUNG

GOLD:	AUSTRALIEN (Brown/Lancaster/McGee/Roberts)	3:58,223
SILBER:	GROSSBRITANNIEN (Cummings/Hayles/Manning/Wiggins)	4:01,760
BRONZE:	SPANIEN (Castano/Escobar/Maeztu/Torrent)	4:05,523

BAHN - PUNKTEFAHREN

GOLD:	IGNATJEW Michail (Russ)	93
SILBER:	LLANERAS Joan (Spa)	82
BRONZE:	FULST Guido (D)	79

… 17. Franz STOCHER (Ö) 9-

BAHN - MADISON

GOLD:	STEWART G./O'GRADY S. (Aus)	22
SILBER:	MARVULLI F./RISI B. (Sz)	15
BRONZE:	HAYLES R./WIGGINS B. (Gb)	12

… 8. Franz STOCHER/Roland GARBER (Ö) 8 (eine Runde zurück).

BAHN - KEIRIN

GOLD:	BAYLEY Ryan (Aus)
SILBER:	ESCUREDO Jose (Spa)
BRONZE:	KELLY Shane (Aus)

MOUNTAINBIKE

GOLD:	ABSALON Julien (Fra)	2:15:02
SILBER:	HERMIDA Jose-Antonio (Spa)	+ 1:00
BRONZE:	BRENTJENS Bart (Ho)	+ 2:03

… 15. Christoph SOUKUP (Ö) + 7:48; 32. Michael WEISS (Ö) + 15:12.

FRAUEN

STRASSENRENNEN

GOLD:	CARRIGAN Sara (Australien)	3:24:24
SILBER:	ARNDT Judith (Deutschland)	+ 0:07
BRONZE:	SLJUSAREWA Olga (Russ)	+ 0:39

… 24. Christiane SOEDER (Österreich) + 1:18.

STRASSE - ZEITFAHREN

GOLD:	ZIJLAARD-VAN MOORSEL (Ho)	31:11,53
SILBER:	DEMET-BARRY Deirdre (US)	+ 24,09
BRONZE:	THÜRIG Karin (Schweiz)	+ 43,36

BAHN - 500 m ZEITFAHREN

GOLD:	MEARES Anna (Australien)	33,952
SILBER:	YONGHUA Jiang (China)	34,112
BRONZE:	TSCHILINSKAJA N. (WRuss)	34,167

BAHN - 3000 m EINZELVERFOLGUNG

GOLD:	ULMER Sarah (Neuseeland)
SILBER:	MACTIER Katie (Australien)
BRONZE:	ZIJLAARD-VAN MORSEL Leontien (Ho)

BAHN - SPRINT

GOLD:	MUENZER Lori-Ann (Ka)
SILBER:	ABASSOWA Tamilla (Russ)
BRONZE:	MEARES Anna (Aus)

BAHN - PUNKTEFAHREN

GOLD:	SLJUSAREWA Olga (Russ)	20
SILBER:	GUERRERO Belem (Mex)	14
BRONZE:	MIRABELLA Erin (USA)	9

MOUNTAINBIKE

GOLD:	DAHLE Gunn-Rita (Nor)	1:56:51
SILBER:	PREMONT Marie-Helene (Ka)	+ 0:59
BRONZE:	SPITZ Sabine (D)	+ 2:30

… 14. Bärbel JUNGMEIER (Ö) + 12:31

RHYTHMISCHE GYMNASTIK

EINZEL

GOLD:	KABAJEWA Alina (Russ)	108,400
SILBER:	TSCHASCHTSCHINA I. (Russ)	107,325
BRONZE:	BESSONOWA Anna (Ukr)	106,700

MANNSCHAFT

GOLD:	RUSSLAND	51,100
SILBER:	ITALIEN	49,450
BRONZE:	BULGARIEN	48,600

RINGEN

MÄNNER

GRIECHISCH-RÖMISCH

KLASSE BIS 55 KILOGRAMM

GOLD:	MAJOROS Istvan (Ung)
SILBER:	MAMEDALIEW Gueidar (Russ)
BRONZE:	KIOUREGKIAN Artiom (Gr)

KLASSE BIS 60 KILOGRAMM

GOLD:	JUNG Ji Hyun (Südk)
SILBER:	MONZON Roberto (Kub)
BRONZE:	NAZARIAN Armen (Bul)

KLASSE BIS 66 KILOGRAMM

GOLD:	MANSUROW Farid (Aserb)
SILBER:	EROGLU Seref (Tür)
BRONZE:	MANUKJAN Mkchitar (Kas)

KLASSE BIS 74 KILOGRAMM

GOLD:	DOKTURISCHWILI Alexander (Usb)
SILBER:	YLI-HANNUKSELA Marko (Fin)
BRONZE:	SAMURGATSCHEW Warteres (Russ)

KLASSE BIS 84 KILOGRAMM

GOLD:	MITSCHINE Alexej (Russ)
SILBER:	ABRAHAMIAN Ara (Sd)
BRONZE:	MAKARANKA Wjatscheslaw (WRuss)

KLASSE BIS 96 KILOGRAMM

GOLD:	IBRAHIM Karam (Ägy)
SILBER:	NOSADSE Ramas (Geo)
BRONZE:	OZAL Mehemt (Tür)

KLASSE BIS 130 KILOGRAMM

GOLD:	BAROJEW Chasan (Russ)
SILBER:	ZURZUMIA Georgij (Kas)
BRONZE:	GARDNER Rulon (USA)

FREISTIL

KLASSE BIS 55 KILOGRAMM

GOLD:	BATIROW Mawlet (Russ)
SILBER:	ABAS Stephen (USA)
BRONZE:	TANABE Chikara (Jap)

KLASSE BIS 60 KILOGRAMM

GOLD:	QUINTANA Yandro Miguel (Kub)
SILBER:	JOKAR Masuod (Iri)
BRONZE:	INOUE Kenji (Jap)

… Lubos CIKEL (Ö) in der Vorrunde ausgeschieden.

KLASSE BIS 66 KILOGRAMM

GOLD:	TEDEJEW Elbrus (Ukr)
SILBER:	KELLY Jamill (USA)
BRONZE:	MURTASALIJEW Machatsch (Russ)

KLASSE BIS 74 KILOGRAMM

GOLD:	SAITIJEW Buwaisa (Russ)
SILBER:	LALIJEW Gennadi (Kas)
BRONZE:	FUNDORA Ivan (Kub)

KLASSE BIS 84 KILOGRAMM

GOLD:	SANDERSON Cael (USA)
SILBER:	MOON Eui-Jae (Südk)
BRONZE:	SASCHIDOW Saschid (Russ)

KLASSE BIS 85 KILOGRAMM

GOLD:	GATSALOW Chadjimurat (Russ)
SILBER:	IBRAGIMOW Magomed (Usb)
BRONZE:	HEIDARI Alireza (Iri)

… Radovan VALACH (Ö) in der Vorrunde ausgeschieden.

KLASSE BIS 120 KILOGRAMM

GOLD:	TAIMASOW Artur (Usb)
SILBER:	REZAEI Alireza (Irn)
BRONZE:	POLATCI Aydin (Tür)

FRAUEN

FREISTIL

KLASSE BIS 48 KILOGRAMM

GOLD:	MERLENI Irini (Ukraine)
SILBER:	ICHO Chiharu (Jap)
BRONZE:	MIRANDA Patricia (USA)

KLASSE BIS 55 KILOGRAMM

GOLD:	YOSHIDA Saori (Jap)
SILBER:	VERBEEK Tonya (Ka)
BRONZE:	GOMIS Anna (Fra)

KLASSE BIS 63 KILOGRAMM

GOLD:	ICHO Kaori (Jap)
SILBER:	McMANN Sara (USA)
BRONZE:	LEGRAND Lise (Fra)

KLASSE BIS 72 KILOGRAMM

GOLD:	WANG Xu (Chn)
SILBER:	MANJUROWA Gusel (Russ)
BRONZE:	HAMAGUCHI Kyoko (Jap)

… Marina GASTL (Österreich) in der Vorrunde ausgeschieden.

RUDERN

MÄNNER

EINER

GOLD:	TUFTE Olaf (Nor)	6:49,30
SILBER:	JAANSON Jueri (Est)	6:51,42
BRONZE:	JANAKIEW Iwo (Bul)	6:52,80

… 17. Raphael HARTL (Österreich) 7:00,75.

DOPPELZWEIER

GOLD: VIEILLEDENT S./HARDY Adrien (Fra) 6:29,00
SILBER: SPIK Luka/COP Iztok (Slo) 6:31,72
BRONZE: GALTAROSSA R./SARTORI A. (It) 6:32,93

LEICHTER DOPPELZWEIER

GOLD: KUCHARSKI Tomasz/SYCZ Robert (Pol) 6:20,93
SILBER: DUFOUR Frederic/TOURON Pascal (Fra) 6:21,46
BRONZE: POLYMEROS V./SKIATHITIS N. (Gr) 6:23,23

ZWEIER OHNE STEUERMANN

GOLD: GINN Drew/TOMKINS James (Aus) 6:30,76
SILBER: SKELIN Sinisa u. Niksa (Kro) 6:32,64
BRONZE: CECH D./DI CLEMENTE R. (SA) 6:33,40

DOPPELVIERER

GOLD: RUSSLAND 5:56,85
(Fedorovtsev/Kravtsov/Svirin/Spinev)
SILBER: TSCHECHIEN 5:57,43
(Kopriva/Karas/Hanak/Jirka)
BRONZE: UKRAINE 5:58,87
(Grin/Bilushchenko/Lykov/Shaposhnikov)

VIERER OHNE STEUERMANN

GOLD: GROSSBRITANNIEN 6:06,98
(Williams/Cracknell/Coode/Pinsent)
SILBER: KANADA 6:07,06
(Baerg/Herschmilller/Wetzel/Williams)
BRONZE: ITALIEN 6:10,41
(Porzio/Dentale/Agamennoni/Leonardo)

LEICHTER VIERER OHNE STEUERMANN

GOLD: DÄNEMARK 6:01,39
(Kristensen/Ebert/Moelvig/Ebbesen)
SILBER: AUSTRALIEN 6:02,79
(Loftus/Edwards/Cureton/Burgess)
BRONZE: ITALIEN 6:03,74
(Bertini/Amarante/Amitrano/Mascarenhas)
... 10. ÖSTERREICH (Madecki/Sageder/Wakobinger/Sigl) 6:22,85.

ACHTER

GOLD: USA 5:42,48
(Read/Allen/Ahrens/Hansen/Deakin/Beery/Hoopman/Volpenhein/Cipollone)
SILBER: HOLLAND 5:43,75
(Simon/Vermeulen/Gabriels/Mensch/Derksen/Eggenkamp/Vellenga/Bartman/Cheung)
BRONZE: AUSTRALIEN 5:45,38
(Szczurowski/Reside/Welch/Toon/Hanson/McKay/Stewart J./Stewart G./Stewart S.

FRAUEN

EINER

GOLD: RUTSCHOW-STOMPOROWSKI Katrin (D) 7:18,12
SILBER: KARSTEN Jekaterina (WRuss) 7:22,04
BRONZE: NEJKOWA Rumjana (Bul) 7:23,10

DOPPELZWEIER

GOLD: EVER SWINDELL Georgina u. Caroline (Nzl) 7:01,79
SILBER: WALESKA Peggy/OPPELT Britta (D) 7:02,78
BRONZE: WINCKLESS Sarah/LAVERICK Elise Gb) 7:07,58

LEICHTER DOPPELZWEIER

GOLD: BURCICA Constanta/ALUPEI Angela (Ru) 6:56,05
SILBER: REIMER Daniela/BLASBERG Claudia (D) 6:57,33
BRONZE: VAN DER KOLK K./VAN EUPEN M. (Ho) 6:58,54

ZWEIER OHNE STEUERFRAU

GOLD: DAMIAN Georgeta/SUSANU Viorica (Ru) 7:06,55
SILBER: GRAINGER Katherine/BISHOP Cath (Gb) 7:08,66
BRONZE: BICHYK Yuliya/HELAKH Natallia (WRuss) 7:09,86

DOPPELVIERER

GOLD: DEUTSCHLAND 6:29,29
(Boron/Evers/Lutze/El Qalqili)
SILBER: GROSSBRITANNIEN 6:31,26
(Mowbray/Flood/Houghton/Romero)
BRONZE: AUSTRALIEN 6:34,73
(Faletic/Sattin/Hore/Bradley)

ACHTER

GOLD: RUMÄNIEN 6:17,70
(Florea/Susanu/Barascu/Papuc/Gafencu/Lipa/Damian/Ignat/Georgescu)
SILBER: USA 6:19,56
(Johnson/Magee/Dirkmaat/Cox/Mickelson/Korholz/Davies/Nelson/Whipple)
BRONZE: HOLLAND 6:19,85
(Wegman/Smulders/Hommes/Dekkers/Van Rumpt/De Haan/Siegelaar/Tanger/Workel)

SCHIESSEN

MÄNNER

KLEINKALIBERGEWEHR LIEGEND

GOLD: EMMONS Matthew (USA) 703,3
SILBER: LUSCH Christian (Deutschl.) 702,2
BRONZE: MARTINOW Sergej (WRuss) 701,6
16. Mario KNÖGLER (Ö) und Wolfram WAIBEL jr. (Ö) beide 592 und im Vorkampf ausgeschieden.

KLEINKALIBERGEWEHR DREISTELLUNGSMATCH

GOLD: JIA Zhanbo (China) 1.264,5
SILBER: ANTI Michael (USA) 1.263,1
BRONZE: **PLANER Christian** 1.262,8
... 6. Thomas FARNIK (Ö) 1.261,4.

SCHNELLFEUERPISTOLE

GOLD: SCHUMANN Ralf (D) 694,9
SILBER: POLJAKOW Sergej (Russ) 692,7
BRONZE: ALIFIRENKO Sergej (Russ) 692,3

FREIE PISTOLE

GOLD: NESTRUJEW Michail (Russ) 663,3
SILBER: JONG-OH Jin (Südkorea) 661,5
BRONZE: JONG-SU Kim (Nordkorea) 657,7

LUFTPISTOLE

GOLD: WANG Yifu (China) 690,0
SILBER: NESTRUJEW Michail (Russ) 689,8
BRONZE: ISAKOW Waldimir (Russ) 684,3

LUFTGEWEHR

GOLD: ZHU Qinan (China) 702,7
SILBER: LI Jie (China) 701,3
BRONZE: GONCI Jozef (Slowakei) 697,4
... 12. Thomas FARNIK (Ö) und Christian PLANER (Ö) beide 593 und im Vorkampf ausgeschieden.

TRAP

GOLD: ALIPOW Alexej (Russland) 149
SILBER: PELLIELO Giovanni (Italien) 146
BRONZE: VELLA Adam (Australien) 145

DOPPELTRAP

GOLD: EL MAKTOUM Ahmed (VAE) 189
SILBER: RATHORE Rajyavardhan (Ind) 179
BRONZE: ZHENG Wang (China) 178

LAUFENDE SCHEIBE

GOLD: KURZER Manfred (Deutschl.) 682,4
SILBER: BLINOW Alexander (Russland) 678,0
BRONZE: LIKIN Dimitri (Russland) 677,1

SKEET

GOLD: BENELLI Andrea (It) 149
SILBER: KEMPPAINEN Marko (Fin) 149
BRONZE: RODRIGUEZ Juan Miguel (Ku) 147

FRAUEN

KLEINKALIBERGEWEHR DREISTELLUNGSMATCH

GOLD: GALKINA Ljubow (Russland) 688,4
SILBER: TURISINI Valentina (Italien) 685,9
BRONZE: CHENGYI Wang (China) 685,4

SPORTPISTOLE

GOLD: GROSCHDEWA Maria (Bul) 688,2
SILBER: HYKOVA Lenka (Tschechien) 687,8
BRONZE: ASCHUMOWA Irarda (Aserb) 687,3

LUFTPISTOLE

GOLD: KOSTEWITSCH Olena (Ukr) 483,3
SILBER: SEKARIC Jasna (Serbien-M.) 483,3
BRONZE: GROZDEVA Maria (Bulgarien) 482,3

LUFTGEWEHR

GOLD: DU Li (China) 502,0
SILBER: GALKINA Ljubow (Russland) 501,5
BRONZE: KURKOVA Katerina (Tch) 501,1
... 9. Monika HASELSBERGER (Ö) 396 (im Vorkampf ausgeschieden).

TRAP

GOLD: BALOGH Suzanne (Australien) 88
SILBER: QUINTANAL Maria (Spanien) 84
BRONZE: LEE Bo-Na (Südkorea) 83

DOPPELTRAP

GOLD: RHODE Kimberly (US) 146
SILBER: BO-NA Lee (Südkorea) 145
BRONZE: GAO E (China) 142

SKEET

GOLD: IGALY Diana (Ungarn) 97
SILBER: NING Wie (China) 93
BRONZE: MEFTAKHETDINOWA Z. (Aserb). 93

SCHWIMMEN

MÄNNER

50 m KRAUL

GOLD:	HALL Gary (USA)	21,93
SILBER:	DRAGANJA Duje (Kro)	21,94
BRONZE:	SCHOEMAN Roland Mark (SA)	22,02

100 m KRAUL

GOLD:	VAN DEN HOOGENBAND P. (Ho)	48,17
SILBER:	SCHOEMAN Roland Mark (SA)	48,23
BRONZE:	THORPE Ian (Aus)	48,56

200 m KRAUL

GOLD:	THORPE Ian (Aus)	1:44,71
SILBER:	VAN DEN HOOGENBAND P. (Ho)	1:45,23
BRONZE:	PHELPS Michael (USA)	1:45,32

… 26. Dominik KOLL (Ö) 1:51,36 (im Vorlauf ausgeschieden)

400 m KRAUL

GOLD:	THORPE Ian (Aus)	3:43,10
SILBER:	HACKETT Grant (Aus)	3:43,36
BRONZE:	KELLER Klete (USA)	3:44,11

1500 m KRAUL

GOLD:	HACKETT Grant (Aus)	14:43,40
SILBER:	JENSEN Larsen (USA)	15:45,29
BRONZE:	DAVIES David (Gb)	14:45,95

4 x 100 m KRAUL

GOLD:	SÜDAFRIKA (Schoeman/Ferns/Townsend/Neethling)	3:13,17
SILBER:	HOLLAND (Kenkhuis/Zastrow/Zwering/Hoogenband)	3:14,36
BRONZE:	USA (Crocker/Phelps/Walker/Lezak)	3:14,62

4 x 200 m KRAUL

GOLD:	USA (Phelps/Lochte/Vanderkaay/Keller)	7:07,33
SILBER:	AUSTRALIEN (Hackett/Klim/Sprenger/Thorpe)	7:07,46
BRONZE:	ITALIEN (Brembilla/Rosolino/Cercato/Magnini)	7:11,83

100 m BRUST

GOLD:	KITAJIMA Kosuke (Jap)	1:00,08
SILBER:	HANSEN Brendan (USA)	1:00,25
BRONZE:	DUBOSCQ Hugues (Fra)	1:00,88

… 25. Maxim PODOPRIGORA (Ö) 1:03,08 (im Vorlauf ausgeschieden).

200 m BRUST

GOLD:	KITAJIMA Kosuke (Jap)	2:09,44
SILBER:	GYURTA Daniel (Ung)	2:10,80
BRONZE:	HANSEN Brendan (USA)	2:10,87

… 13. Maxim PODOPRIGORA (Ö) 2:14,66 (im Semifinale ausgeschieden).

100 m RÜCKEN

GOLD:	PEIRSOL Aaron (USA)	54,06
SILBER:	**ROGAN Markus** (Ö)	54,35
BRONZE:	MORITA Tomomi (Jap)	54,36

200 m RÜCKEN

GOLD:	PEIRSOL Aaron (USA)	1:54,95
SILBER:	**ROGAN Markus** (Ö)	1:57,35
BRONZE:	FLOREA Razvan (Ru)	1:57,56

100 m DELPHIN

GOLD:	PHELPS Michael (USA)	51,25
SILBER:	CROCKER Ian (USA)	51,29
BRONZE:	SERDINOW Andrej (Ukraine)	51,36

200 m DELPHIN

GOLD:	PHELPS Michael (USA)	1:54,04
SILBER:	YAMAMOTO Takashi (Jap)	1:54,56
BRONZE:	PARRY Stephen (GB)	1:55,52

200 m LAGEN

GOLD:	PHELPS Michael (USA)	1:57,14
SILBER:	LOCHTE Ryan (USA)	1:58,78
BRONZE:	BOVELL George (Tri)	1:58,80

400 m LAGEN

GOLD:	PHELPS Michael (USA)	4:08,26
SILBER:	VENDT Erik (USA)	4:11,81
BRONZE:	CSEH Laszlo (Ung)	4:12,15

4 x 100 m LAGEN

GOLD:	USA (Peirsol/Hansen/Crocker/Lezak)	3:30,68
SILBER:	DEUTSCHLAND (Driesen/Kruppa/Rupprath/Conrad)	3:33,62
BRONZE:	JAPAN (Morita/Kitajima/Yamamoto/Okumura)	3:35,22

FRAUEN

50 m KRAUL

GOLD:	DE BRUIJN Inge (Ho)	24,58
SILBER:	METELLA Malia (Fra)	24,89
BRONZE:	LENTON Lisbeth (Aus)	24,91

… 19. Judith DRAXLER (Österreich) 25,82 (im Vorlauf ausgeschieden)

100 m KRAUL

GOLD:	HENRY Jodie (Aus)	53,84
SILBER:	DE BRUIJN Inge (Ho)	54,16
BRONZE:	COUGHLIN Natalie (USA)	54,40

… 33. Judith DRAXLER (Österreich) 57,29 (im Vorlauf ausgeschieden)

200 m KRAUL

GOLD:	POTEC Camelia (Ru)	1:58,03
SILBER:	PELLEGRINI Federica (It)	1:58,22
BRONZE:	FIGUES Solenne (Fra)	1:58,45

400 m KRAUL

GOLD:	MANAUDOU Laure (Fra)	4:05,34
SILBER:	JEDERZEJCZAK Otylia (Pol)	4:05,84
BRONZE:	SANDENO Kaitlin (USA)	4:06,19

800 m KRAUL

GOLD:	SHIBATA Ai (Jap)	8:24,54
SILBER:	MANAUDOU Laure (Fra)	8:24,96
BRONZE:	MUNZ Diana (USA)	8:26,61

4 x 100 m KRAUL

GOLD:	AUSTRALIEN (Mills/Lenton/Thomas/Henry)	3:35,94
SILBER:	USA (Joyce/Coughlin/Weir/Thompson)	3:36,39
BRONZE:	HOLLAND (Groot/Dekker/Veldhuis/de Bruin)	3:37,59

4 x 200 m KRAUL

GOLD:	USA (Coughlin/Piper/Vollmer/Sandeno)	7:53,42
SILBER:	CHINA (Yingwen/Yanwei/Yu/Jiaying)	7:55,97
BRONZE:	DEUTSCHLAND (Almsick/Dallmann/Buschschulte/Stockbauer)	7:57,35

100 m BRUST

GOLD:	LUO Xuejuan (Chn)	1:06,64
SILBER:	HANSON Brooke (Aus)	1:07,15
BRONZE:	JONES Leisel (Aus)	1:07,16

… 14. Mirna JUKIC (Ö) 1:10,06 (im Semifinale ausgeschieden).

200 m BRUST

GOLD:	BEARD Amanda (USA)	2:23,37
SILBER:	JONES Leisel (Aus)	2:23,60
BRONZE:	POLESKA Anne (D)	2:25,82

… 7. Mirna JUKIC (Ö) 2:26,39.

100 m RÜCKEN

GOLD:	COUGHLIN Natalie (USA)	1:00,37
SILBER:	COVENTRY Kirsty (Zim)	1:00,50
BRONZE:	MANAUDOU Laure (Frau)	1:00,88

200 m RÜCKEN

GOLD:	COVENTRY Kirsty (Zim)	2:09,19
SILBER:	KOMAROWA S. (Russ)	2:09,72
BRONZE:	NAKAMURA Reiko (Jap)	2:09,88
	BUSCHSCHULTE Antje (D)	2:09,88

100 m DELPHIN

GOLD:	THOMAS Petria (Aus)	57,72
SILBER:	JEDRZEJCZAK Otylia (Pol)	57,84
BRONZE:	DE BRUIJN Inge (Ho)	57,99

200 m DELPHIN

GOLD:	JEDRZEJCZAK Otylia (Pol)	2:06,05
SILBER:	THOMAS Petria (Aus)	2:06,36
BRONZE:	NAKANISHI Yuko (Jap)	2:08,04

… 23. Petra ZAHRL (Ö) 2:13,92 (im Vorlauf ausgeschieden).

200 m LAGEN

GOLD:	KLOTSCHKOWA Jana (Ukr)	2:11,14
SILBER:	BEARD Amanda (USA)	2:11,70
BRONZE:	COVENTRY Kirsty (Zim)	2:12,72

400 m LAGEN

GOLD:	KLOTSCHKOWA Jana (Ukr)	4:34,83
SILBER:	SANDENO Kaitlin (USA)	4:34,95
BRONZE:	BARDACH Georgina (Arg)	4:37,51

4 x 100 m LAGEN

GOLD:	AUSTRALIEN (Rooney/Jones/Thomas/Henry)	3:57,32
SILBER:	USA (Coughlin/Beard/Thompson/Joyce)	3:59,12
BRONZE:	DEUTSCHLAND (Buschschulte/Poewe/V. Almsick/Götz)	4:00,72

SEGELN

TORNADO

GOLD:	**HAGARA R./STEINACHER H.P.** (Ö)	**34**
SILBER:	LOVELL J./OGELTREE Ch.(USA)	45
BRONZE:	LANGE C./ESPINOLA S. (Arg)	54

FINN

GOLD:	AINSLIE Ben (Gb)	38
SILBER:	TRUJILLO Rafael (Spa)	51
BRONZE:	KUZNIEREWICZ Mateusz (Pol)	53

STARBOOT

GOLD:	GRAEL T./FERREIRA M. (Bra)	42
SILBER:	MacDONALD R./WOLFS M. (Ka)	51
BRONZE:	ROHART X./RAMBEAU P. (Fra)	54

... 13. Hans SPITZAUER/Andreas HANAKAMP (Ö) 97.

LASER

GOLD:	SCHEIDT Robert (Bra)	55
SILBER:	**GERITZER Andreas** (Ö)	68
BRONZE:	ZBOGAR Vasilij (Slo)	76

49er

GOLD:	MARTINEZ/FERNANDEZ (Spa)	67
BRONZE:	DRAPER/HISCOCKS (Gb)	77
SILBER:	LUKA/LEONTSCHUK (Ukr)	72

... 10. Nico DELLE-KARTH/Nikolaus RESCH (Ö) 122.

470er, MÄNNER

GOLD:	FOERSTER P./BURNHAM K. (USA)	71
SILBER:	ROGERS N./GLANFIELD J. (Gb)	74
BRONZE:	SEKI K./TODOROKI K. (Jap)	90

470er, FRAUEN

GOLD:	BEKATOROU S./TSOULFA A. (Gr)	38
SILBER:	VIA DUFRESNE N./AZON S. (Spa)	62
BRONZE:	TORGERSSON/ZACHRISSON (Sd)	63

MISTRAL MÄNNER

GOLD:	FRIDMAN Gal (Isr)	42
SILBER:	KAKLAMANAKIS Nikolaos (Gr)	52
BRONZE:	DEMPSEY Nick (Gb)	53

MISTRAL FRAUEN

GOLD:	MERRET Faustine (Fra)	31
SILBER	YIN Jian (Chn)	33
BRONZE:	SENSINI Alessandra (It)	34

EUROPE FRAUEN

GOLD:	SUNDBY Siren (Nor)	47
SILBER:	SMIDOVA Lenka (Tch)	65
BRONZE:	LIVBJERG Signe (Dk)	74

YNGLING FRAUEN

GOLD:	GROSSBRITANNIEN (Robertson/Webb/Ayton)	39
SILBER:	UKRAINE (Taran/Kalinina/Matewuschewa)	50
BRONZE:	DÄNEMARK (Jensen/Jespersen/Otzen)	54

SOFTBALL

GOLD:	USA
SILBER:	AUSTRALIEN
BRONZE:	JAPAN

SYNCHRONSCHWIMMEN

DUETT

GOLD:	DAWIDOWA/ERMAKOWA (Russ)	99,334
SILBER:	TACHIBANA M./TAKEDA M. (Jap)	98,417
BRONZE:	BARTOSIK A./KOZLOVA A. (USA)	96,918

MANNSCHAFT

GOLD:	RUSSLAND	99,501
SILBER:	JAPAN	98,501
BRONZE:	USA	97,418

TAEKWONDO

MÄNNER

KLASSE UNTER 58 KILOGRAMM

GOLD:	CHU Mu Yen (Tpe)
SILBER:	SALAZAR BLANCO Oscar (Mex)
BRONZE:	BAYOUMI Tamer (Ägy)

KLASSE UNTER 68 KILOGRAMM

GOLD:	SAEI BONEHKOHAL Hadi (Iri)
SILBER:	HUANG Chih Hsiung (Tpe)
BRONZE:	SONG Myeong Seob (Südk)

... Tuncay CALISKAN (Ö) im Viertelfinale ausgeschieden.

KLASSE UNTER 80 KILOGRAMM

GOLD:	LOPEZ Steven (USA)
SILBER:	TANRIKULU Bahri (Tür)
BRONZE:	KARAMI Yossef (Irn)

KLASSE ÜBER 80 KILOGRAMM

GOLD:	MOON Dae Sung (Südk)
SILBER:	NIKOLAIDIS Alexandros (Gr)
BRONZE:	GENTIL Pascal (Fra)

FRAUEN

KLASSE UNTER 49 KILOGRAMM

GOLD:	CHEN Shih Hsin (Tpe)
SILBER:	LABRADA DIAZ Yanelis (Kub)
BRONZE:	BOORAPOLCHAI Yaowapa (Thai)

... Nevena LUKIC (Ö) im Viertelfinale ausgeschieden.

KLASSE UNTER 57 KILOGRAMM

GOLD:	JANG Ji Won (Südk)
SILBER:	ABDALLAH Nia (USA)
BRONZE:	SALAZAR BLANCO Iridia (Mex)

KLASSE UNTER 67 KILOGRAMM

GOLD:	LUO Wei (Chn)
SILBER:	MYSTAKIDOU Elisavet (Gr)
BRONZE:	HWANG Kyung Sun (Südk)

KLASSE ÜBER 67 KILOGRAMM

GOLD:	CHEN Zhong (Chn)
SILBER:	BAVEREL Myriam (Fra)
BRONZE:	CARMONA Adriana (Ven)

TENNIS

MÄNNER-EINZEL

GOLD:	MASSU Nicolas (Chi)
SILBER:	FISH Mardy (USA)
BRONZE:	GONZALEZ Fernando (Chi)

... Jürgen MELZER (Ö) in der ersten Runde ausgeschieden.

MÄNNER-DOPPEL

GOLD:	GONZALEZ F./MASSU N. (Chi)
SILBER:	KIEFER Nicolas/SCHUETTLER Rainer (D)
BRONZE:	ANCIC Mario/LJUBICIC Ivan (Kro)

FRAUEN-EINZEL

GOLD:	HENIN-HARDENNE Justine (Bel)
SILBER:	MAURESMO Amelie (Fra)
BRONZE:	MOLIK Alicia (Aus)

FRAUEN-DOPPEL

GOLD:	LI Ting/SUN Tian Tian (Chn)
SILBER:	MARTINEZ Conchita/ RUANO PASCUAL Virginia (Spa)
BRONZE:	SUAREZ Paola/TARABINI Patricia (Arg)

TISCHTENNIS

MÄNNER-EINZEL

GOLD:	RYU Seung Min (Südkorea)
SILBER:	WANG Hao (China)
BRONZE:	WANG Liqin (China)

... Werner SCHLAGER (Ö) im Achtelfinale, CHEN Weixing (Ö) in der dritten Runde ausgeschieden.

MÄNNER-DOPPEL

GOLD:	CHEN Qi/MA Lin (China)
SILBER:	KO Lai Chak/LI Ching (Hongkong)
BRONZE:	MAZE Michael/TUGWELL Finn (Dk))

... Werner SCHLAGER/Karl JINDRAK (Österreich) im Achtelfinale ausgeschieden.

FRAUEN-EINZEL

GOLD:	ZHANG Yining (China)
SILBER:	KIM Hyang Mi (Nordkorea)
BRONZE:	KIM Kyung Ah (Südkorea)

... Liu JIA (Ö) in der dritten Runde ausgeschieden.

FRAUEN-DOPPEL

GOLD:	WANG Nan/ZHANG Yining (China)
SILBER:	LEE Eun Sil/SEOK Eun Mi (Südkorea)
BRONZE:	GUO Yue/NIU Jianfeng (China)

TRAMPOLIN

MÄNNER

GOLD:	NIKITIN Juri (Ukraine)	41,50
SILBER:	MOSKALENKO Alexander (Russ)	41,20
BRONZE:	STEHLIK Henrik (Deutschland)	40,80

FRAUEN

GOLD:	DOGONADZE Anna (D)	39,60
SILBER:	COCKBURN Karen (Kanada)	39,20
BRONZE:	SHANSHAN Huang (China)	39,00

TRIATHLON

MÄNNER

GOLD:	CARTER Hamish (Neus)	1:51:07,73
SILBER:	DOCHERTY Bevan (Neus)	1:51:15,60
BRONZE:	RIEDERER Sven (Sz)	1:51:33,26

... 37. Norbert DOMNIK (Österreich) 1:59:13,25.

FRAUEN

GOLD:	**ALLEN Kate** (Österreich)	2:04:43,45
SILBER:	HARROP Loretta (Aus)	2:04:50,17
BRONZE:	WILLIAMS Susan (USA)	2:05:08,92

... 28. Eva BRAMBÖCK (Österreich) 2:10:19,60.

TURNEN

MÄNNER

MANNSCHAFT

GOLD:	JAPAN	173,821
SILBER:	USA	172,933
BRONZE:	RUMÄNIEN	172,384

MEHRKAMPF

GOLD:	HAMM Paul (USA)	57,823
SILBER:	DAE-EUN Kim (Südkorea)	57,811
BRONZE:	TAE-YOUNG Yang (Südkorea)	57,774

BODEN

GOLD:	SHEWFELT Kyle (Kanada)	9,787
SILBER:	DRAGULESCU Marian (Ru)	9,787
BRONZE:	JOWTSCHEW Jordan (Bul)	9,775

SEITPFERD

GOLD:	HALBIN Teng (China)	9,837
SILBER:	URZICA Marius (Rumänien)	9,825
BRONZE:	KASHIMA Takehiro (Japan)	9,787

RINGE

GOLD:	TAMPAKOS Dimosthenis (Gr)	9,862
SILBER:	JOWTSCHEW Jordan (Bul)	9,850
BRONZE:	CHECHI Yuri (Italien)	9,812

PFERDSPRUNG

GOLD:	DEFERR Gervasio (Spa)	9,737
SILBER:	SAPRONENKO Jewgeni (Let)	9,706
BRONZE:	DRAGULESCU Marian (Ru)	9,612

BARREN

GOLD:	GONTSCHAROW Waleri (Ukr)	9,787
SILBER:	TOMITA Hiroyuki (Jap)	9,775
BRONZE:	LI Xiaopeng (Chn)	9,762

RECK

GOLD:	CASSINA Igor (It)	9,812
SILBER:	HAMM Paul (USA)	9,812
BRONZE:	YONEDA Isao (Jap)	9,787

FRAUEN

MANNSCHAFT

GOLD:	RUMÄNIEN	114,283
SILBER:	USA	113,584
BRONZE:	RUSSLAND	113,235

MEHRKAMPF

GOLD:	PATTERSON Carly (USA)	38,387
SILBER:	CHORKINA Swetlana (Russ)	38,211
BRONZE:	ZHANG Nan (China)	38,049

PFERDSPRUNG

GOLD:	ROSU Monica (Rumänien)	9.656
SILBER:	HATCH Annia (USA)	9,481
BRONZE:	PAWLOWA Anna (Russland)	9,475

STUFENBARREN

GOLD:	LEPENNEC Emilie (Frankreich)	9,687
SILBER:	HUMPHREY Terin (USA)	9,662
BRONZE:	KUPETS Courtney (USA)	9,637

SCHWEBEBALKEN

GOLD:	PONOR Catalina (Ru)	9,787
SILBER:	PATTERSON Carly (USA)	9,775
BRONZE:	EREMIA Alexandra (Ru)	9,700

BODEN

GOLD:	PONOR Catalina (Ru)	9,750
SILBER:	SOFRONIE Nicoleta (Ru)	9,562
BRONZE:	MORENO Patricia (Spa)	9,487

VOLLEYBALL

MÄNNER

GOLD:	BRASILIEN
SILBER:	ITALIEN
BRONZE:	RUSSLAND

FRAUEN

GOLD:	CHINA
SILBER:	RUSSLAND
BRONZE:	KUBA

WASSERBALL

MÄNNER

GOLD:	UNGARN
SILBER:	SERBIEN-MONTENEGRO
BRONZE:	RUSSLAND

FRAUEN

GOLD:	ITALIEN
SILBER:	GRIECHENLAND
BRONZE:	USA

WASSERSPRINGEN

MÄNNER

3-m-BRETT

GOLD:	PENG Bo (Jap)	787,38
SILBER:	DESPATIE Alexandre (Ka)	755,97
BRONZE:	SAUTIN Dimitri (Russ)	753,27

TURM

GOLD:	HU Jia (Chn)	748,08
SILBER:	HELM Mathew (Aus)	730,56
BRONZE:	TIAN Liang (Chn)	729,66

3-m-BRETT SYNCHRON

GOLD:	SIRANIDIS N./BIMIS T. (Grie)	353,34
SILBER:	WELS A./SCHELLENBERG T. (D)	350,01
BRONZE:	NEWBERY R./BARNETT S. (Aus)	349,59

TURM SYNCHRON

GOLD:	TIAN Liang/YANG Jinghui (China)	383,88
SILBER:	WATERFIELD P./TAYLOR L. (Gb)	371,52
BRONZE:	HELM M./NEWBERY R. (Aus)	366,84

FRAUEN

3-m-BRETT

GOLD:	GUO Jingjing (Chn)	633,15
SILBER:	WU Minxia (Chn)	612,00
BRONZE:	PACHALINA Julia (Russ)	610,62

TURM

GOLD:	NEWBERRY Chantelle (Aus)	590,31
SILBER:	LAO Lishi (Chn)	576,30
BRONZE:	TOURKY Loudy (Aus)	561,66

… 15. Anja RICHTER (Ö) 472,44; 31. Marion REIFF (Ö) 232,35

3-m-BRETT SYNCHRON

GOLD:	WU Minxia/GUO Jingjing (Chn)	336,90
SILBER:	ILYINA V./PAKHALINA Y. (Russ)	330,84
BRONZE:	LASHKO I./NEWBERY C. (Aus)	309,30

TURM SYNCHRON

GOLD:	LAO Lishi/LI Ting (Chn)	352,14
SILBER:	GONTSCHAROWA/ KOLTUNOWA (Russ)	340,92
BRONZE:	HARTLEY/HEYMANS (Kan)	327,78

MEDAILLENSPIEGEL

1. USA	35	39	29	103
2. China	32	17	14	63
3. Russland	27	27	38	92
4. Australien	17	16	16	49
5. Japan	16	9	12	37
6. Deutschland	14	16	18	48
7. Frankreich	11	9	13	33
8. Italien	10	11	11	32
9. Südkorea	9	12	9	30
10. Großbritannien	9	9	12	30
11. Kuba	9	7	11	27
12. Ukraine	9	5	9	23
13. Ungarn	8	6	3	17
14. Rumänien	8	5	6	19
15. Griechenland	6	6	4	16
16. Norwegen	5	0	1	6
17. Holland	4	9	9	22
18. Brasilien	4	3	3	10
19. Schweden	4	1	2	7
20. Spanien	3	11	5	19
21. Kanada	3	6	3	12
22. Türkei	3	3	4	10
23. Polen	3	2	5	10
24. Neuseeland	3	2	0	5
25. Thailand	3	1	4	8
26. Weißrussland	2	6	7	15
27. Österreich	**2**	**4**	**1**	**7**

… 28. Äthiopien (2/3/2), 29. Iran und Slowakei (2/2/2), 31. Taipeh (2/2/1), 32. Georgien (2/2/0), 33. Bulgarien (2/1/9), 34. Jamaika und Usbekistan (2/1/2). 36. Marokko (2/1/0), 37. Dänemark (2/0/6), 38. Argentinien (2/0/4), 39. Chile (2/0/1), 40. Kasachstan (1/4/3), 41. Kenia (1/4/2), 42. Tschechien (1/3/4), 43. Südafrika (1/3/2), 44. Kroatien (1/2/2), 45. Litauen (1/2/0), 46. Ägypten und Schweiz (1/1/3), 48. Indonesien (1/1/2), 49. Zimbabwe (1/1/1), 50. Aserbaidschan (1/0/4), 51. Belgien (1/0/2), 52. Bahamas und Israel (1/0/1), 54. Kamerun, Dominikanische Republik, Irland und Vereinigte Arabische Emirate (1/0/0), 58. Nordkorea (0/4/1), 59. Lettland (0/4/0), 60. Mexiko (0/3/1), 61. Portugal, Finnland und Serbien-Montenegro (0/2/0), 64. Slowenien (0/1/3), 65. Estland (0/1/2), 66. Hongkong, Indien und Paraguay (0/1/0), 69. Nigeria und Venezuela (0/0/2), 71. Kolumbien, Eritrea, Mongolei, Syrien und Trinidad/Tobago (0/0/1).

FUSSBALL-EM

(Portugal, 12. Juni - 4. Juli 2000)

QUALIFIKATION

GRUPPE 1

1.	Frankreich	8	8	0	0	29 2	24
2.	Slowenien	8	4	2	2	15 12	14
3.	Israel	8	2	3	3	9 11	9
4.	Zypern	8	2	2	4	9 18	8
5.	Malta	8	0	1	7	5 24	1

GRUPPE 2

1.	Dänemark	8	4	3	1	15 9	15
2.	Norwegen	8	4	2	2	9 5	14
3.	Rumänien	8	4	2	2	21 9	14
4.	Bosnien-H.	8	4	1	3	7 8	13
5.	Luxemburg	8	0	0	8	0 21	0

GRUPPE 3

1.	Tschechien	8	7	1	0	23 5	22
2.	Holland	8	6	1	1	20 6	19
3.	**Österreich**	8	3	0	5	12 14	9
4.	Moldawien	8	2	0	6	5 19	6
5.	Weißrussland	8	1	0	7	4 20	3

GRUPPE 4

1.	Schweden	8	5	2	1	19 3	17
2.	Lettland	8	5	1	2	10 6	16
3.	Polen	8	4	1	3	11 7	13
4.	Ungarn	8	3	2	3	15 9	11
5.	San Marino	8	0	0	8	0 30	0

GRUPPE 5

1.	Deutschland	8	5	3	0	13 4	18
2.	Schottland	8	4	2	2	12 8	14
3.	Island	8	4	1	3	11 9	13
4.	Litauen	8	3	1	4	7 11	10
5.	Färöer Inseln	8	0	1	7	7 18	1

GRUPPE 6

1.	Griechenland	8	6	0	2	8 4	18
2.	Spanien	8	5	2	1	16 4	17
3.	Ukraine	8	2	4	2	11 10	10
4.	Armenien	8	2	1	5	7 16	7
5.	Nordirland	8	0	3	5	0 8	3

GRUPPE 7

1.	England	8	6	2	0	14 5	20
2.	Türkei	8	6	1	1	17 5	19
3.	Slowakei	8	3	1	4	11 9	10
4.	Mazedonien	8	1	3	4	11 14	6
5.	Liechtenstein	8	0	1	7	2 22	1

GRUPPE 8

1.	Bulgarien	8	5	2	1	13 4	17
2.	Kroatien	8	5	1	2	12 4	16
3.	Belgien	8	5	1	2	11 9	16
4.	Estland	8	2	2	4	4 6	8
5.	Andorra	8	0	0	8	1 18	0

GRUPPE 9

1.	Italien	8	5	2	1	17 4	17
2.	Wales	8	4	1	3	13 10	13
3.	Serbien-M.	8	3	3	2	11 11	12
4.	Finnland	8	3	1	4	9 10	10
5.	Aserbaidschan	8	1	1	6	15 20	4

GRUPPE 10

1.	Schweiz	8	4	3	1	15 11	15
2.	Russland	8	4	2	2	19 12	14
3.	Irland	8	3	2	3	10 11	11
4.	Albanien	8	2	2	4	11 15	8
5.	Georgien	8	2	1	5	8 14	7

PLAY-OFF-SPIELE

Lettland – Türkei	1:0 (1:0)
Türkei – **Lettland**	2:2 (1:0)
Schottland – Holland	1:0 (1:0)
Holland – Schottland	6:0 (3:0)
Kroatien – Slowenien	1:1 (1:1)
Slowenien – **Kroatien**	0:1 (0:0)
Russland – Wales	0:0
Wales – **Russland**	0:1 (0:1)
Spanien – Norwegen	2:1 (1:1)
Norwegen – **Spanien**	0:3 (0:1)

FÜR DIE EM QUALIFIZIERT

Veranstalter

PORTUGAL

Gruppensieger

BULGARIEN
DÄNEMARK
DEUTSCHLAND
ENGLAND
FRANKREICH
GRIECHENLAND
ITALIEN
SCHWEDEN
SCHWEIZ
TSCHECHIEN

Play-off-Spiele

HOLLAND
KROATIEN
LETTLAND
RUSSLAND
SPANIEN

VORRUNDEN

Gruppe A

1.	Portugal	3	2	0	1	4 2	6
2.	Griechenland	3	1	1	1	4 4	4
3.	Spanien	3	1	1	1	2 2	4
4.	Russland	3	1	0	2	2 4	3

PORTUGAL – GRIECHENLAND 1:2 (0:1)

Portugal: Ricardo; Ferreira, Andrade, Couto, Rui Jorge; Costinha (66. Nuno Gomes), Maniche, Figo, Rui Costa (46. Deco); Pauleta, Simao (46. C. Ronaldo). – **Griechenland:** Nikopolidis; Seitaridis, Dellas, Kapsis, Fyssas; Giannakopoulos (68. Nikolaidis), Basinas, Zagorakis, Karagounis (46. Katsouranis); Charisteas (74. Lakis), Vryzas. – **Porto, 48.761, Schiedsrichter Pierluigi Collina (Italien).**

Torfolge: 0:1 (7.) Karagounis, 0:2 (51.) Basinas (Foulelfmeter), 1:2 (93.) C. Ronaldo.

Gelbe Karten: Costina (22., Foul), Pauleta (57., Foul); Karagounis (39., Foul), Seitaridis (76., Foul).

SPANIEN – RUSSLAND 1:0 (0:0)

Spanien: Casillas; Puyol, Marchena, Helguera, Raul Bravo; Albelda, Baraja (59. Alonso), Etxeberria, Vicente; Raul (78. Torres), Morientens (59. Valeron). – **Russland:** Owtschinnikow; Jewsejew, Smertin, Scharonow, Sennikow; Gusew (46. Radimow), Aldonin (68. Sytschew), Mostowoj, Ismailow (74. Karjaka), Alenitschew; Bulykin. – **Faro, 30.000, Schiedsrichter Urs Meier (Sz).**

Tor: 1:0 (60.) Valeron.

Gelbe Karten: Baraja (43., Foul), Marchena (66., Foul), Albelda (84., Foul); Gusew (12., Foul), Scharonow (18., Foul), Smertin (29., Foul), Aldonin (32., Foul).

Gelb-Rote Karte: Scharonow (88., Foul)

GRIECHENLAND – SPANIEN 1:1 (0:1)

Griechenland: Nikopolidis; Seitaridis, Kapsis, Dellas, Fyssas (86., Venetidis); Giannakopoulos (49., Nikolaidis), Katsouranis, Zagorakis, Karagounis (53., Tsiartas); Charisteas, Vryzas. – **Spanien:** Casillas; Puyol, Marchena, Helguera, Raul Bravo; Baraja, Etxeberria (46. Joaquin), Albelda, Vicente; Raul (80. Torres), Morientes (65. Valeron). – **Porto, 25.444, Schiedsrichter Lubos Michel (Slowakei).**

Torfolge: 0:1 (28.) Morientes, 1:1 (67.) Charisteas.

Gelbe Karten: Katsouranis (7.), Giannakopoulos (24.), Karagounis (27.), Zagorakis (61.), Vryzas (91.); Marchena (16.), Helguera (37., alle Foul).

RUSSLAND – PORTUGAL 0:2 (0:1)

Russland: Owtschinnikow; Jewsejew. Smertin, Bugajew, Sennikow; Karjaka (79. Bulykin), Aldonin (45. Malafejew), Alenitschew, Loskow, Ismailow (72. Bystrow); Kerschakow. – **Portugal:** Ricardo; Miguel, Andrade, Carvalho, Valente; Costinha, Maniche, Figo (78. C. Ronaldo), Deco; Simao (63. Rui Costa), Pauleta (57. Gomes). – **Lissabon, 65.000, Schiedsrichter Terje Hauge (Nor).**

Torfolge: 0:1 (7.) Maniche, 0:2 (88.) Rui Costa.

Gelbe Karten: Smertin (16.), Jewsejew (21.), Alenitschew (87.); Carvalho (24.), Deco (85., alle Foul).

Rote Karte: Owtschinnikow (45., Handspiel).

SPANIEN – PORTUGAL 0:1 (0:0)

Spanien: Casillas; Puyol, Juanito (80. Morientes), Helguera, Raul Bravo; Joaquin (72. Luque), Albelda (66. Baraja), Xavi Alonso, Vicente; Raul, Torres. – **Portugal:** Ricardo; Miguel, Andrade, Carvalho, Valente; Costinha, Maniche, Figo (79. Petit), Deco, C. Ronaldo (85. Couto); Pauleta (46. Nuno Gomes). – **Lissabon, 52.000, Schiedsrichter Anders Frisk (Schweden).**

Tor: 0:1 (57.) Nuno Gomes.

Gelbe Karten: Albelda (8., Foul), Juanito (68., Foul), Puyol (74., Foul); Pauleta (7., Hand), Gomes (65., Foul).

RUSSLAND – GRIECHENLAND 2:1 (2:1)

Russland: Malafejew; Jewsejew, Scharonow (56. Sennikow), Bugajew, Anjukow; Karjaka (46. Semschow), Radimow, Alenitschew, Gusew; Bulykin (46. Sytschew), Kiritschenko. – **Griechenland:** Nikopolidis; Seitaridis, Kapsis, Dellas, Venetidis (89. Fyssas); Charisteas, Katsouranis, Zagorakis, Basinas (42. Tsiartas), Papadopoulos (69. Nikolaidis); Vryzas. – **Faro, 24.000, Schiedsrichter Gilles Veissiere (Frankreich).**

Torfolge: 1:0 (2.) Kiritschenko, 2:0 (17.) Bulykin, 2:1 (43.) Vryzas.

Gelbe Karten: Scharonow (15., Foul), Anjukow (28., Foul), Karjaka (39., Foul), Alenitschew (65., Foul), Radimow (71., Foul), Malafejew (88., Unsportlichkeit); Vryzas (45., Foul), Dellas (86., Foul).

Gruppe B

1.	Frankreich	3	2	1	0	7	4	7
2.	England	3	2	0	1	8	4	6
3.	Kroatien	3	0	2	1	4	6	2
4.	Schweiz	3	0	1	2	1	6	1

<u>SCHWEIZ – KROATIEN 0:0</u>

Schweiz: Stiel; Haas, Murat Yakin, Müller, Spycher; Huggel, Vogel, Hakan Yakin (87. Gygax), Wicky (83. Henchoz); Frei, Chapuisat (54. Celestini). – **Kroatien:** Butina; Simic (61. Srna), Simunic, Bjelica (74. Rosso), Robert Kovac; Zivkovic, Niko Kovac, Olic (46. Rapaic), Mornar; Prso, Sokota. – **Leiria, 24.000, Schiedsrichter Lucilio Cardoso Batista (Portugal).**

Gelbe Karten: Vogel (4., Foul), Huggel (41., Foul), Stiel (73., Kritik); Prso (13., Unsportlichkeit), Bjelica (30., Foul), Rapaic (48., Handspiel), Zivkovic (51., Foul), Mornar (53., Foul).

Gelb-Rote Karte: Vogel (50., Foul)

<u>FRANKREICH – ENGLAND 2:1 (0:1)</u>

Frankreich: Barthez; Gallas, Thuram, Silvestre (79. Sagnol), Lizarazu; Vieira, Makelele (94. Dacourt), Pires (76. Wiltord), Zidane; Henry, Trezeguet. – **England:** James; Gary Neville, Campbell, King, Ashley Cole; Beckham, Scholes (76. Hargreaves), Lampard, Gerrard; Rooney (76. Heskey), Owen (69. Vassell), . – **Lissabon, 65.000, Schiedsrichter Markus Merk (Deutschland).**

Torfolge: 0:1 (38.) Lampard, 1:1 (91.) Zidane, 2:1 (93.) Zidane (Foulelfmeter).

Gelbe Karten: Pires (49.), Silvestre (72.); Scholes (54.), Lampard (71.), James (92., alle Foul).

<u>ENGLAND – SCHWEIZ 3:0 (1:0)</u>

England: James; Gary Neville, Terry, Campbell, Ashley Cole; Beckham, Lampard, Gerrard, Scholes (70. Hargreaves); Rooney (83. Dyer), Owen (72. Vassell). – **Schweiz:** Stiel; Haas, Müller, Murat Yakin, Spycher; Huggel, Celestini (54. Cabanas), Hakan Yakin (83. Vonlanthen), Wicky; Chapuisat (46. Gygax), Frei. - **Coimbra, 30.216, Schiedsrichter Valentin Iwanow (Russland).**

Torfolge: 1:0 (23.) Rooney, 2:0 (75.) Rooney, 3:0 (82.) Gerrard.

Gelbe Karten: Rooney (18., Foul), Celestini (23., Kritik), Haas (49., Foul).

Gelb-Rote Karte: Haas (60., Foul).

<u>KROATIEN – FRANKREICH 2:2 (0:1)</u>

Kroatien: Butina; Simic, Robert Kovac, Tudor, Simunic, Bjelica (68. Leko); Niko Kovac, Rosso, Rapaic (87. Mornar); Prso, Sokota (73. Olic). – **Frankreich:** Barthez; Gallas (81. Sagnol), Thuram, Desailly, Silvestre; Vieira, Dacourt (79. Pedretti), Wiltord (70. Pires), Zidane; Henry, Trezeguet. – **Leiria, 30.000, SR Milton Nielsen (Dk).**

Torfolge: 0:1 (22.) Tudor (Eigentor), 1:1 (48.) Rapaic (Foulelfmeter), 2:1 (52.) Prso, 2:2 (64.) Trezeguet.

Gelbe Karten: Tudor (39., Foul), Rosso (63., Foul), Robert Kovac (64., Kritik), Leko (79., Foul); Vieira (32., Foul), Dacourt (59., Foul).

<u>KROATIEN – ENGLAND 2:4 (1:2)</u>

Kroatien: Butina; Simic (67. Srna), Robert Kovac (46. Mornar), Zivkovic, Simunic, Tudor; Rosso, Niko Kovac, Rapaic (55. Olic); Prso, Sokota. – **England:** James; Gary Neville, Terry, Campbell, Ashley Cole; Beckham, Lampard (84. Phil Neville), Gerrard, Scholes (70. King); Rooney (72. Vassell), Owen. – **Lissabon, 57.000, Schiedsrichter Pierluigi Collina (Italien).**

Torfolge: 1:0 (5.) Niko Kovac, 1:1 (40.) Scholes, 1:2 (45.) Rooney, 1:3 (68.) Rooney, 2:3 (73.) Tudor, 2:4 (79.) Lampard.

Gelbe Karte: Simic (63., Foul).

<u>SCHWEIZ – FRANKREICH 1:3 (1:1)</u>

Schweiz: Stiel; Henchoz, Müller, Murat Yakin, Spycher; Wicky, Cabanas, Vogel, Hakan Yakin (60. Huggel); Gugax, Vonlanthen. – **Frankreich:** Barthez; Sagnol (46. Gallas/92. Boumsong), Thuram, Silvestre, Lizarazu; Vieira, Makelele, Pires, Zidane; Henry, Trezeguet (75. Saha). – **Coimbra, 30.000, Schiedsrichter Lubos Michel (Slowakei).**

Torfolge: 0:1 (20.) Zidane, 1:1 (26.) Vonlanthen, 1:2 (76.) Henry, 1:3 (83.) Henry.

Gelbe Karten: Hakan Yakin (43., Foul), Wicky (66., Foul), Huggel (75., Foul), Henry (47., Unsportlichkeit).

Gruppe C

1.	Schweden	3	1	2	0	8	3	5
2.	Dänemark	3	1	2	0	4	2	5
3.	Italien	3	1	2	0	3	2	5
4.	Bulgarien	3	0	0	3	1	9	0

<u>DÄNEMARK – ITALIEN 0:0</u>

Dänemark: Sörensen; Helveg, Laursen, Niclas Jensen, Henriksen; Poulsen (76. Prisken), Daniel Jesen, Rommedahl, Jörgensen (72. Perez); Tomasson, Sand (69. Claus Jensen). – **Italien:** Buffon; Panucci, Cannavaro, Nesta, Zambrotta; Zanetti (57. Gattuso), Perrotta, Totti, Camoranesi (68. Fiore); del Piero (64. Cassano), Vieri. – **Guimaraes, 29.595, Schiedsrichter Manuel Mejuto Gonzalez (Spanien).**

Gelbe Karten: Tomasson (29., Unsportlichkeit), Helveg (67., Foul); Cannavaro (62., Foul), Cassano (70., Foul), Gattuso (81., Foul), Totti (93., Foul).

<u>SCHWEDEN – BULGARIEN 5:0 (1:0)</u>

Schweden: Isaksson; Lucic (41. Wilhelmsson), Jakobsson, Mellberg, Edman; Nilsson, Linderoth, Svensson (77. Källström), Ljungberg; Ibrahimovic (81. Allbäck), Larsson. – **Bulgarien:** Zdravkov; Ivanov, Kirilov, Pasin, Ivailo Petkov; Pejev, Martin Petrov (85. Lazarov), Stilian Petrov, Hristov; Berbatov (76. Mantschev), Jankovic (62. Dimitrov). – **Lissabon, 31.652, Schiedsrichter Michael Riley (England).**

Torfolge: 1:0 (32.) Ljungberg, 2:0 (57.) Larsson, 3:0 (58.) Larsson, 4:0 (78.) Ibrahimovic (Foulelfmeter), 5:0 (91.) Allbäck.

Gelbe Karten: Linderoth (52., Foul), Ibrahimovic (65., Foul)Ivailo Petkov (18., Foul), Kirilov (22., Foul), Jankovic (23., Foul), Ivanov (70., Foul).

<u>BULGARIEN – DÄNEMARK 0:2 (0:1)</u>

Bulgarien: Zdravkov; Ivanov (51. Lazarov), Kirilov, Stojanov, Ivailo Petkov (40. Zagorcic); Pejev, Stilian Petrov, Hristov, Martin Petrov; Berbatov, Jankovic (82. Milen Petkov). – **Dänemark:** Sörensen; Helveg, Laursen, Henriksen, Niclas Jensen; Gravesen, Daniel Jensen, Tomasson; Jörgensen (72. Claus Jensen), Sand, Rommedahl (23. Grönkjäer). – **Braga, 22.000, Schiedsrichter Lucilio Batista (Portugal).**

Torfolge: 0:1 (44.) Tomasson, 0:2 (92.) Grönkjäer.

Gelbe Karten: Kirilov (4., Foul), Stojanov (50., Foul), Stilian Petrov (77., Foul), Zagorcic (80., Foul), Hristov (82., Foul), Martin Petrov (84., Foul); Niclas Jensen (10., Foul), Sand (58., (Unsportlichkeit).

Gelb-Rote Karte: Stilian Petrov (83., Kritik).

<u>ITALIEN – SCHWEDEN 1:1 (1:0)</u>

Italien: Buffon; Panucci, Nesta, Cannavaro, Zambrotta; Gattuso (76. Favalli), Pirlo, Perrotta, Cassano (70. Fiore); del Piero (82. Camoranesi), Vieri. – **Schweden:** Isaksson, Nilsson, Mellberg, Jakobsson, Edman (77. Allbäck); Wilhelmsson (67. Jonson), Linderoth, Svensson (55. Källström), Ljungberg; Ibrahimovic, Larsson. – **Porto, 48.000, Schiedsrichter Urs Meier (Schweiz).**

Torfolge: 1:0 (37.) Cassano, 1:1 (85.) Ibrahimovic.

Gelbe Karten: Gattuso (39., Foul), Cannavaro (47., Foul), Zambrotta (58., Foul); Edman (54., Foul), Linderoth (72., Foul).

<u>ITALIEN – BULGARIEN 2:1 (0:1)</u>

Italien: Buffon; Panucci, Nesta, Materazzi (83. Di Vaio), Zambrotta; Fiore, Pirlo, Perrotta (68. Oddo); Cassano, del Piero, Corradi (53. Vieri). – **Bulgarien:** Zdravkov; Stojanov, Pasin (64. Kotev), Zagorcic, Borimirov; Hristov (79. Dimitrov), Jankovic (46. Bojinov), Milen Petkov, Martin Petrov; Lasarov, Berbatov. – **Guimaraes, 15.000, Schiedsrichter Valentin Ivanov (Russland).**

Torfolge: 0:1 (45.) Martin Petrov (Foulelfmeter), 1:1 (48.) Perrotta, 2:1 (94.) Cassano.

Gelbe Karten: Materazzi (44., Foul); Martin Petrov (45., Unsportlichkeit), Bojinov (49., Foul), Stojanov (66., Foul), Lasarov (80., Foul).

<u>DÄNEMARK – SCHWEDEN 2:2 (1:0)</u>

Dänemark: Sörensen; Helveg, Laursen, Henriksen, Niclas Jensen (46. Bogelund); Gravesen, Tomasson, Daniel Jensen; Grönkjäer, Sand, Jörgensen (57. Rommedahl). – **Schweden:** Isaksson; Nilsson, Mellberg, Jakobsson, Edman; Andersson, Källström (72. Wilhelmsson), Jonson, Ljungberg; Ibrahimovic, Larsson. – **Porto, 28.000, Schiedsrichter Markus Merk (Deutschland).**

Torfolge: 1:0 (28.) Tomasson, 1:1 (47.) Henrik Larsson (Foulelfmeter), 2:1 (66.) Tomasson, 2:2 (89.) Jonson.

Gelbe Karten: Edman (36., Foul), Källström (63., Foul).

Gruppe D

1.	Tschechien	3	3	0	0	7	4	9
2.	Holland	3	1	1	1	6	4	4
3.	Deutschland	3	0	2	1	2	3	2
4.	Lettland	3	0	1	2	1	5	1

<u>DEUTSCHLAND – HOLLAND 1:1 (1:0)</u>

Deutschland: Kahn; Friedrich, Wörns, Nowotny, Lahm; Hamann, Baumann, Schneider (68. Schweinsteiger), Ballack, Frings (79. Ernst); Kuranyi (85. Bobic) – **Holland:** Van der Sar; Heitinga (74. Van Hooijdonk), Bouma, Stam, Van Bronckhorst; Van der Vaart, Cocu, Davids (46. Snejder); Van der Meyde, Van Nistelrooy, Zenden (46. Overmars). – **Porto, 52.000, Schiedsrichter Anders Frisk (Schweden).**

Torfolge: 1:0 (30.) Frings, 1:1 (80.) van Nistelrooy.

Gelbe Karten: Kuranyi (12., Unsportlichkeit), Ballack (92., Unsportlichkeit); Cocu (29., Foul), Stam (72., Foul).

TSCHECHIEN – LETTLAND 2:1 (0:1)

Tschechien: Cech; Grygera (56. Heinz), Bolf, Ujfalusi, Jankulowski; Poborsky, Rosicky, Galasek (64. Smicer), Nedved; Baros (87. Jiranek), Koller. – **Lettland:** Kolinko; Isakovs, Zemlinskis, Stepanovs, Blagonadezdins; Bleidelis, Astafjevs, Rubins, Lobanovs (90. Rimkus); Prohorenkovs (72. Laizans), Verpakovskis (81. Pahars). – **Aveiro, 20.000, Schiedsrichter Gilles Veissiere (Frankreich).**

Torfolge: 0:1 (45.) Verpakovskis, 1:1 (73.) Baros, 2:1 (85.) Heinz.

LETTLAND – DEUTSCHLAND 0:0

Lettland: Kolinko; Isakovs, Stepanovs, Zemlinskis, Blagonadezdins; Bleidelis, Lobanovs (70. Laizans), Astafjevs, Rubins; Prohorenkovs (68. Pahars), Verpakovskis (92. Zirnis). – **Deutschland:** Kahn; Friedrich, Wörns, Baumann, Lahm; Schneider (46. Schweinsteiger), Hamann, Ballack, Frings; Kuranyi (77. Brdaric), Bobic (68, Klose). – **Porto, 30.000, Schiedsrichter Mike Riley (England).**

Gelbe Karten: Isakovs (1., Foul), Astafjevs (78., Foul); Friedrich (21., Foul), Hamann (42., Foul), Frings (53., Foul).

HOLLAND – TSCHECHIEN 2:3 (2:1)

Holland: Van der Sar; Heitinga, Bouma, Stam, Van Bronckhorst; Seedorf, Davids, Cocu; Van der Meyde (79. Reiziger), Van Nistelrooy, Robben (59. Bosvelt). – **Tschechien:** Cech; Grygera (25. Smicer), Ujfalusi, Jiranek, Jankulovski; Galasek (62. Heinz), Poborsky, Rosicky, Nedved; Baros, Koller (75. Rozehnal). – **Aveiro, 31.500, Schiedsrichter Manuel Mejuto Gonzalez (Spanien).**

Torfolge: 1:0 (4.) Bouma, 2:0 (19.) Van Nistelrooy, 2:1 (23.) Koller, 2:2 (71.) Baros, 3:2 (88.) Smicer.

Gelbe Karten: Seedorf (9., Foul), Heitinga (26., Foul); Galasek (55., Foul).

Gelb-Rote Karte: Heitinga (75., Foul).

HOLLAND – LETTLAND 3:0 (2:0)

Holland: Van der Sar; Reiziger, De Boer, Stam, Van Bronckhorst; Seedorf, Davids (77. Sneijder), Cocu; Van der Meyde (63. Overmars), Van Nistelrooy (70. Makaay), Robben. – **Lettland:** Kolinko; Isakovs, Stepanovs, Zemlinskis, Blagonadezdins; Bleidelis, Lobanovs, Astafjevs, Rubins; Prohorenkovs (74. Laizans), Verpakovskis (63. Pahars). – **Braga, 25.000, Schiedsrichter Kim Milton Nielsen (Dänemark).**

Torfolge: 1:0 (27.) Van Nistelrooy (Foulelfmeter), 2:0 (35.) Van Nistelrooy, 3:0 (84.) Makaay.

Gelbe Karte: Lobanovs (52., Foul).

DEUTSCHLAND – TSCHECHIEN 1:2 (1:1)

Deutschland: Kahn; Friedrich, Wörns, Nowotny, Lahm; Schneider, Schweinsteiger (86. Jeremies), Ballack, Hamann (79. Klose), Frings (46. Podolski); Kuranyi. – **Tschechien:** Blazek; Mares, Rozehnal, Bolf, Jiranek; Plasil (70. Poborsky), Tyce, Galasek (46. Hübschmann), Vachousek; Heinz, Lokvenc (59. Baros). – **Lissabon, 50.000, Schiedsrichter Terje Hauge (Norwegen).**

Torfolge: 1:0 (21.) Ballack, 1:1 (30.) Heinz, 1:2 (77.) Baros.

Gelbe Karten: Nowotny (38., Foul), Lahm (74., Foul), Wörns (83., Foul); Tyce (48., Foul).

VIERTELFINALE

PORTUGAL – ENGLAND 2:2 (1:1, 0:1) n.V. – 6:5 i.E.

Portugal: Ricardo; Miguel (79. Rui Costa), Carvalho, Andrade, Valenten; Costinha (63. Simao), Maniche, Figo (75. Postiga), Deco; C. Ronaldo, Gomes. – **England:** James; Gary Neville, Terry, Campbell, Ashley Cole; Beckham, Lampard, Gerrard (82. Hargreaves), Scholes (57. Phil Neville); Rooney (27. Vassell), Owen. – **Lissabon, 62.500, Schiedsrichter Urs Meier (Schweiz).**

Torfolge: 0:1 (3.) Owen, 1:1 (83.) Postiga, 2:1 (110.) Rui Costa, 2:2 (115.) Lampard.

Elferschießen: Beckham verschossen, Deco 1:0, Owen 1:1, Simao 2:1, Lampard 2:2, Rui Costa verschossen, Terry 2:3, Ronaldo 3:3, Hargreaves 3:4, Maniche 4:4, Cole 4:5, Postiga 5:5, Vassell gehalten, Ricardo 6:5.

Gelbe Karten: Costinha (56., Foul), Deco (85., Foul), Carvalho (119., Foul); Gerrard (37., Foul), Gary Neville (45., Foul), Phil Neville (92., Foul).

FRANKREICH – GRIECHENLAND 0:1 (0:0)

Frankreich: Barthez; Gallas, Thuram, Silvestre, Lizarazu; Dacourt (72. Wiltord), Makelele, Zidane, Pires (79. Rothen); Trezeguet (72. Saha), Henry. – **Griechenland:** Nikopolidis; Seitaridis, Kapsis, Dellas, Fyssas; Basinas (85. Tsiartas), Zagorakis, Karagounis, Katsouranis; Nikolaidis (61. Lakis), Charisteas. – **Lissabon, 45.390, Schiedsrichter Anders Frisk (Schweden).**

Tor: 0:1 (65.) Charisteas.

Gelbe Karten: Zidane (44., Foul), Saha (86., Foul); Karagounis (6., Foul), Zagorakis (50., Foul).

SCHWEDEN – HOLLAND 0:0 n.V. – 4:5 im Elfersch.

Schweden: Isaksson; Nilsson, Jakobsson, Mellberg, Östlund; Jonson (64. Wilhelmsson), Svensson (81. Källström), Linderoth, Ljungberg; Ibrahimovic, Larsson. – **Holland:** Van der Sar; Reiziger, de Boer (35. Bouma), Stam, Van Bronckhorst; Seedorf, Davids (61. Heitinga), Cocu; Van der Meyde (87. Makaay), Van Nistelrooy, Robben. – **Faro, 27.700, Schiedsrichter Lubos Michel (Slowakei).**

Elferschießen: Källström 1:0, Van Nistelrooy 1:1, Larsson 2:1, Heitinga 2:2, Ibrahimovic verschossen, Reiziger 2:3, Ljungberg 3:3, Cocu Stange, Wilhelmsson 4:3, Makaay 4:4, Mellberg gehalten, Robben 4:5.

Gelbe Karten: Ibrahimovic (58., Foul), Östlund (88., Foul); de Boer (30., Foul), Van der Meyde (48., Foul), Makaay (116., Foul).

TSCHECHIEN – DÄNEMARK 3:0 (0:0)

Tschechien: Cech; Jiranek (39, Grygera), Ujfalusi, Bolf (65. Rozehnal), Jankulovski; Poborsky, Galasek, Rosicky, Nedved; Baros (70. Heinz), Koller. – **Dänemark:** Sörensen; Helveg, Laursen, Henriksen, Bögelund; Poulsen, Claus Jensen (71. Madsen), Gravesen; Grönkjaer (78. Rommedahl), Tomasson, Jörgensen (85. Lövenkrands). – **Porto, 40.000, Schiedsrichter Walentin Iwanow (Russland).**

Torfolge: 1:0 (49.) Koller, 2:0 (63.) Baros, 3:0 (64.) Baros.

Gelbe Karten: Jankulovski (10., Foul), Ujfalusi (45., Foul), Nedved (61., Foul); Poulsen (51., Foul), Bögelund (56., Foul), Gravesen (77., Foul).

SEMIFINALE

PORTUGAL – HOLLAND 2:1 (1:0)

Portugal: Ricardo; Miguel, Carvalho, Andrade, Valente; Figo, Costinha, Deco, Maniche (87. Couto), C. Ronaldo (68. Petit); Pauleta (75. Gomes). – **Holland:** Van der Sar; Reiziger, Bouma (56. Van der Vaart), Stam, Van Bronckhorst; Davids, Cocu, Seedorf; Overmars (46. Makaay), Van Nistelrooy, Robben (81. Van Hooijdonk). – **Lissabon, 47.000, Schiedsrichter Anders Frisk (Sd).**

Torfolge: 1:0 (26.) C. Ronaldo, 2:0 (58.) Maniche, 2:1 (63.) Andrade (Eigentor).

Gelbe Karten: C. Ronaldo (28.), Valente (44.), Figo (90.); Overmars (39.), Robben (71., alle Foul).

GRIECHENLAND – TSCHECHIEN 1:0 (0:0) n.V.

Griechenland: Nikopolidis; Seitaridis, Kapsis, Dellas, Fyssas; Basinas (72. Giannakopoulos), Katsouranis, Zagorakis; Vryzas (91. Tsiartas), Charisteas, Karagounis. – **Tschechien:** Cech; Grygera, Ujfalusi, Bolf, Jankulovski; Poborsky, Galasek, Rosicky, Nedved (40. Smicer); Baros, Koller. – **Porto, 48.000, Schiedsrichter Pierluigi Collina (Italien).**

Tor: 1:0 (105.) Dellas.

Gelbe Karten: Seitaridis (23., Foul), Charisteas (70., Foul), Karagounis (87., Foul); Galasek (49., Foul), Smicer (55., Foul), Baros (102., Foul).

FINALE

PORTUGAL – GRIECHENLAND 0:1 (0:1)

Portugal: Ricardo; Miguel (43. Ferreira), Carvalho, Andrade, Valente; Costinha (60. Rui Costa), Maniche, Deco, Figo; C. Ronaldo, Pauleta (74. Nuno Gomes). – **Griechenland:** Nikopolidis; Seitaridis, Kapsis, Dellas, Fyssas; Giannakopoulos (76. Venetidis), Basinas, Katsouranis, Zagorakis; Vryzas (81. Papadopoulos), Charisteas. – **Lissabon, 62.865, Schiedsrichter Markus Merk (Deutschland).**

Tor: 0:1 (57.) Charisteas.

Gelbe Karten: Costinha (11., Foul), Valente (94., Foul); Basinas (45., Hand), Seitaridis (63., Foul), Fyssas (67., Foul), Papadopoulos (85., Foul).

DIE BESTEN TORSCHÜTZEN

5 Tore: Milan BAROS.

4 Tore: Wayne ROONEY, Ruud VAN NISTELROOY

3 Tore: Frank LAMPARD, Henrik LARSSON, Jon-Dahl TOMASSON, Zinedine ZIDANE.

2 Tore: Antonio CASSANO, Angelos CHARISTEAS, Marek HEINZ, Thierry HENRY, Zlatan IMBRAHIMOVIC, Jan KOLLER, MANICHE, Cristiano RONALDO, RUI COSTA.

1 Tor: Marcus ALLBÄCK, Michael BALLACK, Angelos BASINAS, Wilfred BOUMA, Dimitri BULYKIN, Traianos DELLAS, Thorsten FRINGS, Steven GERRARD, Nuno GOMES, Jesper GRÖNKJÄER, Mattias JONSON, Georgios KARAGOUNIS, Dimitri KIRITSCHENKO, Niko KOVAC, Freddy LJUNGBERG, Roy MAKAAY, Fernando MORIENTES, Michael OWEN, Simone PERROTA, Martin PETROW, Helder POSTIGA, Dado PRSO, Milan RAPAJIC, Vladimir SMICER, Paul SCHOLES, David TREZEGUET, Igor TUDOR, Juan Carlos VALERON, Maris VERPAKOVSKIS; Johan VONLANTHEN, Zisis VRYZAS.